袁羽钧 著

走进长江三角洲

探析区域一体化发展路径

Go Deep into Yangtze River Delta

——Exploration on the Regional Integrated Development Path

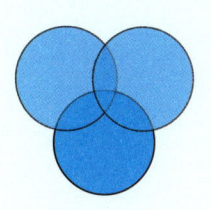

社会科学文献出版社
SOCIAL SCIENCES ACADEMIC PRESS (CHINA)

序
风起长三角

任玉岭

看到袁羽钧院长这本《走进长三角》一书即将出版，我作为长期关注和研究区域经济与城市经济的经济学家和智库工作者，为之十分振奋和高兴。袁羽钧以他长期关注和熟悉长江经济带及长江三角洲经济发展的理论与实践优势，遵循习近平总书记2018年11月5日提出的"支持长江三角洲区域一体化发展并上升为国家战略"的指示精神，用了一年多的时间完成了这本近50万字的专著，从多个维度，全面客观而精准地探析了长三角一体化发展的路径，有力地配合了2019年底中共中央、国务院颁布的《长江三角洲区域一体化规划纲要》的实施，对长三角各地的发展有着不可多得的借鉴意义和作用。

中共中央、国务院遵照习近平总书记的指示，先后推出的"一带一路"建设、京津冀协同发展、长江经济带发展、长江三角洲一体化、粤港澳大湾区建设及黄河流域生态保护和高质量发展的规划，正是为了完善以新的发展理念扩大改革开放的空间，是提高整个国家经济发展的谋篇布局的伟大实践。

2019年12月1日，中共中央、国务院公布了《长江三角洲区域一体化规划纲要》（以下简称《规划纲要》）。规划范围包括上海市、江苏省、浙江省、安徽省全域（面积35.8万平方公里）。这个神奇的区域经济总量约占全国1/4，"双一流"高校、国家重点实验室、国家工程研究中心约占全国1/4，年研发经费支出和有效发明专利数均占全国1/3左右，进出口总额、外商直接投资均占全国1/3等。

按照《规划纲要》，到2025年，长三角一体化发展取得实质性进展；到

2035年，长三角一体化发展达到较高水平，整体达到全国领先水平，成为最具影响力和带动力的强劲活跃增长极。长三角人口众多、城市密集、经济发达。从城市群与都市圈的角度审视，《规划纲要》描绘了一个世界级的超大城市群与特大都市圈未来发展的宏大愿景，当下，这片发展热土让世界的目光不断聚焦，让各种资源不断在这里发生裂变。

随着我国城市化水平提高，大城市经济辐射能力增强，我国学者积极开展都市圈实践与理论的广泛研究，都市圈发展逐渐成为一个热门的话题。而长江三角洲中心区27个城市就是一个典型的大都市圈，值得深入研究与探讨！在这方面羽钧走在了研究的前列，他这种务实的研究态度和职责使命感，高度保持了与中央战略布局的同频同振，实属难能可贵。

羽钧在这本书中，着力阐述了《长江三角洲区域一体化规划纲要》的战略布局的重大意义及可实践性。以上海市为都市圈的核心城市，以南京市、苏州市、杭州市、宁波市、合肥市等27个城市为都市圈的骨干城市，以中心区内的各个中小城市为都市圈的基础城市，构成了一个完整的都市圈形态。在上海都市圈的四周是江苏、浙江、安徽三省的其他城市为外围城市，它们与上海都市圈一起组成了长三角超级城市群。这样一个庞大的城市集群，在行政管辖上互不隶属，经济要素按市场化配置为主的大背景下，要实现良性互动、互利共赢，很重要的是做到分层赋能、错位竞争、融合发展。

羽钧对中央提出的长三角一体化发展战略，从多个维度阐述论证了实现一体化的科学性、可行性及重要性。主要论点归纳为着眼于打破长三角内部的行政隔阂，营造市场统一开放、要素自由流动的发展环境，这就抓住了长三角区域发展的关键问题。

对于长三角各地如何参与协作分工，羽钧在这本书中作了非常详尽的论述：上海主要围绕国际经济、金融、贸易、航运和科技创新"五个中心"建设，形成上海服务、上海制造、上海购物、上海文化"四大品牌"；江苏主要发挥制造业发达、科教资源丰富、开放程度高等优势，推进沿沪宁产业创新带发展；浙江主要发挥数字经济领先、生态环境优美、民营经济发达等特色优势，推进大湾区、大花园、大通道、大都市区建设；安徽主要发挥创新活跃强劲、制造特色鲜明、生态资源良好、内陆腹地广阔等优势，推进皖江城市带联动发展，让长三角在一体化发展中形成良性互动、互利共赢、分层赋能、错位竞争、融合发展。

本书对如何保证实现这个目标，也提出了很好的思路，首先要打破都市圈内各城市行政的羁绊。这是长三角一体化的重点，也是改革的难点。要在都市圈内逐步建立统一、开放的市场体系，让经济要素充分流动，让市场成为资源配置的主要方式，为各类企业创造公平的竞争环境，真正实现长三角一体化发展。从长三角经济社会一体化的现状来看，消费品市场的一体化最畅通，交通运输一体化最容易，经济要素一体化最困难，民生福利一体化将是经济社会一体化的最终成果。

建立轨道上的长三角是一体化的核心，长三角区域高速公路的密度、空港机场的密度已经与发达国家差不多，高速铁路建设正在持续推进之中，内河与海运港口条件比较好。《规划纲要》关于"协同建设一体化综合交通体系"的部署十分详尽，主要是整合交通资源，推进互联互通。下一步长三角交通建设的重点应该是推进城市内轨道交通向周边城市延伸，整个都市圈形成便捷通勤网络，加快智能交通建设，提高交通出行效率，打造从"双城"到"同城"的轨道上的长三角交通体系。

本书对长三角一体化发展中生态环保的重要性也有重要篇幅的论述，长三角人口众多，城市密集，经济发达，单位面积污染排放量较大，生态环境保护的任务十分繁重。《规划纲要》在"强化生态环境共保联治"中提出了明确要求，关键是持之以恒抓好落实。

本书对长三角一体化的营商环境也有涉及，概括为影响城市经济是否活跃的因素可能有许多，但重要的应该是四点：第一是法治昌明，依法办事，公开透明；第二是管制宽松，法无授权不可为，法无禁止即可行；第三是轻税薄费，不收过头税，不收法外费；第四是社会和谐，治安良好，民风淳朴。一个城市只要真正做到法治昌明、管制宽松、轻税薄费、社会和谐，一定能够是经济活跃、社会文明的城市。

从国际来看，许多学者津津乐道的有伦敦都市圈、巴黎都市圈、东京都市圈、纽约都市圈及北美五大湖都市圈等，而长三角大都市圈与这些国际著名的大都市圈相比，在人口与空间上都毫不逊色，但在经济总量与人均经济份额上皆有差距，反映了中国都市圈的综合竞争能力依然较弱。中国作为世界第二大经济体，要实现经济的高质量发展，必须率先增强优势地区的综合竞争能力，为域内企业创新发展营造良好的经济环境。由此而言，长三角一体化发展是势在必行，这首超级经济航母如何在中国改革发展的大海里行稳致远，就需要像羽钧这样优秀的专家学者们在理论层面上进行破题与引领，通过实践验证发展路径的实效。

本书是中国长江经济带发展研究院院长袁羽钧耗时一年多写成的。本人与羽钧同志很熟悉，他是集文化艺术、经济、法律专长于一身的非常优秀的年轻学者，他品学双修，潜心学问，为人正直，著作颇丰，在相关领域都已经有了不菲的成就，无论是作为博士生导师站在高校的讲台上，还是作为国家核心智库的研究院院长，以及中央媒体的总编辑，他都表现得非常出色。比如散文集《寻一场江南烟雨》、政论文集《潮涌大江》、主旋律歌曲《我爱中国蓝我爱长江绿》、《中国坚强》等作品，在社会上都有一定的知名度和传播度，部分作品还入围"五个一工程"评选。

羽钧的这篇力作，全面客观精准地把握了长三角一体化发展的脉络。他从多个维度对长三角尤其是27个中心区城市进行了调研与探析，找问题，提思路，从宏观到微观系统深入地探析了长三角一体化发展的路径，为相关区域城市融入长三角一体化发展提供了宝贵的理论样本与有益的实践。

羽钧作为国家新型核心智库的中国长江经济带发展研究院院长，积极响应国家的战略需求，不忘初心之志，在研究领域善谋、精耕，同时不忘自己是中央媒体的资深人士职责，经常在大学课堂和各种会议及论坛上传播"改革声音"、讲好"发展故事"、传承"中国文化"，是新时代的"江南才子"，他的学养与修为得到国家相关部门及社会各界的充分肯定与高度关注。

希望羽钧同志在未来为中华民族伟大复兴、中国经济高质量发展贡献更多的智慧和成果。

（作者系国务院原资深参事、第九、第十届全国政协常委、国家教育咨询委员会委员，《国家智库》《中国智库》主编）

目 录

前　言　潮生江海　浪遏飞舟 ································ 1

引　子　长三角一体化：世界第六大城市群的现在与未来 ············ 1

第一篇　长江三角洲的形成与历史变迁

第一章　长江三角洲地域空间及由来 ······················· 3
第一节　长江三角洲的区域形成 ······························ 3
第二节　长江三角洲的历史变迁 ······························ 4
第三节　长江三角洲中心城市的区域范围和基本概况 ············ 8

第二章　长江三角洲的自然状况与资源禀赋 ················ 11
第一节　地理环境 ·· 11
第二节　气候、水文概况 ·································· 12
第三节　土地资源、植物资源、矿产资源 ···················· 15

第二篇　长三角现状及未来发展思考

第一章　长三角区域社会综合发展情况 ···················· 21
第一节　人口民族 ·· 21
第二节　交通 ·· 24
第三节　经济综述 ·· 34

第四节　教育、文化、卫生 …………………………………… 37
　　第五节　长三角旅游产业的现状及发展路径 ………………… 42

第二章　长江三角洲总体目标与战略定位 ………………………… 46
　　第一节　发展目标与战略定位 ………………………………… 46
　　第二节　长三角一体化推动中国经济高质量发展 …………… 48
　　第三节　疫情影响下，如何保持经济高质量发展 …………… 51

第三章　长江三角洲一体化发展规划及愿景 ……………………… 55
　　第一节　区域发展规划愿景 …………………………………… 55
　　第二节　构建"一核五圈四带"的网络化空间格局 ………… 56

第三篇　风从海上来

第一章　潮起江海绘宏图 …………………………………………… 61
　　第一节　上海在长三角一体化发展中的战略地位和作用 …… 61
　　第二节　上海如何更好地服务于一体化发展国家战略 ……… 67
　　第三节　加强长三角生态绿色一体化发展示范区建设 ……… 69

第二章　舞动龙头带动区域一体化发展 …………………………… 73
　　第一节　建设上海自贸试验区新片区 ………………………… 73
　　第二节　建设好虹桥商务区 …………………………………… 75
　　第三节　上海在长三角一体化发展中需要把握哪些方面 …… 77

第三章　长三角中心区城市是辐射带动区域高质量发展之举 …… 82
　　第一节　设立以上海为龙头的中心区城市的范围、目的和意义 … 82
　　第二节　上海的区位概况及产业特色 ………………………… 83
　　第三节　上海发展的优越区位条件及吴淞新城的建设 ……… 86
　　第四节　上海牵头打造世界级港口群，加速海铁联运 ……… 90

第四篇　强富美高新江苏

第一章　江苏高质量融入长三角一体化发展 97
第一节　江苏在长三角一体化发展中的战略地位与作用 97
第二节　长三角一体化发展为江苏带来哪些机遇和挑战？ 105
第三节　江苏融入长三角区域一体化的思路和建议 107

第二章　高质量绘就江苏发展新篇章 110
第一节　江苏的目前现状与未来可期目标 110
第二节　江苏产业突破方向与路径选择 113
第三节　江苏出台实施方案，助推一体化发展 114

第五篇　山水浙江谱新章

第一章　浙江发展按下了"加速键" 121
第一节　浙江在长三角一体化发展中的战略地位与作用 121
第二节　长三角一体化发展浙江按下"快进键" 125
第三节　创新　科技　人才推进长三角一体化的浙江"法宝" 127

第二章　长三角一体化发展中的"浙江机会" 129
第一节　长三角一体化提供浙江发展舞台 129
第二节　长三角一体化重大标志性工程将陆续建成 132

第六篇　安徽奋力融入长三角

第一章　安徽在长三角一体化发展中的战略与作用 139
第一节　安徽的概况与发展现状 139

第二节 安徽发展目标及优势所在 …………………………… 141
第三节 高质量推进"一圈五区"建设，推动区域协调发展 …… 144

第二章 安徽一体化发展对策及路径 …………………………… 152
第一节 长三角一体化发展的四条皖北对策 …………………… 152
第二节 长三角一体化"安徽行动计划"在行动 ……………… 154
第三节 因地制宜各扬所长，科学探索发展路径 ……………… 158

第七篇 长三角中心区江苏九城发展篇章

第一章 六朝古都——南京 ……………………………………… 165
第一节 钟山风雨起金陵 ………………………………………… 165
第二节 南京的发展优势与战略布局 …………………………… 168
第三节 协同发展，践行国家战略 ……………………………… 174
第四节 积极践行一体化赋予南京32项重任 …………………… 176
第五节 江北新区如何把握机遇融入一体化发展 ……………… 179

第二章 人间天堂——苏州 ……………………………………… 183
第一节 苏州概况与经济综述 …………………………………… 183
第二节 同城效应谋发展 ………………………………………… 185
第三节 科创板为苏州提供新路径 ……………………………… 187
第四节 长三角一体化发展，苏州辉煌未来可期 ……………… 188
第五节 苏州在长三角区域一体化进程中的机会颇多 ………… 191
第六节 苏州高质量发展有举措 ………………………………… 192

第三章 太湖明珠——无锡 ……………………………………… 195
第一节 无锡社会概况 …………………………………………… 195
第二节 无锡人口与经济 ………………………………………… 196
第三节 一体化行动计划助力无锡发展 ………………………… 198

第四节　积极融入一体化，无锡已经进入快车道……………………201
第五节　无锡发力"三大经济"，续写高质量发展新篇章……………204

第四章　龙城腾飞——常州……………………………………………208
第一节　常州社会概况………………………………………………208
第二节　产业与经济…………………………………………………210
第三节　抓住机遇，推动常州经济高质量发展………………………214
第四节　2020是常州全面融入长三角一体化的发展之年……………217

第五章　江海明珠——南通……………………………………………219
第一节　南通概况与发展优势………………………………………219
第二节　经济结构与产业特点………………………………………221
第三节　加快谱写"向南通、通上海"发展篇章……………………224
第四节　抓住用好新机遇，落实长三角一体化战略…………………226
第五节　南通市未来的发展天空将更加灿烂…………………………228

第六章　踞江望海——镇江……………………………………………231
第一节　区域概况与发展现状………………………………………231
第二节　抢抓长三角一体化重大战略机遇……………………………234
第三节　创新理念，顺势而谋，文旅融合激发产业价值……………235
第四节　长三角一体化重要门户城市镇江未来可期…………………237

第七章　湿地之都——盐城……………………………………………241
第一节　区域概况与发展优势………………………………………241
第二节　接轨上海，盐城加快融入长三角一体化……………………243
第三节　盐城在长三角城市群中的定位和特点………………………246
第四节　盐城在长三角一体化中能做什么？…………………………247

第八章　文旅名城——扬州……………………………………………250
第一节　扬州的社会概况与特点……………………………………250

第二节　扬州产业经济与战略发展地位……………………………… 252
第三节　文旅融合不失为扬州的一条发展路径…………………… 253
第四节　长三角一体化扬州发展机遇……………………………… 256
第五节　扬州融入长三角一体化的战略构想……………………… 258

第九章　国泰民安——泰州 261
第一节　泰州社会简况……………………………………………… 261
第二节　泰州打造江苏中部支点城市由"大"变"强"………… 263
第三节　泰州的发展战略定位……………………………………… 265
第四节　加快融入长三角区域一体化发展………………………… 266

第八篇　长三角中心区浙江九城发展篇章

第一章　江南名城——杭州 271
第一节　杭州概况及经济综述……………………………………… 271
第二节　杭州融入一体化的战略构想……………………………… 274
第三节　杭州全力打造长三角南翼强劲增长极…………………… 279
第四节　杭州湾的未来……………………………………………… 281

第二章　海港名城——宁波 284
第一节　区域概况及经济综述……………………………………… 284
第二节　宁波高质量打造长三角一体化发展先行区……………… 286
第三节　宁波舟山港口探路新型竞合机制，加速全球布局……… 287
第四节　宁波打造长三角总部经济标杆城市……………………… 289

第三章　东南山水城——温州 291
第一节　温州区域简况及经济综述………………………………… 291
第二节　融入长三角，温州驶入发展"快车道"………………… 294
第三节　亮出长三角一体化的温州作为…………………………… 299

第四节　协同发展，共建共享 …………………………………… 300
　　第五节　亮出长三角一体化的温州作为 ………………………… 302

第四章　鱼米之乡——嘉兴 ……………………………………………… 306
　　第一节　嘉兴区域概况及经济综述 ……………………………… 306
　　第二节　嘉兴融入长三角一体化的优势和战略布局 …………… 309
　　第三节　融入长三角一体化嘉兴的行动方案与具体抓手 ……… 312
　　第四节　把握机遇，战略"聚焦"深度接轨上海 ……………… 314
　　第五节　扎实推进长三角一体化行动方案 ……………………… 316

第五章　古越名城——绍兴 ……………………………………………… 319
　　第一节　绍兴区域概况及经济综述 ……………………………… 319
　　第二节　绍兴在推进长三角一体化中实现高质量发展 ………… 320
　　第三节　从"绍兴周"看绍兴出"奇招"深度接轨 …………… 322
　　第四节　建设"一区两廊"是绍兴创新发展的新引擎 ………… 325
　　第五节　绍兴面临的发展瓶颈和破题答案 ……………………… 327

第六章　历史名城——湖州 ……………………………………………… 331
　　第一节　湖州区域概况及经济综述 ……………………………… 331
　　第二节　湖州积极全面融入长三角一体化 ……………………… 333
　　第三节　借势长三角一体化，湖州填补环太湖经济"洼地" … 336
　　第四节　"两山"理念是湖州发展的底色 ……………………… 340

第七章　浙江之"心"——金华 ………………………………………… 344
　　第一节　金华的区域概况及经济综述 …………………………… 344
　　第二节　金华打造长三角南翼科技新高地 ……………………… 346
　　第三节　凝聚共识推动金华经济高质量发展 …………………… 347
　　第四节　金华：点石成金　浙中崛起 …………………………… 349

第八章 海岛名城——舟山 352
第一节 舟山区域概况及经济综述 352
第二节 舟山着力提升在长三角城市群中的地位 353
第三节 海上花园，抢占国际海岛旅游新高地 357
第四节 聚集三大优势 发挥桥头堡作用 360
第五节 多措并举，舟山落实《纲要》行动方案 362

第九章 水乡名城——台州 364
第一节 台州概况及经济综述 364
第二节 长三角一体化，台州如何融入？ 366
第三节 融入长三角，彰显"台州担当" 368
第四节 勇当融入长三角一体化，国家战略的生力军 369

第九篇 长三角中心区安徽八城发展篇章

第一章 江淮首郡——合肥 375
第一节 合肥社会概况与经济综述 375
第二节 长三角崛起国家综合科学中心——合肥 377
第三节 合肥"崛起"，将重塑长三角发展格局 380
第四节 合肥将成为长三角城市群新的增长极 382

第二章 江东名邑——芜湖 387
第一节 区域概况及经济综述 387
第二节 芜湖当好安徽融入长三角一体化"桥头堡" 389
第三节 芜湖加快新兴产业发展，深度融入长三角 391
第四节 芜湖的发展优势与未来 393

第三章 一马当先——马鞍山 397
第一节 区域概况及经济综述 397
第二节 马鞍山全面深度融入长三角 398

第三节　融入长三角一体化发展马鞍山大有可为……………402

　　第四节　奋力书写融合发展的"马鞍山篇章"………………403

第四章　铜都新姿——铜陵…………………………………………407

　　第一节　区域概况及经济综述……………………………………407

　　第二节　深度融入长三角　争当发展排头兵……………………408

　　第三节　抢抓机遇乘势而上　积极融入一体化发展……………410

　　第四节　铜陵融入长三角一体化其时已至、其势已成…………412

第五章　千年古城——安庆…………………………………………415

　　第一节　安庆区域概况及经济综述………………………………415

　　第二节　按下"快进键"，安庆"借梯登楼"……………………417

　　第三节　抢抓新机遇，打通"安庆路径"…………………………420

　　第四节　倾力打造安庆新的增长极………………………………424

　　第五节　长三角一体化发展　安庆精彩"开篇"…………………426

第六章　江淮重镇——滁州…………………………………………429

　　第一节　滁州区域概况及经济综述………………………………429

　　第二节　滁州积极融入长三角区域发展…………………………431

　　第三节　发挥区位优势，把握发展机遇…………………………433

　　第四节　滁州推进高质量发展新动能……………………………436

　　第五节　"大包干精神"续写滁州新篇章…………………………438

第七章　皖南名城——池州…………………………………………444

　　第一节　区域概况及经济综述……………………………………444

　　第二节　池州融入长三角一体化发展实践及构想………………447

　　第三节　发挥区位优势，破解发展难题…………………………450

　　第四节　潮涌长三角，风动皖西南………………………………451

　　第五节　池州未来发展可期可待…………………………………455

第八章 书香名城——宣城 …………………………………………… 460
第一节 区域概况及经济综合概要 ……………………………………… 460
第二节 东向融入长三角 深度发展结硕果 …………………………… 462
第三节 宣城发挥优势破解难题求发展 ………………………………… 465
第四节 与沪苏浙深度融合，建设美好宣城 …………………………… 468

第十篇 长三角一体化与中国经济高质量发展

第一章 《长江三角洲区域一体化发展规划纲要》是指导长三角高质量发展的指南 …………………………………………………………… 475

第二章 长三角是引领中国经济增长的重要引擎之一 ……………… 477

第三章 长三角一体化引领中国经济高质量加速发展 ……………… 480

第四章 长三角一体化率先迈向高质量发展快车道 ………………… 483

第五章 21世纪海上丝绸之路核心区福建积极对接长三角 ………… 487

后　　记 ……………………………………………………………………… 495

前　言
潮生江海　浪遏飞舟

2018年11月5日，习近平总书记在上海首届中国国际进口博览会上宣布，支持长江三角洲区域一体化发展并上升为国家战略。这块我国经济发展最为活跃、开放程度最高、创新能力最强的区域，它不仅仅是令人神往的富庶之地，更是引领中国经济高质量发展的高地，从此它将承载起非同寻常的国家使命，书写新的发展篇章。

一　这是引领新时代中国经济向高质量发展的重大部署

作为中国经济最具活力、开放程度最高、创新能力最强的区域之一，当前的长三角，正以全球视野，审视、思考、建立区域协调新机制，集聚全球资源要素，并不断加强科技创新前瞻布局和资源共享，提升区域能级和核心竞争力，这是引领新时代中国经济向高质量发展的重大部署。

长三角区域全面深入聚集"一体化"和"高质量"两个关键词，按照党中央、国务院的决策部署，沪苏浙皖三省一市有力有序有效地推动一体化发展各项工作落地生根，长三角区域协调发展对全国的示范引领效应将不断增强和显现，未来将建成最具经济活力的全球资源配置中心、具有全球影响力的科技创新高地、全球重要的现代服务业和先进制造业中心、亚太地区重要国际门户、中国新一轮改革开放排头兵、美丽中国建设示范区，一个世界级的城市群正在太平洋西岸、亚洲大陆东部沿海区域崛起。

二　让长三角成为我国发展强劲活跃的增长极

东南形胜，自古繁华，今更胜昔。"把长三角一体化发展的文章做好，使之成为我国发展强劲活跃的增长极。"一年多来,由习近平总书记部署和推动的长三角一体化发展战略,正在长江三角洲神奇而美丽的35.8万平方公里土地上汇聚起磅礴的力量,在中国经济的海洋中激荡起高质量发展的澎湃浪潮,势不可挡,一路向前。

太浦河北岸,绿树掩映中的一座座白墙墨瓦的村落,就是江苏苏州吴江区汾湖高新区(黎里镇)的青石村。阳春三月,走进青石村,映入眼帘的是大片的金黄油菜花以及那潺潺流淌的清澈河水,还有那一座座风格迥异的石板桥。

在这里中国长江经济带发展研究院调研组一行遇到前来检查工作的时任吴江区副区长、汾湖高新区管委会主任吴琦,他认为汾湖高新区及周边乡镇是长三角生态绿色一体化发展示范区重要的组成部分。一条汩汩流经的太浦河,联结起太湖和黄浦江奔腾不息的两大水系,两岸分属着江苏吴江、浙江嘉善和上海青浦三个行政区域。在这个江南鱼米之乡,老百姓们比邻而居、隔水相望,钟鼓相闻。自古以来文化相通、人缘相亲、发展相融。但在过去,行政区划的分割却给这里带来"断头路""邻避效应""三不管"等种种要素制约阻碍着社会发展的问题,希望长三角一体化能从根本上突破这个发展的瓶颈,真正抱团发展,协力前行。

如何通过区域协调发展,协同推进三角洲城市群建设,从而使长江三角洲成为引领中国经济发展和改革开放的标杆,近四十年来有关各方一直进行着区域一体化发展的多维度探索。

早在1982年,国务院就决定建立上海经济区,包括当时的苏锡常和杭嘉湖等地。

1997年,长江三角洲城市经济协调会正式成立,首批成员包括长三角15个城市。

2005年12月,首次长三角两省一市主要领导座谈会在浙江杭州召开。2008年,长三角地区主要领导座谈会队伍"扩容",安徽省领导应邀出席会议。

2016年,国务院常务会议通过《长江三角洲城市群发展规划》,安徽合肥、芜湖等8个城市正式纳入。

2018年初,由三省一市联合组建的长三角区域合作办公室在上海挂牌成立,《长三角地区一体化发展三年行动计划(2018~2020年)》随之发布。

上升为国家战略之后,长三角一体化真正按下了"快进键"。这块经济总量约占全国四分之一,年研发经费支出和有效发明专利数约占全国三分之一,进出口总额、外商直接投资、对外投资约占全国三分之一的发展热土,迎来了国家政策的高度聚焦和产业蓬勃发展的春天。

2019年5月,习近平总书记主持召开中央政治局会议,审议《长江三角洲区域一体化发展规划纲要》。会议指出,长三角一体化发展具有极大的区域带动和示范作用,要紧扣"一体化"和"高质量"两个关键词,带动整个长江经济带和华东地区发展,形成高质量发展的区域集群。

2020年8月20日,中共中央总书记、国家主席、中央军委主席习近平在合肥主持召开扎实推进长三角一体化发展座谈会并发表重要讲话。

习近平指出,长三角一体化发展不是一日之功,我们既要有历史耐心,又要有只争朝夕的紧迫感,既谋划长远,又干在当下。要从实际出发,制定"十四五"时期长三角一体化发展规划实施方案,不断取得更加丰硕的成果。习近平指出,长三角一体化发展战略实施一年多以来,三省一市和有关部门贯彻落实党中央决策部署,工作抓得紧,有不少亮点,长三角一体化发展新局面正在形成。

习近平指出,实施长三角一体化发展战略要紧扣"一体化"和"高质量"两个关键词,以一体化的思路和举措打破行政壁垒、提高政策协同,让要素在更大范围畅通流动,有利于发挥各地区比较优势,实现更合理分工,凝聚更强大的合力,促进高质量发展。上海和长三角区域不仅要提供优质产品,更要提供高水平科技供给,支撑全国高质量发展。加快打造改革开放新高地,对标国际一流标准改善营商环境,以开放、服务、创新、高效的发展环境吸引海内外人才和企业安家落户,推动贸易和投资便利化,努力成为联通国际市场和国内市场的重要桥梁。要在扎实做好"六稳"工作、全面落实"六保"任务上走在全国前列;习近平强调,要提高党把方向、谋大局、定政策、促改革的能力和定力,为长三角一体化发展提供坚强政治保障。在一体化发展战略实施的过程中发现人才、培育人才、使用人才。

三 根据中央赋予的"一极三区一高地"战略定位,长三角将在全国改革发展大局中扮演更重要的角色,担起更重要的使命

春潮涌动,时代回响。长三角一体化是大局所需、大势所趋,是中国对内对外开放的一步"先手棋"。放眼今天的长三角，三省一市推动一体化发展的意愿空前高涨，行动空前统一。

在上海市推进长三角一体化发展动员大会上，上海市委书记李强说，上海要牢牢把握"一盘棋"的实践要求，与苏浙皖三省深化分工合作，扬长避短，优势互补，把各自优势变为区域优势，提升区域发展的整体效能和核心竞争力。"既要努力拉长长板，更要积极贡献长板，为其他地区发展赋能提速，解答好'1+3＞4'这道题。"

江苏、浙江、安徽也纷纷出台了落实规划纲要的实施方案。江苏提出，要重点推进产业创新、基础设施、区域市场、绿色发展、公共服务和省内全域的"六个一体化"，打造具有全球影响力的科技产业创新中心和具有国际竞争力的先进制造业基地。

浙江发布了《推进长三角区域一体化行动方案》，要求加快推动全省域、全方位融入长三角，并结合浙江实际，启动实施高水平建设大湾区、高标准建设大通道、高起点发展数字经济、高层次扩大对外开放等九项重点任务。

根据《安徽省实施长江三角洲区域一体化发展规划纲要行动计划》，安徽紧扣"一体化"和"高质量"两个关键，坚持上海龙头带动，联手苏浙，扬皖所长，打造具有重要影响力的科技创新策源地、新兴产业聚集地、绿色发展样板区，推动制造业高质量发展，推进城乡深度融合，建设长三角联通中西部的重要开放枢纽。

1. 各类要素自由流动，协调发展硕果累累

长三角打破行政壁垒促进资源高效配置，得到企业的普遍认可。苏州市相城区委书记顾海东认为，长三角科技资源共享服务平台正式开通，G60科创走廊建设进展顺利，三省一市共同签署《长三角科创板企业金融服务一体化合作协议》《长三角地区知识产权公共服务合作框架协议》，优化营商环境等改革举措，将使长三角科创元素流动更通畅、产业融合加速度，市场主体的获得感不断提升。

2. 高质量一体化，生态绿色先行

一条南北走向的小河就是浙沪界河，像这样的小河仅在浙江嘉善县与上海金山区之间就有34条之多。此前河道治理等工作曾经是"九龙治水"，各管一片。

环境保护、生态发展既是长三角一体化发展的重要内容，也是更高质量协调发展的必要保障。目前，长三角地区的港口排放控制区已提前全面使用0.5%以下低硫油，实施了《太浦河水资源保护省际协作机制—水质预警联动方案》，联合制定实施《2019年度长三角地区跨界突发环境事件应急联动工作计划》，水环境大数据平台共建共享不断加强。

长三角地区聚集着全国1/4的"双一流"高校、国家重点实验室、国家工程研究中心，去年以来一批瞄准世界科技前沿的大科学工程启动建设，将成为科学界与产业界开展综合性科学研究与技术开发的"超级平台"，为经济社会发展提供"源动力"。

3. "抱团"迸发能量，变革走出新路

作为中国经济的重要龙头，长三角一体化发展一年多来，发展动力更显强劲活跃。

在外部不确定性增强、经济面临下行压力的大背景下，特别是2020年年初疫情的肆虐，使全球经济倍受创伤，很多外贸企业和外向型经济领域冲击更大，江苏、上海、浙江作为外贸大省，更是影响较重。但是，在这场突发的疫情面前，长三角各地政府多措并举，推动复工复产，打出了解决民生问题的"组合拳"，使长三角复工复产经济复苏一直走在全国前列。长三角经济所表现出的高质量发展的韧性与底气让世界刮目相看。

上海的"三产龙头"地位进一步强化，科创板于去年6月正式开板，2019年8月上海自贸试验区临港新片区正式设立，"先行先试金融业对外开放措施""大力提升人民币跨境金融服务能力"等被写入新片区总体方案，带动了一大批金融机构抢滩。

作为全国顶尖的工业大省，2019年江苏规模以上工业增加值增长5.8%，回升势头明显。分行业看，江苏工业增加值排名前10的行业中，8个实现同比增长，3个增速比上半年有不同程度回升。

作为全国领先的数字经济大省，浙江2019年数字经济核心产业增加值同比增长13%。推动城市、教育、医疗、交通、文旅等十大应用场景数字化转型，目标到2022年数字经济总量达4万亿元以上，占GDP55%以上。

作为全国新兴的工业和科技大省，安徽融入长三角后不仅经济增长加快且结构持续优化。2019年战略性新兴产业产值增长15.2%，全省GDP中服务业增加值占比提高0.4个百分点。

打破行政与区域壁垒,提升资源的高效配置整合,通过产业协同与能级提升做大经济规模,是长三角一年来良好势头的"发展密码"和下一步继续改革的方向。

四 合力打造国际一流营商环境,折射了长三角吸引全球资源的底气和高水平参与全球竞争合作的追求

1. 全球营商中国排名再次大幅上升15位,位列第31位

在世界银行最新发布的《全球营商环境报告2020》中,中国排名再次大幅上升15位,位列第31位。作为中国重要的样板城市,长三角龙头——上海,以钉钉子精神持续推进营商环境评价对标改革,在办理建筑许可、保护中小投资者、办理破产、跨境贸易、纳税等指标的全球排名上均有显著提升。执行合同、获得电力、开办企业、财产登记、保护中小投资者等5个指标均进入全球前30名。

2. 一个个世界级产业集群正在形成

依托科大讯飞智能语音国家级人工智能开放创新平台,一个智能语音先进制造业产业集群——中国声谷,正在安徽合肥加速崛起。放眼长三角,云计算、大数据、物联网、人工智能等技术加速革新,"智造"产业链在长三角协同共塑,先进制造业产业集群正阔步壮大。随着铁路、机场、港口集群的建设完善,长三角世界级城市群呼之欲出。

在逆全球化和贸易保护主义倾向时有抬头的背景下,长三角乃至中国发展被寄予更多新期望。长三角未来能够成为区域与国际合作的"灯塔",不仅在于这一地区高度发达的基础设施、发展成熟的核心产业、对外资定位的广泛认可以及富裕的市民生活,也在于长三角一体化升级为国家战略,这是长三角向世界展示中国既有和崭新的核心竞争力优势。

3. 以"战疫一盘棋 夺取双胜利"为主题,全面分析新形势下长三角一体化发展的新要求新使命

2020年6月5日,2020年度长三角地区主要领导座谈会在浙江湖州举行,并于6日举行了成果发布会。

会议深入学习贯彻习近平总书记关于长三角一体化发展的重要论述精神,

以"战疫一盘棋 夺取双胜利"为主题，全面分析新形势下长三角一体化发展的新要求新使命，总结交流2019年"芜湖会议"以来一市三省实施长三角一体化发展规划纲要的工作成效，审定了长三角一体化发展2020年度工作计划和重点合作事项清单，着重就落实"六稳""六保"、践行"两山"理念、深化应急协同、加强产业链供应链协同等进行了深入讨论，研究部署了当前和今后一段时期共同推进的重大事项。

4. 长三角一体化创新成果展与重大项目频频开工

本次创新成果展集中展示了长三角地区近年来取得的重大科技成果585项，其中数字经济、生命健康、新材料、高端装备制造领域成果占比超过90%，参展项目获国家和省部级以上奖励占比近一半。成果展期间，还发布了长三角一体化区域协同创新指数，举行了长三角科技成果竞价（拍卖）活动，60项科技成果参加了竞价（拍卖）。

据悉，2020年三省一市共计划实施一体化重大项目1390项，总投资达7.81万亿元，在建项目955项，新开工项目435项。其中，新开工20亿元以上的轨道交通、高速公路、机场枢纽、航道港口等项目共计76项、总投资10179亿元。基础设施建设如火如荼，互联互通的长三角让人不禁感叹，"确实连在一起了！"

"海阔天空浪若雷，钱塘潮涌自天来。"在国家重大战略的指引下，以改革开放为动力，长三角正在谱写一体化发展的壮丽诗篇，一个最具影响力和带动力的强劲活跃增长极正在太平洋西岸中国东部喷薄而出，引领中国，走向未来。

引 子
长三角一体化：世界第六大城市群的现在与未来

中共中央、国务院于2019年12月1日，公布了《长江三角洲区域一体化规划纲要》（以下简称《规划纲要》）。规划范围包括上海市、江苏省、浙江省、安徽省全域（面积35.8万平方公里）。

按照规划纲要，到2025年，长三角一体化发展取得实质性进展；到2035年，长三角一体化发展达到较高水平，整体达到全国领先水平，成为最具影响力和带动力的强劲活跃增长极。长三角人口众多、城市密集、经济发达。从城市群与都市圈的角度审视，《规划纲要》描绘了一个世界级的超大城市群与特大都市圈未来发展的宏大愿景。这片发展热土让世界目光不断聚焦，一体化发展的奔流激荡向前，通江达海，汇聚太平洋，在世界经济的大潮中显现出澎湃的中国力量！

一 长三角一体化的本质：都市圈的竞争与协同

"大都市圈理论"由法国地理学家戈特曼的大都市带研究衍生而来。所谓"大都市圈理论"是指在一定地理或行政区域内，以特大城市为核心，辐射并带动周边一定范围的中小城市，使其成为在世界范围内有显著影响力、竞争力的区域城市群或都市圈。戈特曼在研究中采用了"大都市连绵区"、"大都市带"、"大都市圈"等概念。在都市带或都市圈的地理空间内，各种经济要素高度集聚、有机融合，城市间相互辐射与合作，显著提升城市的经济竞争力，以此成为现代城市发展的经典理论依据和指南。

2019年2月,国家发改委发出了《关于培育发展现代都市圈的指导意见》。该意见把城市群与都市圈做了一个明确区分,认为"城市群是新型城镇化主体形态,是支撑全国经济增长、促进区域协调发展、参与国际竞争合作的重要平台。都市圈是城市群内部以超大特大城市或辐射带动功能强的大城市为中心、以1小时通勤圈为基本范围的城镇化空间形态"。

长三角一体化发展,核心问题主要是着眼打破长三角内部的行政壁垒,营造市场统一开放、要素自由流动的良好发展环境,抓住了长三角区域发展的关键问题。以城市群与都市圈理论看待长三角区域发展,整个长江三角洲区域就是一个超级城市群,而以上海市为核心,以上海市及南京市、苏州市、杭州市、宁波市、合肥市等27个城市为中心区的范围形成了世界第六大城市群。

把长江三角洲区域一体化发展同"一带一路"建设、京津冀协同发展、长江经济带发展、粤港澳大湾区建设一起,作为完善中国改革开放的空间布局。

二 都市圈竞争的要义:提高城市发展融合度

按照《规划纲要》布局,长江三角洲的中心区是一个典型的大都市圈。以上海市为都市圈的核心城市,以南京市、苏州市、杭州市、宁波市、合肥市等27个城市为都市圈的骨干城市,以中心区内的各个中小城市为都市圈的基础城市,构成了一个完整的都市圈形态。在上海都市圈的四周是江苏、浙江、安徽三省的其他城市为外围城市,它们与上海都市圈一起组成了长三角超级城市群。这样一个庞大的城市集群,在行政管辖上互不隶属,经济要素按市场化配置为主的大背景下,要实现良性互动、互利共赢,很重要的是要做到:

1. 分层赋能,明确都市圈内各类城市的功能定位

在这方面,《规划纲要》作了某种程度的阐述,上海作为都市圈的核心城市主要是发挥带动作用,提升上海城市能级和核心竞争力,为都市圈和长三角高质量发展提供服务;南京、苏州、杭州、宁波、合肥等骨干城市主要是发挥比较优势,增强经济竞争能力,率先实现经济的高质量发展。针对长三角各类城市的功能定位,一些专项规划在资源配置方面也做了适当的安排和调整。

2. 错位竞争,明确都市圈内各类城市的发展方向

在这方面,《规划纲要》作了更为详尽的论述,上海主要围绕国际经济、

金融、贸易、航运和科技创新"五个中心"建设，形成上海服务、上海制造、上海购物、上海文化"四大品牌"；江苏主要发挥制造业发达、科教资源丰富、开放程度高等优势，推进沿沪宁产业创新带发展；浙江主要发挥数字经济领先、生态环境优美、民营经济发达等特色优势，推进大湾区大花园大通道大都市区建设；安徽主要发挥创新活跃强劲、制造特色鲜明、生态资源良好、内陆腹地广阔等优势，推进皖江城市带联动发展等。

3. 融合发展，打破都市圈内各城市行政的羁绊

这是长三角一体化的重点，也是改革的难点。要在都市圈内逐步建立统一、开放的市场体系，让经济要素充分流动，让市场成为资源配置的主要方式，为各类企业创造公平的竞争环境，真正实现长三角一体化发展。从长三角经济社会一体化的现状来看，消费品市场的一体化最畅通，交通运输一体化最容易，经济要素一体化最困难，民生福利一体化将是经济社会一体化的最终成果。下一步要把经济要素的市场化配置作为改革重点，理顺价格、全面开放，最终建立上海都市圈的统一大市场。

三　城市融合发展的标志：高质量汇聚八方英才

城市是人类文明起源的标志之一。几千年来，无数有理想、有才华的年轻人从乡村来到城市，成就了自己，也繁荣了城市。人口人才永远是一个城市蓬勃发展的不竭动力。一个城市有没有充满希望的未来，说到底，就看这个城市能不能吸引集聚人才、用好人才，如果人才在这个城市没有用武之地，人才能不能在这个城市寻找到属于自己的人生坐标，这是城市发展的关键所在，要实现真正意义上的人才集聚，还有很多工作要做，最终让他们"把他乡当家乡，把职业当事业！"

当下，一个宜居又宜业的城市最基本的配置是：交通便捷、生态宜居、经济活跃、文化宽容。总体上来说，长三角区域的许多城市都具有这样的基本特质。

1. 交通便捷

长三角区域高速公路的密度、空港机场的密度已经与发达国家差不多，高速铁路建设正在持续推进之中，内河与海运港口条件比较好。《规划纲要》关于"协同建设一体化综合交通体系"的部署十分详尽，主要是整合交通资源，

推进互联互通。下一步长三角交通建设的重点应该是推进城市内轨道交通向周边城市延伸，整个都市圈形成便捷通勤网，加快智能交通建设，提高交通出行效率。

2. 生态宜居

生态宜居包括了两方面的含义，一是生态好；二是居有室。从生态来讲，长三角人口众多，城市密集，经济发达，单位面积污染排放量较大，生态环境保护的任务十分繁重。《规划纲要》在"强化生态环境共保联治"中提出了明确要求，关键是持之以恒抓好落实。从宜居来讲，长三角的许多城市房价高企，居大不易。房价高企的城市要采取切实举措，稳定房价，多渠道加大经济适用房的供应，切莫让高房价成为城市人才引进的绊脚石。

3. 经济活跃

影响城市经济是否活跃的因素可能有许多，但重要的核心是四点：首先是法治昌明，依法办事，公开透明；其次法无授权不可为，法无禁止即可行；再次是轻税薄费，依法收税；第四是社会和谐，治安良好，民风淳朴。一个城市只要真正做到法治昌明、环境宽松、轻税薄费、社会和谐，一定会成为经济活跃、社会文明、人民安居乐业的城市。

4. 文化宽容

长三角都市圈的核心城市是上海，上海有许多标签，最重要的是三点，即金融、科技、文化。上海文化称作"海派文化"。"海派文化"既有江南文化的古典与雅致，又有国际大都市的现代与时尚。"海派文化"的精髓是"海纳百川、兼容并蓄"，体现了尊重多元、尊重个性、兼顾个人与社会利益的特点，属于以契约精神为主导的理性的、宽容的、较成熟的商业文化，"海派文化"与"江南文化"相互交融，是长三角的一个共同文化标识。

对于长三角一体化来说，今年的关键词就是"施工"。6月5日上午，长三角一体化发展重大项目，沪苏湖铁路开工仪式在浙江湖州隆重举行，同一时间，沪苏湖铁路上海段、江苏段建设动员会在当地"云同步"举办，在安徽，扬马城际铁路马鞍山枢纽工程开工仪式的"云现场"也格外抢眼。

长三角上的"东方明珠"上海，与太湖畔的两颗明珠苏州和湖州在未来将"交相辉映"，湖州这座因太湖得名的清丽古城，也将迈进"上海30分钟通勤圈"。

交通运输是长三角区域一体化发展的先行领域、关键支撑和重要载体。长三角地区积极打造"轨道上的长三角",以全国铁路8%的营业里程,承担了国内近20%的铁路旅客输送量,形成全国最密集完善的高铁网络。

南京南、合肥南、上海虹桥、杭州东等现代化高铁站运营时间内平均不到2分钟就有一趟高铁到发;"半小时至3小时经济圈"从梦想变成现实……风驰电掣的速度,印证着长三角一体化发展的热度。

6月5日,在浙江湖州召开的2020年度长三角地区主要领导座谈会上举行重大合作事项签约仪式。《通州湾新出海口开发建设战略合作框架协议》和《南通新机场合作共建协议》在会上签署,这标志着苏沪两地在不断凝聚共识、持续协同发力的基础上,携手推动通州湾长江集装箱运输新出海口建设和合作共建南通新机场取得突破性进展,沪苏通铁路的开通使长三角轨道上的交通又迈出了坚实的一步。

突如其来的疫情"大考",彰显长三角"产业圈"协同战"疫"和携手复苏的能力。地处南京江北新区的中车浦镇车辆厂在一河之隔的来安县拥有125家配套企业,疫情发生后,产业链"骤断"。通过长三角产业链复工复产协同机制,两地共同成立复工复产协调小组,梳理轨道交通产业链上所有企业,通过人员流动互认、运输车辆共保、应急物资互帮,确保与中车浦镇配套的362家企业全部复工复产,产业链条重现生机。

为助推三省一市文化旅游资源共享,四地文旅主管部门纷纷发力机制建设。2019年5月,沪苏浙皖文化和旅游部门合作建立长三角文化和旅游联盟。江苏作为2020年联盟轮值省份,协调沪、浙、皖文化和旅游部门,联合制定《2020年长三角文化和旅游联盟重点工作计划》,推出包括举办第二届大运河文旅博览会、加快江南水乡古镇生态文化旅游发展等31项措施,助力长三角文旅行业合作发展对抗疫情影响。

一个充满创新活力的长三角,正在太平洋西岸领跑中国经济向高质量发展,长三角的未来给予了我们信心,长三角的底气给予了我们力量,长三角的美丽画卷正在向中国、向世界惊艳展开……

第一篇 | 长江三角洲的形成与历史变迁

长江三角洲，泛指镇江、扬州以东长江泥沙积成的冲积平原，位于江苏省东南部、上海市及浙江省杭嘉湖地区。长江三角洲地区有着悠久的文化历史，加之有着发达的水系、丰饶的土地和先进的中国农业、手工业，使其在中国封建社会的中后期就已经初步形成了一个可观的城市群。

《长江三角洲城市群发展规划》指明，长三角城市群要建设面向全球、辐射亚太、引领全国的世界级城市群；建成最具经济活力的资源配置中心、具有全球影响力的科技创新高地、全球重要的现代服务业和先进制造业中心、亚太地区重要国际门户、全国新一轮改革开放排头兵、美丽中国建设示范区。

第一章
长江三角洲地域空间及由来

第一节 长江三角洲的区域形成

公元前四千至五千年之前，长江三角洲是一个三角形港湾，长江河口好似一只向东方张口的喇叭，水面辽阔，潮汐作用显著。在海水的顶托下，长江每年带来的4.7亿吨泥沙大部分沉积下来，在南、北两岸各堆积成一条沙堤。北岸沙堤大致从扬州附近向东延伸至如东附近，沙堤以北主要是由黄河、淮河冲积成的里下河平原。南岸沙堤从江阴附近开始向东南延伸，直至上海市金山区的漕泾附近，并与钱塘江北岸沙堤相连接，形成了太湖平原。

里下河平原位于长江北岸，面积约1.4万平方公里，为一碟形洼地。洼地中心湖荡连片，主要有射阳湖、大纵湖等。长江三角洲上散布着一系列海拔100～300米的残丘，大部由泥盆系砂岩和石炭、二迭系灰岩构成，少数由燕山期花岗岩和粗面岩组成。面积约为5万平方公里。这里地势低平，海拔基本在10米以下，零星散布着一些孤山残丘，如高邮神居山、仪征的白羊山、常州溧阳的南山、无锡的惠山、苏州的天平山、常熟的虞山、松江的佘山和天马山等。其中常州溧阳的南山海拔508米，为吴越第一峰。它们或兀立在平原之上，或挺立于太湖之中，有的成为游览区，有的成为花果山。长江三角洲的地理顶点在江苏省仪征市真州镇一带。长江三角洲的最低点在江苏省高邮市一带（平均海拔2米），最高点位于在江苏省南京市玄武区紫金山（海拔448.9米）。

长江三角洲顶点在仪征市真州镇附近，以扬州、江都、泰州、海安、栟茶一线为其北界，镇江、宁镇山脉、茅山东麓、天目山北麓至杭州湾北岸一线为西界和南界，东止黄海和东海，面积4万平方公里，为中国最大的河口三角洲。

其中江苏省境内约2.5万平方公里，地面高程2～5米。三角洲基底为扬子准地台的一部分，喜马拉雅构造运动中断沉降。第四纪新构造运动中，地壳和海平面频繁升降，最后一次大海侵结束后，长江携带的泥沙不断沉积，开始在江口发育三角洲。由于科氏力的作用，主江流不断右偏，江口沙群依次并入北岸。红桥期、黄桥期、金沙期、海门期、北沙期等形成的沙坝、沙洲群，形成今天长江北岸的邗江、泰兴、靖江、如皋、南通、海门、启东诸县地。现在江口附近的崇明、长兴、横沙等沙岛，也将按此规律并入北岸。江口沙咀也同步延伸。北岸沙咀延伸为今三角洲北界，地面高程6～8米。南岸沙咀经江阴、太仓、外冈、马桥一线向东延伸，地面高程4.5～6米，与钱塘江北岸相连后达杭州湾。沙咀内侧的浅水海湾被淤封成为古太湖的前身。此后浅水海湾不断淤浅，逐渐演变为湖荡罗布、河道交错的低平原。南岸沙咀外侧滨海地区不断淤积成滨海平原。

三角洲形成初期，人类就在这里从事渔猎和农耕。经公元4～6世纪东晋、南北朝和12～13世纪南宋两次大移民，及10世纪以来的河网建设，三角洲逐步发展成为我国著名的"鱼米之乡"和"丝绸之乡"。

近代工业兴起较早，内河航运发达，沪宁、沪杭铁路相继建成，上海和江苏省苏州、无锡、常州、镇江、南通、扬州以及浙江省杭州、嘉兴等地先后发展为工业城市。

第二节　长江三角洲的历史变迁

从明代到清代——长江三角洲出现了九座较大的商业与手工业城市纺织业及其交易中心南京、杭州、苏州、松江；粮食集散地扬州、无锡、常州，印刷及文具制作交易中心湖州。上海（元代始设县）此时已发展成为沿海南北贸易的重要商业中心。

鸦片战争后（1842～1949年）——对外开放条件下商品经济初步大发展时期，长江三角洲地区新兴现代工商业城市群的形成和发展阶段。外国商品开始涌入中国，中国原料型产品开始向外出口，外商贸易与金融机构也开始进入中国。同时进口替代性的早期现代工业也开始发展。此时的上海在19世纪下半叶通过大规模的基础设施建设已崛起为一座工商业大都市，到20世纪30年代成为整个长江三角洲乃至中国的贸易中心、金融中心和工业中心。同时无锡、南通、宁波也通过优越的地理区位对外通商、以港兴市成为次一级的重要城市，而杭州、镇江、扬州、苏州、常州等老城因为大运河的衰退而地位下降。

计划经济体制年代（1949~1978年）——长江三角洲地区城市功能趋同阶段，在种种特殊的环境条件下，中国选择了苏联式高度集中计划经济体制和封闭型经济发展战略。各城市千篇一律大办工业，变消费城市为生产城市，使得城市功能趋同，城市化进程极其缓慢。

改革开放和发展社会主义市场经济阶段，长江三角洲地区城市群城市功能重新分化重组。上海以其优越的地理区位和积累的资源基础重新成为国际性大都市。整个城市群的经济中心、第三产业关系、城市功能进行了重新定位和分工。通过以上对上海及其周边城市群历史上，特别是近代以来的兴衰发展演变过程的分析，可以得出这样一个结论，即整个长江三角洲地区城市群中重点城市的发展是在交通等基础设施发展的基础上，依靠港口、航道、交通枢纽等重要区位，内引外连，以上海为贸易、金融、信息中心向海外发展。这也是中国经济从封建农业经济向半封建半殖民经济近而向市场经济发展的趋势使然。新中国成立后虽经历了计划经济的趋同化发展阶段，但经过改革开放后的城市功能的重新定位调整，依然回到依托上海，依靠交通，向海外发展的方向上来。这是中国经济融入世界经济的必然。其间上海的中心地位有一个从确立到消失到再确立的过程，整个三角洲城市群的城市网络也经历了从发展到停滞到再发展的过程。

2010年5月——国务院正式批准实施的《长江三角洲地区区域规划》将长三角的范围确定为苏浙沪地区，明确了长江三角洲地区发展的战略定位，即亚太地区重要的国际门户、全球重要的现代服务业和先进制造业中心、具有较强国际竞争力的世界级城市群。《2010中国城市群发展报告》提出，经过10~20年建设，中国要将"长三角城市群"建成国家综合竞争力最强的世界级城市群。

2014 年——《国务院关于依托黄金水道推动长江经济带发展的指导意见》促进长江三角洲一体化发展，打造具有国际竞争力的世界级城市群。规划中提到沿江五个城市群的发展规划和战略定位，其中首次明确了安徽作为长江三角洲城市群的一部分，参与长三角一体化发展，充分发挥上海国际大都市的龙头作用，加快国际金融、航运、贸易中心建设。提升南京、杭州、合肥都市区的国际化水平。推进苏南现代化建设示范区、浙江舟山群岛新区、浙江海洋经济发展示范区、皖江承接产业转移示范区、皖南国际文化旅游示范区建设和通州湾江海联动开发。优化提升沪宁合（上海、南京、合肥）、沪杭（上海、杭州）主轴带功能，培育壮大沿江、沿海、宁湖杭（南京、湖州、杭州）、杭绍甬舟（杭州、绍兴、宁波、舟山）等发展轴带。

2015 年 12 月 3 日——长江三角洲地区三省一市主要领导座谈会在合肥举行。全面总结了"十二五"以来长三角地区合作与发展情况，全面深入交流了三省一市 2015 年以来参与"一带一路"和长江经济带等国家战略建设，推进长三角地区协同发展的政策举措和经验做法，综合分析了当前国际国内新形势及长三角一体化发展面临的新情况，重点围绕"共同谋划'十三五'长三角协同发展新篇章"的主题，就深度融入国家战略、推动经济转型升级、深化重点专题合作、完善合作发展机制等事项进行了深入讨论。

2016 年 5 月 11 日——国务院常务会议通过《长江三角洲城市群发展规划》，提出培育更高水平的经济增长极。到 2030 年，全面建成具有全球影响力的世界级城市群。规划中提出，发挥上海中心城市作用，推进南京都市圈、杭州都市圈、合肥都市圈、苏锡常都市圈、宁波都市圈等都市圈同城化发展在扩大开放方面，要大力吸引外资，扩大服务业对外开放，探索建立自由贸易港区；推进贸易便利化在产业发展方面，要强化装备制造、信息技术、生物制药、汽车、新材料等高端制造业关键领域创新；发展金融、研发、物流等现代服务业。

2018 年 9 月 27 日——由沪苏浙皖文明办联合主办的长三角全国文明城市（区）文化交流研讨会 27 日在上海召开，会上长三角三省一市共同签署了全国文明城市、城区创建工作的共建备忘录。

2018 年 11 月 18 日——《中共中央国务院关于建立更加有效的区域协调发展新机制的意见》明确要求以上海为中心引领长三角城市群发展，带动长江经济带发展。

2018年11月30日——上海徐汇及南京、杭州、宁波、绍兴、蚌埠等6个长三角市、区在长三角文化金融合作论坛上正式签约，建立长三角文化金融合作服务平台，共同为长三角文化企业和文化产业项目的发展提供专业服务和支撑。

2018年12月1日——上海、杭州、宁波三地的地铁二维码乘车模式正式启动互联互通，覆盖526座轨交车站，1万余台闸机。

2019年1月——时任上海市市长应勇在作《政府工作报告》时指出，要全力实施长江三角洲区域一体化发展国家战略，合力推进长三角一体化发展示范区建设。积极推动并认真落实长三角一体化发展规划纲要，发挥龙头带动作用。同年，安徽全省16个市已经全部加入长三角城市群，包括皖北。

2019年——《长江三角洲区域一体化发展规划纲要》正式印发，规划范围为苏浙皖沪四省市全部区域。

2020年6月5日至6日——2020年度长三角地区主要领导人座谈会在浙江召开，会议认为，建设全国发展强劲活跃增长极的长三角地区将打造世界级产业集群和标志性产业链，争取创建长三角国家技术创新中心。同时，培育长三角大市场，推动形成以国内大循环为主体、国内国际双循环相互促进的新发展格局。

此次会议分别审定了长三角区域一体化发展2020年度工作计划和重点合作事项清单。为下一步长三角发展明确了方向与行动步骤。作为我国现代化水平较高的地区之一，长三角有条件有能力在构建国内国际双循环相互促进的新发展格局中走在全国前列。中国长江经济带发展研究院院长袁羽钧表示，由一市三省主要领导参加的会议是四地最高决策沟通的重要机制，一方面集中检验三年行动计划实施成效，另一方面明确了当前和今后一段时间要共同推进的若干重大事项。

会议指出，加快构建长三角科技创新共同体，共同承接国家重大科研任务，合力推进重大科技基础设施集群化、系统化发展，健全科技资源共建共享的区域创新体系。共同打造世界级产业集群和标志性产业链，推进长三角工业互联网一体化发展示范区等国家级平台建设。

在科技创新推动发展的同时，长三角一体化建设步伐也将提速。此次会议敲定的19个长三角重点合作事项中，相关部门和企业还分别签署《长三角区域公共卫生合作协议》《长三角地区省际交通互联互通建设合作协议》《长三角能源基础设施一体化合作框架协议》。

其中，一市三省相关部门将共同加强卫生应急领域深度合作，建立公共卫生安全信息互联互通机制，开展跨区域远程诊治合作，开展公共卫生科技联合攻关，开展学科人才队伍联合建设，完善平战结合的医疗救治资源配置机制。

第三节　长江三角洲中心城市的区域范围和基本概况

长江三角洲城市群（简称：长三角城市群）以上海为中心，位于长江入海之前的冲积平原，根据2019年长江三角洲区域一体化发展规划纲要，规划范围正式定为苏浙皖沪三省一市全部区域。为更好地一体化发展，又将以上海市，江苏省南京、无锡、常州、苏州、南通、扬州、镇江、盐城、泰州，浙江省杭州、宁波、温州、湖州、嘉兴、绍兴、金华、舟山、台州，安徽省合肥、芜湖、马鞍山、铜陵、安庆、滁州、池州、宣城27个城市划为中心区（面积22.5万平方公里），辐射带动长三角地区高质量发展。

长三角中心区城市城市群是"一带一路"与长江经济带的重要交汇地带，在国家现代化建设大局和开放格局中具有举足轻重的战略地位，是中国参与国际竞争的重要平台、经济社会发展的重要引擎、长江经济带的引领者，是中国城镇化基础最好的地区之一。长三角城市群经济腹地广阔，拥有现代化江海港口群和机场群，高速公路网比较健全，公铁交通干线密度全国领先，立体综合交通网络基本形成。

《长江三角洲城市群发展规划》指明，长三角城市群要建设面向全球、辐射亚太、引领全国的世界级城市群。建成最具经济活力的资源配置中心、具有全球影响力的科技创新高地、全球重要的现代服务业和先进制造业中心、亚太地区重要国际门户、全国新一轮改革开放排头兵、美丽中国建设示范区。

长三角中心城市行政区域划分

省/直辖市	地级市	下辖
上海	无	黄浦区、浦东新区、徐汇区、长宁区、静安区、普陀区、虹口区、杨浦区、闵行区、宝山区、嘉定区、金山区、松江区、青浦区、奉贤区、崇明区

续表

省/直辖市	地级市	下辖
江苏	南京	玄武区、秦淮区、建邺区、鼓楼区、浦口区、栖霞区、雨花台区、江宁区、六合区、溧水区、高淳区
	无锡	梁溪区、滨湖区、新吴区、锡山区、惠山区、江阴市、宜兴市
	常州	天宁区、钟楼区、新北区、武进区、金坛区、溧阳市
	苏州	姑苏区、虎丘区、吴中区、相城区、吴江区、常熟市、张家港市、昆山市、太仓市
	南通	崇川区、港闸区、通州区、启东市、如皋市、海门市、海安市、如东县
	盐城	亭湖区、盐都区、大丰区、东台市、响水县、滨海县、阜宁县、射阳县、建湖县
	扬州	广陵区、邗江区、江都区、仪征市、高邮市、宝应县
	镇江	京口区、润州区、丹徒区、丹阳市、扬中市、句容市
	泰州	海陵区、高港区、姜堰区、兴化市、靖江市、泰兴市
浙江	杭州	上城区、下城区、江干区、拱墅区、西湖区、滨江区、余杭区、萧山区、富阳区、建德市、临安区、桐庐县、淳安县
	宁波	海曙区、江北区、北仑区、镇海区、鄞州区、奉化区、余姚市、慈溪市、象山县、宁海县
	绍兴	越城区、柯桥区、上虞区、诸暨市、嵊州市、新昌县
	湖州	吴兴区、南浔区、德清县、长兴县、安吉县
	嘉兴	南湖区、秀洲区、海宁市、平湖市、桐乡市、嘉善县、海盐县
	金华	婺城区、金东区、兰溪市、东阳市、永康市、义乌市、武义县、浦江县、磐安县
	舟山	定海区、普陀区、岱山县、嵊泗县
	台州	椒江区、黄岩区、路桥区、温岭市、临海市、玉环市、三门县、天台县、仙居县
	温州	鹿城区、龙湾区、瓯海区、洞头区、瑞安市、乐清市、永嘉县、平阳县、苍南县、文成县、泰顺县
安徽	合肥	瑶海区、庐阳区、蜀山区、包河区、巢湖市、肥东县、肥西县、长丰县、庐江县
	芜湖	镜湖区、弋江区、鸠江区、三山区、无为市、芜湖县、繁昌县、南陵县
	马鞍山	花山区、雨山区、博望区、含山县、和县、当涂县
	铜陵	铜官区、义安区、郊区、枞阳县
	安庆	迎江区、大观区、宜秀区、桐城市、怀宁县、潜山县、望江县、岳西县、太湖县、宿松县
	宣城	宣州区、宁国市、广德县、郎溪县、泾县、旌德县、绩溪县
	池州	贵池区、青阳县、石台县、东至县
	滁州	琅琊区、南谯区、天长市、明光市、定远县、凤阳县、全椒县、来安县

其中又以上海青浦、江苏吴江、浙江嘉善三地为长三角生态绿色一体化发展示范区（面积约2300平方公里），示范引领长三角地区更高质量一体化发

· 9 ·

展。以上海临港等地区为中国（上海）自由贸易试验区新片区，打造与国际通行规则相衔接、更具国际市场影响力和竞争力的特殊经济功能区。

2019年，长江三角洲区域一体化发展规划纲要正式印发，长三角规划范围正式扩容至苏浙皖沪四省市全部城市，而其中的27个城市又被纳入中心区城市。

第二章
长江三角洲的自然状况与资源禀赋

第一节 地理环境

长江三角洲位于长江下游，东临黄海、东来海，地处江海交汇之地，地理位置十分优越。该地区可以依托长江水运，沟通东西部地区；依靠沿海航运，联结南北方地区；通过远洋航线，加强对外经济交流。长江三角洲属于亚热带地区，气候温暖湿润。

长三角是中国长江和钱塘江在入海处冲积成的三角洲。包括江苏省东南部、上海市和浙江省东北部。是长江中下游平原的一部分。面积约5万平方千米。三角洲顶点在镇江市、扬州市一线，北至小洋口，南临杭州湾。海拔多在10米以下，间有低丘（如惠山、天平山、虞山、狼山等）散布，海拔200~300米。长江年均输沙量4亿~9亿吨，一般年份有28%的泥沙在长江中沉积，个别年份高达78%，三角洲不断向海延伸。

长三角土地肥沃，农业产水稻、棉花、小麦、油菜、花生、蚕丝、鱼虾等，是中国人口最稠密的地区之一。在长江下游和沪宁线两旁有许多重要城镇，如上海市、苏州市、常州市、无锡市、镇江市、扬州市、泰州市、南通市、徐州市、淮安市、盐城市、连云港市等。其中，上海是中国最大的工商业城市，世界著名的外贸港口；义乌市是全球最大的小商品集散中心；苏州、无锡、常州等是风景游览地和新兴的工业城市。

传统意义的长江三角洲北起通扬运河，南抵杭州湾，西至南京，东到海滨，包括上海市、江苏省南部、浙江省北部以及邻近海域。面积约为99600平方公里，人口约7500万，是一片坦荡的大平原。这里岸线平直，海水黄浑，有一条宽约几千米到几十千米的潮间带浅滩。这个都市群汇集了产业、金融、贸易、教育、科技、文化等雄厚的实力，对于带动长江流域经济的发展，连接国内外市场，吸引海外投资，推动产业与技术转移，参与国际竞争与区域重组具有重要作用。

地理性定义的长江三角洲是我国最大的河口三角洲，泛指镇江、扬州以东长江泥沙积成的冲积平原，位于江苏省东南部、上海市及浙江省杭嘉湖地区。长江三角洲顶点在仪征市真州镇附近，以扬州、江都、泰州、姜堰、海安、栟茶一线为其北界，镇江、宁镇山脉、茅山东麓、天目山北麓至杭州湾北岸一线为西界和南界，东止黄海和东海。

按照国务院2008年关于进一步发展长三角的指导意见，正式确定将长三角扩大到两省一市，即江苏浙江全省，上海市。这个战略性规划兼顾了区域平衡和互补，将苏北和浙西南纳入长三角范围，在土地、资源、人才等层次上明显提升了长三角的实力和发展潜力，长三角占中国经济总量也由不足1/5提升到接近1/4，尤其是苏北和浙西南将成为最具增长潜力的地区，对拉动整个地区经济增长、促进长三角核心地区产业配置有极其重要的作用。

第二节　气候、水文概况

一　气候特点

长江三角洲主要为亚热带季风气候，年均气温、年均最高和最低气温都显著增加，增温率都是冬季和春季较高，夏季最低。大城市站增温率明显高于小城镇和中等城市站，城市化效应对大城市气温基本上都是增温作用，其中对平均最低气温的增温率及贡献率最大，对平均最高气温都最小。长江三角洲气温变化趋势和增温率、城市化效应的增温率及增温贡献率与其他地区具有较好的一致性。

二　水文概况

长江三角洲是中国河网密度最高的地区，平均每平方公里河网长度达

4.8～6.7公里。平原上共有湖泊200多个。长江三角洲河川纵横，湖荡棋布，农业发达，人口稠密，城市众多。在中国经济中占有重要地位，号称中国的"金三角"地区。由于地势低洼，历史上，洪涝灾害异常严重。为了改变这种状况，国家投资兴修水利工程，西挡淮水，东挡海潮，开挖运河，增强排灌能力。使这个十年九涝的多灾区变成江淮流域的重要粮食生产基地。

长三角区域内主要有江苏的太湖、洪泽湖、金牛湖、石臼湖、固城湖、高邮湖、骆马湖、邵伯湖、登月湖，浙江的西湖、东湖、南湖、东钱湖、千岛湖和安徽的巢湖、太平湖、花亭湖、升金湖、天井湖、平天湖、雨山湖等湖泊，除淮河、长江、钱塘江、京杭大运河等重要河流以外，还有上海的黄浦江、吴淞江、蕰藻浜；江苏的秦淮河、苏北灌溉总渠、新沭河、通扬运河；浙江的瓯江、灵江、苕溪、南江、飞云江、鳌江、曹娥江、浙东运河；安徽的青弋江、水阳江、秋浦河、皖江、新安江、滁河、漳河、溧河、颍河、涡河、东淝河、南淝河、裕溪河、柘皋河、杭埠河、滩河、史河等水系。

长江三角洲包括三角洲平原及周边丘陵山地，天然的水环境良好，多年平均当地水资源量为537.79亿立方米，长江干流多年平均过境水量9730亿立方米，水资源丰富。长江总体水质尚好，主泓水质多为Ⅱ类，沿岸部分具有Ⅲ类水。太湖是上海、苏州、无锡的主要饮用水源，但水质一直在下降，总体为Ⅲ类水（占70%），Ⅱ类水仅占15%，其他河道、小湖泊均为Ⅳ类和Ⅴ类水。钱塘江水系以Ⅱ类、Ⅲ类水为主。京杭运河为Ⅴ类、劣Ⅴ类水。

据《2013年中国环境状况公报》，淮河流域从中度污染下降到轻度污染，水质有所好转。其中，淮河干流水质为优；主要支流为轻度污染，一至三类、四至五类和劣五类水质的断面比例分别为38.1%、42.9%和19%，主要污染物为化学需氧量、五日生化需氧量和高锰酸盐指数。沂沭泗水系水质为优；淮河流域其他水系为轻度污染，一至三类、四至五类和劣五类水质断面比例分别为67.7%、22.6%和9.7%。巢湖湖体平均水质为Ⅳ类、轻度污染、呈轻度富营养状态。与2013年相比，巢湖东、西半湖及全湖平均水质和水体营养状态均无明显变化；环湖河流总体水质状况有所好转，Ⅱ～Ⅲ类水质断面比例上升5.3%，劣Ⅴ类水质断面比例下降5.3%。

长江三角洲地区北起通扬运河，南抵杭州湾，西至镇江，东到海边。范围包括江苏、浙江两省的15个地级市及上海市，是我国工业化和城市化最发达的地区，人口稠密、经济发达。长三角地处平原河网地区，河道比较小，水流宣泄不畅，同时还受天文、气象等因素的共同影响，易涝、易洪的特征比较明显。该地区在气候上属于亚热带季风气候，常年遭受梅雨、台风暴雨、风暴潮以及长江中下游地区洪水的袭击，容易出现外洪、内涝或外洪内涝同时并发的水灾。

城市化对长三角水环境的影响不可小视城市化对降水的影响。城市化的发展直接或间接地改变着城市水环境，河道的裁弯取直、硬化与渠化等，改变了天然河流的自然形态；城市不透水表面的扩展，侵占了河流系统的活动空间，生态环境遭破坏；城市化、工业化的结果，产生大量废弃物，污染河流水环境，破坏城市水生态系统平衡，使水域生态功能降低。

长江三角洲地区水量丰富，水资源条件得天独厚，但由于城市化高速发展，人口的大量聚集，人均占有水量并不多，加之用水结构尚未稳定，城市水安全问题不容忽视。因此，在长江三角洲区域一体化发展过程中，必须考虑城镇化对径流的长期影响，预防城市洪水灾害。同时，应遵循河网演化的自然规律，尽量保留现有的河道水系，保持适当的水面率，从而增强河网调蓄能力，减小洪水的威胁。此外，应当避免废污水直接排入河流，以改善河网的水质和水生态环境。只有这样，才能保护城市区域水生态与水环境，保障城市用水安全，真正践行习总书记的绿水青山就是金山银山的理念，让天更蓝、水更绿。

三　水资源、大气环境治理

2020年6月，长三角区域大气污染防治协作小组第九次工作会议暨长三角区域水污染防治协作小组第六次工作会议在浙江湖州召开，三省一市深化跨区域生态环保合作，共护可持续发展生命线。

就安徽的作为可看到长三角对环境保护及治理方面是下了真功夫的——在美丽的新安江畔，坐落着新安江生态文明实践中心。这里是展示全国首个跨省流域生态补偿机制试点建设历程和经验成果的重要平台，全方位呈现新安江模式，提供了从酝酿到建设过程中的宝贵经验。

安徽省创新推广新安江模式，实施大别山水环境生态保护补偿、地表水生态补偿和滁河跨省横向生态保护补偿，有力促进了全省水环境质量的改善和绿色生产、生活方式的转变。

《安徽省实施长江三角洲区域一体化发展规划纲要行动计划》明确提出"全面推行生态补偿机制",加快推进新安江生态补偿机制十大工程建设,全面推广新安江生态补偿机制试点经验,积极探索跨区域生态补偿污染赔偿标准和水质考核体系;在长江、淮河流域推行生态补偿机制;实施滁河流域上下游横向生态补偿机制;积极推进洪泽湖流域生态补偿机制建设;建立完善沱河流域生态补偿机制。逐步在湿地等其他生态领域推广"新安江模式"。

经中国环境规划院评估,新安江生态系统服务价值达到246.5亿元,水生态服务价值达64.5亿元。绿色产业长足发展,城镇、农村居民人均可支配收入年均增长8.7%和9.3%。

大别山区水环境生态补偿机制是安徽省继新安江流域后建立的首个省级层面的生态补偿制度,以淠河总干渠罗管闸为跨界考核断面,以断面监测水质情况确定流域上下游补偿责任主体,每年设立补偿资金2.12亿元,专项用于涵养水源、水环境综合整治等水环境保护和水污染防治方面支出。

长三角三省一市正在深化跨区域生态环保合作,共护可持续发展生命线,共建绿色发展长三角。

第三节　土地资源、植物资源、矿产资源

长江三角洲地区水网密布,耕地以水田为主,且比较分散。由于人口稠密,人均耕地低于全国平均水平。长三角地区生态系统类型复杂,地表覆盖多样。主要土地利用类型共有6大类14小类,分别是耕地(包括水田和旱地)、林地(包括有林地、灌木林地、疏林地、其他林地)、草地(包括高覆盖度草地、中覆盖度草地和低覆盖度草地)、水域(包括河流、湖泊、水库、坑塘、海涂和滩地)、建设用地(包括城镇用地、农村居民点用地和公交建设用地)和未利用地(包括裸土地和裸岩石用地)等。

2020年3月12日,国务院发布《关于授权和委托用地审批权的决定》,在严格保护耕地、节约集约用地的前提下,进一步深化"放管服"改革,改革土地管理制度,赋予省级人民政府更大用地自主权。

规定中明确指出:将国务院可以授权的永久基本农田以外的农用地转为建

设用地审批事项授权各省、自治区、直辖市人民政府批准；试点将永久基本农田转为建设用地和国务院批准土地征收审批事项委托部分省、自治区、直辖市人民政府批准。

我国土地流转市场空间广阔，土地流转将消除城乡土地价值巨大差异，明显提高耕地价值，集体土地入市从去年已经开始进行。此次新政实施将使得土地资源筹码变成流通股状态，给予流通权力和估值。

笔者认为，重点推进集体土地制度改革，利于未来我国经济的稳定和发展，或成为新基建重要发力点重估农村土地价值，这也给二级市场带来直接机会。

值得关注的是，首批试点省份为江苏、上海、广东等地，苏垦农发（601952）是江苏省土地流转业务龙头企业，公司业绩增长核心基础来自土地流转带动的土地经营规模扩张，公司目前已经流转的土地面积近22万亩，且与江苏省各市、县政府签订的土地流转协议面积达到140万亩；上实发展（600748）是长三角地区土地储备最多的公司，公司在崇明岛有13万亩土地，其中农村建设用地约为5万亩。

土地流转是新基建的主要发力点之一。土地流转既可以实现土地资源的有效配置，也能在政策的扶持之下，助推土地流转相关上市公司业绩的改善。而对于二级市场相关优质股来说，政策推出有利于拓展上涨空间。

长三角地区维管束植物3200多种，分属205科，1006属，约占中国维管束植物科的60.3%、属的31.7%、种的11.7%。其中蕨类植物34科、71属、240种，种子植物171科、938属。种子植物中裸子植物7科、17属、21种，被子植物164科、921属、2900余种，约占中国种子植物科的51.4%、属的31.8%。

长三角地势平坦，土壤中性偏碱，局部地区（上海、沿长江、沿杭州湾）中度盐碱，土壤透气性相对较差；地下水位较高，水网发达，空气湿润，四季分明。长三角地区作为园林苗木的生产主要区域，也是消费市场大区。随着城市景观设计品位及要求的不断提高，城市品位的不断提升，人们绿色消费观念的不断攀升，如何最大限度地发挥园林及绿地的综合效益，即生态效益、社会效益、经济效益等？

长三角的矿产资源主要分布于安徽、江苏、浙江三省，其中江苏、安徽的矿产资源相对丰富，有煤炭、石油、天然气等能源矿产和大量的非金属矿产，另有一定数量的金属矿产。浙江的矿产资源以非金属矿产为主，多用于建筑材料的生产等用途。上海矿产资源相当贫乏，基本无常规能源，所需的能源都要靠其他省市的支援。但是，具有一定数量和较高质量的二次能源生产，产品主要是电力、石油油品、焦煤和煤气（包括液化石油气）。其他可以利用开发的能源还有沼气、风能、潮汐及太阳能。

从上列表述来看，长三角矿产资源相对长江经济带及矿产丰富的资源型城市，还是比较缺乏的。但是，由于其便宜的交通网络及强大的工业体系，对资源的需求利用并没有多少障碍。

第二篇　长三角现状及未来发展思考

在未来一体化的进程中，强者将更强，一些区域中心城市，如南京、杭州、合肥等将更有区域优势，而一些小型的城市在一体化的过程中，也会迎来来自大城市的"反哺"，包括各城市之间轨道交通的全覆盖、产业转移、资源互补等，随着一体化的深入，长三角向着具有全球影响力的世界级城市群稳步迈进。

第一章
长三角区域社会综合发展情况

第一节 人口民族

长三角城市群是"一带一路"与长江经济带的重要交汇地带,是中国城镇化基础最好的地区之一。长三角有3座千万人口大城市,2019年7座城市外来人口过百万。

人往高处走,人随产业走。近年来,长三角城市GDP增速超过全国水平的城市,常住人口普遍增长较快。从各城市发布的2019年人口数据发现,长三角城市常住人口差别较大。截至2019年年末,常住人口超千万的城市为上海(2428.14万人)、苏州(1074.99万人)、杭州(1036万人)。这也恰好是2019年长三角GDP排名前三的城市。

杭州是长三角千万人口俱乐部新晋成员,也是人口增长最快的城市。2019年,杭州常住人口比上年增长55.4万人。在此前的2015～2018年,杭州年新增常住人口数量也是遥遥领先,分别为12.6万人、17万人、28万人和33.8万人。

长三角人口总量最大的上海,近年来增量明显缩小,在2015年、2017年分别出现人口负增长,但仍是长三角吸引力最大的城市。2019年,上海外来常住人口达977.71万人,居长三角之首。

除上海外,还有6个城市外来常住人口超过100万,分别为苏州、宁波、杭州、无锡、南京和嘉兴,主要分布在苏南地区和杭州湾沿岸。

在2019年长三角GDP十强城市中,南通、徐州出现了人口净流出,数量分别为28.02万人、159.17万人。2018年年末，长三角27市的人口达1.54亿人，平均城镇化率为67.38%。从城市规模来看，既有上海这样城区人口超过1000万的超大型城市，也有南京、杭州等城区人口在500万以上的特大型城市以及苏州、合肥、宁波这样的区域中心都市，约占中国的11.1%。长三角城市群是少数民族散居的地区，56个民族齐全，有少数民族约120万。

长三角城市群是中国外来人口最大的集聚地，也是外来人口落户门槛最高的区域之一，城市群内约有2500万人未在常住城市落户。其中，上海的城区人口超过了2000万人，位列第一位。上海也是长三角地区唯一的一座超大城市（1000万以上）。南京和杭州人口均超过了600万人，处于特大城市行列（500万以上1000万以下），未来这两大城市将向超大城市进军。合肥、苏州和宁波的城区人口超过300万，处于Ⅰ型大城市（300万以上500万以下）行列。

也就是说，长三角城市群呈现"一超二特三大"的格局，也是我国城市层级结构最为合理的城市群，体现了"龙头城市－中心城市－区域中心城市－中小城市"这一层次合理、结构清晰的城市体系。

2018年，27城中共有16个城市人口实现了净流入，其中7个城市的人口净流入量超过100万，分别是上海、苏州、宁波、杭州、无锡、南京和嘉兴，除上海外，主要分布在苏南和杭州湾沿岸。

表2-1-1 长三角主要城市人口数据及城镇化率

单位：万人，%

城市	2018年常住人口	增减人口	2018年户籍人口	2018年人口净流入	2017年城区人口	2018年城镇化率
上海	2423.78	5.45	1447.57	976.21	2418.33	87.60
苏州	1072.17	3.81	703.55	368.62	332.94	76.05
杭州	980.6	33.8	774.1	206.5	637.07	77.40
南京	843.62	10.12	696.94	146.68	642.68	82.50
宁波	820.2	19.7	603	217.2	332.92	72.90
合肥	808.7	12.2	757.96	50.74	395.9	74.97
南通	731	0.5	762.52	-31.52	159.84	67.10
盐城	720	-4.22	824.7	-104.7	136.86	64.03
无锡	657.45	2.15	497.21	160.24	254.77	76.28

续表

城市	2018年常住人口	增减人口	2018年户籍人口	2018年人口净流入	2017年城区人口	2018年城镇化率
台州	613.9	2.1	605.4	8.5	105.07	63.00
金华	560.4	4	488.97	71.43	80.18	67.7
绍兴	503.5	2.5	447.21	71.43	80.18	67.70
常州	472.9	1.13	382.2	90.7	188.57	72.50
嘉兴	472.6	7	360.44	112.16	91.28	66
安庆	469.1	4.8	528.44	-59.34	71.44	49.20
泰州	463.57	-1.62	503.39	-39.82	93.88	66.00
扬州	453.1	2.28	458.34	-5.24	121.07	66.05
滁州	411.4	3.8	453.7	-42.3	50.43	53.40
芜湖	374.8	5.2	388.85	-14.05	147.21	65.54
镇江	319.64	1.01	270.78	48.86	89.17	71.20
湖州	302.7	3.2	267.06	35.64	93.30	63.50
宣城	264.8	3.4	278.9	-14.1	35.82	55.20
马鞍山	233.7	3.5	229.11	4.59	74.27	68.20
铜陵	162.9	2.1	170.8	-7.9	51.49	56
池州	147.4	2.5	162.2	-14.8	30.95	54.10
舟山	117.3	0.5	96.9	20.4	60.61	68.10

其中，上海的人口净流入最多，达到976.21万人，也是我国人口净流入最多的城市。此外，制造业大市苏州的人口净流入达到368.62万人，宁波和杭州的人口净流入也都超过了200万人。

值得注意的是，同处长三角发达省份的江浙，在人口流动方面有较大差异。浙江划入长三角城市群的8个城市全部属于人口净流入，而江苏的9个城市则有明显的区域差异，苏南5市全部属于人口净流入，但苏中的南通、泰州和扬州3市和苏北的盐城都属于人口净流出，其中盐城净流出最多，达到104.7万人。

长三角城市群是我国获准修建城市轨道交通最多的城市群，包括上海、南京、杭州、合肥、苏州、宁波、无锡、常州、南通、绍兴和芜湖这11个城市，这恰恰是长三角城市群城区人口规模前11位的城市，可见城区人口规模是一座城市发展的重要基础。

27城有12个城市城区人口低于100万人，处于中小城市行列，其中江苏2个、浙江4个、安徽6个。

江苏城市规模比浙江大,有一个很重要的原因是自然条件好,浙江山区多、平地少,在很大程度上限制了城市的空间布局和人口分布。

安徽的城市规模也相对较小,除了合肥和芜湖,其他几个城市的城区人口都少于100万人,铜陵、宣城、池州、滁州和安庆的城镇化率也较低,安徽皖江城市群还有较大的发展空间,随着一体化加速,未来工业化和城镇化步伐速度将大幅提高。

总的来说,在长三角27个中心城市中,一些经济发达、城镇化率高的城市对于人口的吸引力较强,而周边经济稍弱、城镇化率较低的许多城市成了人口流出型城市。

第二节 交通

2020年4月2日,国家发展改革委、交通运输部关于印发《长江三角洲地区交通运输更高质量一体化发展规划》(发改基础〔2020〕529号)通知,通知明确指出:上海市、江苏省、浙江省、安徽省人民政府,工业和信息化部、公安部、财政部、自然资源部、生态环境部、住房城乡建设部、农业农村部、商务部、文化和旅游部、应急部、能源局、铁路局、民航局、邮政局,中国国家铁路集团有限公司请结合实际认真贯彻落实规划要求。

6月5日至6日,2020年度长三角地区主要领导人座谈会在浙江省湖州市举行。当日,上海市交通委员会主任谢峰、江苏省交通运输厅厅长陆永泉、浙江省交通运输厅厅长陈利幸、安徽省交通运输厅厅长章义代表四地交通运输主管部门签署《长三角地区省际交通互联互通建设合作协议》(简称《合作协议》),共同推进54项省际互联互通重大交通项目建设。

随着长三角一体化发展上升为国家战略,相关地区推进交通建设工作进入新阶段,对铁路、公路、航道等交通基础设施互联互通水平提出了更高要求。打破行政区划所带来的交通壁垒,增强省际全域全时互联互通,成为促进长三角区域经济社会一体化发展的重中之重。

近年来,一市三省交通运输主管部门把交通一体化建设作为长三角一体化发展的基础和先导,2018年签订的消除省际"断头路"合作框架协议,将17条省际"断头路"纳入建设范围,目前已取得阶段性成果。其中,杭长高速公路北延工程、杭州湾跨海大桥北接线二期工程等项目已完工；千黄高速公路、申嘉湖高速公路西延工程等6个项目正在紧张建设中，四地之间交通基础设施互联互通水平显著提高。

今年，作为轮值方的浙江省，建立健全跨区域交通基础设施建设协同会商机制，牵头制定长三角一体化交通专题组工作要点，主动协调、积极促成《合作协议》顺利签署。

根据《合作协议》，一市三省交通运输主管部门将贯彻落实《长江三角洲地区交通运输更高质量一体化发展规划》，坚持互联互通、统一规划、分步实施、协同推进的工作原则，共同实施54项2020年至2022年省际互联互通的重大交通项目建设。浙江通过推进4条省际铁路、6条省际高速公路、6条省际普通公路、4条省际航道建设，助力加快建成长三角主要城市高铁"1小时交通圈"，以及浙江省域、市域、城区"三个1小时交通圈"，着力打造一体化、多层次综合立体交通网络。

6月5日，沪苏湖铁路正式开工，该项目横贯长三角核心区域，建成后从浙江湖州至上海市只需半小时左右。下一步，一市三省交通运输主管部门将继续紧密沟通，推进长三角交通运输实现更高质量一体化发展。

其中提到，到2025年，一体化交通基础设施网络总体形成，对外运输大通道、城际交通主骨架、都市圈通勤网高效联通，基本建成"轨道上的长三角"，铁路密度达到507公里/万平方公里，省际公路通达能力进一步提升，高速公路密度达500公里/万平方公里，世界级机场群和港口群全球竞争能力显著增强。一体化运输服务能力大幅提升，中心城市之间享受1~1.5小时客运服务，上海大都市圈以及南京、杭州、合肥、苏锡常、宁波都市圈内享受1小时公交化通勤客运服务。一体化发展机制更加完善，三省一市协同共建机制更加健全，政策、标准等充分对接，信息服务基本实现共享共用。

到2035年，全面建成供需能力精准匹配、服务品质国际一流、资源集约高效利用的长三角地区现代化综合交通运输体系，形成与国土空间开发、产业布局优化、人口要素流动、生态环境保护良性互动的发展格局，以上海为龙头的国际门户枢纽影响力辐射全球，以智能绿色为导向的交通科技创新水平领先世界，运输规则、标准规范、一体化机制引领国际。

以轨道交通为骨干构建一体化设施网络。以轨道交通为骨干，公路网络为基础，水运、民航为支撑，以上海、南京、杭州、合肥、苏锡常、宁波等为主要节点，构建对外高效联通、内部有机衔接的多层次综合交通网络。

第一层，打造多向立体、内联外通的大能力快速运输通道，统筹优化干线铁路、高速公路、长江黄金水道等内河航道、港口、机场布局，实现与国际、国内其他经济板块高效联通。

第二层，构建快捷高效的城际交通网，依托快速运输通道，以城际铁路、高速公路、普通国省道等为重点，实现区域内城际快速直连。

第三层，建设一体衔接的都市圈通勤交通网，围绕上海大都市圈和南京、杭州、合肥、苏锡常、宁波都市圈，以城际铁路、市域（郊）铁路、城市轨道交通、城市快速路等为骨干，打造1小时通勤圈。

一 优化内联外通运输通道

依托沿海、京沪、京港台、陆桥、沿江、沪瑞等国家综合运输通道，加快构建长三角地区多向立体、内联外通的综合运输通道，高效对接"一带一路"、京津冀地区、长江经济带和粤港澳大湾区。研究完善连云港—黄山、徐州（新沂）—丽水、盐城—阜阳、宁波—阜阳等区域综合运输通道。加大对贫困地区交通基础设施建设支持力度，统筹布局开发性铁路、高等级公路等交通基础设施，加强大别山革命老区对外通道建设，实施农村交通基础设施补短板工程，提高区域交通通达能力。

表2-1-2 综合运输通道布局

1. 连云港－温州运输通道
国家沿海运输通道的组成部分，对外连接海上丝绸之路、粤港澳大湾区、山东半岛和海峡西岸城市群，内部串联连云港、盐城、南通、上海、宁波、舟山、台州、温州等城市
2. 连云港－淮北运输通道
国家陆桥通道运输的组成部分，对外连接丝绸之路经济带和中原、关中平原、太原等城市群，内部串联连云港、徐州、淮北等城市
3. 徐州－上海（杭州）运输通道
国家北京至上海运输通道的组成部分，对外连接海上丝绸之路、京津冀地区以及山东半岛等城市群，内部串联徐州、蚌埠、滁州、南京、镇江、常州、无锡、苏州、上海等城市，支线串联南京、湖州、杭州等城市

续表

4. 亳州－安庆(黄山)运输通道

国家北京至港澳台运输通道的组成部分，对外连接京津冀地区、粤港澳大湾区以及海峡西岸城市群，内部串联亳州、阜阳、淮南、合肥、安庆等城市，支线串联铜陵、黄山等城市

5. 上海－安庆(六安)运输通道

国家沿江运输通道的组成部分，对外连接海上丝绸之路和长江中游、成渝等城市群，内部串联上海、南通、泰州、扬州、南京、马鞍山、芜湖、铜陵、池州、安庆等城市，北侧支线串联滁州、合肥、六安等城市

6. 上海(宁波)－衢州运输通道

国家上海至瑞丽运输通道的组成部分，对外连接海上丝绸之路和长江中游、黔中、滇中等城市群，内部串联上海、嘉兴、杭州、金华、衢州等城市，南侧支线串联宁波等城市

以提升高速铁路通道能力为重点，优化对外铁路布局，贯通沿海、沿江等高速铁路，充分发挥徐州经合肥至黄山高速铁路作用，完善长三角地区高速铁路环状布局，优化普速铁路网络。

表2－1－3　对外综合运输通道重点项目

1. 干线铁路

加快沪通铁路一期、宣城至绩溪铁路、黄山至池州铁路、沪通铁路二期、上海经苏州至湖州铁路、商合杭铁路等项目建设，规划建设上海经乍浦至杭州铁路(含杭州、绍兴枢纽联络线)、沿江高铁(武合宁、北沿江段)、南通经苏州嘉兴至宁波铁路(含如东延伸段)、湖州至杭州西至杭黄铁路连接线、宁波经台州温州至福州铁路、合肥至新沂铁路、镇江至宣城铁路、宣城至黄山铁路、金华至建德铁路、南京经滁州至蚌埠铁路、蚌埠经宿州至淮北铁路、衢州至建德铁路、杭州经临安至绩溪铁路、阜阳经蒙城至宿州铁路、杭州湾货运铁路、临沂至新沂等干线铁路项目。有序推进沿淮铁路、黄山至金华铁路、温州经武夷山至吉安铁路、安康(襄阳)合肥铁路、上海至宁波铁路、南京至杭州二通道规划对接及前期工作

2. 国家高速公路和国省干线

继续推进G0321德上高速安徽段，G4012溧宁高速江苏溧阳至安徽广德段、浙江淳安段、景宁至泰顺段、安徽歙县至浙江建德段、G25长深高速建德至金华段等国家高速公路待贯通路段建设。

推进G2、G15、G25、G42、G50、G56、G4211等国家高速公路以及国省干线公路低等级路段、拥挤路段扩容改造

3. 干线航道

推进长江南京以下12.5米深水航道后续完善和长江口南槽航道一期工程建设。继续推进淮河出海航道三河尖至京杭大运河段。加快实施京杭大运河升级改造工程、杭甬运河宁波段三期建设及杭甬运河升级改造工程、京杭大运河杭州二通道北延

二　打造城际交通网

依托多向立体、内联外通的运输主通道，以上海为核心，南京、杭州、合肥、宁波为中心，强化沪宁合、沪杭、合杭甬、宁杭、沪甬、合安、宁芜安、甬舟等城际运输通道功能。加快高速铁路连接线、城际铁路建设，利用干线铁路富余运力开行城际列车，构建以轨道交通为骨干的城际交通网，实现中心城市间 1～1.5 小时快速联通。

表 2-1-4　城际交通网重点工程

1. 城际铁路
规划建设上海至杭州铁路、南京至淮安铁路、南京至宣城铁路、杭州至丽水铁路义乌至缙云段、合肥至池州铁路、宁波至舟山铁路、衢州至丽水铁路、扬州经镇江南京至马鞍山铁路（镇江至马鞍山段）、巢湖至马鞍山铁路、义乌至金华铁路、盐城经泰州无锡常州宜兴至湖州铁路等成绩铁路，积极审慎开展磁浮高铁项目规划研究
2. 省际高速公路
加快推进宁马、合宁、京沪等高速公路改扩建。有序事实江苏太仓－上海宝山、江苏泗洪－安徽蚌埠、江苏徐州－安徽宿州、江苏宿州－浙江台州、浙江安吉－安徽宁国、浙江长兴－江苏宜兴、江苏南京－安徽滁州、江苏南京－安徽广德、江苏盱眙－安徽明光、江苏徐州－安徽蚌埠、江苏南京－安徽和县、江苏徐州－安徽淮滨、江苏南京－安徽黄山等一批跨省地方高速公路建设
3. 支线航道
实施连申线、徐宝线、徐宿连航道、通扬线、水阳江、沱浍河、沙颍河、合裕线、芜申线、江淮运河、德胜河、苏申外港线、苏申内港线西段、长湖申线、杭申线嘉兴段、乍嘉苏线、梅湖线、浙北高等级航道网集装箱通道等工程，推进杭湖锡线、瓯江、东宗线、曹娥江、钱塘江中上游等航道四级改三级，研究论证浙赣运河等扩能提升工程
4. 过江跨海通道
推进北沿江铁路沪崇段、轨道崇明线、南京市域快线 18 号线、南京地铁 4、13、14、17 号线过江通道，常泰、龙潭、苏通第二、崇海、南京七乡河、张靖、南京上元门、江阴第二、江阴第三、宁仪扬城际、南京锦文路、汉中西路、润扬、池州长江公路大桥、芜湖城南、芜湖龙窝湖、宿松、海口、池安、江口、梅龙、铜陵横港、铜陵开发区、芜湖泰山路、马鞍山龙山路、马鞍山姑孰、马鞍山九华路、马鞍山湖北路、马鞍山慈湖、安庆（第二）等过江通道建设。 　　规划研究沪甬、沪舟甬、东海二桥等跨海通道

三　构建都市圈通勤交通网

统一规划建设都市圈交通基础设施，加强中心城市与都市圈内其他城市的城际和市域（郊）铁路、道路交通、毗邻地区公交线路对接，加快构建上海大都市圈以及南京、杭州、合肥、苏锡常、宁波都市圈1小时通勤网，完善昆山、嘉善等临沪地区一体化轨道交通系统。编制《长三角地区多层次轨道交通体系规划》，统筹研究都市圈范围内城际铁路建设，鼓励建设中心城区连接周边城镇的市域（郊）铁路，研究选择合理制式与周边毗邻地区衔接，充分利用既有干线铁路、城际铁路开行市域（郊）列车，有序推进中心城区城市轨道交通建设。

表2-1-5　都市圈通勤交通网重点工程

1. 城际铁路

规划建设上海经苏州无锡至常州铁路、南京至马鞍山铁路、南京至滁州铁路、南京经仪征至扬州铁路、杭州至德清铁路、宁波至象山铁路、杭州下沙至长安铁路等城际铁路

2. 市域（郊）铁路

规划建设上海机场联络线（含南站支线）、上海嘉闵线（含北延伸）、上海崇明线、上海南汇支线、上海市域17号线西延伸、金山至平湖、南京市域18号线、镇江市域句容至茅山线、温州市域S2线一期工程、温州市域S3线一期工程、台州市域S2线调整、合肥新桥机场S1线等市域（郊）铁路，实施一批既有铁路的市域（郊）功能改造

四　强化综合交通枢纽衔接和辐射功能

重点强化上海国际性综合交通枢纽功能，联动苏州、南通、嘉兴等打造国际门户枢纽集群，提升南京、杭州、合肥、宁波—舟山等枢纽国际服务水平。加快连云港、徐州、无锡、温州、金华—义乌、蚌埠、芜湖等全国性综合交通枢纽建设，强化淮安、湖州、阜阳等区域性综合交通枢纽衔接辐射带动作用，优化不同层次枢纽城市分工协作。

优化城市内客运枢纽站场层次功能与空间布局，以重要枢纽站场为依托，推动支撑对外、城际、都市圈不同空间尺度轨道交通同站布置，实现同站高效便捷换乘，具备条件的要实现同台或立体换乘。

统筹推动物流枢纽建设，发挥长三角地区产业基础优势和物流枢纽经济要素聚集优势，整合区域内干线运输、区域分拨、多式联运、仓储服务、跨境物流、城市配送等物流服务资源，促进物流与制造、商贸等产业融合创新发展，培育物流、信息、金融等高度融合的服务新业态。

表2-1-6 综合交通枢纽重点工程

1. 综合客运枢纽

推进上海虹桥综合交通枢纽、上海浦东综合交通枢纽、上海松江南站、上海新杨行站、南京北站、南京禄口机场站、杭州西站、杭州萧山机场站、钱塘新区站、宁波西站、宁波慈溪站、宁波栎社机场站、新合肥西站、合肥新桥机场站、南通西站、苏州南站、徐州东站、江东站、金义站、湖州东站、绍兴北站、绍兴东关站、台州中心站、台州机场枢纽站、温州东站、金华枢纽扩容改造、丽水高铁站、嘉兴南站、衢州西站、芜湖宣城机场、芜湖高铁北站、阜阳高铁西站、阜阳机场站、新安庆西站、安庆机场站、黄山高铁北站、六安站、宣城站等综合客运枢纽建设或改扩建

2. 货运铁路专用线和支线

推进上海港外高桥港区装卸线、上海港南港支线、上合组织（连云港）国际物流园专用铁路、国家东中西区域合作示范区（徐圩新区）产业区专用铁路、南通洋吕铁路、南通港通海港区至通州湾港区铁路专用线二期工程、盐城港大丰港区支线铁路、连云港徐圩港区铁路支线、苏州太仓港铁路专用线、苏州张家港铁路专用线、钱塘新区货运铁路、宁波穿山港铁路、乐清湾港区铁路支线、乍浦港铁路支线、盛虹炼化一体化配套铁路装卸站项目等建设，实施南京港龙潭、徐州工业园化工园区、淮安季桥物流园、铜陵港江北港区、安庆港长风港区、池州港香隅化工园、皖河新港、合肥派河港区、蚌埠港长淮卫作业区等铁路专用线工程

主动适应新一轮国际经贸格局调整和全球产业链分工，强化国际枢纽机场与周边干线、支线机场协调联动，优化提升港口国际供应链位势和价值链协作水平，打造具有国际竞争力的世界级机场群和港口群。

五 构建协同联动的世界级机场群

提升航空枢纽综合服务功能。统筹长三角地区航空运输市场需求和机场功能定位，优化配置各类资源，通盘考虑上海周边城市机场布局规划和建设，巩固提升上海国际航空枢纽地位，增强面向全国乃至全球的辐射能力。优化提升杭州、南京、合肥区域航空枢纽功能，增强宁波、温州等区域航空服务能力，支持苏南硕放机场建设区域性枢纽机场。规划建设南通新机场，作为上海国际航空枢纽的重要组成部分。加快通用航空发展，建设南京、宁波、绍兴、芜湖通用航空产业综合示范区。

统筹优化航线网络结构。优化上海浦东国际机场、虹桥机场与国际、国内主要节点城市航线网络，疏解非枢纽核心功能，完善杭州萧山、南京禄口、合肥新桥、宁波栎社等机场航线网络布局，建设全向辐射、连通性好、直达性高的空中大通道。加强与"一带一路"国家（地区）航空联系，推动浦东机场

与"一带一路"国家（地区）扩大包括第五航权在内的航权安排。

提升机场集疏运能力。推进机场与轨道交通等交通方式高效衔接，建设一批以空铁联程联运为核心的现代航空枢纽。全面提升虹桥综合交通枢纽管理水平，完善联通浦东机场和苏浙皖的轨道交通体系。研究推动干线铁路引入杭州、南京、宁波、温州机场，推动地铁线路引入合肥机场。

促进航空产业发展。积极发展现代临空经济，加快上海、南京、杭州、宁波国家临空经济示范区建设，培育长三角地区航空经济产业群。推动虹桥地区高端商务、会展、交通功能深度融合，聚集发展总部经济、创新经济、商务会展等现代服务业，建设中央商务区和国际贸易中心新平台，优化拓展国际航运服务功能。

表 2-1-7　长三角地区机场群重点工程

新建嘉兴、丽水、芜湖宣称、亳州、蚌埠、宿州、滁州等机场，研究论证金寨机场等建设；推进实施上海浦东、南京、无锡、杭州、宁波、温州、台州、舟山、合肥等机场扩建工程；推动大场机场迁建。迁建连云港等机场。研究迁建义乌机场的必要性

六　推动港口群更高质量协同发展

优化区域港口功能布局。推动港航资源整合，健全一体化发展机制，布局形成以上海、宁波舟山港为核心，南京、杭州、苏州、镇江、芜湖、南通、徐州、无锡、淮安、连云港、温州、嘉兴内河、湖州、合肥、马鞍山、安庆为骨干，其他港口共同发展的总体格局。加强沪浙杭州湾港口分工合作，以资本为纽带深化沪浙洋山开发合作。上海港以集装箱干线运输、集装箱江海联运、邮轮运输、高端航运服务为重点，打造智慧高效的集装箱枢纽港、国际一流的邮轮母港。宁波舟山港以大宗能源、原材料中转运输及对应的江海联运服务为重点，强化集装箱枢纽港功能，集聚海事和航运服务高端要素。推进上海港、宁波—舟山港和苏州港集装箱运输优化发展。

1. 推进交通运输服务一体化

《长江三角洲地区交通运输更高质量一体化发展规划》中提到，推进交通运输服务一体化，要围绕客运"一体化"、货运"一单制"、交通"一卡通"

和信息服务"一站式",加快完善长三角地区品质高端、经济高效的客货运输服务供给体系。

其中,提升客运服务能力,推进城际旅客联程运输发展,鼓励开展空铁、公铁等联程运输服务,全面推行长三角地区联网售票一网通、交通一卡通,在长三角生态绿色一体化发展示范区率先实现交通出行"同城待遇"。探索开展城际旅客跨运输方式异地候机候车、行李联程托运和城际"行李直挂"等业务。积极推进运输服务与旅游融合发展,推出杭黄国际黄金旅游线等精品线路和特色产品。

提升客运枢纽服务水平,简化枢纽内运行流程,规避重复环节,提升取购票、值机、安检、验票等环节运行效率,推进铁路、城市轨道交通间安检互认,推广智能化安检设备应用。依托客运枢纽建设完善旅游集散中心,拓展枢纽旅游集散功能,推出"高铁+景区门票"、"高铁+酒店"等快捷旅游路线和产品。

2. 构建一体化协同体制机制

《长江三角洲地区交通运输更高质量一体化发展规划》中还提到,要协同共建现代化智能交通系统,实现运输服务水平提升和管理组织模式创新。

积极开展车联网和车路协同技术创新试点,筹划建设长三角地区智慧交通示范项目。推动公交车、大货车、出租车、网约车等相关运营车辆信息联网互通。共同谋划打造连接宁波—杭州—上海—南京—合肥的"Z"字型新一代国家交通控制网和智慧公路示范通道,推进杭绍甬、沪宁智慧高速公路建设。全面加强长三角地区交通运输数据资源共享开放。整合区域内既有平台和公共资源,依托企业平台,提供全链条、一站式综合交通信息服务。

3. 长三角三省一市如何实现"相加大于4"?

(1)"枢纽协同"

建设战略性枢纽:南京枢纽、环沪、苏北金三角……

长三角一体化,先要都市圈内的融合协同。那么,在江苏的综合交通运输体系中,下一步重点发展哪些重要枢纽?

江苏将增强南京国际枢纽功能,推动苏锡常通共同打造环沪枢纽集群,建设连云港海港、徐州国际陆港、淮安空港互为支撑的苏北"物流金三角"。

(2)"网络设施"

这批铁路、高速公路、省际互通工程按下"快进键"

实施区域交通网络互联互通是长三角一体化深度融合的基础。

铁路方面,江苏近期将根据国家规划纲要提出的要求,重点推进北沿江高铁合肥至上海段、沪通铁路二期、沪苏湖铁路、合新高铁、宁黄铁路等一批项目。实施省内交通网络优联优通工程,打造省域城际铁路一张网。

高速公路方面,重点打通溧阳至宁德、高淳至宣城、宜兴至长兴、苏州至台州高速公路等省际"断头路"和"瓶颈路"。构筑功能完善的过江通道系统,加快推进龙潭、苏通第二、崇海等项目建设。

(3)"运输服务"

毗邻地区服务共享,让百姓出行更方便

随着南京到安徽和县的跨省公交线路正式试运营,南京与马鞍山的距离进一步拉近了。目前长三角区域内已相继开通44条省际毗邻公交,其中与沪浙皖开通了34条,未来还在继续增加。

下一步江苏省还将进一步实施毗邻地区服务共享工程,共同推动省际公交、毗邻公交发展,落实跨省市公交"一卡通"。实施多式联运高效发展工程,引导多式联运枢纽区布局,推行长三角地区联网售票一网通。

(4)"绿色交通"

宁杭生态交通走廊将打造长三角"绿脊"

践行"绿水青山就是金山银山"理念,长三角须共同实现生态文明建设新跨越。为此,正实施绿色智慧平安提升工程,推进一体化智能化交通管理,加强生态保护和污染防治,强化平安交通共保联治。

一幅人和自然和谐发展的生态绿色交通发展画卷正在江苏大地展开:加强长江污染防治和生态修复,打造长三角"绿廊";建设京杭运河绿色现代航运示范区,打造长三角"绿带";共建宁杭生态交通走廊,打造长三角"绿脊";建设世界级湖区生态交通体系,围绕太湖、洪泽湖、骆马湖等打造长三角"绿核"。

(5)"行业治理"

三省一市共创长三角国际创新新模式

在提升行业治理能力方面,三省一市将共同开创长三角国际创新新模式。

实施一体化示范区引领工程，完善多层次轨道交通系统，推动示范区内省际毗邻公交客运政策制度创新，联合打造跨界生态文化廊道。实施体制机制深化改革工程，建立交通一体化协同推进机制，强化区域交通运输监管与协同共治。

三省一市还将联合拓展长三角区域交通发展新空间、新动能、新模式，试点开展无人驾驶等研究及应用，打造 G15 现代化沿海产业走廊、G25 绿色制造走廊、G42 交通创新产业走廊，推动以"交通带+产业带"发展。加快建成引领世界级城市群发展的高质量综合交通运输体系，支撑引领长三角区域更高质量一体化发展。

第三节 经济综述

长江三角洲城市群是中国经济最发达、城镇集聚程度最高的城市化地区。长三角是中国经济发展最活跃的地区之一，以仅占中国 2.1% 的国土面积，集中了中国 1/4 的经济总量和 1/4 以上的工业增加值，被视为中国经济发展的重要引擎。是中国经济最发达的地区。

表 2-1-8　2019 年长三角三省一市地级以上城市 GDP 一览

2019 年位次	变化	城市	2019 年	2018 年	2018 年位次	增量	增速(%)	省份
1		上海	38155.3	36011.8	1	2143.5	5.95	上海
2		苏州		18597.5	2			江苏
3		杭州	15373.1	14307.0	3	1066.1	7.45	浙江
4		南京		12820.4	4			江苏
5	1	宁波	11985.1	11193.1	6	792	7.08	浙江
6	-1	无锡	11852.3	11438.6	5	413.7	3.62	江苏
7	1	合肥	9409.4	8605.1	8	804.3	9.35	安徽
8	-1	南通	9383.5	8753.2	7	630.3	7.20	江苏
9		常州	7400.9	7050.3	9	350.6	4.97	江苏
10		徐州		6755.2	10			江苏
11		温州	6606.1	6039.8	11	566.3	9.38	浙江
12	2	绍兴	5780.7	5416.9	14	363.8	6.72	浙江
13		扬州	5850.1	5466.2	13	383.9	7.02	江苏
14	-2	盐城	5702.3	5487.1	12	215.2	3.92	江苏
15		泰州		5107.6	15			江苏

续表

2019年位次	变化	城市	2019年	2018年	2018年位次	增量	增速(%)	省份
16		嘉兴	5370.3	5018.4	16	351.9	7.01	浙江
17		台州	5134.1	4874.7	17	259.4	5.32	浙江
18		金华	4559.9	4100.2	18	459.7	11.21	浙江
19		镇江		4050.0	19			江苏
20		淮安	3831.2	3601.3	20	229.9	7.50	江苏
21		芜湖	3618.0	3278.5	21	339.5	10.35	安徽
22	1	连云港	3139.3	2771.7	23	367.6	13.26	江苏
23	−1	湖州	3122.4	2881.2	22	241.2	8.37	浙江
24		宿迁	3099.2	2750.7	24	348.5	12.67	江苏
25		马鞍山		1918.1	25			安徽
26		安庆		1917.6	26			安徽
27		滁州		1801.8	27			安徽
28		阜阳		1759.5	28			安徽
29		蚌埠		1714.7	29			安徽
30		宿州		1630.2	30			安徽
31		衢州	1573.5	1470.6	31	102.9	7.00	浙江
32		丽水	1476.6	1354.2	32	122.4	9.04	浙江
33		宣城		1317.2	33			安徽
34		舟山	1371.6	1316.7	34	54.9	4.17	浙江
35		六安		1288.1	35			安徽
36		亳州		1277.1	36			安徽
37		铜陵		1222.4	37			安徽
38		淮南		1133.3	38			安徽
39		淮北		985.2	39			安徽
40		池州		684.9	40			安徽
41		黄山		677.9	41			安徽

长江三角洲经济圈是中国最大的经济圈，综合实力第一，其经济总量相当于中国GDP的20%，且年增长率远高于中国平均水平。长江三角洲也是中国对外开放的最大地区，该地区工业基础雄厚、商品经济发达，水陆交通方便，是中国最大的外贸出口基地。这批城市其国内生产总值都成飞速增长。经济总量基本都过千亿人民币。为"长三角"都市圈带来丰富性和层次感的县域经济，极具竞争力。

改革开放40年来，中国也正在形成大大小小的城市群，这些城市群有各自的经济特色，也有各自的发展阶段。目前，中国正在形成三大国际级城市群，长三角、珠三角以及京津冀，其中长江三角洲城市群已具备第六大世界级城市群的实力。

长三角城市群，属于中国规模最大，经济总量最大、一体化程度较高的城市群。群内各城市之间发展相对平衡，上海以超过3万亿GDP位居全国第一，苏州、杭州等4个城市超过1万亿，合肥等7个城市超过5000亿。未来长三角城市群将继续围绕上海为核心，南京、杭州、苏州、合肥为副中心，持续深入打造长三角一体化发展。

据统计，长三角城市群的经济已经超过英伦城市群和欧洲西北城市群，但人均GDP等指标还落后很多，长三角城市群若想在世界级上排名靠前，更多的是需要区域内部的深度发展。

当前，全国正在统筹推进疫情防控和经济社会发展。作为占全国经济总量近四分之一的"引擎"，长三角地区聚力"六稳""六保"，经济社会复苏势头强劲，向好态势明显。

6月6日上午，在浙江省湖州市，长三角一市三省集中签约19项重大合作事项，涉及产业合作、科技创新等多个领域。

复工就是稳就业，复产就是稳经济。火热的生产，会使区域地面温度相对升高，遥感卫星监测到这一变化，更直观反映了工厂一线的生产情况。

依托长三角一体化高质量发展的势头，今年一季度湖州市各项经济指标逆势上扬，91个省级重点项目投资完成率居浙江第一位。

在上海，"新基建"聚焦"新网络""新设施""新平台""新终端"四大领域，首批重大项目总投资约为2700亿元。

江苏、浙江复工达产一直走在全国前列。

长三角所展现的复苏生机，只是中国经济迎难而上的一个缩影。数据显示，截至5月18日，全国规模以上工业企业平均开工率和职工复岗率分别达99.1%和95.4%，基本恢复正常水平。

时值夏收季节，有媒体报道，卫星捕捉到农田中的忙碌景象。皖北平原上，安装北斗系统的农业机械向卫星传送工作轨迹，在高标准农田里绘出整齐的图案。产粮大省安徽，今年计划收获小麦4300万亩，有望迎来"十七连丰"。

手中有粮，心中不慌。中国在抗疫中喜迎"丰收季"，展现出把饭碗牢牢端在自己手中的"底气"。

第四节　教育、文化、卫生

长江三角洲教育、文化、卫生共同体建设现状可圈可点。苏浙沪皖三省一市在文化及文化产业领域已达成一系列合作机制。主要内容包括，长三角红色文化旅游区域联盟、长三角文化金融合作服务平台、长三角文化装备产业协会联盟等。

1. 文化资源环境：长三角文化共同体雏形显现，城际间人均指标差异不大

比较长三角主要城市的文化资源环境，长三角在图书馆、书店等文化资源的建设方面处于发展前列；长三角整体呈现较为均衡的发展态势。

长三角主要城市公共预算中文化体育与传媒支出情况方面，长三角不同城市的一般公共预算用于文化体育与传媒的支出规模与占比和不同城市文化产业发展水平以及营商环境呈正相关。

2. 文化金融：长三角不同城市的文化投资水平、产业发展与营商环境的关系

在长三角文化产业流入资金结构方面，上海文化上市企业较多，江苏更依赖信托渠道，浙江依赖私募股权投资，安徽以债券发行为主。

长三角主要城市文化及相关产业增加值方面，长三角不同城市的文化产业发达程度不一，可以划分为四大梯队。

3. 文旅融合：长三角旅游资源禀赋天然，城际文旅产业强势联动

长三角主要城市国家 A 级以上景区数：江苏南京、苏州、无锡、常州 4 个地级市的 5A 级景区数量均在 3 家以上。浙江的杭州与嘉兴、安徽的黄山，5A 景区均达到 3 家。

长三角部分城市的民宿市场价格分异：部分城市形成了典型的中高端市场，民宿主打价位在 1000 元/晚以上，另一些民宿发育较晚的城市，主力价格仍局限在 500 元/晚以内。

长三角 41 城中的特色旅游城市会从大城市吸引大量旅游人口，城市之间的往来方向更多、强度更高。

4. 文化消费：个人文化消费支出及文化参与度提升，是长三角文化共同体发展的共性

长三角演艺市场已有不少巡回演出项目。不少剧目、音乐会等巡演城市超过10个，很多巡演到县级城市当地新建的演出场馆也为此提供了良好的硬件基础。

长三角主要城市的教育文化娱乐消费人均支出比较：总体来看，上海、江苏、浙江三地的差异不大。城镇居民人均教育文化娱乐消费支出普遍较高，反映出文化生活品质的提升。

长三角城市夜游指数聚类比较：均衡型多为头部城市，娱乐型城市的夜间酒吧和电影通常都更为活跃，游览型城市多为旅游城市，夜间景点开放度高。

5. 走向未来：数字化、网络化与智能化，为长三角文化共同体发展提供高效基础设施

长三角主要城市10大最受欢迎的文化App使用总规模与人均规模比较：16个代表性城市使用十大文化App的总量差距大，但人均规模相差不大，长三角整体网络化、数字化水平高。

构建长三角文化发展共同体面临着挑战。首先，长三角在文化方面有诸多历史渊源和内在联系，但其核心文化价值与文化精神仍有差异；其次，三省一市在文化产业发展规律上尚未实现深层次理解与认同，文化发展仍具有不平衡性。长三角卫生发展水平比较，两项重要指标上海竟然不是第一。

长三角三省一市经济水平和人口状况存在较大差异，上海已经进入超老龄化、江苏进入深度老龄化阶段。

时光流转，千年不易。如今，长三角地区依然是中国经济社会最有活力的区域。

长三角由于经济与人口的背景，对未来健康长三角的发展将带来巨大影响。第一，人口老龄化、慢性非传染性疾病已成为医药卫生领域的两大新挑战，这使得传统的医药卫生理念必须向更广义的国民健康战略推进；第二，长三角的"一体化"有别于京津冀的"协同发展"、粤港澳的"深化合作"，更需要"你中有我、我中有你"的真正融合。区域内的经济人口状况差异带来的医疗资源供给与需求差异，将增加长三角"一体化"的整合难度。

6. 随着分级诊疗改革的持续推进，基层医疗能力的提升越来越成为关键，全科医生的发展也备受关注

此外，三省一市每千人口（常住）执业（助理）医师与国际水平相当，沪苏浙均超过日美；但每千人口（常住）注册护士与日美差距较大，医护比严重失调。江苏、安徽民营医院发展较好，上海有待提高。

2019年3月，安徽省卫健委进一步发布了《关于印发安徽省医疗联合体综合绩效考核工作实施方案（试行）的通知》，明确将民营医院参与医联体纳入卫健委和医联体的绩效考核之中。这些举措预期将对安徽民营医院的发展带来政策空间。

上海、江苏、浙江三地政府卫生支出占卫生总费用比例均为21%～22%左右。安徽政府卫生支出占比明显高于其他地区，其政府卫生支出占财政支出的比例也相对较高，相比之下社会筹资能力相对较弱。长三角三省一市健康险保费均呈快速上涨趋势。健康险保费的快速上涨，表明该区域居民健康意识有所加强。

发展经济学家赫希曼（Albert O. Hirschman）提出过著名的"极化——涓滴"理论，来解释经济发达区域与欠发达区域之间的经济相互作用及影响。这一理论在医疗卫生领域的资源配置中同样有效。

我们看到，三省一市已从原先自下而上、碎片化的零星合作，逐步进展到自上而下、系统性的统筹布局，目前已在医疗治疗控制、医疗健康信息、传染病联防联控、血液应急保障、跨地大型活动等方面建立了合作机制，签约开展大小合作项目近200个。这些工作为打造健康长三角奠定了很好的基础。

7. 论及世界级城市群的竞争力，产业、金融、科技、文化是最显眼的几个观察指标，但这些城市作为高等教育资源全球高地的特点容易被忽略

事实上，在伦敦、纽约、巴黎、东京等世界级中心城市，国际一流高校云集已成为一种"标配"，大学学术声望与所在城市和国家形象互为"营销名片"、相得益彰。那么，以全面提升国际竞争力和可持续发展为追求的我国长三角城市群，其高等教育发展是否与区域发展目标相匹配？

8. 世界级城市通常是高端及国际人才的集聚地，而上海等长三角城市高校整体尚缺乏强大的国际人才吸引力

长三角城市中国际化程度最高的上海，全市高校留学生占比仅为4.8%。

QS公布的"2018最佳留学城市"报告显示，伦敦、东京、蒙特利尔、巴黎等是最受外国学生青睐的国际大都市；比较而言，我国长三角城市对国际学生吸引力偏弱，仅上海（第29位）和南京（第88位）上榜。瑞士德科集团发布的"2019全球人才竞争力指数"表明，波士顿、纽约、巴黎、伦敦、东京等城市位列城市人才竞争力的第一阵营，而上海（第72位）、杭州（第82位）等长三角城市位居第三阵营。在全球顶尖科学家的拥有量方面，根据《2017国际大都市科技创新能力评价》报告，上海在12个全球主要城市中排名第七，与排名第一的纽约市差距较大。当前，长三角区域高校如何招徕更多数量国际人才是一项目标，如何吸引更高质量、更高层次的留学生和学者更是一项挑战。

近几年各地在吸引留学生方面出台了不少政策，起到一定的正向作用。同时也暴露出了好多涉及法律、政策等方面的问题，比如山东某大学外国留学生女生助读的事情……

巴基斯坦学生某男，其父母开了一家小卖部，生意还不错，原本希望他到欧洲去留学，但中国N大学提供了每年5.6万元人民币的奖学金，比他全家赚得都还多。这笔高昂的奖学金可以让他在中国衣食无忧地学习四年，还能寄些钱贴补家用。

教育部统计，2017年共有48.92万名外国留学生在中国高校学习，增速连续两年在10%以上。这些留学生来自204个国家和地区，前10位生源国依次为巴基斯坦、印度、印尼、哈萨克斯坦和一些非洲国家。

为什么来华留学？近年来，美国和英国关注自家国民利益对签证和移民政策收紧，使得中国成为第三世界国家留学生的主要流入国。

除了这些国际因素，中国留学生规模急剧增长，还与中国方面的奖学金发放有密切关系。中国教育部制定的《关于中国政府奖学金的管理规定》显示，中国政府为来华的外国学生、学者提供至少11个奖学金项目。奖学金项目众多，囊括学费、实习费、住宿费、公费医疗、生活费、一次性安置补助费等等。最新的全额奖学金资助标准中，光学费、住宿、生活费、医疗保险这四项合计的年资助总额，最低就从5.92万元到9.98万元呈阶梯递增。给这些甚至汉语都不会讲的留学生，每月光生活费就分别是2500、3000、3500元。比我们国家很多一家四、五口人的所有生活费都还高！

现在，各类地方性的三本大学和职业技术院校也对引进外国留学生十分热衷。这些地方性的院校开始花费巨资，打造"国际标准"的生活设施。

比如四川省自贡市某职业技术学院的学生就说，该校就在新校区新建了豪华的留学生公寓，准备迎接外国留学生。这个暑期以来，多个大学和职业院校都发生国内学生因遭到"区别对待"而反对留学生管理方式的事件。

十多年以来，中国大学始终维持着5万个、覆盖率仅为0.2%的国家奖学金名额，学生宿舍也通常是4到8人挤于一室。硕博研究生的每月补贴也仅有500到1500，与留学生待遇形成反差。

现在中国教育质量的口碑也随着"留学生扩招大跃进"而遭到外国媒体和民众议论。因而，长三角地区在进行留学生招生工作时，一定要谋未来，讲数量更要讲质量。

另据《2018国际大都市科技创新能力评价》，上海在新兴技术的学术研究领域走在全球前列，但在新兴技术的研发领域，与世界一流城市仍有一定差距。

2018年上海软科世界大学学术排名500强中，江苏省占9所，上海市有6所，浙江省和安徽省各只有1所高校，高水平高校布局的省际不均衡性显而易见。在学科发展均衡性方面，除了自然科学，社会、人文、艺术学科同样是大学国际竞争力的组成部分。根据"2018美国新闻与世界报道"的全球大学学科排名，在艺术与人文领域，未有一所长三角地区高校进入全球前200位。而根据QS"2019世界大学学科排名"，上海也只有个别综合性高校进入了建筑学、艺术与设计、传媒等与文化创意相关学科的榜单，而且排名位次靠后，表演艺术领域则无一所上海的高校上榜。

事实上，不只在长三角城市群，近年来，各世界级城市都在为提升高等教育和科技竞争力而厉兵秣马。强化多元文化下的学生体验等长三角高等教育可以区域为单元，整体性设计并在全球范围推广地区教育品牌，增强三省一市高等教育的整体竞争力和各自优势的溢出效应。

"一江烟水照晴岚，两岸人家接画檐"、"千里莺啼绿映红，水村山郭酒旗风"……文人骚客留下的千古名句，为我们描绘了长三角地区静谧、繁荣、和谐、快乐的人居图。近40年来，长三角区域一体化发展取得了一定成果，但还存在区域内发展不平衡不充分等问题及制度一体化、行动一体化等方面的诸多障碍。我们要从历史文化轨迹探究文化融合与长三角一体化的关联；聚焦长三角区域文化历史、现状和未来发展，多维度阐述长三角文化的核心价值和长三角一体化的文化基础；从增进长三角文化凝聚力和文化认同的角度探索如何构建长三角一体化内在协调机制及区域文化融合的基本路径；探索共筑文化发展高地中如何处理"共性"与"个性"的关系，既要厚植文化共性根基；更要支持各地打造特色亮点，彰显个性特征，形成多姿多彩、交相辉映的发展格局。

第五节　长三角旅游产业的现状及发展路径

外滩、豫园、夫子庙、西湖、乌镇、横店、黄山、九华山、天柱山等。江、浙、沪、皖三省一市地缘相近、血缘相亲、文脉相连，在旅游资源上具有很强的互补性。

长三角旅游资源丰富，三角洲地区在经济高速发展的同时，也十分注重在传统旅游的产业基础上，重新寻找新的旅游业增长点，其中，最亮眼的应该是"生态旅游"和"红色旅游"两道风景，为旅游业找到一条发展路径。

一　长三角主要旅游景区

1. 上海

上海共有 A 级景区（点）61 家，其中 5A 级景区（点）3 家，4A 级景区（点）28 家，3A 级景区（点）30 家。全市有星级宾馆 238 家，旅行社 1518 家，A 级旅游景区（点）97 个，红色旅游基地 34 个。

2. 江苏

江苏有 1 处世界自然遗产、3 处世界遗产、9 项非物质文化遗产、5A 级景区 17 家、4A 级景区超 100 家、2 处国家级旅游度假区、2 处国家级地质公园、3 处国家级自然保护区、16 个国家级森林公园、5 处国家重点风景名胜区、11 座国家历史文化名城、19 座中国历史文化名镇、28 座中国优秀旅游城市、120 处中国重点文物保护单位、645 处省级文物保护单位。

3. 浙江

浙江省拥有 3 处世界遗产、国家级文物保护单位 88 处、省级 321 处、市县级 1674 处、共有文物保护点近 4 万处，中国历史文化名城 13 个。有重要地貌景观 800 多处，水域景观 200 多处，生物景观 100 多处，人文景观 100 多处；18 个国家级重点风景名胜区，42 个省级风景名胜区；6 座国家级历史文化名城，12 座省级历史文化名城；中国重点文物保护单位 134 处，省级重点文物保护单位 279 个；国家级自然保护区 10 个，国家森林公园 35 个。

4. 安徽

安徽拥有 2 处世界文化遗产（黄山、西递宏村）、5 座国家级历史文化名城（歙县、寿县、亳州、安庆、绩溪）、6 个国家级自然保护区、10 处国家级重点风景名胜区（黄山、九华山、天柱山、琅琊山、齐云山、采石矶、巢湖、花山谜窟、太极洞和花亭湖）、9 家国家 5A 级景区、100 多家国家 4A 级景区、30 个国家级森林公园、56 处国家重点文物保护单位。

二　生态旅游

我国生态旅游始于 20 世纪 90 年代。1993 年 9 月，《东亚保护区行动计划概要》的通过，标志着生态旅游概念在中国第一次以文件形式得到确认。2016 年，国家相关部门共同制定《全国生态旅游发展规划》，进一步推动我国生态旅游产业发展。

据相关资料显示，近年来我国生态旅游游客量年增长率稳定保持在 15% 以上。长三角地区拥有丰富的生态旅游资源和强劲的旅游潜力，生态旅游方兴未艾。数据显示，2018 年全国生态旅游游客量达到 16 亿人次，创造社会综合产值达 1.5 万亿元，生态旅游已成为社会经济发展中最具增长潜力的支柱产业之一，在助力生态文明、乡村振兴建设中发挥出越来越重要的效能。

长三角是全国文旅产业最发达的地区，5A 级景区占全国 1/5，度假区占全国四成，旅游总收入占全国 18.8%，沪苏浙皖互为最大客源地。以沪杭宁为中心的旅游城市，兼具江南都市风貌与历史文化底蕴，构建了发达的旅游经济带。长三角一市三省生态旅游发展各有特色：上海突出都市环境下的生态旅游特色，江苏厚植绿色之基，浙江优化生态资源开发格局，安徽推动"旅游+生态化"建设。

随着疫情进入常态化防控阶段，生态旅游由于亲近自然、放松身心的性质受到越来越多游客的喜爱。而长三角地区由于交通便利、地缘相近、人缘相亲，彼此之间更是互动频繁。

长三角城市群作为全球七大世界级城市群之一，和排名靠前的城市群相比，第三产业的生产和消费潜力仍有待释放，长三角生态旅游必须放在长三角一体化的视野下通盘考虑。长三角旅游面临区域资源禀赋和消费需求不平衡的难题："东部"旅游需求旺盛、旅游发展水平高，但旅游资源纵深相对不足，生态容量面临较大压力；"西部"旅游资源丰富、发展潜力大，但旅游基础设施完备程度、旅游产品创新力度、旅游服务与管理高度等方面存在不足；乡村是城市休闲度假的主要承载空间，但乡村旅游环境、旅游产品整合、乡村空间利用等还很难满足城市消费能力释放的需要。

生态旅游不是一种旅游产品，而是一种理念，人在这种旅游模式中不再是主体，而是客体，必须将保护当地生态置于首位，在此基础上再适度开发。包括乡村旅游在内的生态型旅游属于可重复消费的旅游产品，同时目前还是个"蓝海市场"，可挖掘潜力较大，要注意挖掘当地文化，打造更高品质的旅游产品，同时更要注重当地生态保护，青山绿水、蓝天白云是生态旅游的核心基础。

三　红色旅游

在中国共产党史上，长三角一直是中国革命的重要舞台，拥有着丰富的"红色资源"。近年来，长三角地区以"红色旅游"为抓手，大力盘活"红色资源"。

据资料显示，上海保存完好的革命遗迹多达440处；江苏省拥有革命历史类纪念设施、遗址和爱国主义教育基地1000多家；浙江省的重要革命遗迹和纪念设施有100多处；安徽省特别是大别山走出了130多位开国将帅，为中国革命输送过无数英雄儿女……近年来，长三角三省一市密切联动，以"红色旅游"为抓手，打造长三角高品质红色旅游示范基地、推出多条红色旅游精品线路，盘活长三角"红色资源"，释放旅游能量，红色资源赋能红色教育，让红色旅游走出了一条可复制的路径。

自2018年底首个长三角红色文化旅游区域联盟在上海成立后，长三角三省一市的"红色资源"联动愈发紧密。今年5月，三省一市文旅部门联合制定了《2020年长三角文化和旅游联盟重点工作计划》，提出"由上海市文化和旅游局牵头，围绕红色文化、江南文化等主题策划高质量展览，加强长三角博物馆在人才培养、文创开发等方面协作"。同时，还将联合推出优质文旅产品。包括由安徽省文化和旅游厅牵头，深度开发红色、生态、文化等旅游资源，共同推出红色旅游精品线路，联合打造长三角高品质红色旅游示范基地等。

根据安徽省牵头制定的《打造"长三角高品质红色旅游示范基地"框架协议》，三省一市将共同推出"上海'一大'会址—浙江嘉兴南湖—淮安周恩来故里—皖西大别山红色旅游精品线路"，打造"长三角高品质红色旅游示范基地"，共享市场信息，共塑整体区域市场品牌形象，讲好红色革命故事，传播主旋律声音。

高质量盘活"红色资源"，长江三角洲未来应该从哪些方面发力？笔者认为可以从以下三个方面着手：

一是以教育为基础，传承红色基因。不仅要讲好红色故事，更要有效实现红色资源价值转化。

二是以科技创新为代表，汇聚红色能量。科技提供了红色文化场景化的技术支撑，要充分发挥长三角的资源优势和人才优势，创新红色文化的表现形式。

三是以旅游为驱动，打造红色地标。深度推进长三角区域旅游合作，实现长三角红色旅游人文地理历史诸多要素的融合，互利共赢发展，助推长三角一体化发展。

第二章
长江三角洲总体目标与战略定位

第一节 发展目标与战略定位

依据《长江三角洲城市群发展规划》,长江三角洲地区发展的战略定位是:亚太地区重要的国际门户、全球重要的现代服务业和先进制造业中心、具有较强国际竞争力的世界级城市群。发展目标是:到 2020 年,力争率先基本实现现代化。其中,全球重要的现代服务业中心定位是首次提出。"一极三区一高地"发动新引擎是长三角发展的战略定位。

2019 年 5 月 13 日中共中央政治局召开会议,会议审议了《长江三角洲区域一体化发展规划纲要》。会议指出,长三角一体化发展具有极大的区域带动和示范作用,要紧扣"一体化"和"高质量"两个关键,带动整个长江经济带和华东地区发展,形成高质量发展的区域集群。长三角区域作为我国经济发展最活跃、开放程度最高、创新能力最强的区域之一,是"一带一路"和长江经济带的重要交汇点。

面对百年未有之大变局,面对实现"两个一百年"的奋斗目标,长三角地区应当在全国改革发展大局中扮演更重要的角色,要担起更重要的使命。

目前,长三角一体化发展有了新的战略定位——一极三区一高地。具体而言,就是要把长三角建设成为全国发展强劲活跃增长极、高质量发展样板区、率先基本实现现代化引领区、区域一体化发展示范区、新时代改革开放新高地。

长三角一体化是合作与竞争辩证统一的一体化,既要在产业体系、基础设施、生态环境、公共服务等领域深化全方位、多层次合作，持续放大规模效应、协同效应、集聚效应；更要着力构建公平公正、开放包容的发展环境，形成千帆竞发、百舸争流的生动局面，让一切有利于一体化发展的活力和源泉竞相迸发、充分涌流。

长三角一体化是集聚与辐射相辅相成的一体化，既要着力提升长三角集聚全球资源要素的能力，在更大范围吸引资金、技术和人才，整体提升区域能级和核心竞争力；更要着力增强辐射带动的能力，使更广大地区都能通过长三角的平台通道，利用国内外资源，实现更高质量的发展，更好地代表国家参与国际合作和竞争。

推进长三角区域高质量发展，改革创新开放既是根本路径，也是主要动力。改革要聚焦要素自由流动，构建城乡融合发展新型格局；创新要驱动产业升级变革，壮大智能化、数字化、绿色化产业；开放则要对接对标国际通行规则，塑造全球合作与竞争新优势。

中央对长三角在新时代实现更高质量一体化发展的要求与期望。"一极"指的是全国发展强劲活跃增长极，2018年11月，习近平总书记在上海考察期间明确提出把长三角地区建设成为我国发展强劲活跃的增长极。强劲活跃增长极要求长三角地区激发市场主体活力，提高创新策源能力，提升参与全球资源配置和竞争能力。"三区"指的是全国高质量发展样板区、率先基本实现现代化引领区、区域一体化发展示范区。

"一高地"指的是新时代改革开放新高地，这是推进更高起点的深化改革，推进更高层次的对外开放对长三角提出的新使命和新任务。"一极三区一高地"的战略定位中，"全国发展强劲活跃增长极"被放在首位。这意味着长三角地区既要实现有速度的增长，又要实现有质量的发展，提升长三角参与全球资源配置和竞争能力，增强对全国经济发展的影响力和带动力。在当下的国际国内大环境中，长三角一体化上升为国家战略，就是要同"一带一路"建设、京津冀协同发展、长江经济带发展、粤港澳大湾区建设等国家战略相互配合，完善中国改革开放空间布局，形成扩大内需的战略攻坚点。

对于长三角区域来说，一体化发展和高质量发展是一个共进共融的关系。一体化比协同、协调的要求更高，既是长三角发展的重点，也是难点。推动高质量发展是当前和今后一个时期长三角地区确定发展思路、制定经济政策、实施宏观调控的根本要求，长三角地区是最有条件率先实现高质量发展的区域之一。

长三角规划范围包括苏浙沪皖全域，面积达35.8万平方公里。在发挥上海龙头带动作用、苏浙皖各扬所长的同时，《规划纲要》还划定了一个面积22.5万平方公里的中心区。

这个中心区共覆盖27个城市，其中包括上海市、江苏省9个城市（南京、无锡、常州、苏州、南通、扬州、镇江、盐城、泰州）、浙江省9个城市（杭州、宁波、温州、湖州、嘉兴、绍兴、金华、舟山、台州），以及安徽省8个城市（合肥、芜湖、马鞍山、铜陵、安庆、滁州、池州、宣城）。

作为世界级城市群，长三角一体化发展是要形成区域经济共同体，最终形成社会经济资源配置自然流向的、垂直分工与水平分工并存的区域经济发展格局。

第二节　长三角一体化推动中国经济高质量发展

随着中国经济迈入高质量发展阶段，区域一体化，尤其是较发达地区的融合集聚对周边的辐射及全国的引领作用愈发重要。

长三角2019年GDP为23.7亿元。伴随着区域发展的需要，长三角"朋友圈"不断扩容升级，地区成员从15个变成41个，已实现三省一市全覆盖，长三角城市群正跑出前所未有的加速度。

2019年GDP排名前三的城市为上海市、苏州市和杭州市。南京市、宁波市、无锡市、合肥市、南通市、常州市、徐州市分列4至10位。除了上海市，江苏省入围6个，浙江省入围2个，安徽省入围1个。

在前十名中，有六座城市GDP超万亿元。上海市GDP达到3.81万亿元，按可比价格计算，同比增长6.0%，遥遥领先其他城市。苏州市GDP达1.93万亿元，接近2万亿元。杭州市经济迈上新台阶，2019年GDP突破1.5万亿元。南京市GDP达1.4万亿元。宁波和无锡也双双成为"万亿俱乐部"成员。

从GDP增速来看，安徽城市继续领跑，滁州、亳州、阜阳GDP增速均在9%以上。浙江的舟山GDP增速为9.2%，居浙江省内首位。

长三角城市，GDP突破1万亿元的一共有6个城市。它们分别是全国GDP最高的城市上海，GDP达到惊人的38155亿元。要知道，比利时（5492.78亿美元）国家全年的GDP还要稍逊上海一筹。

表 2-2-1　长江三角洲 GDP 排名

排名	城市	GDP(亿元)	增速(%)
1	上海	38155.32	6.00
2	苏州	19300	6.00
3	杭州	15373	6.80
4	南京	14050	8.00
5	宁波	11985.1	6.80
6	无锡	11852.32	6.80
7	合肥	9409.4	7.60
8	南通	9383.5	6.20
9	常州	7400.9	6.80
10	徐州	7151.35	6.00
11	温州	6606.1	8.20
12	扬州	5850.08	6.80
13	绍兴	5780.74	7.50
14	盐城	5702.3	5.10
15	嘉兴	5370.32	7.00
16	台州	5134.05	5.10
17	泰州	5133.4	6.40
18	金华	4559.91	6.50
19	镇江	4127.3	5.80
20	淮安	3871.2	6.60
21	芜湖	3618.26	8.20
22	连云港	3139.29	6.00
23	湖州	3122.4	7.90
24	连云港	3139.29	6.00
25	滁州	2909.1	9.70
26	阜阳	2705	9.00
27	安庆	2380.5	7.00
28	马鞍山	2111	8.00
29	蚌埠	2057.2	0.00
30	宿州	1978.75	8.70

续表

排名	城市	GDP(亿元)	增速(%)
31	亳州	1749	9.40
32	六安	1620.1	8.40
33	衢州	1573.51	6.70
34	宣城	1561.3	7.80
35	丽水	1476.61	8.30
36	舟山	1371.6	9.20
37	淮南	1296.2	5.20
38	淮北	1077.9	3.00
39	铜陵	960.2	-1.70
40	池州	831.7	7.90
41	黄山	818	7.70

其他5个上万亿的城市，依次是苏州（19236亿元）、杭州（15373亿元）、南京（14030亿元）、宁波（11985亿元）、无锡（11852亿元）。值得一提的是，长三角经济区中，有2个城市也即将踏入"万亿俱乐部"，它们是合肥（9409亿元）和南通（9348亿元）。

与经济较发达城市形成较大反差的是，长三角经济区有2个城市GDP未能突破1000亿元，分别是池州（832亿元）、铜陵（960亿元）。

在长三角，除了上海，江苏在经济区的地位较为突出，江苏2019全年GDP为99632亿元，在全国各行政区中也仅次于广东（107671亿元），排在全国第二的位置。而浙江近些年的发展态势也非常迅猛，GDP增速达到6.8%，高于全国GDP增速6.3%的水平，GDP达到62352亿元，排在全国第四。让人眼前一亮的是，安徽省全年GDP达到37114亿元，GDP增速高达7.5%，在全国名列前几位，经济发展势头不容小觑。

就长三角产业协同发展而言，需要营商环境一体化，产业政策、科技服务、金融服务方面既各自发挥优势，又要形成合力，以及政府管控和法治方面一体化、区域的公共数据共享等方面取得突破。

应该说，长三角一体化既是内在的经济趋势，也是中国经济进入高质量发展阶段的需要，应通过突破体制机制壁垒实现真正的一体化，成为中国经济发展的新标杆、新高地。

第三节 疫情影响下，如何保持经济高质量发展

2020年年初发生的新冠肺炎疫情，使全球经济进入了一个寒冷期，在全球化曲折发展的形势下，中国如何保持经济高质量发展的态势，这就是要真正扩大内需，稳步提高中等收入者比重，推动城市化的有序发展，使中国成为市场规模巨大的创新型国家。

新年伊始，笔者到上海、江苏、浙江和安徽及云南、贵州、四川等地区做了一次关于长江经济带发展路径的专题调查研究，了解不同地区发生巨大变化的原因，认识不同地区未来面临的各种挑战与机遇。新冠肺炎疫情给地方经济发展造成很大冲击，进一步拉大了地方间的差距。可以说，疫情对我国经济社会发展带来的直接冲击和间接影响是非常巨大的。有些损失已经造成了，有些影响还在逐步显现，这一切都还没有结束。

从经济数据上看，2020年第一季度GDP增速同比下降6.8%，过去从来没有出现过季度负增长的情况。第一季度进出口都是下降的，出口同比下降11.4%，进口同比下降0.7%。因此，要充分评估当前疫情和疫后的经济形势，做好应对复杂环境的准备。

疫情过后，世界肯定会发生变化，世界经济格局必将发生很多的改变。全球产业链、供应链、价值链将出现新的调整。全球经济技术交流与合作、高级贸易、人流物流的方式也会有新的变化。

基于对各方形势的分析，笔者认为：一是疫情目前没有疫苗出来短期不会结束，它的影响将长期存在，北京近期在新发地等地方又突然新增本土疫情人数，可能今后一个阶段防疫将是常态化，全球经济进一步衰退；二是贸易壁垒将进一步蔓延，全球贸易会断崖式大幅下降；三是全球产业链、供应链将继续缩短，各个国家趋向自建产业链，目前这方面的苗头正在显现；四是经济全球化将增添很大的变数，全球治理体系必然会加快变革进程；五是中国将更多依靠内需，在需求侧与供给侧同时布局发力，实现中国经济的安全着陆和转型升级。

那么，疫情下该如何发展地方经济？

一要盘活存量，用活增量，激活变量，做好加减乘除。

二要继续对疫情严防严控。严防严控的关键是防控的意识，严在自控自律，各地应该按照实际情况的变化，适时做出科学的调整。

三要加大政策扶持力度。现在中央和地方已经出台了许多政策措施，一方面要把这些措施落实、落细、落早、落快，落实到救助那些低收入困难群体身上。另一方面要根据形势的变化和实际需要，适时出台一些新的政策措施，要培育好特色经济。

四要重视粮食生产安全。近年全球火灾、蝗灾等灾害频发，疫情下一些国家禁止粮食出口，所以我们必须重视粮食安全。

五要壮大产业链集群。我国有一个很大的优势，就是产业门类，特别是制造业的门类比较齐全，产业链条比较完整、比较长，而且这些产业链纵向、横向之间都有着很紧密的联系，产业的配套互补性也很强。

六要慎重招商引资选智。我们疫情控制得早，控制得快，进一步增加了对外资的吸引力。实际上，外资外商普遍看好中国市场。2020年2~3月是疫情最严重的时候，面对疫情之下的失业情况，上海虹桥商务区首批重大项目集中进行云签约，一些知名外商、外企踊跃参与，总投资额超过1200亿元，形势很好。

七要保护好生态环境。经济越发展，收入越提高，绿水青山就是金山银山的"含金量"就越高。各地应该按照主体功能区的分类，重点开发、限制开发、生态保护，搞好地区的绿色发展和生态保护。

八要加快数字化转型。数字经济两大块，一个是数字产业，包括硬件、软件；另外一个是传统产业、实体制造业，提高这些产业的数字化水平，加快数字化转型，这是当前非常重要的经济增长点。

九要优化营商环境。继续深化"放管服"改革，切实转变政府职能，建立"亲清"新型政商关系，创造公平竞争的市场环境。特别要重视民营企业的发展，真正从经济发展和长治久安的角度认识民营经济的发展。民营经济具有"五六七八九"的特征，即贡献了50%以上的税收，60%以上的国内生产总值，70%以上的创新成果，80%以上的城镇劳动就业，90%以上的企业数量。如今的关键是解决民营企业成为自己人的问题。民营企业在疫情冲击之下，关键是解决流动性的问题，解决"堵"和"断"的问题。从社会层面来看，关键是迅速地让人动起来，让生产动起来。

总之，疫情之下，乃至疫情之后的地方经济发展，需要盘活存量，优化产业结构、企业结构，保护好生态环境，有所为，有所不为，这是盘活存量。要用活增量，稳慎地招商引智选资，加快数字化转型。激活变量，全面深化改革，发展要素市场，改善营商环境，激发市场主体的活力。

中国目前经济发展主要存在两个方面的问题。

第一，这些年的经济一直处在下行轨道上，而且似乎一年比一年下行的压力大。疫情之前，去年下半年就有许多专家对于今年经济发展趋势比较担心。因为我们在经济发展当中存在的问题，没有及时解决。比方说收入分配结构失衡，GDP当中最终消费率不断下降，资本形成率不断提高。

中国消费水平比世界的平均水平低了15个百分点，比美国低了20个百分点，因此消费严重不足，内需严重不足。过去拉动经济增长的三驾马车跑偏了，一味地靠大投资，但投资边际效率不断降低，投资加大，"铁公机"发展模式，对于经济拉动起到的作用并不明显。

第二，这次疫情以特朗普为首的"逆中国化"。许多重要的国际会议、国际问题都在有意排斥中国，比方说前不久各国的主要主权货币互换。中国是一个大国，经济体总体世界第二，人民币国际化的工作也做了很多，但是在这个互换当中，9个央行行长就没有中国的央行。

美国带头排斥中国，"去中国化"对于中国的经济恢复和发展无疑是有影响的。所以从这些基本情况来看，我认为中国经济在疫情之后的恢复期可能会漫长一点，困难会更大一些。产业链、供应链市场就世界而言，中国会面临更多一些难以估测的困难。

就制造业而言，随着全球化的深入，国际分工越来越细，全球产业链深度交织，一个环节出了问题就会导致蝴蝶效应和系统性风险。我国外贸企业大多处于全球产业链的低端，疫情在世界范围内的蔓延导致很多处于产业链上的我国企业生产不出来，或者生产出来卖不出去，资金回笼成了问题。特别是民营企业受到的冲击更大，大多数民营企业规模小，抗风险能力差。

但是应该看到，中国拥有41个工业大类、207个工业中类、666个工业小类，是全世界唯一拥有联合国产业分类中所列全部工业门类的国家。再加上我国拥有世界上最大规模的科技和专业技能人才，这些优势依然存在。

经济发展阶段的调整和疫情的冲击两者叠加之后，我国经济下行是自然的、客观的。

我们需要做的，一是继续在创新上下功夫。度过危机其实有两种办法：一种是缩小成本、压低规模、扛过去；二是通过创新，开辟新的经营模式。我国经济发展现在面临的主要是结构性问题，所以中央提出供给侧结构性改革，它的核心就是创新和提升产业结构。

我们应当认识到，眼下的全球经济是一个大停摆，几乎所有国家都受到波及，之后经济如何发展，关键要看谁动手早。我国防疫抓得精准有力，迅速控制了疫情在国内的蔓延，如今正在复工复产，要保住成果，不能让疫情反弹是首要问题，只有社会稳定了才能讲发展。

第三章
长江三角洲一体化发展规划及愿景

第一节　区域发展规划愿景

顺应时代潮流，服务国家现代化建设大局，从战略高度优化提升长江三角洲城市群，打造改革开放新高地、争当创新尖兵、加强发展新经济、构筑生态环境新支撑、创造联动发展新模式，着力建设面向全球、辐射亚太、引领中国的世界级城市群。

1. 最具经济活力的资源配置中心

紧密围绕上海国际经济、金融、贸易、航运中心建设以及中国（上海）自由贸易试验区建设，加快制度创新和先行先试，成为资源配置效率高、辐射带动能力强、国际化市场化法制化制度体系完善的资源配置中心。

2. 具有全球影响力的科技创新高地

瞄准世界科技前沿领域和顶级水平，建立健全符合科技进步规律的体制机制和政策法规，最大程度激发创新主体、创业人才的动力、活力和能力，成为全球创新网络的重要枢纽，以及国际性重大科学发展、原创技术发明和高新科技产业培育的重要策源地。

3. 全球重要的现代服务业和先进制造业中心

加快推进产业跨界融合，重点发展高附加值产业、高增值环节和总部经济，加快培育以技术、品牌、质量、服务为核心的竞争新优势，打造若干规模和水平居国际前列的先进制造产业集群，形成服务经济主导、智能制造支撑的现代产业体系。

4. 亚太地区重要国际门户

服务国家"一带一路"倡议,提高开放型经济发展水平,打造在亚太乃至全球有重要影响力的国际金融服务体系、国际商务服务体系、国际物流网络体系,在更高层次参与国际合作和竞争。

5. 中国新一轮改革开放排头兵

加快推进简政放权、放管结合、优化服务改革,统筹综合配套改革试点和开放平台建设,复制推广自由贸易试验区、自主创新示范区等成熟改革经验。

6. 美丽中国建设示范区

牢固树立并率先践行生态文明理念,依托江河湖海丰富多彩的生态本底,发挥历史文化遗产众多、风景资源独特、水乡聚落点多面广等优势,优化国土空间开发格局,共同建设美丽城镇和乡村,共同打造充满人文魅力和水乡特色的国际休闲消费中心,形成青山常在、绿水长流、空气常新的生态型城市群。

第二节 构建"一核五圈四带"的网络化空间格局

构建网络化空间格局。发挥上海龙头带动的核心作用和区域中心城市的辐射带动作用,依托交通运输网络培育多级多类发展轴线,推动南京都市圈、杭州都市圈、合肥都市圈、苏锡常都市圈、宁波都市圈的同城化发展,强化沿海发展带、沿江发展带、沪宁合杭甬发展带、沪杭金发展带的聚合发展,构建"一核五圈四带"的网络化空间格局。

一核 全面提升上海全球城市功能。

按照打造世界级城市群核心城市的要求,加快提升上海核心竞争力和综合服务功能,加快建设具有全球影响力的科技创新中心,发挥浦东新区引领作用,推动非核心功能疏解,推进与苏州、无锡、南通、宁波、嘉兴、舟山等周边城市协同发展,引领长三角城市群一体化发展,提升服务长江经济带和"一带一路"等国家战略的能力。

五圈 促进五个都市圈同城化发展。

南京都市圈包括南京、镇江、扬州三市。提升南京中心城市功能,加快建设南京江北新区,加快产业和人口集聚,辐射带动淮安等市发展,促进与合肥都市圈融合发展,打造成为区域性创新创业高地和金融商务服务集聚区。

杭州都市圈包括杭州、嘉兴、湖州、绍兴四市。发挥创业创新优势，培育发展信息经济等新业态新引擎，加快建设杭州国家自主创新示范区和跨境电子商务综合试验区、湖州国家生态文明先行示范区，建设中国经济转型升级和改革创新的先行区。

合肥都市圈包括合肥、芜湖、马鞍山三市。发挥在推进长江经济带建设中承东启西的区位优势和创新资源富集优势，加快建设承接产业转移示范区，推动创新链和产业链融合发展，提升合肥辐射带动功能，打造区域增长新引擎。

苏锡常都市圈包括苏州、无锡、常州三市。全面强化与上海的功能对接与互动，加快推进沪苏通、锡常泰跨江融合发展。建设苏州工业园国家开放创新综合试验区，发展先进制造业和现代服务业集聚区，推进开发区城市功能改造，加快生态空间修复和城镇空间重塑，提升区域发展品质和形象。

宁波都市圈包括宁波、舟山、台州三市。高起点建设浙江舟山群岛新区和江海联运服务中心、宁波港口经济圈、台州小微企业金融服务改革创新试验区。高效整合三地海港资源和平台，打造全球一流的现代化综合枢纽港、国际航运服务基地和国际贸易物流中心，形成长江经济带龙头龙眼和"一带一路"倡议支点。

四带 促进四条发展带聚合发展。

沪宁合杭甬发展带。依托沪汉蓉、沪杭甬通道，发挥上海、南京、杭州、合肥、宁波等中心城市要素集聚和综合服务优势，积极发展服务经济和创新经济，成为长三角城市群吸聚最高端要素、汇集最优秀人才、实现最高产业发展质量的中枢发展带，辐射带动长江经济带和中西部地区发展。

沿江发展带。依托长江黄金水道，打造沿江综合交通走廊，促进长江岸线有序利用和江海联运港口优化布局，建设长江南京以下江海联运港区，推进皖江城市带承接产业转移示范区建设，打造引领长江经济带临港制造和航运物流业发展的龙头地区，推动跨江联动和港产城一体化发展，建设科技成果转化和产业化基地，增强对长江中游地区的辐射带动作用。

沿海发展带。坚持陆海统筹，协调推进海洋空间开发利用、陆源污染防治与海洋生态保护。合理开发与保护海洋资源，积极培育临港制造业、海洋高新技术产业、海洋服务业和特色农渔业，推进江海联运建设，打造港航物流、重化工和能源基地，有序推进滨海生态城镇建设，加快建设浙江海洋经济示范区和通州湾江海联动开发示范区，打造与生态建设和环境保护相协调的海洋经济发展带，辐射带动苏皖北部、浙江西南部地区经济全面发展。

沪杭金发展带。依托沪昆通道，连接上海、嘉兴、杭州、金华等城市，发挥开放程度高和民营经济发达的优势，以中国（上海）自由贸易试验区、义乌国际贸易综合改革试验区为重点，打造海陆双向开放高地，建设以高技术产业和商贸物流业为主的综合发展带，统筹环杭州湾地区产业布局，加强与衢州、丽水等地区生态环境联防联治，提升对江西等中部地区的辐射带动能力。

第三篇 | 风从海上来

上海，长江三角洲龙头城市，肩负着面向全球、面向未来，提升上海城市能级和核心竞争力，引领长三角一体化发展的重任。

上海将围绕国际经济、金融、贸易、航运和科技创新"五个中心"建设，着力提升上海大都市综合经济实力、金融资源配置功能、贸易枢纽功能、航运高端服务功能和科技创新策源能力，有序疏解一般制造等非大都市核心功能。形成有影响力的上海服务、上海制造、上海购物、上海文化"四大品牌"，推动上海品牌和管理模式全面输出，为长三角高质量发展和参与国际竞争提供服务。

第一章
潮起江海绘宏图

第一节 上海在长三角一体化发展中的战略地位和作用

上海作为长三角世界级城市群的核心城市,习近平总书记要求上海在推进长三角一体化发展中起到龙头带动作用。那么,上海如何发挥龙头作用?上海作为龙头城市,将如何重点推动?

一 上海瞄准"一体化"、"高质量"

上海市负责同志提出要抓好:紧抓两个关键词、三个重点区域,建设长三角一体化发展示范区。

梳理一下,不难发现,上海紧紧瞄准两个关键词:一是一体化、二是高质量。这将成为上海推进长三角一体化国家战略新亮点。不久前公布的上海市贯彻《长江三角洲区域一体化发展规划纲要》实施方案,从方案的内容中,可以解读出这样一些焦点:上海将深化"五个中心"核心功能建设,围绕"1+8"推进上海大都市圈协同发展,聚焦长三角生态绿色一体化发展示范区等三大重点区域率先突破。具体表现在以下几个方面。

一是根据中央要求,上海在长三角一体化中要积极发挥龙头带动作用。对此,上海提出,将持续深化"五个中心"核心功能建设。比如,在国际金融中心方面,上海将增强资源配置功能,积极探索合格境外投资者全面参与上海各类要素市场,大力吸引国际金融组织、国内外大型金融机构总部入驻,建设全球资产管理中心,加快打造全球性人民币产品创新、交易、定价和清算中心。

二是在全球科创中心方面,以增强科技创新策源能力为导向,上海将全力打造张江综合性国家科学中心。推动张江实验室创建为国家实验室,与安徽合肥共建量子信息科学国家实验室。加快推进软 X 射线自由电子激光装置、上海超强超短激光实验装置等一批重大科技基础设施项目建设。

三是根据方案,上海将加快编制上海大都市圈空间协同规划,围绕上海和苏州、无锡、常州、南通、宁波、嘉兴、舟山、湖州的"1+8"区域范围构建开放协调的空间格局,发挥空间规划的引领作用,加强在功能、交通、环境等方面的衔接,促进区域空间协同和一体化发展。

四是公共服务的普惠便利是长三角一体化的重要内容。上海提出,创新跨区域服务机制,共同探索建设长三角基本公共服务平台。探索异地就医备案互认,深化推进异地就医直接结算,争取实现全部统筹区和主要医疗机构两个全覆盖。建立跨区域养老服务补贴等异地结算制度,研究规划和建设异地康养基地。

五是长三角三省一市要形成合力,必须建设统一开放市场体系,共创国际一流营商环境。

六是探索建立区域土地指标跨省调剂机制,优先保障跨区域重点项目落地。完善专项建设债券、绿色债券等债券的发行机制,推动区域专项债发行常态化制度化。建设完善信用长三角平台,加大对行业协会商会、信用服务机构、金融机构等市场信用信息的采集力度。

二 如何发挥上海龙头带动作用

如何发挥上海龙头带动作用,让苏浙皖各扬所长,笔者认为,上海要精准定位"全球城市"和"全球城市区域"这两个目标。

上海应从国际化引领、区域带动、制度创新标杆、国家战略牵引四方面努力。也要精准定位"全球城市"和"全球城市区域"这两个目标,具备国际视野,积极进入国际经济舞台的中心,与世界一流城市对标对表,不断提升发展质量,才能使其成为名副其实的"龙头"。

上海的区域龙头作用,既是中央对上海城市能级的肯定,更是上海担当开放先锋城市，承载国家新一轮开放发展引领责任的体现。

具体来讲，上海服务、制造、购物、文化为长三角先进服务业发展、商贸体系建设发挥了重要的作用，上海的"四大品牌"应该成为长三角亮丽的"四张名片"。

2020年长三角区域一体化国家战略，或将迎来新的加速推进期。

值得注意的是，上海发挥"龙头作用"的同时，虹桥商务区作为长三角一体化的重要枢纽，是"龙头"重要的组成部分。虹桥商务区已成为国内外总部企业关注的焦点和总部经济集聚发展的热点。

三　上海担当长三角一体化龙头的具体措施

上海如何当好长三角一体化发展龙头？当前依然充满挑战，尤其是在引领、推进长三角一体化方面，因涉及三省一市，更是压力重重。

就国家而言，长三角一体化在很大程度上影响着中国未来经济发展格局；从城市而言，长三角世界级城市群的一体化发展与上海全面建成全球卓越城市息息相关。

那么，上海能否充分发挥自身优势，全面引领长三角地区发展？

1. 纵览全局看上海

作为中国100多年以来的工商业第一大市，上海地缘优势、历史底蕴、政治地位、资源集聚能力决定了其不可替代的位置，但即便如此，在"高速、高铁、飞机+互联网"去中心化、二次城市化趋势下，上海作为传统意义上的长三角龙头还是存在着危机感的。

在经济上，上海2019年的GDP为38155.32亿元，比上年增长6.0%。值得注意的是，2019年上海全市居民人均可支配收入69442元。根据国家统计局公布的数据显示，上海2019年居民人均可支配收入位居榜首，领跑全国；北京以67756元位居第二名。

与此同时，上海第三产业比重较上年有所提高。第一产业增加值103.88亿元，下降5.0%；第二产业增加值10299.16亿元，增长0.5%；第三产业增加值27752.28亿元，增长8.2%。第三产业增加值占全市生产总值的比重为72.7%，比上年提高1.8个百分点。

从主要行业看，金融业增加值一马当先，全年增加值达6600.60亿元，比

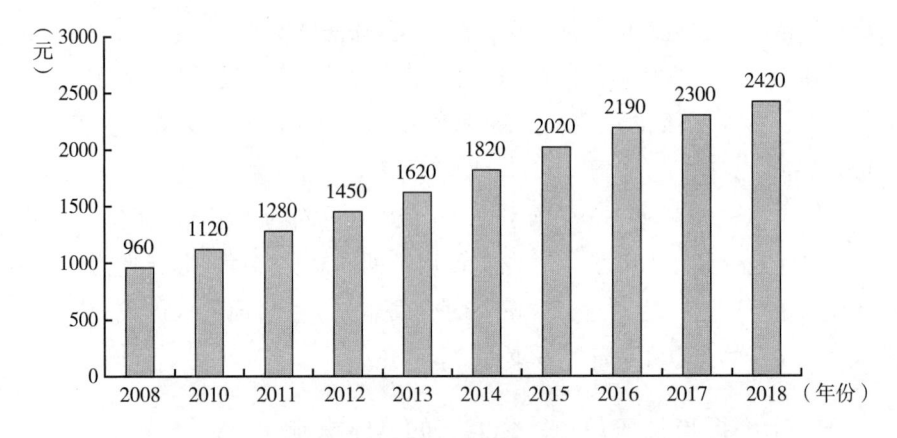

图 3-1-1 上海历年最低工资一览

上年增长 11.6%。2019 年，上海金融市场成交活跃。全年沪市金融市场成交额 1934.31 万亿元，比上年增长 16.6%。其中，上海证券交易所股票成交额增长 35.3%，上海期货交易所成交额增长 19.3%，中国金融期货交易所成交额增长 1.7 倍，银行间市场成交额增长 15.2%，上海黄金交易所成交额增长 33.2%。

在金融方面，作为未来的"国际金融中心"，上海集聚金融资源的能力长期逊于北京，曾引以为豪的外资银行在近年来也发展较为缓慢，2018 年上半年，上海外资银行资产总额 1.53 万亿元，比例仅占上海银行业总资产比重的 10.2%，相比我国银行业金融机构资产总额 260.19 万亿元，显然不具备"系统重要性"，更不用说互联网在浙江的如火如荼了。

此项利好也有极具压力的一面，即周边地区接轨上海，资源要素流出。

但换个思维角度而言，危机感与压力感正是上海思变的源源动力。从逻辑上讲，城市群中龙头城市决定了整个城市群发展的高度，同时其他城市的发展水平也会反过来影响龙头城市的发展。

换言之，龙头要发挥作用，也需要这条龙具备强健的身体和四肢。同时，以城市群为代表的区域竞争已经白热化，长三角各城市只有合作共赢才有更好的出路。

当新时代赋予上海全新的历史方位和历史使命时，上海就需率先突破思维瓶颈，用更宽广的胸怀、视野和格局，把自身经济转型升级、结构调整、全球城市建设，与推动长三角一体化进程结合起来，把上海发展放在中央对上海发展的战略定位上，放在经济全球化的大背景下，放在全国发展大格局中，放在国家对长三角发展的总体部署之中来思考谋划。

2. 拓展新的产业增长空间

然而，在长三角一体化进程中，难免会自觉不自觉地出现一些产业让渡，甚至需要疏解一部分非核心功能到周边地区，这就要求上海主动探索新的产业增长空间，正所谓有舍才有得。

如制造业方面，伴随上海在计划经济时代形成的重化工制造业逐渐向周边转移，上海需要向极端制造业转型。

所谓极端制造是指极大型、极小型、极精密型等极端条件下的制造，主要用于制造极端尺寸或极高功能的器件，此类制造需要科技支撑，正吻合上海科创中心的资源禀赋，再加上上海已有大飞机、中核建、中芯国际集成电路、中车城市交通、微电子装备光刻机等产业项目基础，将形成上海极端制造优势。

再如，在互联网经济、体验经济时代背景下，大力发展会展、电竞、时尚、体育赛事等新兴产业，承接国际会议、展览、活动和赛事，打造"全球电竞之都"、"全球时尚之都"。

目前，上海可供展览面积已超过 100 万平方米，位列全球主要会展城市第一，2018 年上海展览业直接带动相关产业收入超过 1400 亿元。到 2020 年，上海年展览面积预期将达到 2000 万平方米，年举办规模在 10 万平方米以上的展会 50 个，进入国际展览业协会的机构数量达到 35 家以上，国际展面积占比达到 80%。

同时，利用上海现有的优秀教育和高端医疗集中的资源优势，大力发展教育产业、生物经济、生命经济等。

然而，鉴于创新与转型的难度，产业增长替代并非一朝一夕就能实现的，对于 GDP 仅有 3 万多亿元的上海而言，自然也要稳总量、稳增长、稳占比，因此，要注意把握产业增长替代的节奏与风控。

3. 要科学夯实城市领导力

即便如此，上海依然具有诸多引领长三角地区的不二空间。

如科创引领，一边是建设上海全球科技创新中心，发挥企业、大学、科研院所在创新中的主体作用；另一边是充分释放上海全球科技创新中心、重大科学设施的辐射带动作用，提升整个区域科技创新能力，对此，可牵头设立区域性基金，用于培育高校、科研机构，实现前瞻性的基础研究和引领性技术成果的产出。

再如制度引领，可以自由贸易试验区建设为突破口，建立同国际投资和贸易通行规则相衔接的制度体系，形成法治化、国际化、便利化营商环境，率先培育参与国际规则制定的制度构建能力。

而更重要的是，全面引领长三角的空间在于城市领导力，即上海成为超级枢纽，不只是地缘交通意义上枢纽，更是资源要素集聚的枢纽，节点与节点在这里集聚与叠加，并担当起要素孵化器的培育功能，成为能量的集中点、思想碰撞和产生各种反应的地方，而这些能量又向外辐射。

4. 要领跑长三角一体化发展的空间

而当下，上海引领长三角一体化发展关键在于破除行政壁垒，并在现实中存在可操作的空间。

(1) "借大势"、"靠市场"

即不仅靠政府一己之力，还需要催生市场内生的推动力量，实现"大政府+大市场"的双轮驱动，甚至政府扮演的只是杠杆角色，如组建在若干领域里的长三角区域产业基金，以统一区域性基金来促进创新力和产业链的有效融合，促进长三角经济的产业升级和集聚发展。

(2) 组织再造

如"长三办"仍只是一个区域性常设协调机构，且"长三办"更多是解决了"块"上的协调问题，但在协调解决海关监管、港口管理、金融开放等"条"上的问题时还很难发挥作用。

再如组建长三角区域银行，通过上海金融要素市场服务能力的延伸，服务长三角企业，为实体经济融资、投资、贸易、避险等提供便利和专业化的支持。

此外，将自贸区扩容在苏浙沪结合地带也是一种组织再造，通过特殊的政策方式，破除行政壁垒。

(3) 协调好利益分配机制

出台有利于支持长三角一体化发展，扩大政策效应的财税制度，也要兼顾各方利益，为鼓励企业有序、规范流动创造良好政策环境等，可借鉴《京津冀协同发展产业转移对接企业税收收入分享办法》，协商研究好财税分配问题。

同时，创新和对接地方政府的重要基金及其运作机制；创新研究咨询机制，使决策更科学化更具系统性；创设专项财政支持机制，使长三角协同一体化机制的运作更具保障。

第二节　上海如何更好地服务于一体化发展国家战略

改革开放再出发，中央交给上海三项重要任务：增设上海自由贸易试验区新片区、在上海证券交易所设立科创板并试点注册制、实施长江三角洲区域一体化发展国家战略。

1. 紧抓三个重点区域建设

第一个重点区域是长三角生态绿色一体化发展示范区，即在江苏苏州吴江、浙江嘉善和上海青浦，建设生态绿色一体化发展示范区；第二个重点区域是建设上海自贸试验区新片区；第三个是建设虹桥商务区，打造虹桥国际开放枢纽，打造国际化的中央商务区和国际贸易中心的新平台。推出更多有利、有效的政策措施，促进上海"双创"更好发展。

2. 重点突破三大任务

2020年，三大任务将有重大突破，上海也做好了具体准备工作。2019年2月11日，上海市政府召开一季度工作会议，时任上海市市长应勇强调：上海要全力以赴地实施好"三大任务"：增设自贸区新片区，上海要配合国家相关部门制定并实施好方案；在上交所设立科创板并试点注册制，是推动金融中心和科创中心建设的重要结合点；要着力培育优质上市资源，着力打造面向全国科创企业的投融资平台。

2020年1月30日晚间，中国证监会公布《关于在上海证券交易所设立科创板并试点注册制的实施意见》《科创板首次公开发行股票注册管理办法（试行）》（征求意见稿）、《科创板上市公司持续监管办法（试行）》（征求意见稿），确定上交所设立科创板及试点注册制的总体意见，为试点注册制搭建了整体制度框架体系。

随后，上海证券交易所发布《上海证券交易所科创板股票发行上市审核规则》等科创板6项配套业务规则的征求意见稿，明确科创板上市条件、投资者限定、涨跌幅限制、注册制实施程序和时限等细节。

笔者认为，上海资本市场服务经济发展的功能需要进一步升级；另一方面，继续加快上海金融和科创中心的建设，把资本的力量整合到建设科创中心的领域中去，起到1+1>2的作用。从资本的属性来看，资本市场的发展更要注重长期发展的后劲，既要讲门槛，又要讲实实在在的内容，让金融真正服务于实体经济，回归金融的本质。

这三大任务不仅仅是交给上海，实际上是交给长三角城市群，交给中国社会经济相对最发达的长三角地区。

3. 构建更加开放协调的区域空间格局

2019年，国新办举行《长江三角洲区域一体化发展规划纲要》发布会。中共上海市委常委、常务副市长陈寅在会上表示，上海坚持"四个放在"，即将上海发展放在中央对上海发展的战略定位上、放在经济全球化大背景下、放在全国发展大格局中、放在国家对长三角发展的总体部署中思考谋划，加快国际经济、金融、贸易、航运、科技创新"五个中心"建设，努力构筑中心城市的功能优势，为其他地区发展赋能提速，在长三角一体化发展当中积极发挥龙头带动作用。

一是聚焦重点领域与兄弟省市协同抓好推进。在产业发展方面，要深化各方合作，着力推动金融开放。在科技创新方面，要增强创新策源能力，组织联合攻关一批关键核心技术。在基础设施建设方面，要率先布局应用像5G等新一代信息基础设施网络，提升对外服务的辐射能力。在生态环境保护方面，要开展污染的联防联控，进一步改善生态环境质量。在公共服务供给方面，要提升异地公共服务便捷度。

二是聚焦重点区域率先突破。上海自贸区临港新片区重点是落实好"6+2"的开放政策和制度创新，全力打造特殊经济功能区和现代化新型城市，发挥好对外开放新高地的引领作用（注："6+2"，"6"即投资自由、贸易自由、资金自由、运输自由、人员从业自由及信息便捷联通；"2"即税收制度和风险管理制度）。

三是聚焦重大项目强化任务落实。重点是抓好高速铁路、城际铁路、长江黄金水道、机场群、5G 布局,另外像淀山湖、太浦河、长江口水源地保护等一批重大项目规划建设的协调推进。

四是聚焦重大平台深化合作。重点是共同举办好中国国际进口博览会等重要会议和重大活动,进一步发挥溢出效应;加快 G60 科创走廊、长三角城市经济协调会等一批跨区域重大合作平台建设。加强长三角科技资源共享平台等一批公共服务平台建设,发挥服务载体作用。

下一步上海为推进长三角一体化发展、发挥龙头带动作用,将做好七个方面的重点工作,包括提升上海城市的服务辐射能级、增强科技创新的策源能力、完善交通的基础设施网络布局、加强生态环境的共保联治、强化政策协同的制度衔接、深化对内对外的开放联动、建设统一开放的市场体系。以上海为核心,带动长三角区域内多地联动,在推动制造业升级、扩大对外开放、推动新农村建设,以及探索生态合作补偿机制等领域进行创新实践,通过产业与政策等要素的推动,未来这些具有示范及引领性的举措,都将对上海的城市发展带来新的提升机遇。

第三节　加强长三角生态绿色一体化发展示范区建设

2019 年 10 月 25 日,生态绿色一体化示范区由国务院批复;2019 年 11 月 1 日,长三角生态绿色一体化发展示范区建设推进大会在位于示范区的上海青浦举行,示范区正式揭牌成立。区域面积约 2300 平方公里,范围上海市青浦区、江苏省苏州市吴江区,浙江省嘉兴市嘉善县。

同时,在三个区县中选择五个镇作为先行启动区,面积约 660 平方公里。其中,上海部分涉及青浦的金泽镇、朱家角镇,江苏部分涉及吴江的黎里镇,浙江部分涉及嘉善的西塘镇、姚庄镇。行政区划长三角生态绿色一体化发展示范区横跨沪苏浙,毗邻淀山湖,位于上海青浦、江苏吴江、浙江嘉善三地,面积接近 2300 平方公里。其中,青浦 676 平方公里,吴江 1092 平方公里,嘉善 506 平方公里。示范区先行启动区为 660 平方公里,行政区域包括金泽、朱家角、黎里、西塘和姚庄。

1. 建立主旨示范区将打造生态友好型一体化发展样本

坚持把一体化发展融入创新、协调、绿色、开放、共享发展中，实现共建共治共享共赢，打破行政壁垒，聚焦一体化制度创新，建立有效管用的一体化发展新机制。坚持新发展理念，坚持推动高质量发展，坚持以供给侧结构性改革为主线，坚持深化市场化改革、扩大高水平开放，发挥中央和地方两个积极性，加大改革创新力度，集中落实、系统集成重大改革举措，进一步提升服务水平和核心竞争力，实现绿色经济、高品质生活、可持续发展有机统一，走出一条跨行政区域共建共享、生态文明与经济社会发展相得益彰的新路径。

示范区建设要充分发挥自身的独特优势，以一体化制度创新为突破口，着力解决好生态保护与经济发展、城市与乡村、示范区与周边区域、政府与市场等四大关系问题，将生态环境优势的势能转化为经济社会发展的动能，建设世界著名湖区。

2. 示范区具有三大独特优势

示范区有三个独特的区位特征和优势："最江南"、"金三角"、"大节点"。示范区古镇古村众多，才子佳人辈出，文化遗迹充盈，是典型的江南水乡；同为吴越文化的发祥地，号称"吴根越角"，是长三角区域的一个黄金小三角，是上海、杭州、苏锡常三大都市圈的节点城市，也是东西向G50与南北向G60两条创新走廊的交叉点，更是"长江经济带"和"一带一路"的交汇点。

长三角生态绿色一体化发展示范区，究竟要示范什么？首先是"示范新发展理念"，关注创新和开放，要在各层面规划和落实中凸显创新和开放理念，实现大保护加巧开发，形成新实力。其次是示范新发展格局，突出改革创新，处理好政府和市场的关系。要像对照世行指标优化营商环境那样，逐条研究、逐步实现"权利公平、机会公平、规则公平"，成为全国"三个公平"的标杆区和示范区。

3. 示范新发展模式，探索模式和发展路径

核心是破解生态优势转化为发展优势的模式，从华为入驻青浦的案例研究入手，找出其中规律，不断探索总结，在全国率先走出一条生态优势转化为经济发展优势的绿色发展路径。

示范区建设既不是单纯的生态建设模式，也不是简单的产业和技术范畴，

而是要从全方位全领域全过程来系统考量,实现"绿色科技化"和"科技绿色化"深度融合、统筹发展。要做到"三个集聚",即通过开放共享,打造绿色技术创新平台,集聚发展动能;通过产业链再造,优化产业布局,推动价值链提升,集聚发展势能;建设公民科学素质高地,夯实科技创新基础,形成全员参与、全民共治的格局,集聚发展潜能。

4. 成为江南"天堂之心"的首善之区

江南文化,是家国情怀的文化坐标,是中国梦最优雅、委婉、诗情的部位。示范区两区一县,是江南文化最核心和纯粹的地区,理应成为"天堂之心"以及江南文化的首善之区。

目前示范区的江南文化建设基础良好,但是有待规划和提升的空间不少。示范区要置于中国和世界的范畴进行规划建设,才有足够的示范性,要成为中国的形象、世界的符号。它应该是世界上规模最大、品质最佳、等级最高的江南文化精华地区,向世界讲述江南文化的远古与现今,源头与创新。

5. 在示范区发展便捷绿色的交通体系、先进的信息基础设施,配套完善的公共服务设施和市政基础设施

增加多层次、高水平的公共服务资源供给,推进城乡教育、医疗、社保等基本公共服务均等化。根据方案,到2035年,长三角生态绿色一体化发展示范区将形成更加成熟、更加有效的绿色一体化发展制度体系,全面建设成为示范引领长三角更高质量一体化发展的标杆。

方案指出,建设长三角生态绿色一体化发展示范区是实施长三角一体化发展战略的先手棋和突破口。一体化示范区范围包括上海市青浦区、江苏省苏州市吴江区、浙江省嘉兴市嘉善县,面积约2300平方公里(含水域面积约350平方公里)。

长三角生态绿色一体化发展示范区的战略定位是生态优势转化新标杆,绿色创新发展新高地,一体化制度创新试验田,人与自然和谐宜居新典范。将统筹生态、生产、生活三大空间,把生态保护放在优先位置,不搞集中连片式开发,打造"多中心、组团式、网络化、集约型"的空间格局,形成"两核、两轴、三组团"的功能布局。根据方案,选择青浦区金泽镇、朱家角镇,吴江区黎里镇,嘉善县西塘镇、姚庄镇作为一体化示范区的先行启动区,面积约660平方公里,着力构建"十字走廊引领、空间复合渗透、人文创新融合、立

体网络支撑"的功能布局,严格控制开发强度,蓝绿空间占比不低于75%,规划建设用地不超过现有总规模。到2025年,一批生态环保、基础设施、科技创新、公共服务等重大项目建成运行,先行启动区在生态环境保护和建设、生态友好型产业创新发展、人与自然和谐宜居等方面的显示度明显提升,一体化示范区主要功能框架基本形成,示范引领长三角更高质量一体化发展的作用初步发挥和显现。

第二章
舞动龙头带动区域一体化发展

第一节　建设上海自贸试验区新片区

建设上海自贸区,"增设中国上海自由贸易试验区的新片区,鼓励和支持上海在推进投资和贸易自由化便利化方面大胆创新探索,为全国积累更多可复制可推广经验。"在首届中国国际进口博览会上,习近平主席宣布。

扩区意味着自贸区将打破在地理范围上的限制,具体方案由各地的投资强度、产业结构、目标要求等多方面决定。上海自贸试验区更加强调"试验"二字,上海需要更多的试验田,扩区可以更好地对开放和管理体制等进行探索和创新,从而将"试验"逐步推向"深水区"。

而被认为最有潜力纳入上海自贸区的区域有三个,分别是上海新虹桥、临港地区和整个浦东新区。

开放倒逼改革,未来上海自贸区必须创造出新的更高层次、更深层次、更强的体制功能作用意义上的可复制、可推广经验,从而带动全国的改革开放。

上海自贸区新片区主要落地临港,是探索高端制造与对外开放紧密结合的制度创新与发展实效;虹桥商务区则是代表传统意义上的区域合作,服务业的集聚与升级将成为这里未来产业发展的核心;而跨越沪浙苏三地的生态绿色一体化示范区,则是在生态绿色的基础上,探索生态保护、产业发展和新农村建设等新的可持续发展长效机制。

三个重要区域中,东边的上海自贸区新片区更多地承担着进一步对外开放的作用;而西边的生态绿色一体化示范区和虹桥商务区,则更多承载着扩大开放的重要任务。据公开消息,为贯彻落实党中央、国务院决策部署,2月14日经国务院同意,《关于进一步加快上海国际金融中心建设和金融支持长三角一体化发展的意见》(银发〔2020〕46号,以下简称意见)正式发布。

《意见》从积极推进临港新片区金融先行先试、在更高水平加快上海金融业对外开放和金融支持长三角一体化发展等方面提出30条具体措施。《意见》的出台,有利于进一步加快推进上海国际金融中心建设和长三角一体化发展,对引领全国高质量发展、加快现代化经济体系建设具有重大战略意义。

2020年初暴发的新型冠状病毒肺炎疫情对我国经济的影响是暂时的,深化金融供给侧结构性改革和扩大金融业对外开放是我国长期坚持的政策导向,是长远的,不会受到疫情影响,改革的步伐只会越来越快,开放的大门只会越开越大,风险治理能力也会越来越强。

在全国各地陆续复工,举国齐心应对疫情的关键时刻,国务院近日同意人民银行、银保监会、证监会、国家外汇管理局、上海市政府共同印发《关于进一步加快推进上海国际金融中心建设和金融支持长三角一体化发展的意见》(以下简称《意见》)。2020年是决胜全面建成小康社会、决战脱贫攻坚的关键之年,《意见》是2020年关于落实长三角一体化发展规划纲要的第一份文件,是打赢防控疫情阻击战和完成各项发展目标的冲锋号和动员令。

《意见》将更好发挥上海在长三角一体化发展中的作用,加快长三角地区的深度融合发展。

第一,《意见》支持长三角地区进一步打破金融机构、相关基础设施及配套服务跨区域经营的障碍,有效提升长三角的深度融合和协同发展,增强长三角地区在世界经济格局中的能级和水平,为我国高质量发展探索更有借鉴意义的模式和路径。

第二,《意见》大力推动上海金融市场辐射联动长三角。比如,支持G60科创走廊相关机构在银行间债券市场、交易所债券市场发行相关创业债券、双创融资工具、双创债等,让上海金融市场优质、低成本的资金通过高效的市场配置流向长三角腹地。

第三,《意见》推动建立完善长三角区域金融政策协调和信息共享机制。

总之,《意见》将更好发挥上海在长三角一体化发展中的作用,加快长三角地区的深度融合发展，充分发挥长三角各相关方面的能动性和积极性，形成各方联动、分工合作的强大合力，早日将长三角一体化建设推向全新的高度。

第二节　建设好虹桥商务区

上海虹桥商务区位于上海西部，初始面积约86平方公里，其中主功能区面积26.3平方公里。2019年11月14日上海出台《关于加快虹桥商务区建设打造国际开放枢纽的实施方案》，虹桥商务区扩容到151.4平方公里。

其中主功能区面积26.3平方公里，核心区4.7平方公里。根据建设目标，到2022年，虹桥商务区经济总量、经济贡献度、总部企业集聚度、商务楼宇产出率、服务经济发展质量、利用外资水平、服务贸易发展能级、消费创新引领度等显著提升，公共服务水平和生态环境质量等达到国际一流中央商务区水平，集聚一批高能级贸易主体和功能型平台，形成若干总部经济、平台经济、数字经济、会展经济等现代产业经济集群，成为带动区域经济高质量发展的重要引擎。

上海虹桥商务区未来将形成以总部经济为核心，以高端商务商贸和现代物流为重点，以会展、商业等为特色，其他配套服务业协调发展的产业格局。项目规划第一阶段，2010～2015年，发展初期，以核心区为重点开发区域，主要通过做形态、做气势，打造商务区雏形。第二阶段，2015～2020年，发展加速期，以主功能区为重点开发区域，主要通过做产业、形成产业特色和产业竞争力来夯实商务区发展的基础。第三阶段，2020～2030年，逐渐成熟期，商务区的商务功能逐步完善、提升，并对周边地区形成强烈的带动效应，实现与新城的联动发展，最终建成独具特色的综合商务区。

1. 虹桥商务区范围五大优势

（1）区位优势：虹桥商务区紧邻江浙两省，处于长三角城市轴的关键节点，与周边主要城市距离均在300公里之内；既为上海连通长三角的桥头堡，是长三角咽喉之所在；又为联系亚太、面向世界的门户，是连接世界的桥梁。

（2）交通优势：世界上独一无二的综合交通枢纽，涵盖多种交通方式，轨、路、空三位一体，56种换乘模式的多元化聚集，将人性化换乘的出行方式与现代理念相结合，一小时长三角都市圈显现同城效应。

（3）成本优势：虹桥商务区独特的区位、便捷的交通，极大的方便企业获取信息、调配资源、开拓市场，尤其是企业总部在运营成本上相对较低。

（4）后发优势：虹桥商务区广泛吸收国际商务区建设的成功经验，取百家之长，创虹桥之新，结合自身特色，以人为本，科学规划，厚积薄发，将被打造成一座世界级商务中心。

（5）政策优势：虹桥商务区是上海市第十二个五年发展规划纲要明确重点发展的功能区域，是上海市低碳实践区，也是世界商务区联盟的会员。财政部和商务部已明确将虹桥商务区确定为现代服务业综合试点区。

2. 六大理念

（1）虹桥枢纽：虹桥综合交通枢纽涵盖了除水运之外的所有八种交通方式，设计日客流集散量可达 110~140 万人次，每年超过 4 亿人集散。要按照交通功能最全、换乘方式最多、可达性最高、换乘距离最短、旅客流量最大的目标，建设成为世界上水平和标准最高的大型交通综合体。

（2）贸易虹桥：依托国家会展项目建设和高端会议展览业，以发展国际贸易业务为核心，通过汇集高端贸易人才和关键要素资源，促进上海国际贸易中心平台建设，通过吸引国内外企业总部和贸易机构落户，推进投资贸易便利化，打造上海国际贸易中心标志性平台和以国际贸易为主要特色的现代化商务区。

（3）智慧虹桥：就是根据未来智慧城市发展趋势，把物联网、云计算等最先进的信息技术应用于商务区的规划设计、基础设施、社区管理、企业运营、政府服务、生活配套等领域，努力打造数字化、网络化、智能化的智慧城市示范区，发挥信息技术对转型发展的积极作用，努力探索创建智慧城市的有益经验。

（4）低碳虹桥：支持绿色建筑、绿色能源、绿色照明、绿色交通等低碳发展，打造能源节约型低碳实践区。区域集中供冷供热项目一次能源利用效率可达 80%。核心区所有建筑达到国家绿色建筑标准，超过 50% 建筑达二星级以上标准，地标建筑达三星级标准，且采暖、通风、空气调节和照明总能耗减少 65%。

（5）商务社区：根据宜人、宜商、宜居的标准，对与商务和生活有关的各类业态进行科学配比，努力实现商务功能和社区功能自然融合，促进企业与企业、企业与政府、企业与社区、社区与社区、社区与社会之间和谐共生,营造五加二、白加黑、晴加雨、365年中无休的商务社区。业态方面重点发展以企业总部、贸易机构、商务办公为代表的主体业态;以会议展览为载体的功能业态和以住宿、商业、文化、娱乐为主的配套业态。

(6) 城市综合体:商务区强调每一个建筑实体的功能性和标志性,并高标准配置教育、医疗、居住、文化等公共服务机构;注重公园、绿化、水系等生态环境和建筑、交通、楼宇等物理形态的和谐统一,营造舒适、宜人、赏心、悦目的整体环境。积极探索土地集约利用和高效利用措施,针对机场周边建筑限高的特点,对地下空间统一进行高强度规划、统一实现同质化开发。不仅对街区单体地下空间利用有严格标准,而且各街区间地下空间全部联通,配以地下交通和公共设施,加上空中连廊等地面以上交通体系,形成地下、地面、空中三位一体的立体街区网络。

虹桥商务区的发展变迁见证了过去10年来的风雨征程,商务区从一片农田转变为高楼林立,商务圈子也越来越大,交流人员也是越来越多。虹桥最大的优势是上海的"两翼",未来上海的发展,一定是东边临港、西边虹桥,双翼齐飞。

据资料显示,截至目前,虹桥商务区已累计吸引各类总部类企业289家,其中投资主体涉及世界500强的企业16家,外资地区总部27家,国内外上市企业的总部或功能性总部、区域性总部121家,另有125家行业领军企业总部。

第三节　上海在长三角一体化发展中需要把握哪些方面

从上海来看,近几年在推动供给侧结构性改革、培植新的发展动能方面做了大量工作,经济韧性强、回旋空间大,具有较强应对外部风险和抗击短期冲击能力。但是,一方面外部冲击最终会传导到上海,另一方面上海作为改革开放前沿和推进高质量发展的排头兵,在应对复杂多变的发展环境、保持经济健康稳定持续发展方面理应做出表率、承担更大责任,所以化挑战为机遇,转压力为动力,一方面要树立忧患意识,着眼长远;另一方面要保持战略定力,以我为主,通过深化改革、扩大开放、引领创新,推进高质量发展走在全国前列。当前，应着力处理好以下两方面关系：

正确处理"破"和"立"关系，培植发展新动能。

中国发展所面临的问题特别是外部环境冲击，归根到底是我国经济实力抗风险能力还不够强，体现在经济发展的内生动力还没有真正建立，体现在高质量发展体制机制还需要进一步确立。这就需要我们紧紧抓住经济转型升级这个"牛鼻子"，通过深化改革、扩大开放、引领创新，加快培植发展新动能。上海目前正处于产业转型升级的关键期，也是阵痛期。这个过程中，传统产业当然需要进一步提升发展，但更关键的是加快发展新兴产业。这就要求我们正确处理好"破"和"立"关系。一方面，要通过对传统产业的"破"，为新兴产业的"立"腾出空间；另一方面，要通过新兴产业的"立"，为传统产业的"破"增添新活力。要舍得下本钱，忍一时之痛，通过淘汰一批、转移一批、改造一批的办法，对于那些发展空间小、难以通过转型升级改造的落后产业要坚决淘汰；对于产业链长、存在一定发展空间的产业，要把中低端坚决转移出去；对于那些能够通过转型升级实现"凤凰涅槃"的传统产业，要着力推动科技创新，推动与新兴产业融合发展，焕发新活力。

"破"和"立"，重点是"立"。

通过"破"倒逼"立"，通过"立"加速"破"。制造业领域，要聚焦解决核心技术"卡脖子"问题，加快发展集成电路、人工智能、生物医药等产业，特别是要利用好技术窗口期，加快发展大飞机产业。服务业领域，要加快发展新金融、金融科技、绿色金融；文化领域，要加快发展新兴文化产业、创意文化产业；教育领域，在继续发挥好上海高等教育已有的优势基础上，要继续引进优质国际高等教育资源、优质民办高等教育资源，实现"不出国留学"；体育领域，既要发展竞技体育，更要加快发展体育经济、体育产业。

在加快新兴产业"立"的过程中，要注重解决好两个问题。

一是更大力度支持科技型民营企业发展。要解放思想，在深化国资国企改革的同时，学习借鉴深圳、杭州等城市经验，优化所有制结构，为科技型民营企业提供更好的发展环境。二是提升上海对国际国内高端人才特别是优秀青年人才的吸引力。一方面，产业转型升级一切的一切靠人才；另一方面，上海是一个老龄化程度比较高的城市，户籍人口老龄化率（60岁以上人口占比）达到34.4%，即便是常住人口也达到23.5%，必须吸引更多的高端人才、青年人才来上海。总之，上海必须打破固化观念，放下包袱，敢于突破自我，保持已有优势，培育新的优势，增强活力和竞争力。

正确处理好加快自身发展和服务国家战略的关系，加快城市能级提升。

上海的城市定位，决定着上海作为一个国际化大都市，加快自身发展、提升国际竞争力和影响力是重中之重；同时，作为长三角都市圈的龙头城市，带动和辐射长三角地区发展也是上海肩负的政治责任。这就要求上海既要眼睛向外又要眼睛向内，正确处理好加快自身发展和服务国家战略的关系。一方面，面对经济全球化面临的挑战，上海要承担起国际多边治理机制载体建设的任务，包括建立跨国的多边治理机构、跨国的知识产权法庭、跨国的仲裁法庭、国际性体育组织总部和重大赛事的协调机构等，发挥上海独特的区位优势和文化优势，提升上海在中国经济跃升中的作用。

正确处理好加快自身发展和服务国家战略的关系，需要在两者的结合点上做文章。

近期而言，要充分利用好一年一度的进博会这个平台，扩大上海的国际影响，提升上海城市的形象和竞争力，同时在影响和带动长三角乃至全国发展发挥应有的作用，使得上海成为中国笑纳百方、汇集天下商品和资源的有效通道和载体。中长期看，要积极筹划申办世界级重大体育赛事。通过举办国际顶级赛事，迅速提升城市能级，推动长三角都市圈跨省统筹协调机制的实际落地。

总的来说，面对当前的发展形势：

第一，要保持战略定力。在贸易冲突、中美竞争加剧的背景之下，要保持定力和耐力，看到产业的转型升级是必然的过程，处变不惊，提前布局，主动作为。第二，要注重统筹谋划。要以"十四五"规划研究为契机，中长期和短期结合，把制造业的转型升级和服务业的提档升级和"五个中心"的建设有机结合起来，把上海自身经济转型升级和长三角的一体化发展有机结合起来，把上海经济、科技硬实力的增强和上海文化软实力的提升有机结合起来，把上海人口结构的优化和先进要素增量的引入有机结合起来，增强上海城市的活力、竞争力和文化软实力。

毫无疑问，经济高质量发展将是贯穿整个"十四五"规划的主线。无论是加快现代化经济体系建设，推动农业、制造业、服务业高质量发展，还是加强基础设施建设，推动形成优势互补高质量发展的区域经济布局，都需要把高质量发展作为经济工作的中心。

（1）对上海经济发展来说，面向"十四五"高质量发展，转变经济发展方式将是主基调和主旋律。实现发展质量的提升和发展方式的转变，关键是树立创新发展的新理念和新思路，要把创新驱动放到经济发展的首要位置，把再造经济源动力放到发展的重要位置，重新审视经济发展的本原问题和矛盾，考虑和适应社会主要矛盾发生变化的必然要求，把注意力集中到解决各种不平衡不充分的问题上。

（2）上海面向"十四五"实现高质量发展，科创优先引领发展是必由之路。科创既能引领技术进步促进经济发展，也能改变社会的组织方式推动经济发展。科创优先发展往往能够实现一举多得的经济功效。具体来说，主要表现在以下两方面：

（3）一方面，科创优先发展有助于技术突破，能够提升科技文化发展的总体水平。科创优先引领发展战略具有可持续性，催生原创性科学技术思想孕育和诞生，激发创新型技术发明并生产出衍生产品，带动产业化协同发展。这有助于提高全要素生产率水平，从而成为经济可持续发展的内在驱动力，带动经济产生持久的发展动力。

（4）另一方面，科创优先发展有助于社会进化，能够改善人民生活的总体福利。科创优先引领发展战略具有高福利性，科技水平不断走向进步的过程，提升了社会总的劳动效率，使单位时间的劳动产出大幅增加，相对节约了大量劳动付出和时间，从而带来生活方式和人际关系的巨大变革。

（5）就金融和资本市场建设来说，上海面向"十四五"高质量发展，建设产融资本为中心的投融资体系是重中之重。要把建设配套金融服务体系放到重塑科创新导向的高度，重点构筑以市场化机制聚合资源的投融资体系，促进金融业进行提高资产管理质量和服务能力水平的全方位改革，使科创要素和金融元素能够成为相互支撑、相互依赖、相互成就的财富源泉。当前，随着科创板在上海证券交易所上市，科创资本通过科创板市场分享了资本市场回报，市场红利的吸引力使金融正式成为推动科技创新带动技术进步的强大力量，为上海完善投融资体系和金融市场服务提供了样板，并奠定赋能实体经济的坚实基础，赋予优质金融服务聚集科技生产力的特殊能力。

综上，上海面向"十四五"高质量发展，需要贯彻新发展理念，筑牢金融服务实体的宗旨，加快建设产权制度和要素市场化配置的高标准市场体系，推动国有资本布局优化为标志的国企改革，同时健全支持民营经济发展的法治环境，完善中小企业发展的货币金融政策体系，还要加快以资本市场基础制度完善为特征的金融体制改革，通过健全退出机制提高上市公司质量，引导大银行服务重心下沉对接实体经济需要，推动中小银行聚焦主责主业搞好中小企业信贷服务，使整个经济发展最终落实到增强人民的获得感、幸福感和安全感上来。

第三章
长三角中心区城市是辐射带动区域高质量发展之举

第一节 设立以上海为龙头的中心区城市的范围、目的和意义

长江三角洲城市群以上海、江苏、浙江、安徽全域41个城市（简称：长三角城市群）构成，以上海为中心，位于长江入海之前的冲积平原。根据2019年长江三角洲区域一体化发展规划纲要，规划范围正式定为苏浙皖沪三省一市全部区域。而在长三角城市群中又以上海市，江苏省南京、无锡、常州、苏州、南通、扬州、镇江、盐城、泰州，浙江省杭州、宁波、温州、湖州、嘉兴、绍兴、金华、舟山、台州，安徽省合肥、芜湖、马鞍山、铜陵、安庆、滁州、池州、宣城27个城市为中心区（面积22.5万平方公里），辐射带动长三角地区高质量发展。

长三角城市群是"一带一路"与长江经济带的重要交汇地带，在中国国家现代化建设大局和开放格局中具有举足轻重的战略地位，是中国参与国际竞争的重要平台、经济社会发展的重要引擎、长江经济带的引领者，是中国城镇化基础最好的地区之一。

长三角城市群经济腹地广阔，拥有现代化江海港口群和机场群，高速公路网比较健全，公铁交通干线密度全国领先，立体综合交通网络基本形成。《长江三角洲城市群发展规划》指明，长三角城市群要建设面向全球、辐射亚太、引领全国的世界级城市群。建成最具经济活力的资源配置中心、具有全球影响

力的科技创新高地、全球重要的现代服务业和先进制造业中心、亚太地区重要国际门户、全国新一轮改革开放排头兵、美丽中国建设示范区。

实施长三角一体化发展战略，是引领全国高质量发展、完善我国改革开放空间布局、打造我国发展强劲活跃增长极的重大战略举措。推进长三角一体化发展，有利于提升长三角在世界经济格局中的能级和水平，引领我国参与全球合作和竞争；有利于深入实施区域协调发展战略，探索区域一体化发展的制度体系和路径模式，引领长江经济带发展，为全国区域一体化发展提供示范；有利于充分发挥区域内各地区的比较优势，提升长三角地区整体综合实力，在全面建设社会主义现代化国家新征程中走在全国前列。

第二节　上海的区位概况及产业特色

上海，简称"沪"，是中华人民共和国省级行政区、直辖市、国家中心城市、超大城市，国务院批复确定的中国国际经济、金融、贸易、航运、科技创新中心。全市总面积6340.5平方千米，建成区面积1426平方千米，常住人口2423.78万人，城镇人口2135.35万人，城镇化率88.1%。上海共有16个区：黄浦区、静安区、徐汇区、长宁区、杨浦区、虹口区、普陀区、浦东新区、宝山区、嘉定区、闵行区、松江区、青浦区、奉贤区、金山区、崇明区。107个街道、106个镇、2个乡。

上海被 GaWC 发布的 2018 年世界城市体系排名评为"世界一线城市"。上海在科尔尼发布的 2019 年全球城市综合排名中排名世界第 19 位，中国第 3 位。在 2019 年全球城市营商环境指数暨百强城市排行榜中，上海排名世界第 48 位，中国第 4 位。2019 年 10 月 31 日，上海入选首批 5G 商用城市名单。2019 年，上海市生产总值（GDP）38155.32 亿元，按可比价格计算，比上年增长 6%，2019 年 12 月 15 日，荣登年度中国城市品牌前 10 强。

上海被 GaWC 发布的 2018 年世界城市体系排名评为"世界一线城市"。上海在科尔尼发布的 2019 年全球城市综合排名中排名世界第 19 位，中国第 3 位。在 2019 年全球城市营商环境指数暨百强城市排行榜中，上海排名世界第 48 位，中国第 4 位。2019 年 10 月 31 日，上海入选首批 5G 商用城市名单。2019 年，上海市生产总值（GDP）38155.32 亿元，按可比价格计算，比上年增长6%。2019年12月15日，荣登年度中国城市品牌前10强。

上海市历年常住人口至2018年末，全市常住人口总数为2418.33万人。其中，户籍常住人口1447.57万人，外来常住人口976.21万人。2019年，上海市经济持续平稳增长。在高基数和经济下行压力加大的情况下，上海全市生产总值预计增长6%以上。在大规模减税降费总额超过2022亿元、影响地方收入增幅11个百分点的情况下，地方一般公共预算收入增长0.8%。上海新增就业岗位58.9万个，城镇登记失业率为3.6%，预计城镇调查失业率为4.3%；居民消费价格上涨2.5%。

2019年，上海全社会研发经费支出相当于全市生产总值的比例达到4%，每万人口发明专利拥有量提高到53.5件。新产业、新业态、新模式保持较快增长，新能源产业产值增长15%，互联网业务收入增长30%以上。平均每个工作日，上海新注册企业1476户、增长12%。上海经济结构持续优化。第三产业增加值占全市生产总值的比重达到70%以上，战略性新兴产业制造业部分产值占工业总产值的比重提高到30%。

上海已形成由铁路、水路、公路、航空、轨道等5种运输方式组成的，具有超大规模的综合交通运输网络。

上海港是中国最大的枢纽港之一，共有35个客运站，长途班线1611条，可抵达全国14个省市的660个地方。上海市已形成了由地面道路、高架道路、越江隧道和大桥以及地铁、高架式轨道交通组成的。世界首条商业运作磁悬浮上海虹桥火车站是上海最大、最现代化的铁路客运站。

上海虹桥综合交通枢纽全球范围首开高铁与机场融合之先河。上海其他小型火车站：安亭北站、金山北站、南翔北站、上海西站、松江南站、芦潮港火车站。高铁：京沪高铁、沪宁城际高铁、沪杭高铁、沪昆高铁、北沿江高速铁路（规划中）快速铁路：沪通铁路（建设中）普铁：京沪铁路、沪杭铁路公路上海的公共汽车线路数量1000多条，营运车辆1.8万多辆，日均客运量约780万人次，承担着65%的市域公共客运量，是世界上线路最多的城市之一。上海有出租汽车企业270余家，从业人员近11.5万人，出租汽车近43000辆，旅游包车和租赁车等7000多辆。

上海拥有上海虹桥国际机场和上海浦东国际机场两座国际机场。上海空港是东方航空、中国国际货运航空、中国货运航空和中国最大的两家民营航空春秋和吉祥的主要基地。上海浦东国际机场（IATA 代码 PVG，ICAO 代码 ZSPD）是中国（包括港、澳、台）三大国际机场之一，与北京首都国际机场、香港国际机场并称中国三大国际航空港。上海浦东国际机场位于上海浦东长江入海口南岸的滨海地带，距市中心约 30 千米。距上海虹桥国际机场约 52 千米。上海浦东国际机场的航班量占到整个上海机场的六成左右，国际旅客吞吐量位居国内机场首位，货邮吞吐量位居世界机场第三位。通航浦东机场的中外航空公司已达 48 家，航线覆盖 90 余个国际（地区）城市、62 个国内城市。

上海口岸成为全球最重要的贸易港口之一，上海口岸进出口位居世界城市之首。港口集装箱吞吐量连续 8 年保持世界第一。约有三成左右的"中国制造"经由上海输往世界各地，也有约三成左右的各国商品经由上海进入中国市场。全国 1/3 左右的进口汽车、钻石、葡萄酒、乳品，1/2 左右的进口化妆品、医药品、医疗器械，超过 60% 的进口服装服饰，70% 以上的进口手表等都是经上海口岸来到全国消费者手中。

《2013 中国城市竞争力蓝皮书》中位列第三（次于香港，深圳）。在 2013 全球城市排行榜中香港第五、北京第十四、上海第二十一。上海在 2013 年全球十大金融中心城市排名第六。2013 年上海 GDP 总量位居亚洲第三（仅次于东京、大阪），世界第九。全球城市分级中中国两个 Alpha + 城市之一（另一个为香港）。

上海是中国第二批低碳试点城市。上海 2012 年总部经济发展能力综合得分为 83.73 分，排名第 2 位。2015 年，当选为"2015 中国十大智慧城市"。2015 年，荣获"2015 中国最具幸福感城市"称号。2016 年和 2017 年，中国百强城市排行榜，上海排名第二。2016 年和 2017 年中国城市分级榜单第二位。2017 年 12 月，获首批"国家公交都市建设示范城市"称号。2017 年 12 月 24 日，获评 2017 中国特色魅力城市 200 强。2017 年 12 月 26 日，入选"2017 年度中国最具投资潜力城市 50 强"。2017 年 12 月 29 日，入选"2017 世界特色魅力城市 200 强"。2018 年 3 月，2017 中国城市综合发展指标第二位。2018 年 4 月，入选"2018 畅游中国 100 城"。2018 年 10 月，全球城市竞争力排行榜，上海排名第 14。2018 年 10 月，中国城市综合实力排行榜，上海排名第 2。2018 年 11 月，《2018 自然指数 - 科研城市》全球第 7 位、中国第 2 位。"国家中心城市指数"报告数据显示，上海排名第二，为国家重要中心。中国法治政府评估排名第六。2018 中国城市营商环境质量指数排名第 3。2018 年城市产业竞争力指数排名第 2。GaWC 发布 2018 年世界级城市名册，上海位居世界一线城市。

2018 年度《中国国家旅游》最佳优质旅游城市。英国皇家学会《2018 - 亚洲 50 强城市综合排名》第 4 位。2018 中国大陆最佳商业城市排名第 2。2018 中国城市科技创新发展指数排名第 3。创新力最强的 30 个城市第 4 名。2018 年中国城市创新竞争力排名第 2，2018 年中国城市营商环境综合排名第 2。2018 年"中国外贸百强城市"排名第 2。2019 年 8 月 9 日，"中国人工智能产业发展潜力城市 20 强榜单"发布，上海进入前 20 名。2019 年 9 月 3 日，公布了 2019 世界旅游城市发展排行榜综合排行，上海排行第九。

2019 年 9 月 19 日，由英国智库 Z/Yen 集团与中国（深圳）综合开发研究院共同编制的第 26 期全球金融中心指数报告（GFCI 26）在伦敦和深圳同时发布。上海排名第五。2019 年 9 月 23 日，"2019 年中国百强城市排行榜"发布，上海排名第二。2019 年 11 月 3 日，"中国城市绿色竞争力排名 TOP100"发布，上海排名第 10。2019 年 11 月 12 日，"2019 年全球城市经济竞争力榜单"发布，上海位列第 10 位；"2019 年全球可持续竞争力榜单"第 29 位。2019 年 12 月，上海获新时代中国繁荣城市荣誉，2019 中国城市创意指数榜第二名，"2019 年中国康养城市排行榜 50 强"第 14 位，中国"数字一线城市"排名第二。2019 年 12 月 26 日，位列 2019 年全球城市 500 强榜单第 12 名。

2020 年 1 月，"中国城市科技创新发展指数 2019"发布，上海排名第三。2020 年 1 月，上海入选"综合型信息消费示范城市"。

第三节　上海发展的优越区位条件及吴淞新城的建设

一　比较优势

（1）工业基础好。

（2）远东最大的港口上海港可实现江海联运。

（3）众多科研院所，科研实力雄厚。

（4）高校密集，人才优势明显。

(5) 有发达的航空，铁路，水运，公路运输。

(6) 国际金融中心，金融业十分发达。

(7) 国家政策支持，浦东新区是最早的开放地区之一。

(8) 人口密集，劳动力资源丰富。自然：气候温和湿润，地形平坦，水源充足。

2019年世界都会区GDP情况，上海位居第8名。纽约以17723.19亿美元位居世界第一名，其人口比上海少504万人，人均GDP高达92260亿美元，是上海3倍多。东京、洛杉矶、首尔、巴黎、伦敦列第二至第六名，分别为16617.71亿美元、10476.61亿美元、8946.28亿美元、8663.37亿美元、8605.75亿美元。

而我国第一大城市上海，GDP为5523.91亿美元，位居第8名，超过旧金山、达拉斯等城市，不过人均GDP仅22751美元，与欧美各城市存在差距。数据显示，美国上榜城市最多，中国位居第二，然后是日本、德国，其他国家很少。

我国上榜城市共有30个城市，分别上海、北京、深圳、香港、广州、重庆、苏州、成都、武汉、杭州、台北、天津、南京、宁波、无锡、青岛、郑州、长沙、佛山、泉州、东莞、济南、合肥、福州、南通、西安、烟台、常州、徐州、大连。

表3-3-1 世界主要城市GDP排名

排名	都市	本地生产总值（亿美元）	人口（万人）	人均生产总值（美元）
1	纽约	17723.19	1921	92260
2	东京	16617.71	3612	46007
3	洛杉矶	10476.61	1321	79308
4	首尔	8946.28	2583	34635
5	巴黎	8663.37	1253	69141
6	伦敦	8605.75	1425	69391
7	芝加哥	6894.64	946	72882
8	上海	5523.91	2428	22751
9	旧金山	5486.13	473	115986
10	华盛顿	5406.84	628	86096

续表

排名	都市	本地生产总值（亿美元）	人口（万人）	人均生产总值（美元）
11	达拉斯	5125.09	757	67703
12	北京	5120.85	2153	23785
13	休斯敦	4787.78	706	67816
14	波士顿	4635.71	487	95189
15	费城	4441.48	610	72811
16	名古屋	4286.14	951	45070
17	米兰	4143.27	822	50405
18	亚特兰大	3972.61	602	65990
19	西雅图	3920.36	398	98502
20	大阪	3908.35	1020	38319
21	深圳	3898.35	1343	29027
22	新加坡	3720.11	570	65265
23	香港	3660.52	750	48807
24	迈阿密	3547.40	616	57588
25	广州	3420.81	1530	22358
26	细腻	3395.58	513	66191
27	圣何塞	3310.20	199	166342
28	圣保罗	3174.58	2157	14718
29	多伦多	2911.83	593	49103
30	墨西哥城	2877.21	593	49103
31	伊斯坦布尔	2816.88	1633	17250
32	苏州	2784.85	1075	25906
33	雅加达	2751.49	3205	8585
34	墨尔本	2689.98	480	56041
35	底特律	2677.31	432	61975

二 社会经济

（1）优越的区位，便利的交通。上海位于太平洋西岸国际航线上，成为亚太地区的交通枢纽。是中国东部海岸带和长江入海口的交汇点，海陆交通十分便利。

（2）上海市作为全国经济中心，对周边有辐射、扩散、示范和带动的核心作用与服务作用，形成以上海为技术龙头，带动周边地区经济共同发展。加上盛誉中外的城市品牌和年均增长高，成为长三角及周边地区联动发展带来经济实惠和发展商机。

（3）广阔的经济腹地，高素质的劳动力，充足的农副产品，工农业基础好，上海自贸区新片区是长三角一体化发展机遇。

（4）上海自由贸易试验区临港新片区，是对标国际最高标准和最高水平，打造具有国际影响力和竞争力的自由贸易园区。在长三角一体化上升为国家重大战略背景下，上海临港新片区的诞生不仅是上海发展的机遇，更是长三角一体化发展的机遇。根据《整体方案》要求，上海临港新片区要主动服务和融入长三角一体化建设，在长三角新一轮对外开放进程中，加强与长三角协同创新发展，放大辐射带动效应，使长三角成为我国经济最具活力、开放程度最高、创新能力最强的区域。

（5）20世纪90年代，浦东开发开放辐射带动长三角乃至长江流域的改革热潮，地理位置毗邻的江苏大胆地吸收浦东新区改革开放和经济建设的成功经验，通过与浦东开发开放接轨，参与国际分工和国际大循环，成为国内承接国际产业转移最为重要的地区。

三　吴淞争当北上海创新发展"加速器"

2019年6月28日，上海宝山区吴淞创新城项目建设正式"打响第一枪"，特钢宝杨路L型厂房首发项目、不锈钢20号组团首发项目开工建设，标志着上海吴淞创新城正式拉开转型发展大幕。

在新一轮城市建设中，上海已经形成共识，要把做优做强城市核心功能作为主攻方向，面向全球拓展功能，面向未来塑造功能，面向基础夯实功能。作为不可多得的成片开发区域，上海宝山吴淞创新城在上海2035城市总体规划中，被明确定位为上海市六大城市副中心之一，新的定位凸显了新形势下吴淞创新城的发展价值。未来，吴淞创新城既要成为产业前瞻布局的承载区和产业高质量发展的新标杆，也要在上海五个中心尤其是科创中心建设中发挥好关键支撑作用，在提升上海城市发展能级、开放水平方面和城市竞争力方面发挥好示范带动作用，在践行上海新时期三大战略任务中打造好"吴淞样板"谱写"吴淞传奇"。

资料显示，吴淞创新城规划范围即吴淞工业区。吴淞创新城作为上海北部城市副中心功能的重要承载区，将按照"产业耦合、环境融合、功能复合、空间叠合、机制整合"的规划理念，打造成为全国老工业基地转型发展和城市更新的示范区、国家创新创意创业功能的集聚区、国际城市文化旅游功能的拓展区。

吴淞创新城开发建设按照"产业为先、产城融合、生态宜居"的总定位，依托以新材料、智能硬件和新经济"三新"产业为引领，以科创+文创"双创"产业为支撑、高端商务商业和高品质旅游业"两高"产业为配套的产业发展格局。面向全球，着力发展新经济、承载城市功能、促进产城融合，持续带动上海北部城市能级和核心竞争力的提升，拓展产业转型及高质量发展的增量战略空间，引领上海外环产业带向智能化智慧化升级，带动上海南北发展轴开创发展，全力打造世界级长三角科创中心。

吴淞创新城在特色工业历史文化资源保护方面，注重开发建设将合理保护与创新利用历史文化资源，延续工业城市肌理，传承钢铁文化内涵。聚焦大中华纱厂风貌资源，注入公共、文化功，创新利用工业遗产。

目前正采取"边建设、边招商"的理念，坚持高起点规划、高品质开发、高质量产业导入。加快发展新基建、新能源、新材料、智能硬件等新经济新产业，加强国家、市级产业项目导入，加速产业生态链和一批示范性项目建设，集中打造一批"城中园"和"园中园"，为区域整体高质量转型升级奠定基础、树立标杆，发挥新城功能，为上海发展助力添彩。

第四节　上海牵头打造世界级港口群，加速海铁联运

笔者刚要搁笔时，又听到一个提振人心的消息：66分钟，上海到南通，明天这条铁路即将通车。一大早通州的一位领导朋友发来信息："沪苏通铁路名字定了？怎么不叫通苏沪呢？"

事情还得追溯到2010年7月1日，江苏第一条高速铁路——沪宁城际铁路的首发车上海成功，到现在刚好10年。从建设过程中用了数年的沪通铁路，到运营准备中用了数月的通沪铁路，再到现在的沪苏通铁路，加上之前南通和张家港较劲了几年的跨江大桥的命名……有人说，一条铁路，一座大桥，建成

了还不是并进铁路网、公路网跑火车、跑汽车？其实叫什么名字并不重要，重要的是它承载起了轨道上的长三角部分使命。

一 上海奋力构建轨道上的长三角

2020年，长三角一体化将加快推进轨道交通、机场群、港口群、新一代信息基础设施规划建设，协调推动长三角港口群市场化整合，优化港口资源配置。铁路名字换了几次，笔者认为，这个名字改得好！从沪通，到通沪，再到沪苏通，体现的不正是以上海为龙头的长三角一体化深度融合的大趋势吗？

沪苏通，是一条怎样的铁路？为什么一条铁路的名字，引起多方关注，还几经变动？

沪苏通铁路北起南通市，经张家港、常熟、太仓市，止于上海市。项目于2014年8月开工建设，总投资约404亿元（含沪苏通长江公铁大桥）。

铁路正线长约137.47公里，其中江苏段120公里，全线共设赵甸（不办客运）、南通西、张家港北（不办客运）、张家港、常熟、太仓港（不办客运）、太仓、太仓南、安亭等9座车站，从安亭接京沪铁路进入上海，设计速度为200公里/小时。

根据计划，沪苏通铁路将于2020年7月1日正式开通，首趟车将于11:28分从南通西站发出，上海与南通间最快旅行时间压缩至1小时6分钟。

值得一提的是，这条铁路当中的公铁合建跨江大桥，先于铁路确定了"沪苏通长江公铁大桥"的名称。大桥位于苏州市和南通市之间，距上游的江阴大桥45公里，距下游苏通大桥40公里。大桥全长11公里，其中主航道桥为1092米跨度的钢桁梁斜拉桥，在世界同类型桥梁中位列第一。是世界上首座千米级公铁两用斜拉桥，也是国内已建成最大跨度斜拉桥。大桥分为上下两层，上层为六车道锡通高速公路，下层为四线铁路，其中2线通沪铁路，2线通苏嘉甬铁路。它让长江两岸的距离，变得更加触手可及。

"沪苏通"，怎么理解这个字面含义？沪苏通，是一条沟通上海、苏州和南通间的新通道。沪－苏－通，顾名思义，这是一条跨越长江，串联起长三角沿沪城市群北翼的南通、苏州与上海间的铁路，它可以让沿线的城市快速进入长三角最核心的龙头——上海。

尤其是对于江苏的苏州和南通来说，这条铁路，又具有非凡的意义。"南通南通，往南不通"，如今，南通往上海的不仅是跨江大桥，还有铁路。定位为"上海北大门"的南通，从此到上海不再需要在外环上排队等候，铁路出行最短时间从3.5小时压缩到1小时左右，时空距离变得可控。

沪苏通，这个词为何听来如何耳熟？没错，早在4年前《江苏省2016年国民经济和社会发展计划草案》中就出现这样一段话：着力培育区域经济发展新增长点。全面融入长江经济带建设，加快建设沿沪宁线、沿江、沿海、沿东陇海线经济带，促进宁镇扬、锡常泰、（沪）苏通融合发展。深入推进苏锡常一体化、宁镇扬同城化，促进锡常泰、沪苏通等城市组团跨江融合发展，为长三角一体化注入新动能。

沪苏通铁路，正是长三角城市群中，强强联手的一条纽带。

跳出长三角，放眼全国，沪苏通铁路还是国家"八纵八横"高铁网沿海大通道的重要组成部分。沪苏通铁路北通苏中苏北广袤大地，南入上海大都市，通过两端的宁启线、新长线及上海枢纽，沟通了沪宁线和沪杭线，形成山东东部、苏北到上海、浙东的一个便捷铁路通道。

事实上，今年底即将通车的盐通铁路，也将通过沪苏通长江公铁大桥过江，并在北面与青盐铁路相接，构成东部沿海地区的高速铁路通道。目前正在加快推进的苏通嘉甬铁路，同样通过沪苏通长江大桥过江，未来从鲁东、苏北沿海，将直下上海和浙江，再延伸至福建及华南，这不仅对于完善江苏、长三角铁路网络结构意义重大，更是国家整体铁路网的关键一环。

沪苏通长江公铁大桥的意义将远远超出一座桥梁对于当地交通改善的作用，它将带来整个长三角经济版图的重构，往北将连通渤海湾，往南到珠三角、北部湾，将为长三角经济辐射南北提供更加便利的条件。

二 打造世界级港口群

2019年上海港集装箱吞吐量达到4330.3万标准箱、连续10年世界第一。

浙江省港航管理中心快报最新数据显示，2019年，宁波舟山港累计完成货物吞吐量11.19亿吨，成为目前全球唯一年货物吞吐量超11亿吨的超级大港，并连续11年位居全球港口第一。

长三角港口群是中国沿海港口分布最密集、吞吐量最大的港口群。从2018年的数据来看，长三角港口群中亿吨港口共有16个，全年货物吞吐量完成 43.63 亿吨，占全国港口货物吞吐量的 32.69%。

目前，在长三角区域，以上海港为核心、江苏、浙江港口为两翼的"一体两翼"港口群已基本形成。而安徽省的芜湖港、马鞍山港、铜陵港 3 个亿吨内河港口，在腹地资源方面给其他长三角港口很大支撑。

2020 年，浙江将通过纵深推进小洋山全域一体化开发，协同推进长三角港口一体化发展，打造世界级港口群等，推动长三角一体化发展。

2020 年，安徽将与沪苏浙一起合力打造世界级机场群和港口群，强化合肥新桥机场与上海机场战略合作，深化沿江港口与上海、宁波舟山等港口合作。

三　加速海铁联运建设

贯彻落实长三角一体化高质量发展国家战略，上海如何行动，很重要、很关键。上海的龙头带动首先取决于龙头自身的服务功能，是否有实力、有能级、有动力。所以，上海也要借苏浙皖之力来增强上海服务功能。

一个是如何借它们的需求之力。没有来自苏浙皖三省积极而又巨大的需求动能，上海就难以形成有成长力、竞争力的服务供给大平台和综合配套体系。再一个是如何借苏浙皖的长板之力。

上海的全球航运中心建设，可以更多放在长三角组合港框架之中，把一些上海优势不太明显的国际航运货物运输调整布局到宁波舟山港和南通港，上海自身则积极放大组合港效应，集中优势兵力建设高端航运枢纽。

长三角区域多式联运的发展问题。随着长三角区域合作将进一步深化，区域内物流网络、联运设施不断完善，逐渐构建起符合国家运输结构调整及长三角一体化发展需求的多式联运体系。

但是，目前长三角多式联运体系构建仍存在亟待解决的瓶颈问题。比如，港铁分离问题亟待解决。

作为绿色环保、经济高效的集疏运方式，海铁联运已成为欧美发达国家港口的竞争优势之一。在欧洲第二大集装箱港—汉堡港集装箱集疏运中，海铁联运比例占 30%，150 公里以上的集装箱运输占比达 70%。但是，长三角区域内大多数铁路均未延伸到港口，海铁联运货物需通过卡车在码头和铁路货运站之间周转。

芦潮港集装箱中心站距洋山港约 36 公里，吞吐量仅为 4 万多 TEU，占港口集装箱量比例不足 0.4%。

目前，上海公路运输比例仍占 51.3%，铁路运输仅占约 1%。上海连接苏浙的长湖申线、杭申线、平申线、苏申外港线、苏申内港线等 5 条主航道的高等级改造各地进度不一，影响整体转运效率。

长三角应强化江海联运体系建设，加快苏浙沪 5 条内河高等级航道改造，重点推进小洋山北侧支线码头开发，推动集装箱江海直达班轮进洋山港。同时推动港口铁路专用线和进港支线建设，打通铁路进港"最后一公里"，重点推进沪通铁路建设、外高桥港区与铁路运输衔接，时机成熟时推动铁路进洋山。

此外，应强化多式联运经营人培育，实现多式联运服务一体化。引导上海港、宁波舟山港、上海铁路局、中远海运及其他物流企业，建立纵向一体化的联盟式经营模式，构建海上高效联运的长三角。

上海，长三角龙头城市，在长三角一体化发展进程中，必将发挥出无可替代的"龙头"作用，带动长三角整个区域一起豪迈地奔向高质量发展之路，跑出加速度，让东方之珠闪耀在太平洋西岸，发出亮眼的"中国之光"。

第四篇 | 强富美高新江苏

江苏与上海、浙江、安徽共同构成的长江三角洲城市群已成为六大世界级城市群之一。江苏人均 GDP、综合竞争力、地区发展与民生指数（DLI）均居全国省域第一，成为中国综合发展水平最高的省份，已步入"中上等"发达国家水平。

江苏有个"苏大强"的称号。究竟有多强——2019 年江苏省的 GDP 可以排在全球国家排名第 13 位，稍逊于俄罗斯，高于澳大利亚。特别是在今年抗疫方面的杰出表现，更是在世人面前展示出了"强富美高"新江苏的卓越风采。

第一章
江苏高质量融入长三角一体化发展

第一节　江苏在长三角一体化发展中的战略地位与作用

江苏，是中国经济最为发达的省份，综合实力全国领先。江苏辖江临海，扼淮控湖，经济繁荣，教育发达，文化昌盛。地跨长江、淮河南北，京杭大运河从中穿过，拥有吴、金陵、淮扬、中原四大多元文化及地域特征。

江苏地理上跨越南北，气候、植被也同时具有南方和北方的特征。江苏东临黄海、太平洋，与上海市、浙江省、安徽省、山东省接壤，与日本九州岛、韩国济州岛、美国第一大州"加利福尼亚州"隔海相望。

江苏省际陆地边界线3383公里，面积10.26万平方公里，占中国的1.06%，人均国土面积在中国各省区中最少。江苏地形以平原为主，平原面积达7万多平方公里，占江苏面积的70%以上，比例居中国各省首位。2019年，江苏实现地区生产总值9.96万亿元，仅次广东省，位居全国第二。作为经济大省，江苏省域综合竞争力位居全国第一，经济总量也一直位居全国前列，而其13个省辖市百花齐放，各展所长，发展相对均衡，GDP全部进百强，这在全国绝无仅有。

（1）2020年，苏州冲刺2万亿元，南通冲刺1万亿元，江苏冲刺10万亿元，就目前防疫常态化的形势来看，难度应该不小，变数很多。

（2）2019年苏州的GDP依旧是独占鳌头，领先省会南京5000亿元。尽管苏州和南京之间差了一个泰州，但是苏州和南京的差距也在缩小，综合两者之间的

表4-1-1 2019年江苏省十三地市GDP排名

2019年排名	城市	2019年GDP（亿元）	名义增速（%）	2018年排名	2018年GDP（亿元）	2018年常住人口（万人）
1	苏州	19235.80	3.43	1	18597.47	1072.17
2	南京	14030.20	9.43	2	12820.40	843.62
3	无锡	11852.30	3.62	3	11438.62	657.45
4	南通	9383.40	11.35	4	8427.00	731.00
5	常州	7400.90	4.97	5	7050.27	472.90
6	徐州	7151.40	5.86	6	6755.23	880.20
7	扬州	5850.10	7.02	8	5466.17	453.10
8	盐城	5702.30	3.93	7	5487.08	720.00
9	泰州	5133.40	0.50	9	5107.63	463.57
10	镇江	4127.30	1.91	10	4050.00	319.64
11	淮安	3871.20	7.50	11	3601.25	492.50
12	连云港	3139.30	13.26	12	2771.70	452.00
13	宿迁	3099.20	12.67	13	2750.72	492.59

发展要素来看，南京要超越苏州应该只是个时间问题了。

南京能不能超越苏州先不谈，随着北方天津的"大挤水"，2019年苏州超过天津，GDP排名上升到全国第六，其实力可见一斑。

（3）江苏之强，不在大城市，而在一个个县。县域是江苏经济的重要支撑力量，其中昆山、江阴、张家港、常熟更是常年霸占中国百强县的前5名。

首先，江苏的强县绝不止苏南的这几个。2019年，江苏省的千亿县一共有15个。在百强县的头部，我们看到除了昆山和江阴还保持着较快的增长，张家港、常熟的GDP增速已经放慢了很多。

表4-1-2 2019年江苏千亿县

单位：亿元

排名	县（县级市）	GDP	人均GDP
1	昆山	4092	24.65
2	江阴	4050	24.54
3	张家港	2904	23.04
4	常熟	2556	16.93
5	宜兴	1859	14.87

续表

排名	县(县级市)	GDP	人均GDP
6	太仓	1410	19.58
7	海门	1350	14.91
8	丹阳	1285	12.71
9	如皋	1211	9.77
10	启东	1152	12.13
11	泰兴	1112	10.39
12	海安	1100	12.79
13	靖江	1078	15.85
14	如东	1020	10.41
15	溧阳	1003	13.14

(4)在南京和苏州缩小差距的同时,南通也在追赶着无锡。在强省会模式大行其道,南通重新崛起的背景下,苏南城市发展确实遇到不小的挑战。

除了产业转型,GDP增速放缓,苏州还有一个问题。据苏州统计局数据显示,2019年末苏州常住人口为1074.99万人,比上年上涨0.3%。苏州常住人口增长停滞,是事实也是难题。

(5)扬泰分家23年后,扬州GDP终于反超了盐城,虽然差距不大,但也体现出了扬州奋力赶超的精神风貌。

(6)2019年,江苏所有城市GDP全部超过3000亿。不要再过分夸大江苏省的贫富差距,苏北的"穷"也是苏南衬托的,要知道江苏13市都是全国百强市。对比一下,总量超过10万亿的广东,GDP最低的城市还不到1000亿。

还有一个数字,2020年1月17日,江苏省统计的贫困人口为6户17人,而江苏省人均可支配收入超过4万元。

(7)"苏大强"有多强,2019年江苏省的GDP9.96万亿,可以排在全球国家排名第13位,稍逊于俄罗斯,高于澳大利亚和西班牙。特别是在今年抗疫方面的杰出表现,更是让江苏在世人面前展示出了"苏大强"的卓越风采。

表4-1-3　2019年世界各国GDP排名前20强

排名	国家	2019年GDP/亿美元	2018年GDP/亿美元	增量/亿美元	增长%
1	美国	214315.52	204940.50	9385.02	4.57
2	中国大陆	143635.77	134073.98	9561.79	7.13
3	日本	50827.82	49719.29	1108.53	2.23
4	德国	38463.33	40003.86	-1540.53	-3.85
5	印度	28521.36	27167.46	1353.90	4.98
6	英国	28271.80	28286.44	-14.64	-0.05
7	法国	27083.68	27752.52	-668.84	-2.41
8	意大利	20012.90	20722.01	-709.11	-3.42
9	巴西	18391.46	18681.84	-290.38	-1.55
10	加拿大	17362.51	17113.87	248.64	1.45
11	俄罗斯	17030.13	16306.59	723.54	4.44
12	韩国	16419.65	16194.24	225.41	1.39
13	西班牙	13934.74	14258.65	-323.91	-2.27
14	澳大利亚	13867.60	14182.75	-315.15	-2.22
15	墨西哥	12586.92	12233.59	353.33	2.89
16	印度尼西亚	11201.40	10224.54	976.86	9.55
17	荷兰	9075.83	9128.99	-53.16	-0.58
18	沙特阿拉伯	7929.67	7824.83	104.84	1.34
19	土耳其	7536.93	7664.28	-127.35	-1.66
20	瑞士	7031.46	7037.50	-6.04	-0.09

　　网上还有一组数据，我拿来让大家感受下江苏的实力。

　　中国人使用的牙刷，平均每10个中有8个来自扬州杭集；眼镜店里的眼睛，有75%出自镇江丹阳；每10所中小学中，8所学校的校服都被连云港灌云承包；南通海门的家纺，占据全国40%；泰兴黄桥是小提琴之乡，每10把国产小提琴有7把是这里生产的……

　　1月10日，长三角核心城市上海发布贯彻《长江三角洲区域一体化发展规划纲要》实施方案。此前一天，江苏省委书记娄勤俭在《人民日报》专访文章中指出，江苏把握三大要求、有序推进"六个一体化"。

在国家统一规划布局下,江苏必须找准推动长三角区域一体化发展的战略定位,充分发挥江苏优势,为长三角区域一体化发展贡献江苏力量,提供江苏智慧——这是江苏推动长三角区域一体化发展的方向。具体而言,江苏将聚焦高质量、聚力一体化,发挥江苏所长、做强特色优势,更好地支撑实现长三角高质量一体化发展。

一是建设高质量产业体系的引领区。江苏是制造业大省,实体经济特别发达,要发挥制造业集群规模和水平全国领先的优势,积极推进供给侧结构性改革,从根本上促进产业链与创新链双向融合,加快构建自主可控的现代产业体系,建成代表和引领长江三角洲、具有国际竞争力的先进制造业基地。

二是形成高层次科技创新的聚集区。江苏是科技人才集聚大省,区域创新能力连续多年率先全国第一,要充分发挥创新资源丰富的优势,进一步深化科技创新体制改革,激活创新全要素,打造基础研究初始创新的策源之地、产业技术创新的蝶变之地、创新人才集聚的凤栖之地、创新活力奔涌的丰沃之地,为长三角高质量发展提供澎湃不息的动力。

三是打造高水平对外开放的先行区。以"一带一路"交汇点建设为总揽,加强全方位对外开放,努力在全国率先建成开放强省,为长三角在更高层次参与国际合作竞争领域发挥更强大的作用。当下,要从最重要最紧迫的事情做起,坚持互利共赢、加强省际合作。江苏将主动服务和支持上海发挥龙头作用,加强同浙江、安徽的战略协同,不断提升一体化发展的紧密度、协同度、融合度。当前,最突出的任务就是务实推进长三角一体化发展示范区建设,江苏将全力支持配合,种好这个"试验田",推动相邻地区加强对接、互利共赢、融合发展。

江苏经济体量在长三角区域占比最重,从一定意义上讲,把自己的事情办好,就是对长三角一体化的重大贡献。一是集成改革经验。按照"为全国做好标杆、与国际全面接轨"的定位,最大程度推进自贸区试点经验的集成创新,建设公平公正、透明可预期的国际一流营商环境。二是加快区域协调发展。推动苏南提升发展能级,加快苏南苏中跨江融合,更大力度支持苏北发展,加速融入一体化发展战略。三是推进内部一体化,以局部一体化来支撑和助推总体一体化。四是优化产业结构。坚持环保整治和产业转型统筹考虑，推动"重化围江"和苏北小化工问题联动解决，为未来发展赢得空间和主动。

推动长三角一体化发展是党中央确立的重大发展战略，习近平总书记对促进长三角地区率先发展、一体化发展高度重视。江苏始终是长三角一体化发展的积极倡导者、有力推动者、坚决执行者。可以从不同的角度和时段来看：（1）改革开放以来的40年。江苏构建起比较雄厚的实体经济，形成了全国规模最大的制造业集群。发展一体化，首先是经济一体化，在夯实一体化的根基上，江苏做出了贡献。（2）2003年以来的15年。习近平总书记的倡议和创举，推动长三角一体化发展进入加速期。响应总书记的提议，2003年8月的长三角16个城市市长峰会，发表了以"城市联动发展"为主题的《南京宣言》。今天，江苏长江两岸形成了比较发达的城市群，为建设长三角世界级城市群提供了有力支撑。（3）长三角进入高质量一体化发展的新时代。这也是江苏发展的重大机遇，我们充满热切期待，要以走在全国前列的高质量发展成果，为长三角一体化发展做出新的贡献。

世界经济的发展有两大趋势，一个是经济全球化，另一个是区域一体化，而区域一体化本质上是经济全球化的局部投射。在新的起点上推进长三角一体化，一定要有全球视野、全局站位，特别是要做好三个方面的考量：一是如何直面国际竞争、体现国际水平？未来的发展一定是世界性的，竞争也一定是国际化的。江苏要在长三角一体化的大舞台上对标国际最高标准，提升国际竞争力。二是如何跨区域整合发展资源？随着交通等基础设施的改善，特别是计算机互联网成为普适性技术，可以高效地大范围调动、集聚、共享资源，为江苏跳出地域空间的硬约束，加快长三角一体化创造了更多可能。三是如何研究破解共性难题？长三角地区发展总体较快，遇到矛盾问题也比较早，很多是共性的、紧密关联的，需要大家联起手来，共同研究和探索，为全国发展探路，从而更好肩负起国家赋予长三角地区发展要体现探索性、创新性、引领性的重任。

如何形成江苏的特色优势，更好地支持长三角发展，是江苏要深入思考的问题。这个"长"，既包括现有优势的充分发挥，也包括潜在优势的培育挖掘。

着眼于现实基础，江苏要扬实体经济之长，加快建设自主可控的现代产业体系。众所周知，江苏实体经济发达，特别是制造业发展全国领先；区域创新能力较强，研发经费占比达2.7%；人才资源富集，有"两院"院士100人、研发人员80万人、在校大学生210万人；开放平台多，省以上开发区131家。未来江苏看产业不能只看规模、体量，更要看产业的控制力、竞争力。重点的是要把丰富的产业、科技、人才资源整合起来，把多重资源叠加的优势体现出来，释放出创新驱动发展的强大能量，建设自主可控的现代产业体系。重视基础研究和原始创新，推动创新链和产业链融合，推动产业结构加快迈向中高端，成为能够代表和引领长三角的现代产业制造高地。

着眼于未来空间，江苏要扬通江达海之长，全面建设现代化综合交通运输体系。江苏平原辽阔，通江达海，但过去长江以北地区滞后于高铁时代，交通成为"发展之短"。现在，沿江高铁、跨江通道、省际铁路在兄弟省市大力支持下顺利推进，关节点一旦打通，天堑变通途，"短板"变"长板"，苏中苏北发展必将呈现磅礴之势，长三角的发展空间也将进一步拓展延伸。同时，江苏还拥有400多公里长江黄金水道，沟通长江中上游地区，江海联运优势突出，沿江地区形成的扬子江城市群是全国产业体系最完整、创新能力最强、城镇分布最密集、开放程度最高的区域之一。江苏要加强系统谋划，全面推进航空、高铁、港口建设，实现从"主动脉"到"毛细血管"的全面畅通、无缝对接长三角。

着眼于内部优化，江苏要扬协调发展之长，率先构建省域一体化发展的新格局。江苏尽管有从南到北的梯度发展差异，但协调发展总体上是走在全国前面的。习近平总书记明确要求江苏"做好区域互补、跨江融合、南北联动大文章"，放到长三角一体化的大背景下来考量，江苏已经到推动内部一体化发展甚至融合发展的时候了。

推动长三角实现更高质量的一体化发展，需要沪苏浙皖更大力度加强合作。习近平总书记2014年视察江苏时就指出，在推进长三角一体化的过程中，江苏要主动服务和支持上海发挥龙头作用，加强同浙江的两翼联动，更好辐射和带动安徽发展。总书记的重要指示精神，站位高远，定位精准，为江苏参与长三角一体化发展提供了根本遵循和行动指南。

江苏将更加积极主动服务和支持上海发挥龙头带动作用，强化战略协同、加强规划对接，努力实现更高层次、更宽领域的合作共赢。

比如，上海科教资源丰富，是基础研究和原始创新的"最大策源地"，江苏产业体系完整，是科技成果转化的"最佳试验场"，"最大策源地"与"最佳试验场"的对接合作，就一定能诞生更多的具有全球竞争力的"国之重器"。上海金融业高度发达，江苏实体经济基础雄厚，金融之水如果充分地引入实体经济土壤上，对江苏来说，会催生更多的参天大树，对上海来说，"溪流"可以成为"海潮"。

这里，重点提两个方面合作的问题。

一是宁杭生态经济带的合作。相对于沪宁、沪杭两线，宁杭这一轴发展确实还有很大空间，森林覆盖率高达37.6%，涵养了厚实的生态基底，为"金三角"镶上了"绿丝边"。宁杭带上文化旅游资源丰富，两端的南京、杭州是历史文化名城，中间还有高淳、南浔等千年小镇，更有溧阳天目湖、德清莫干山等山水胜地点缀其间。我们完全可以立足资源禀赋，坚持生态优先、绿色发展，把这一轴打造成为优美生态环境、"美丽经济"体系、美好生活范式"三个美"的集中体现，打造世界有影响、全国能示范的长三角绿色发展增长极。

二是信息技术和产业的合作。浙江的互联网经济基础较好，江苏正在加快推进物联网建设，这两者都是依托计算机和互联网技术的发展，都形成了比较有影响的发展平台。比如，浙江有世界互联网大会，江苏有世界物联网大会。可以说，在信息技术和产业发展上，浙江和江苏有着互动、碰撞、合作的很大空间。

江苏、安徽历史上本来就是一家，有着共同的乡愁记忆，两地的合作也有着深厚的历史基因、文化基因，这就注定苏皖合作之路必将越走越宽广。江苏和安徽的经济体量占到整个长江经济带的1/3强，共饮一江水，更有责任按照习近平总书记"共抓大保护、不搞大开发"的要求，不断加强长江生态保护合作，联手开展污染治理、生态建设，确保"一江清水浩荡东流"。

在长三角地区主要领导座谈会上，三省一市共同绘就了一幅精彩的长三角发展蓝图，签署了一批重大合作事项。如何把蓝图变成现实，现在社会各方都高度关注、充满期待。长三角一体化进入了新时代，三省一市的合作也应当有新担当新作为。

第二节　长三角一体化发展为江苏带来哪些机遇和挑战？

一　长三角一体化发展机遇

1. 机遇一：国家战略聚焦与叠加机遇

近年来，国家和地区积极支持长三角区域一体化率先发展，先后出台了《长江三角洲地区区域规划》、《苏南现代化建设示范区规划》、《依托黄金水道推动长江经济带发展的指导意见》、《长江经济带综合立体交通走廊规划》、《推进长三角区域市场一体化发展合作协议》、《长三角检验检疫一体化合作备忘录》、《关于开展长江经济带海关区域通关一体化改革的公告》、《长三角一体化背景下安徽承接产业转移若干政策建议》《长三角地区率先实现旅游一体化行动纲领》、《建立联合整治机制，推进长三角生态环保一体化》等一系列政策，短时间内如此密集与全方位的政策历史罕见，而这些政策皆旨在推动长三角一体化发展，无疑是长三角一体化的重大机遇。

2. 机遇二：产业转型升级提质增效机遇

当前我国经济发展总体进入新常态发展轨道，而推动产业转型升级是新常态的重要特征之一。长三角地区在发展过程中长期受到产业同构和低效率重复建设的困扰，阻碍了区域一体化的分工协作，而新常态下国家整体产业转型升级的战略规划无疑为长三角产业发展提供了新的机遇，且"十二五"规划强调发展战略性新兴产业，长三角地区产业定位于先进制造业和高新技术产业，国家政策对这些产业的支持为长三角产业转型及一体化发展提供了新的机遇。

3. 机遇三：上海自由贸易区发展机遇

上海自贸试验区建设被寄望成为新形势下上海改革开放基因的"培养皿"。目前上海自贸试验区已经形成经过实践检验且确实管用有效的基本管理制度，特别是随着上海自贸区的扩区，其带来的巨大"溢出效应"和"辐射效应"已初现端倪。上海作为长三角的龙头城市，与长三角其他城市地缘相近、人缘相亲、文化相通，有着长期良好合作的基础。随着长三角区域一体化程度越来越高，上海与周边城市的进一步深化合作、共同发展的空间将不断拓展。

4. 机遇四：城市圈及城镇化建设机遇

长三角被誉为世界第六大城市群，41个城市2019年经济总量达23.7万亿元，是中国参与国际竞争的"王牌"。深化长三角一体化发展，有利于在参与国际竞争中形成集群优势，有利于在统筹东中西区域发展中发挥先导作用，有利于在深化城市合作中提升整体竞争合力。进一步扩大上海自贸区的辐射效应，促进长江经济带联动发展，继续在制度创新、科技进步、产业升级、绿色发展等方面走在全国前列，在新的起点上共同打造长三角经济"升级版"。

二 长三角一体化发展江苏面临的挑战

1. 挑战一：政府机制和市场机制的不协调

长三角一体化的开启是政治动员的产物，因此长三角的发展至今仍受到政治的牵绊，逐渐形成了政府主导型发展模式。该种发展模式面临着巨大的弊端，一方面由于政府决策的科学性、政府能力的有限性以及政府行为的可监督性无法保障，可能使长三角一体化未能沿着最佳路径推进；另一方面受传统地方政绩考核的影响，政府间尚未达成一致的利益协调机制，在非合作性博弈中，地方政府有动力也有能力在区域一体化合作中违约，为追求地方利益的最大化，"以邻为壑"的现象也时有发生。

政府间利益协调机制的不健全，致使政府频频对市场产生干预，造成政府机制与市场机制间根本性的矛盾，正是长三角一体化发展中面临的最大阻碍和桎梏，也是长三角完全一体化要应对的首要挑战。

2. 挑战二：区域经济发展不均衡

虽然长三角地区整体经济发展水平位居全国前列，但区域间经济发展不平衡的问题依然严峻，对长三角一体化发展形成了制约。除政治和制度因素影响外，区域经济发展不平衡的主要原因是包括人才、资本、信息、技术等在内的要素差异，从目前情况来看，上海、苏南、浙北地区的要素资源比较丰富，而苏北和浙南的资源相对匮乏，导致长三角发展呈现"上海－苏南（浙北）－

苏北（浙南）"的梯度差异；要素差异的直接影响是产业差异，要素资源丰富地区都形成了各自的特色产业和优势产业，而不具备优势产业的地区发展则相对落后和被动，长期以来直接导致经济发展水平的不平衡和人民生活水平的差异。

3. 挑战三：产业同构严重，集聚水平不足，缺乏拥有国际竞争力的企业

由于客观条件相似以及政府利益驱动下的投资方向一致，长三角地区产业同构现象严重。不仅产业相似系数高，同一层次中的产业结构也相同，城市特点缺乏鲜明性。据数据反映，长三角核心区16个城市中，分别有11个、8个、12个城市将汽车、石化、通信作为重点发展产业。虽然产业同构客观上为产业集聚创造了条件，但产业集聚不是简单的重复和集中，而是产业的链接和产城的融合，产业集聚的目的是实现资源集约利用和产业功能整合，要求企业之间加强信息交流和合作，实现优势互补、错位竞争、链接发展，进而提升整体竞争力。

4. 挑战四：城市间协调联动性不足，难以发挥城市群效应

城市群建设有助于促进城市圈内经济的增长和发展，并通过"集聚效应"和"辐射效应"来逐渐缩小地区间差距。然而，从目前长三角城市群发展现状来看，合理的城市层级和分工体系尚未形成，存在较为严重的"简单均衡"或"一城独大"现象，城市间协调联动性不足，难以发挥城市群效应，影响一体化发展。

第三节　江苏融入长三角区域一体化的思路和建议

2018年全国两会期间，来自江苏代表团的9名全国人大代表提交了关于推进长三角区域一体化发展若干事项的建议。9名代表的建议主要涵盖三个方面。

1. 加强科技资源整合，更大力度推动区域协同创新，不断增强经济创新力和竞争力

代表们建议规划建设"长三角科创圈"。长三角区域已经初步形成了以上海全球科技创新中心为龙头，以南京、杭州、合肥等区域创新中心为骨干，以

周边中小城市为腹地的创新发展格局。建议国家支持"长三角科创圈"建设，以"一核三极三带多点"为总体架构（"一核"即发挥上海科技创新中心和综合性科学中心的龙头核心作用，"三极"即强化南京、杭州、合肥三个区域双创中心城市的辐射联动，"三带"即布局 G42 产业创新带、G60 科创走廊、G25 宁杭生态经济带的动力引擎，"多点"即推动创新圈内更多城市开展创新合作），建设区域创新共同体，打造世界级创新高地，加快建成创新驱动发展的现代化经济体系先行区。

2. 将江苏省盐城、连云港纳入长三角区域一体化发展中心区规划

早先，国家正在编制《长三角区域一体化发展规划纲要》，规划范围包括上海市、江苏省、浙江省、安徽省全域，初定江苏省沿江 8 个市为中心区，盐城、连云港市尚不在其中。

建议认为，盐城、连云港市位于长江三角洲的北部，中国沿海中部，是国家沿海发展、淮河生态经济带建设、长江三角洲区域一体化发展三大战略的交汇点，有着得天独厚的土地、海洋、滩涂资源，拥有江苏省最重要的海港和口岸，其中盐城是江苏沿海中心城市和长三角北翼门户城市，如果能纳入长三角区域一体化发展中心区，以"飞地经济"为依托，不断深化沪苏特别合作，将有利于统筹推进区域协调发展。

同时，盐城、连云港市在发展中面临着产业结构不合理、环境治理矛盾突出、人口外流等诸多问题，城乡二元结构矛盾突出，居民增收难度较大，是长三角区域发展的洼地和短板。连云港市是新亚欧大陆桥经济走廊东端起点，江苏省"一带一路"交汇点建设"强支点"，东与日韩隔海相望，西依新亚欧大陆桥经济带联通中西亚直至欧洲，具备建设长江三角洲中心区的条件。将盐城、连云港市纳入长三角区域一体化发展中心区具备重大战略意义和现实基础，有利于构筑国家"一带一路"物流大通道，有利于淮河生态经济带与长江三角洲区域一体化战略的融合互动，有利于形成长江三角洲区域北部地区新的增长极。

可喜的是，这份建议其中很多建议被国家相关部门采纳，并且写进了《长三角区域一体化发展规划纲要》，盐城如愿跨进了长三角中心城市圈。

3. 支持在苏锡常地区建设长三角区域一体化产业转型发展先行区

建设国家将苏锡常地区建设长三角区域一体化产业转型发展先行区。一是

建设自主可控现代产业体系，重点支持传统产业支柱转型升级，培育集成电路、物联网、生物医药等专业领域国家产业创新中心，创建国家制造业高质量发展示范区，重振实体经济民族品牌；二是打造"一带一路"交汇点建设先行军，支持设立苏南自由贸易试验区，支持承接中国国际进口博览会部分功能，支持苏南硕放机场打造区域枢纽机场，以更高层次开放合作引领产业向价值链中高端迈进；三是突出人才培育引进，支持推广"海外人才离岸创新创业"等有关试点政策，指导常州创建国家产教融合试点城市，鼓励农业转移人口市民化相关政策先行先试，夯实多层次人力资源支撑；四是构建沿江绿色生态廊道，支持牵头建立全国绿色产品技术交易市场，推动新型环保装备、技术和工艺在长江经济带沿线率先普适性推广应用，组建国家级太湖国际研究院引导探索大江大河流域治理新模式。

第二章
高质量绘就江苏发展新篇章

第一节　江苏的目前现状与未来可期目标

一　江苏的发展现状

在江苏省，省会城市南京在经济上，被苏州力压一头（苏州GDP是南京的1.5倍），被无锡步步紧逼（无锡GDP是南京的0.9倍）；在精神上，兄弟城市视上海为灵魂归属——最近的苏州是上海外企"后花园"、次近的南通自称"北上海"，省外反倒受安徽部分地区推崇，外来人口中近四成来自安徽，被戏称"徽京"。

省内区分明显，以长江（淮河）为界划分为苏南（南京、苏州、无锡、常州、镇江），苏中（南通、扬州、泰州），苏北（徐州、淮安、盐城、连云港、宿迁）。

从经济体量看，"高者为南、低者为北"，2019年全省GDP9.9631.52万亿元，其中苏州、南京、无锡三市就顶起半边天，是苏北五市的2倍。

从城市交通看，仅南京一城就有77条跨区断头路，苏中、苏北除徐州外，均未搭上高铁快车，苏州和南通相距仅100公里，开车需1小时，而高铁却要绕道南京耗费4小时。

从城市布局看，从南到北三大城市群（苏锡常城市群、南京城市群、徐州城市群）按行政区划而分、各自为战，经济增长极呈点状发展、鲜有互动。支柱型产业更是面临密集整治。

江苏石化企业沿江临海已形成 4 家国家级、6 家省级、30 多家市级化工园区分层集聚，环保风暴下，"263"专项行动、"四个一批"专项行动等铁腕"减化"，淘汰化工企业超 2000 家，诸园区亟待"腾笼换鸟"，仅宜兴一地 2018 年就集中整治两个化工园区和其他工业集中区，2019 年响水化工园事故，更是给江苏经济发展带来了阶段性的障碍。

简言之，江苏总体经济向好，但部资源割裂、产业亟待重调。

二 江苏比较优势

在一定程度而言，江苏困局多由地缘因素导致，南京位置太偏西，仅东面和扬州、镇江、常州相邻，北面、西面、南面被安徽的滁州、马鞍山、宣城三市包围。而南北发展不均可追溯及海运取代大运河，苏北对外港口的优势尽失，近可归于苏中、苏南位于上海辐射圈内，离上海越近，发展能级越强；至于石化企业，沿江、临海而建本是出于运输便捷的考量，但不想恰好是人口密集区、经济发达带，有环境污染之患，招致环保整治则是必然。

如今，随着"3+1"要素（即高速、高铁、航空+互联网）对由地缘因素形成的城市形态、经济生态釜底抽薪，江苏四大比较优势突显。

1. 从地形地貌而言

江苏属长三角地区最优。平原辽阔，计 7 万多平方公里，占江苏省面积的 70% 以上；通江达海，东濒黄海，横有长江、淮河、纵有京杭大运河，连南接北、左右逢源。

2. 从自然资源而言

江苏是长三角地区的"生态担当"，省内有野生动物 604 种，植物资源约 850 多种，其中 600 多种尚有可利用和开发前途，到 2018 年初，省内自然保护区高达 31 个。

3. 从人文资源而言

江苏历史悠久、人才密集，不仅是中国古代文明、远古人类、吴越文化、长江文化的发祥地之一，名胜古迹遍布全省，13 座历史文化名城，共 23 个 5A 级景区，实属中国省份之最；而且集聚了全国最多的"两院"院士，共计 100 人，此外还有研发人员 80 万人、在校大学生 210 万人，拥有强劲的创新创造产业化能力，科技进步贡献率高达 62.0%。

4. 从实体经济而言

江苏是全国当之无愧的"带头大哥"。江苏制造业体系完善、规模连续8年保持全国第一，2017年规上工业增加值超过3.5万亿元、增长7.5%（2018年增速略有下滑），占全国比重12.5%；提供了园区经济可参考、可复制的范本，2016年中国产业园区百强榜上有20席来自江苏，为江苏创造了50%以上的GDP、80%以上的进出口总额。

三 江苏发展空间

在长三角一体化36年探索中，江苏在潜移默化中成为中坚力量，全国规模最大的制造业集群为经济一体化夯实根基，鉴于长三角进入高质量一体化发展的深度融合时期，不仅要形合，还要神合。

辩证来看，江苏本就有强劲的内生动力，从基建、产业、社会保障体系等多层次补足南北不均衡落差的过程就创造了发展的空间。

一方面，建设现代化综合交通运输体系，实现物理上的互联互通。

完善陆上交通网，2020年、2025年、2030年分别建成"三纵四横"高速铁路网、以南京为中心围绕扬子江城市群的轨道交通网（"0.5~1"小时通勤圈）、"七纵十横十联"的高速公路网；加之400多公里长江黄金水道形成沟通长江中上游的水上交通轴，十大港口精准定位，如南京港主打航运物流、镇江港围绕江海河联运；还有航空至2030年布局35个通用机场，基本实现15分钟航程覆盖全省城，届时真正实现"千里江苏半日还"、天堑变通途，进而增强南北联动、发挥廊道效应，带动区域经济协调发展。

另一方面，地区间连接点状发展极，构建密集的互动网。

从"一带两轴，三圈一极"到"1+3"功能区，再到扬子江城市群，皆以经济发展优先，打破苏南、苏中、苏北三大板块的地理分界和行政壁垒；未来甚至可按城市共性规划布局，如按交通1小时左右的生活圈构建更具新经济特征的城市群。

但这并不意味着搞均衡化，踩高捧低，而是全面开花，将点状分散分布的市场、人才等要素模块化组合，形成分布式、扁平化、去中心、点与点对接的结构网，协同发展。

第二节　江苏产业突破方向与路径选择

在此过程中，产业不仅是省域补落差的支点，也是与外省重点增长极加强联动，利用溢出效应、轮动发展的契机。

如产业梯度转移加强地区挂钩，再如制造业与上海金融优势、浙江互联网优势相互成全。从产业发展维度来看，强调凸显刚柔并济的特征，突破口有三。

一是成为先进制造业的主战场。未来先进制造业将成为我国参与国际竞争的先导力量，江苏国企占重头，肩负行使国家意志、落实国家战略的重任，担当先进制造业"前锋"责无旁贷。江苏本身也具有相应的支撑性产业基础，未来更要从产业竞争力、创新性发挥引领作用，推进创新链和产业链融合，尤其加快高新技术产业、战略性新兴产业部署，以创新驱动发展。

二是打造生产性服务业的新高地。经济转型升级的需求客观上倒逼生产性服务业发展，并与一、二产业融合，通过跨界整合资源、创新服务供给，构建产业协同创新体系。如促进创意农业发展，通过"物流+"形式，鼓励形成线上平台展示和线下便捷运输的有机结合，完善从农田到餐桌一整条服务链。

三是构建体验经济的试验田。"向有风景的地方要新经济"。一方面，以传统文化为依托，拓展文创体验经济。另一方面，以生态为牵引，因地制宜发展休闲体验经济。笔者认为，归根结底，从江苏角度破局长三角一体化的核心就是省域间补落差、地区间强联系，形成分布式、点对点的协同发展网络。这一过程中，省内政策导向性北移、向欠发达地区倾斜。

当然，以上只是思路性、理论性的方向和框架，具体到不同领域和城市，还需要结合具体情况进行推进和落实。

长三角地区优势互补、文化相通，面对新的战略机遇，江苏要找准定位，优化路径，积极作为，在推动长三角一体化中实现高质量发展。

扬实体经济之长，加快完善交通体系。充分利用扬子江城市群制造业发展优势，依托上海这个全球创新中心，着力提升扬子江城市群二次开发和技术孵化能力，提升沿海经济带新兴技术的产业化能力，推动扬子江城市群产业升级和沿海经济带形成若干个产业集群，建成具有世界水平的高端制造业基地。充分发挥江苏沿海空间广阔的优势和扬子江城市群人口的规模优势，大力发展面向高端消费人群的金融、文创、旅游等先进服务业，实现高端制造业与先进服务业协同发展。

坚持协同发力，加强规划对接。主动融入长三角一体化规划，明确空间发展目标和发展策略，以空间协同促进要素合理布局、有序流动，推动区域一体化发展。第一，立足长三角整体发展和长远利益，推进各类规划充分对接，注重资源整合与功能布局互动，形成分工合理、优势互补、各具特色的空间格局。第二，深化完善决策层、协调层和执行层"三级运作"合作机制，探索合署办公新模式、新路径，狠抓规划落实落细，争取每年都有实质性突破。第三，建立常态长效的长三角协调机制，覆盖区域战略统筹、区域合作、区际利益补偿等方面，强调成本分担和利益共享，为长三角一体化发展提供制度保障。

提升专题合作质量，打造高水平合作成果。《长三角地区一体化发展三年行动计划（2018～2020年）》共覆盖交通、能源、信息、科技、环保、信用、社保、金融、涉外服务、城市合作、产业、食品安全12个重点合作专题。要突出需求导向、问题导向、效果导向，推动长三角专题合作向纵深拓展，打造一批具有示范作用的高水平合作成果。

第三节 江苏出台实施方案，助推一体化发展

一 江苏实施方案的编制过程

2019年5月13日，习近平总书记主持召开中央政治局会议，审议了《长江三角洲区域一体化发展规划纲要》（以下简称《规划纲要》）。2019年12月1日，《规划纲要》正式公开发布。江苏作为长三角一体化的积极参与者、有力推动者和坚定执行者，江苏省委、省政府深入学习贯彻习近平总书记关于推动长三角一体化发展系列重要讲话和重要指示批示精神，始终把建好"长三角的江苏"，既作为沉甸甸的重大政治责任，更作为推动高质量发展走在前列、加快建设"强富美高"新江苏的重大战略机遇，多次召开省委常委会议、省政府常务会议和专题会议研究部署，省委十三届六次全会对贯彻实施长

三角一体化发展国家战略进行全面部署并专门做出决议；

按照江苏省委、省政府部署要求，在国家发展改革委指导支持下，2019年5月份起，有关部门和地方组建工作专班，开展了《〈长江三角洲区域一体化发展规划纲要〉江苏实施方案》（以下简称《江苏实施方案》）研究编制工作。

二 《江苏实施方案》的主要特点和内容

《江苏实施方案》共分为总体要求、区域联动、重点任务、组织保障四个部分，明确了江苏省需要落地落实的重点任务、重要事项、重大政策共60条，是江苏省贯彻实施长三角一体化发展国家战略的"任务书"和"线路图"。总的来看，有这样三个特点。

一是明确了贯彻实施国家战略的总体要求。长三角一体化发展，同"一带一路"建设、长江经济带发展等国家战略叠加，为新时代江苏发展提供了宝贵的历史机遇。《江苏实施方案》强调，以《规划纲要》为行动指南，在服务一体化中担当重大使命，在融入一体化中拓展发展空间，在推动一体化中实现高质量发展。明确要围绕"一极三区一高地"的战略定位，准确把握"创新共建、协调共进、绿色共保、开放共赢、民生共享"的基本原则，落实"六个高质量"要求，加快产业创新、基础设施、区域市场、绿色发展、公共服务、省内全域"六个一体化"，率先探索区域一体化制度创新和路径模式，加快建设现代化经济体系，努力建成全国发展强劲活跃增长极。

二是明确了贯彻实施国家战略的分阶段目标。《江苏实施方案》对照《规划纲要》，结合江苏省实际，明确了分阶段的发展目标和具体指标。到2025年，区域一体化发展取得实质性进展，产业创新、生态环保、市场开放、公共服务等领域基本实现一体化发展，跨界区域、城市乡村等区域板块一体化发展达到较高水平，全面建立一体化发展体制机制，打造具有全球影响力的科技产业创新中心和具有国际竞争力的先进制造业基地，在长三角更高质量一体化发展新征程中走在前列。到2035年，区域一体化发展达到较高水平，现代化经济体系基本建成，成为最具影响力和带动力的强劲活跃增长极。

三是明确了贯彻实施国家战略的具体路径。江苏具有制造业发达、科教资源丰富、开放程度高等优势，但苏南、苏中、苏北发展还不协调不平衡，高质量发展需要增创优势、补齐短板。《江苏实施方案》据此从区域协调发展、打造强劲活跃增长极两大层面，明确了贯彻实施国家战略的重点任务。在聚焦"一体化"合力构建区域协调发展新格局方面，提出主动服务、积极支持上海发挥龙头作用，充分集成江苏优势，加强与浙皖战略协同，深化"1+3"重点功能区建设，在长三角一体化框架下加速全省域一体化发展，并从强化区域联动发展、促进城乡融合发展、推进跨界区域共建共享3个方面，明确了9条重点任务。在聚力"高质量"协同打造强劲活跃增长极方面，围绕建设协同创新产业体系、推进基础设施互联互通、强化生态环境共保联治、加快公共服务便利共享、全面扩大对外开放合作、创新一体化发展体制机制和合力建设长三角生态绿色一体化发展示范区等7个方面，明确了51条重点任务事项。其中，长三角生态绿色一体化发展示范区由苏州市吴江区、上海市青浦区、浙江省嘉善县"两区一县"组成，总面积约2300平方公里，吴江区是面积最大的，约占示范区总面积的51%。

三 江苏下一步具体工作举措

以时不我待的责任感和紧迫感，切实扛起责任、主动担当作为，全力推动《规划纲要》和《江苏实施方案》明确的重点任务和事项落地落实，加快把国家重大战略转化为江苏发展优势，推动江苏省走在长三角一体化发展前列。

一是提高政治站位，加强统筹协调。进一步增强政治意识、使命意识，强化责任担当，充分用好已有的体制机制和制度安排，切实把各方面资源汇聚起来，把各方面力量统筹起来，全力推进实施《规划纲要》《江苏实施方案》。

二是坚持目标导向，狠抓任务落实。围绕《江苏实施方案》明确的60条重点任务和《江苏省推动长三角一体化发展重点工作任务、重大平台项目和重要改革举措清单》确定的80项重点事项，突出最近三年，突出重点领域，突出主要方向，制定具体细化方案，实行工作项目化、项目清单化、清单责任化，严格过程控制和绩效管理，确保高质量完成任务。

三是聚焦重点突破，全力组织攻坚。坚持大处着眼与实处着手相结合、系统推进与重点突破相结合、干好"自己的事"与做好"我们的事"相结合，进一步分解目标、落实责任，全面推进"六个一体化"。在推进产业创新一体化方面，重点加快建设自主可控的先进制造业体系和产业科技创新高地，推动与上海科创中心、金融中心紧密对接、互相支撑、共同发展。在推进基础设施一体化方面，加快构建结构合理、功能完善、互联互通的现代综合交通运输体系，更好适应长三角世界级城市群建设需要。在推进区域市场一体化方面，着眼打破要素自由流动的行政壁垒，深化"放管服"改革，推动建设统一的区域市场体系。在推进绿色发展一体化方面，以长江、太湖、淮河等流域为重点，协同推进水资源保护、水污染防治、水生态修复。在推进公共服务一体化方面，聚焦标准化、便利化，积极推动社保、就医、养老、教育、文旅等领域共建共享。在推进省内全域一体化方面，坚持苏南热点、跨江重点、苏北难点"三点"并进、区域联动，以苏锡常、宁镇扬及锡常泰、苏通跨江融合等局部一体化先行，助推长三角区域一体化发展。

四是创新体制机制，强化复制推广。坚持全面深化改革，坚决破除制约一体化发展的行政壁垒和体制机制障碍，着力在规则统一制度体系、统一开放人力资源市场、各类资本市场分工协作、城乡统一的土地市场、跨区域产权交易市场、重点领域合作机制、各类市场主体协同联动机制、区域间成本共担利益共享机制等方面，大胆探索实践，加强战略协作，推动率先突破，形成可复制可推广的制度经验。

江苏省委省政府领导班子认为，习近平总书记的重要讲话为长三角高质量一体化发展给出了行动指南、划出了重点任务、提供了重大机遇，江苏要把总书记的重要讲话与在安徽考察时的重要指示结合起来，不断加深理解、提高思想认识，紧密结合江苏实际，认真抓好贯彻落实。要深刻领会和把握总书记对长三角地位和作用的要求，不辱使命、不负重托，在加快长三角一体化进程中展现江苏担当作为。要充分发挥江苏优势，主动发起循环、积极融入循环，实现制造升级、创新升级、消费升级，在形成新发展格局中走在前；要坚定不移走基础研究、原始创新的路子，加快突破"卡脖子"技术，在勇当我国科技和产业创新的开路先锋上有作为；要坚持新发展理念，提升开放能级和水平，形成对全球资源要素的"引力场"，在打造改革开放新高地上敢担当。

江苏，将在长三角一体化发展中继续绽放出"苏大强"的风采，发出江苏发展最强音，绘就"强富美高"新画卷。

第五篇 | 山水浙江谱新章

浙江既是人文荟萃的繁华之地，又是商贾云集的财富之地；既是改革开放的先发地，又是市场经济的先行者；既是传统低端制造的典型代表，又是互联网新经济的主力军；既是资源小省，地域割裂，有"七山一水二分田"之说，又是民富大省，中国唯一 GNP 大于 GDP 的省份；既是民营经济腹地，占全省 GDP 总量的 65%，贡献了全省 54% 的税收和 80% 的就业岗位，又被民间资本所累，屡尝民间债务危机的苦涩；具有吃苦耐劳、埋头苦干的"四千精神"——历经千辛万苦、说尽千言万语、走遍千山万水、想尽千方百计。

浙江是中国经济最活跃的省份之一，在充分发挥国有经济主导作用的前提下，以民营经济的发展带动经济的起飞，形成了具有鲜明特色的"浙江经济"。

第一章
浙江发展按下了"加速键"

第一节 浙江在长三角一体化发展中的战略地位与作用

一 浙江省社会综合概况

浙江省地处中国东南沿海长江三角洲南翼,东临东海,南接福建,西与江西、安徽相连,北与上海、江苏接壤。境内最大的河流钱塘江,因江流曲折,称之江,又称浙江,简称"浙",省会杭州。浙江省东西和南北的直线距离均为450公里左右。据全国第二次土地调查结果,浙江土地面积10.55万平方公里,为全国的1.10%,是中国面积最小的省份之一。

浙江是吴越文化、江南文化的发源地,是中国古代文明的发祥地之一。早在5万年前的旧石器时代,就有原始人类"建德人"活动,境内有距今7000年的河姆渡文化、距今6000年的马家浜文化和距今5000年的良渚文化,是典型的山水江南、鱼米之乡,被称为"丝绸之府"和"鱼米之乡"。

浙江是中国经济最活跃的省份之一,在充分发挥国有经济主导作用的前提下,以民营经济的发展带动经济的起飞,形成了具有鲜明特色的"浙江经济"。

浙江省下辖杭州、宁波、温州、绍兴、湖州、嘉兴、金华、衢州、舟山、台州、丽水11个城市,其中杭州、宁波(计划单列市)为副省级城市;下分90个县级行政区,包括35个市辖区、20个县级市、35个县(含1个自治县)。

2019年10月,入选国家数字经济创新发展试验区。2019年,浙江生产总值GDP为62352亿元（合9039亿美元），按可比价格计算，比上年增长6.8%。其中，第一产业增加值2097亿元，增长2.0%；第二产业增加值26567亿元，增长5.9%；第三产业增加值33688亿元，增长7.8%。人均GDP为107625元。

二 社会自然资源

浙江是我国高产综合性农业区，茶叶、蚕丝、水产品、柑橘、竹制品等在全国占有重要地位。森林覆盖率达59.4%，居全国前列。树种资源丰富，素有"东南植物宝库"之称。野生动物种类繁多，有123种动物被列入国家重点保护野生动物名录。

浙江矿产资源以非金属矿产为主。石煤、明矾石、叶蜡石、水泥用凝灰岩、建筑用凝灰岩等储量居全国首位，萤石居全国第2位。

浙江海域面积26万平方公里。面积大于500平方米的海岛有3061个，是全国岛屿最多的省份。其中面积495.4平方公里的舟山岛为我国第四大岛。海岸线总长6486.24公里，居全国首位，其中大陆海岸线2200公里，居全国第5位。岸长水深，可建万吨级以上泊位的深水岸线290.4公里，占全国1/3以上，10万吨级以上泊位的深水岸线105.8公里。东海大陆架盆地有着良好的石油和天然气开发前景。

浙江旅游资源非常丰富，素有"鱼米之乡、丝茶之府、文物之邦、旅游胜地"之称。全省有重要地貌景观800多处、水域景观200多处、生物景观100多处。人文景观100多处，自然风光与人文景观交相辉映，特色明显，知名度高。

浙江是中国省内经济发展程度差异最小的省份之一，杭州、宁波、绍兴、温州是浙江的四大经济支柱。其中杭州和宁波经济实力长期位居中国前20位，民营经济一直是全国最为活跃的省份，走出了"浙江人敢为天下先"的发展特色与路径。

三 主要产业与经济综述

浙江省素有"鱼米之乡"之称，大米、茶叶、蚕丝、柑橘、竹品、水产品在中国占重要地位。绿茶产量占中国第一，蚕茧产量占中国第二，绸缎出口量为中国30%，柑橘产量中国第三，毛竹产量中国第一。浙江是中国高产综合性农业区，茶叶、蚕丝、柑橘、海鲜和竹制产品等在中国占有重要地位。

浙江是一个渔业大省，渔业由传统生产型，过渡到捕捞、养殖，加工一体化，内外贸全面发展的产业化经营。石浦渔港、沈家门渔港是中国最早四大中心渔港中占两席，海洋捕捞量居中国之首。杭嘉湖平原是中国三大淡水养鱼中心之一。

初步核算，全年地区生产总值（GDP）62352亿元，比上年增长6.8%。其中，第一产业增加值2097亿元，第二产业增加值26567亿元，第三产业增加值33688亿元，分别增长2.0%、5.9%和7.8%，第三产业对GDP增长的贡献率为58.9%。三次产业增加值结构为3.4∶42.6∶54.0。人均GDP为107624元（按年平均汇率折算为15601美元），增长5.0%。

图5-1-1 2011~2019年地区生产总值及增长速度

1. 供给侧结构性改革继续深化

规模以上工业企业产能利用率为81.3%。规模以上工业中，高耗能行业增加值增长7.1%，按可比价计算占35.3%。年末商品房待售面积比上年末下降12.8%，其中，商品住宅待售面积下降17.8%。规模以上工业企业资产负债率为55.1%，规模以上服务业企业资产负债率为53.8%。全年规模以上工业企业每百元营业收入中的成本为83.57元，下降0.38元。交通、生态保护和环境治理业、科学研究和技术服务业投资分别增长16.3%、19.5%和99.1%。

2. 新动能加快成长

全年以新产业、新业态、新模式为主要特征的"三新"经济增加值占GDP的25.7%。数字经济核心产业增加值6229亿元，按可比价计算比上年增长14.5%。在规模以上工业中，数字经济核心产业、文化、节能环保、健康产品、高端装备、时尚制造业增加值分别增长14.3%、4.4%、5.7%、8.3%、5.2%和4.2%；高技术、高新技术、装备制造、战略性新兴产业增加值分别增长14.3%、8.0%、7.8%、9.8%，占比分别为14.0%、54.5%、40.9%和31.1%；人工智能产业增长21.3%。在战略性新兴产业中，新一代信息技术、新能源、生物、新材料产业增加值分别增长18.4%、11.9%、11.6%和8.8%。网络零售额19773亿元，增长18.4%；省内居民网络消费9984亿元，增长18.5%。

3. 发展效率效益提升

全年全员劳动生产率预计为16.2万元/人，按可比价计算比上年提高5.7%；规模以上工业劳动生产率24.7万元/人，提高9.6%。财政总收入12268亿元，比上年增长4.8%；一般公共预算收入7048亿元，增长6.8%。其中，税收收入5898亿元，增长5.6%，占一般公共预算收入的83.7%。公共预算收入与经济增长基本同步，减税降费政策成效得到较好体现。一般公共预算支出10053亿元，增长16.5%，民生支出占财政支出的76.2%。

全年规模以上工业增加值16157亿元，比上年增长6.6%。其中，国有及国有控股企业增长4.7%，私营企业增长8.0%；外商投资企业增长2.1%，港澳台商投资企业增长6.1%。17个传统制造业增加值增长6.4%。

全年旅游总收入10911亿元，比上年增长9.0%。接待游客7.3亿人次，增长5.5%，其中接待入境过夜游客467.1万人次，增长1.9%。

年末境内上市公司458家，累计融资11408亿元；其中，中小板上市公司142家，占全国中小板上市公司的15.1%；创业板上市公司89家，占全国创业板上市公司的11.3%。

根据城乡一体化住户调查，全年全省居民人均可支配收入为49899元，比上年增长8.9%。扣除价格因素增长5.8%。按常住地分，城镇和农村居民人均可支配收入分别为60182和29876元，增长8.3%和9.4%，扣除价格因素分别增长5.4%和6.0%。全省居民人均可支配收入中位数为44176元，比上年增加4091元，增长10.2%。低收入农户人均可支配收入增长13.1%。

第二节　长三角一体化发展浙江按下"快进键"

一　长三角一体化，浙江靠什么破局？

实现长三角一体化破局，与浙江大市场相匹配，还需要政府的服务到位。

二　浙江的多重性

在长三角的三省一市中，浙江是一个多重性的存在。

浙江既是人文荟萃的繁华之地，又是商贾云集的财富之地；既是改革开放的先发地，又是市场经济的先行者；既是传统低端制造的典型代表，又是互联网新经济的主力军；既是资源小省，地域割裂，有"七山一水二分田"之说，又是民富大省，中国唯一 GNP 大于 GDP 的省份；既是民营经济腹地，占全省 GDP 总量的 65%，贡献了全省 54% 的税收和 80% 的就业岗位。

正因为民营资本的大量集聚，浙江的现状既有资本金融对实体经济的劫持，又面临小散乱低端制造业的转型，还有外向型经济受挫后的调整，更有互联网金融野蛮生长后被挤压的忧虑，以及民间资本的何去何从等问题。

从一定意义而言，市场经济本身就隐藏着内在的紊乱逻辑，即一面是产能过剩难以避免，另一面是对高额利润率追逐无极限，浙江走在中国市场经济的最前面，市场经济内在的紊乱逻辑也因此在浙江表现得很典型。对此，浙江如何在长三角一体化中实现破局？

三　浙江的优势

1. 从产业发展来看

浙江的比较优势一方面在于得天独厚的海洋经济，拥有港、渔、景、油等优势海洋资源，且上升为国家战略。

尽管其陆地面积仅有 10.55 万平方公里，但海域面积却多达 26 万平方公里；海岸线总长 6486.24 公里，其中大陆海岸线 2200 公里，居全国第 5 位；面积在 500 平方米以上的海岛有 3061 个，占全国海岛总数的 2/5 以上；岸长水深，可建万吨级以上泊位；东海大陆架盆地已展开勘探工作的有 8 个气井；

渔业资源蕴藏量在205万吨以上，年可捕量在105万吨以上。

另一方面在于数字经济成为浙江创新驱动的强劲新动能。以杭州阿里巴巴为首，以乌镇互联网大会为代表，以"互联网+"、"云概念"为关键词，浙江聚集了一系列互联网创业创新公司。

2. 从区域内部来看

浙江比较优势在于省内区域发展相对平衡，城市化水平较高，城乡差距较小。由于县域经济、乡镇经济发达，14地入选百强县市、16地入选百强区、20地入选千强镇前100名。人均收入近5万元、人均存款9万元，远超广东和江苏判断一个地区的经济情况如何，绝大部分是用GDP总量。但是，GDP和普通民众的关系并不大，因为GDP并不能直接代表收入和存款，也代表不了真正的富裕程度。所以看一个地方真正的富裕程度，还是看这个地方的人均收入和人均存款。我国目前经济最发达的两个省份，分别是广东和江苏，广东GDP超过10万亿元，江苏GDP接近10万亿元。浙江省的GDP和广东、江苏有着不小的差距，但是浙江的人均可支配收入近5万元、人均存款9万元，远超广东和江苏。

2019年，浙江人均可支配收入49899元，距离5万元只有101元，已经非常接近5万元。同期，江苏人均可支配收入为41400元，比浙江少8499元，只有浙江的83%；广东的人均可支配收入为39014元，比浙江少10885元，只有浙江的78.18%。人均可支配收入，浙江远超广东和江苏。浙江的人均可支配收入，甚至比直辖市天津都要高出不少。2019年，天津人均可支配收入42404元，比浙江少7495元，只有浙江的85%。另外，浙江各城市的人均收入特别均衡，没有很穷的城市，各城市之间的差距不大。

浙江11座城市中，人均收入超过5万元的有6座，分别是杭州59261元、宁波56982元、绍兴53839元、舟山53568元、嘉兴51615元、温州51490元。可以看出，这些城市中，既有大城市杭州、宁波、温州，也有中等城市嘉兴和绍兴，也有人口100多万的小城市舟山。另外，湖州、金华、台州的人均收入也非常接近5万元，分别为48673元、48155元、47988元。人均收入最低的是丽水和衢州，分别为35450元和35412元，这两座城市也远远超过全国平均水平（30733元）。

再看人均存款。2019年，浙江省住户存款约5.37万亿元，而浙江总人口约5850万，可算出浙江人均住户存款约9.19万元。同期，广东和江苏住户存款分别为78959.1亿元和57759.2亿元，广东和江苏常住人口分别为11521万和8070万，可算出广东和江苏的人均存款分别为6.85万元和7.16万元。广东和江苏的人均存款相差不大，但都比浙江差了一大截。更重要的是，浙江人均存款和人均收入一样，各城市也非常均衡。人均存款最多的是杭州，114877元。金华、绍兴、嘉兴三座城市人均收入在9万元以上，分别为95894元、93874元、90425元。

3. 从营商环境来看

浙江商业、创业氛围浓厚，商业精神传承悠久，浙商遍布全国乃至世界。浙江省内有100多万家法人企业、300多万户个体企业，省外有30多万家法人企业、200万户个体企业，海外有10多万家各类企业；平均每11个浙江人中就有一位老板，每33个浙江人中就拥有一家企业；浙江在省外投资和创业经商的人数有1020万人，在国外投资经商的人数有150万。

4. 从自然人文环境来看

浙江的优势在于自然风光与历史文化交相辉映。从西湖美景到钱江观潮，再到雁荡三绝，风景名胜遍布全省；从良渚文化到吴越文化，再到南宋文化延续至今，有杭州、宁波、绍兴、衢州、金华、临海、嘉兴、湖州、温州等9座国家历史文化名城，20个中国历史文化名镇，28个中国历史文化名村，名镇、名村总数全国第一。

第三节　创新　科技　人才推进长三角一体化的浙江"法宝"

G60科创走廊包括上海、浙江、江苏、安徽三省一市多个城市，是长三角一体化国家战略的重要交汇地带。

G60科创走廊（浙江段）范围内集聚了15个省级高新技术特色小镇，拥有阿里巴巴等一批世界知名科创企业，蚂蚁金服、曹操专车等估值超过10亿美金的科技企业26家，是浙江省主动对接上海推进长三角高质量一体化的重要区域、联动共建上海全球科技创新中心的核心区域。在这些优势条件下，浙江以全球视角和超前眼光谋划布局世界顶尖研究机构，吸引海内外顶尖实验室、科研机构、跨国公司在科创走廊设立实验室、全球性或区域性研发中心、科技成果孵化基地，鼓励合作设立联合实验室，打造若干长三角科技创新技术联盟。

另一方面，也要建立完善统一开放的长三角区域科研设施和资源科技共享交易服务平台，形成跨城市、跨地区的信息、技术、设施、管理等信息化要素"零距离"共享信息资源网，将G60科创走廊（浙江段）打造为长三角全球科技创新中心南翼主引擎。

正在蓬勃发展的数字经济，正是浙江、杭州的特色和优势之一。数字经济的核心驱动力是人才，要打造"数字长三角"，高端人才是其发展的重要支撑。

笔者认为，长三角可以采取类似珠三角九市的可行性做法，对在粤港澳大湾区工作的境外高端人才和紧缺人才基于15%的税负差额进行财政补贴，这样可以提升高端人才的获得感。要提高长三角地区的人才吸引力，尤其是吸引更多的高端人才落户浙江、落地杭州，就要进一步在人才优惠政策加码发力，加快推进类似政策的制定和执行。

为此，浙江省应联动上海、江苏、安徽，争取中央及国家有关部委专门出台长三角面向高端人才尤其是境外高端人才和紧缺人才的优惠政策，提高人才的获得感。同时，可以在国内率先研究实施数字经济人才认定课题，为高端人才提供更加多元化的政策。加强对住房、医疗、子女上学等方面的政策保障，全方位营造宜居宜业的工作生活环境，使高端人才真正能够引得进、留得住、用得好。

第二章
长三角一体化发展中的"浙江机会"

第一节 长三角一体化提供浙江发展舞台

发展现代服务业对于优化产业结构,提高产业竞争力和城市综合竞争力具有重要意义。浙江在推进长三角一体化发展中,大力发展现代服务业同样意义重大。

由现代服务业带动的资金流、信息流、知识流等经济流,可以提升长三角地区的经济核心竞争力,也可以对整个长三角地区起到辐射带动作用。借鉴粤港澳大湾区在发展现代服务业方面的成功经验,推进和厚植金融、信息以及法律、会计等各类专业服务业发展,并进一步扩大长三角地区服务业开放,吸引国际知名专业机构入驻,全面提升长三角地区专业服务水平和国际竞争力。

在长三角一体化协同发展的大背景下,杭州机场参与打造世界级机场群,融入现代综合交通运输体系成为必然趋势。这对机场建设、航线结构、区域内分工与协同提出了更高的发展要求。

据了解,2019年杭州萧山机场旅客吞吐量突破了4000万人次大关;货运量69万吨,跃居全国第5位。货运量的持续增长、排位上升从一个侧面说明浙江经济较强的活力和抗压能力。而客流量实现突破4000万的历史性跨越,则标志着杭州机场迈入了全球最繁忙机场的行列。这些都为萧山机场融入长三角一体化发展、打造世界级机场群体系提供良好的发展基础。合力打造世界级机场群,需要区域类的各机场不再是竞争关系,而是分工协作、整合资源、差异化发展,共同提高整体竞争力。比如,上海虹桥、浦东两场扮演的辐射全球、与日韩竞争的国际航空枢纽；杭州机场则是长三角南翼的区域航空枢纽。而且在长三角一体化进程中，各机场之间的互联互通也会十分便捷，高铁网络会把各城市机场更加紧密地串接在一起，旅客只会出行越来越方便。

一 以重点领域科创产业协同发展

浙江协同其他长三角区域省市共同编制《长三角科技创新共同体发展规划》，共同推动G60科创走廊建设、长三角科技资源共享服务平台试运行、科技"创新券"通用通兑范围进一步扩大。

2020年，浙江将以"四大"建设为载体推动长三角一体化发展，合力推进长三角生态绿色一体化发展示范区建设。纵深推进小洋山全域一体化开发，推进长三角联合创新基地、数字长三角、都市圈城际轨道等一大批标志性工程，突出政府主导、企业主体，谋划实施宁波前湾沪浙合作发展区、嘉兴全面接轨上海桥头堡，推动共建苏浙皖产业合作区、平湖—金山产城融合发展区，促进省际毗邻区域协同发展。

除长三角一体化发展外，浙江省亦对落实海洋经济发展示范区建设、舟山江海联运服务中心、中国（浙江）自由贸易试验区等国家战略做出新的部署。

以中国（浙江）自由贸易试验区为例，目前该自贸区油气储备能力达到3100万方，保税燃料油供应突破400万吨。浙江提出，2020年将深入推进中国（浙江）自由贸易试验区创新发展，高质量完成三年改革试点任务，着力打造大宗商品跨境贸易人民币国际化示范区，积极推进自贸区扩权扩区改革，加强与上海自贸试验区临港新片区联动，加快省内联动创新区建设，谋划建设自由贸易港。

在长三角一体化发展过程中，浙江不仅要发挥区域优势，也要充分利用好产业基础优势，更应该将民营经济机制灵活的优势发挥到极致。要发挥民营经济特色优势，为长三角高质量发展提供"浙江智慧""浙江方案""浙江经验"。

二 数字经济引领科技创新

用好"浙江金名片"。长三角区域数字经济基础扎实，数字经济更是浙江的一张"金名片"。

扫一扫二维码就能走遍长三角，长三角的老百姓也正享受着一体化发展带来的红利。浙江在数字经济、科技创新可以有所作为和贡献。浙江企业阿里巴巴在这些方面也有很多实践和应用，将积极参与。

长三角一体化为企业提供了很好的发展平台，在推动数字经济发展、科技创新方面不应仅仅停留在科技项目协同、产业衔接方面，还应该注重政策的互补性，如进一步完善人才政策，学习先进地区经验。

三 绘就美丽山河"浙江画卷"

关注生态建设问题，融入长三角是浙江义不容辞的责任，"生态建设"必须摆在重要位置。文旅融合将生态开发与现代农业相结合，使农业与风光旅游更完美地融合为一体。

浙江是"绿水青山就是金山银山"的理念起源地和率先实践地，浙江更应该起到表率作用，以确保环境保护和生态文明建设继续走在长三角地区的前列。环境治理问题没有"孤岛"，应树立"一盘棋"的大局意识。

根据浙江一体化发展方案，浙江将共建长三角生态绿色一体化发展示范区，重点推进规划、土地、要素、财税、公共服务、生态等领域的一体化发展制度创新；并率先在杭州、宁波、温州、湖州、嘉兴、绍兴、金华、舟山、台州9个设区市复制推广，共建长三角世界级城市群；到2025年，基本形成全省域全方位融入长三角一体化发展格局，基本实现科创产业、城乡区域、基础设施、生态环境、公共服务等领域的一体化发展。

为此，浙江将充分发挥数字经济强、民营经济活等优势，高水平建设产业创新协同体系和创新创业生态圈。到2025年，浙江常住人口城镇化率达到75%，中心区城乡居民收入水平差距缩小到1.8∶1；新增轨道里程数1500公里、高速公路里程数1100公里，与沪苏皖省际轨道接口总数达到13个，省际高速接口总数达到16个。

四 坚持重点突破，坚持合力推进，坚持战略协同

依托之江文化产业带、横店影视文化产业集聚区等重大文化产业发展平台，打造数字文化产业合作载体。围绕平台经济、分享经济、体验经济和创意经济等新业态，构建一体化产能分享平台，打造跨区域合作产业发展平台。

浙江的行动方案提出，坚持全域融入，坚持重点突破，坚持合力推进，坚持战略协同，在推进路径上，浙江将形成示范区先行探索、中心区率先融入、多板块协同联动、全省域集成推进的一体化发展格局。共建长三角生态绿色一体化发展示范区，高水平建设示范区浙江片区，打造新时代中国现代化标杆。中心区率先融入，率先在杭州、宁波、温州、湖州、嘉兴、绍兴、金华、舟山、台州九个设区市复制推广长三角生态绿色一体化发展示范区经验，提升一体化发展水平，共建长三角世界级城市群，带动全省域融入长三角一体化发展。强化省际毗邻重点区域、省内一体化合作先行区协调联动发展，推进规划共绘、设施共建、生态共保、产业共兴、品牌共创，探索协同治理新模式，打造一批跨行政区深度融合、协同发展引领板块。以"四大"建设为核心，以交通廊道、科创廊道、生态文化廊道等为纽带，加强地区间、都市圈间和省域间的协调联动，形成全省域全方位推进一体化发展整体格局。

行动方案提出，到2022年，使得一体化发展示范区浙江片区建设初显成效，长三角一体化发展体制机制初步建立。

到2025年，全省域全方位融入长三角一体化发展格局基本形成，科创产业、城乡区域、基础设施、生态环境、公共服务等领域基本实现一体化发展，区域一体化发展体制机制较为完善。

到2035年，全省现代化经济体系基本建成，长三角跨区域共建共享机制全面建立，统一开放的市场体系更趋完善，高质量一体化发展格局全面形成。

第二节　长三角一体化重大标志性工程将陆续建成

全面落实长三角一体化国家战略，对浙江来说，既是重大政治责任，也是重大历史机遇。《长江三角洲区域一体化发展规划纲要》《浙江省推进长江三角洲区域一体化发展行动方案》以及长三角生态绿色一体化发展示范区揭牌，标志着长三角一体化国家战略进入大落实、大推进的新阶段。

一　长三角一体化发展持续发力

锚定"四个一"总目标，浙江持续发力。围绕长三角"一极三区一高地"建设，充分发挥本地特色优势，浙江正在打造长三角创新发展增长极、长三角世界级城市群金南翼、长三角幸福美丽大花园、长三角改革开放引领区的"一极一翼一园一区",共同助推整个长三角区域建设成为全国发展强劲活跃增长极。

抓住主要任务不放松是落实长三角一体化国家战略的关键。浙江瞄准"九高九共同",高水平建设大湾区,共同构建长三角协同创新产业体系;高品质建设大花园,共同加强长三角生态环境联保共治;高标准建设大通道,共同构筑长三角基础设施互联互通网络;高能级建设大都市区,共同推动长三角城乡区域融合发展;高层次扩大对外开放,共同打造长三角"一带一路"倡议枢纽;高起点发展数字经济,共同打造长三角全球数字经济创新高地;高质量发展民营经济,共同促进长三角民营经济转型升级;高普惠共享公共服务,共同提升长三角居民美好生活水平;高效能深化"最多跑一次"改革,共同建立长三角统一开放大市场。

二 推进"1+1+5+5"重点区域建设

第一个"1"是合力建设长三角生态绿色一体化发展示范区,加快建设中新嘉善现代产业园,谋划祥符荡创新中心,全力推进生态环保、公共服务、基础设施补短板促提升,推动示范区出成效出亮点。第二个"1"是共同推进上海自贸试验区新片区洋山区块建设,深化浙沪洋山合作开发。两个"5"是打造浙沪、浙苏、浙皖、浙闽、浙赣等5个省际毗邻区域,打造杭绍、甬绍、甬舟、嘉湖、杭嘉等5个省内一体化合作先行区,加快探索区域一体化发展新模式。

三 多措并举取得阶段成效

过去一年,浙江省委、省政府把长三角一体化发展作为三件大事之一,大力推进重点领域合作,扎实推进重大项目建设,一体化发展取得了阶段性成效。

一是基础设施互联互通取得新突破。涉及浙江的9条断头路全部开工,建成1条;沪杭甬智慧化改造工程加快推进;杭黄铁路通车、沪苏湖铁路获批;小洋山北合作开发项目正式动工;浙沪天然气联络线二期工程扎实推进;5G试点建设加快,全省建成5G基站超过1.2万个。

二是科创产业融合发展取得新进展。共同推动G60科创走廊建设,长三角科技资源共享服务平台试运行,科技"创新券"通用通兑范围进一步扩大;中新嘉善产业园等一批产业合作园区和项目加快推进。

三是生态环境联保共治取得新成效。共同推进长江经济带"共抓大保护"工作;共同编制长三角区域大气治理、水污染防治协作方案;合作推进打赢蓝天保卫战、统一区域环保标准、重大活动区域协作保障等工作;实施第三轮新安江流域生态补偿协议。

四是公共服务共建共享取得新气象。全省11个设区市全部实现异地就医门诊费用直接结算;签署长三角教育更高质量一体化发展战略协议;推进环境保护、旅游、产品质量等领域信用联合奖惩;沪杭甬等9个城市率先实现地铁扫码过闸互通。

五是区域市场开放合作取得新局面。推动沪浙自贸试验区联动创新,签署共建长三角期现一体化油气交易市场战略合作协议;推进旅游、养老、快消品等区域标准协同试点项目;扎实开展"满意消费长三角"行动,在全国率先构建区域联动的食品安全信息追溯体系。

六是金融助推服务取得新成果。围绕推动长三角一体化发展的目标,按照问题导向,立足国内实际,参照国际惯例,开展第三方征信体系建设的探索实践,依托政府大数据平台,加快建设省金融综合服务平台,缓解银企之间面临的信息不对称问题。围绕重大项目建设,增强企业债券发行力度,2019年,全省在债券市场发行企业债38支,共募集资金327.8亿元,带动投资近700亿元。

四 未来发展成就可期

大战略要有大工程支撑,大工程要靠大项目落地。为深入推进长三角一体化发展战略落地落实,支撑重大标志性工程实施,浙江未来将重点推进200多个重大项目建设,总投资超2万亿元,2020年计划投资约3000亿元。

具体包括"八个一批"项目,一批重大科技创新和产业项目、一批重大生态环保项目、一批重大基础设施互联互通项目、一批重大公共服务项目、一批高水平对外开放项目、一批数字经济项目、一批市场一体化项目、一批民营经济高质量发展项目。

清单共包括101个项目,总投资5200多亿元,2020年融资需求700多亿元。其中，基础设施类项目 61 个，总投资超 4040 亿元，2020 年融资需求超 510 亿元；产业类项目 40 个，总投资超 1165 亿元，2020 年融资需求超 195 亿元。

在长三角一体化发展的这场"大考"中，浙江继续充分发挥绿水青山、数字经济、海洋经济、民营经济等特色优势，紧扣长三角一体化发展国家战略，统筹推进、同步实施，就会为共同推动长三角更高质量一体化发展交出优秀的"浙江答卷"。

第六篇 | 安徽奋力融入长三角

  安徽省是长三角的重要组成部分，处于全国经济发展的战略要冲和国内几大经济板块的对接地带，经济、文化和长江三角洲其他地区有着历史和天然的联系。

  安徽文化发展源远流长，由徽州文化、淮河文化、皖江文化、庐州文化四个文化圈组成。如何破解经济发展相对缓慢的现状，这是安徽融入长三角一体化的首张"考卷"。

第一章
安徽在长三角一体化发展中的战略与作用

第一节 安徽的概况与发展现状

安徽省位于中国华东地区，濒江近海，有八百里的沿江城市群和皖江经济带，内拥长江水道，外承沿海地区经济辐射。地势由平原、丘陵、山地构成；地跨淮河、长江、钱塘江三大水系。安徽省地处暖温带与亚热带过渡地区。淮河以北属暖温带半湿润季风气候，淮河以南为亚热带湿润季风气候，南北兼容。安徽省是长三角的重要组成部分，处于全国经济发展的战略要冲和国内几大经济板块的对接地带，经济、文化和长江三角洲其他地区有着历史和天然的联系。安徽文化发展源远流长，由徽州文化、淮河文化、皖江文化、庐州文化四个文化圈组成。截至2019年12月，安徽省下辖16个省辖市，9个县级市，52个县，44个市辖区。

安徽是中国重要的农产品生产、能源、原材料和加工制造业基地，汽车、机械、家电、化工、电子、农产品加工等行业在全国占有重要位置。

2019年，初步核算，全年全省生产总值37114亿元，按可比价格计算，比上年增长7.5%。其中，第一产业增加值2915.7亿元，增长3.2%；第二产业增加值15337.9亿元，增长8%；第三产业增加值18860.4亿元，增长7.7%。人均GDP达58496元，折合8480美元。第一产业2019年，粮食播种面积小幅调减，经济作物面积增加。全年粮食产量4054万吨、居全国第4位，增长1.2%；油料产量161.3万吨，增长2%；蔬菜产量2213.6万吨，增长4.5%。新增稻渔综合种养面积157万亩，累计达317万亩，居全国前列；新培育"三品一标"产品1542个,累计达7262个。全年主要肉类产量400.7万吨、下降4.7%,牛奶产量33.8万吨、增长9.6%,禽蛋产量168.7万吨、增长6.6%。第二产业截至2019年底,规模以上工业增加值增长7.3%,增幅比全国高1.6个百分点,居全国第10位。

从经济类型看,国有企业增加值增长8.9%,股份制企业增长6.6%,外商及港澳台商投资企业增长14.6%。分三大门类看,采矿业增加值增长1.6%,制造业增长7.7%,电力、热力、燃气及水生产和供应业增长8%。高技术产业增加值增长18.8%,比规模以上工业高11.5个百分点;战略性新兴产业产值增长14.9%,比规模以上工业高8.2个百分点。新产品产量较快增长,电子计算机增长11.3%,太阳能电池增长37.5%,集成电路增长14.6%。1~11月,规模以上工业企业利润总额1942亿元,增长2%,好于全国(下降2.1%)。

有省级高新技术产业开发区19个,其中国家级6个。有高新技术企业5403家,其中当年新认定1432家。全年登记科技成果8213项,其中登记各类财政资金支持形成的科技成果888项。安徽省科技奖科技成果有:城域量子通信组网技术、面向语音语言新一代人工智能关键技术及开放创新平台、分布式光纤应变测试技术及应用、智能化移动微创装备关键技术及产业化、空天探测光电图像精细处理技术及应用等。全年受理申请专利207428件、增长17.9%,授权专利79747件、增长36.9%,年末全省有效发明专利61475件。

表6-1-1 2019年安徽县域经济总量20强

排名	县域	所属城市	经济总量(亿元)
1	肥西	合肥	803.9
2	肥东	合肥	655.7
3	长丰	合肥	601.4
4	天长	滁州	524.1
5	无为	芜湖	487
6	巢湖	合肥	475
7	濉溪	淮北	461
8	庐江	合肥	457.8
9	太和	阜阳	454.4
10	当涂	马鞍山	455.3

续表

排名	县域	所属城市	经济总量（亿元）
11	怀远	蚌埠	437.2
12	颍上	阜阳	411.8
13	凤阳	滁州	397.5
14	蒙城	亳州	383.6
15	桐城	安庆	380.9
16	萧县	宿州	378.6
17	临泉	阜阳	369.7
18	宁国	宣城	367.3
19	涡阳	亳州	362.7
20	界首	阜阳	342.9

第二节　安徽发展目标及优势所在

到2025年，主要经济指标增幅保持前列，人均水平相对差距进一步缩小，中心区现代化水平明显提高，全省域与苏浙沪一体化发展水平明显提升，城乡区域、科创产业、基础设施、生态环境、公共服务、体制机制等领域一体化取得实质性进展。

——城乡区域协调发展水平显著提升。区域联动协作、城乡融合发展、优势充分发挥的发展态势初步形成。合肥都市圈能级和同城化水平显著提高，"一圈五区"高效联动。中心区人均GDP达到长三角平均水平的80%，全省人均GDP与长三角平均水平的差距持续缩小，中心区城乡居民收入差距控制在2.23∶1以内，常住人口城镇化率达到62%。

——科创产业融合水平显著提升。协同创新体系更加完善，科技创新策源功能进一步增强，科技创新对提高产业链水平、提升产业竞争力的驱动作用明显增强。"高新基"全产业链项目体系高效运转，加快形成若干世界级新兴产业集群。全省研发投入强度达到2.5%以上，科技进步贡献率达到65%，高技术产业产值占规模以上工业总产值比重达到16%左右。

——基础设施联通水平显著提升。现代轨道交通运输体系基本形成，省际公路通达能力明显提升，机场布局和功能定位不断优化，港口航道一体化协同性进一步增强，能源互联互通、互济互保能力显著提高，新一代信息基础设施加快建设、智慧应用加快拓展，水安全保障能力持续加强。铁路网密度达到507公里/万平方公里，高速公路密度力争达到4.85公里/百平方公里，5G网络覆盖率达到80%左右。

——生态环保共治水平显著提升。绿色发展生态本底进一步夯实，长三角生态屏障功能充分发挥。环境治理联防联控体系更加紧密健全，突出环境问题得到有效治理。生态环境协同监管体系基本建立，区域生态补偿机制更加完善。细颗粒物（PM2.5）平均浓度达到国家考核要求，设区市空气质量优良天数比例达到80%以上，跨界河流断面水质达标率达到80%，单位GDP能耗下降完成国家下达任务。

——民生共享水平显著提升。基本公共服务保障水平明显提高，基本公共服务均等化一体推进。非基本公共服务供给能力和供给质量全面提升，人民群众美好生活需要基本满足。人均公共财政支出增速高于长三角平均水平，劳动年龄人口平均受教育年限达到11.1年，人均预期寿命达到78岁。

——一体化体制机制基本建立。制约一体化发展的行政壁垒和体制机制障碍有效破除。资源要素有序流动，统一开放市场初步建立。对内对外开放水平显著提升，制度性交易成本明显降低，"四最"营商环境加快形成。

到2035年，与苏浙沪一体化发展机制高效运转，创新创业创造活力充分释放，城乡区域差距进一步缩小，基础设施互联互通全面实现，基本公共服务水平趋于均衡，生态环境根本好转，人民基本生活保障水平与长三角平均水平大体相当，现代化经济体系基本形成，高质量一体化发展格局基本构成，现代化五大发展美好安徽基本建成。

2019年，《长江三角洲区域一体化发展规划纲要》印发实施，拉开了长三角一体化高质量发展的大幕。在安徽省两会上，《政府工作报告》也明确提出，要全面实施长三角一体化发展规划纲要和安徽行动计划。那么，安徽在长三角一体化发展中，能发挥哪些优势？需要怎样学习苏浙沪的先进经验？三省一市又该如何协调分工？

安徽要形成资源共享、优势互补的长三角体育产业体系。以目前建成的体育特色小镇、体育产业园区、体育产业基地、体育主题公园、体育营地等为节点，打造高质量一体化体育产业示范区。

长三角一体化发展，也倒逼安徽省经济加快转型。近年来，安徽在智能语音、量子通信等新技术领域突破领跑，在"芯屏器合"新产业上发力并跑，但对比沪浙苏，创新经济占比还有待提高。在长三角一体化发展新形势下，安徽创新经济发展形势更加紧迫。

安徽要加强在集成电路、飞机制造、量子通信、机器人、5G等新领域的技术研发与科技成果商业化应用，加强与长三角中心城市科技创新与产业创新协同发展，不断提高安徽省在长三角产业链的分工水平。另外，要支持安徽省企业加入长三角科技创新共同体，促使科技成果转化。

安徽应向沪浙苏学习创新经济协同发展的经验，推出创新方法推广应用，培育地方创新产业集群。要加强长三角人才资源流动和科研人员城市合作交流，构建包容宽容的科创与产创协同机制。

安徽的发展优势，要以创新为引擎驱动。新一轮科技革命将重塑全球创新版图，人工智能、光子芯片等率先成熟的技术将驱动人类进入"智能时代"，长三角需要融入新一轮科技革命浪潮，发挥量子信息、北斗导航等产业优势，共同推动重点领域智慧应用。其次是产业分工再明确。

要发挥沪、苏、浙、皖各自的产业发展优势，主导产业错位发展。打破行政壁垒，在龙头城市上海的发展带动下，其他区域各扬所长，由原来的垂直分工为主，向垂直分工和水平分工并行的分工格局发展，避免内部竞争。

城市群发展的核心是要素的流动与优化分配。因此，完善交通网络，构建高品质生活服务圈，加强三省一市地区间信息数据的整合共享，提升营商环境，是城市群人口和产业的优化分配、高端资源要素流动的必要条件。未来安徽的发展，需要以创新为核心驱动，以交通、生态及公共服务引导发展，强化产业协同分工，才能实现各城市群间的高效互动，实现一体化发展。

安徽应总结提炼杭、宁、蓉的经验，在新技术革命、新生产要素、新基础设施推动城市发展新模式的机遇下，新经济导入是合肥实现城市首位度再提升的动力源，保持高质量可持续发展，需要进一步促进科创服务业的导入，打造多元化服务空间，发展支撑型服务产业，通过科技创新提速，补齐科创服务的关键拼图。

具体来看，要推动合肥、上海张江综合性国家科学中心"两心共创"，加快 G60 科创走廊宣芜合段建设，积极支持沪苏浙一流大学、科研院所来皖设立分支机构。

要联合沪苏浙共同研究制定覆盖长三角全域的全面创新改革方案，探索建立一体化协同创新长效机制。

要推动顶山－汊河、浦口－南谯、江宁－博望等毗邻地区全面深度合作，积极探索省际合作园区共建共管共享新机制。

要推进基础设施互联互通，推进滁州、马鞍山与南京城际轨道对接建设。要合力打造世界级机场群和港口群，强化合肥新桥机场与上海机场战略合作，深化沿江港口与上海、宁波舟山等港口合作。

随着安徽全域"入长"，安徽已成为"一带一路"、长江经济带建设、长三角一体化发展和中部崛起等国家战略部署覆盖的省份。得益于此，安徽"左右逢源"的独特优势更加凸显，在全国区域发展格局中的地位得到全面提升。

外联还要内通。聚力长三角一体化发展的同时，2020年安徽还要加强省内区域协调发展，夯实"一圈五区"联动发展格局，即高质量建设合肥都市圈、加快发展合芜蚌国家自主创新示范区、提升发展皖江城市带承接产业转移示范区、高水平打造皖北承接产业转移集聚区、大力振兴皖西大别山革命老区、高标准建设皖南国际文化旅游示范区。

第三节 高质量推进"一圈五区"建设，推动区域协调发展

明确安徽全省域纳入长三角，标志着安徽省在全国发展格局中地位显著提升，为安徽发展带来了新机遇。一年多来，安徽紧扣"一体化"和"高质量"两个关键，在六大方面拓展延伸，长三角一体化合作成果丰硕。

一 "一圈五区"建设成效初显

1. 合肥都市圈发展能级和质量进一步提升，合肥都市圈扩容升级，蚌埠整体加入

印发实施《合淮产业走廊发展规划》，《合六经济走廊发展规划》已经省

委、省政府审定。

合肥、杭州签订战略合作框架协议，共建"合杭梦想小镇""智慧城市"和产业园区。

滁州、马鞍山分别与南京签署共同落实长三角区域一体化发展战略合作框架协议，共建跨界一体化发展示范区。

2. 合芜蚌国家自主创新示范区科创产业融合发展进一步深化

创新要素加快集聚，建立北航合肥创新研究院、通航产业技术研究院、军民融合研究院等产学研协同创新平台。

产业创新持续推进，蚌埠玻璃院 0.12 毫米世界最薄的电子触控玻璃成功下线，应流集团航空发动机用单晶叶片打破国外垄断，奇瑞公司无人驾驶智能汽车投入实验。

科技金融发展壮大，打造股权投资基金集聚区，引进各类金融机构 100 多家，中介服务机构 60 余家，构建金融基金产业生态系统。

3. 皖江城市带承接产业转移示范区建设进一步提质

水清岸绿产业优美丽长江（安徽）经济带全面实施，江北、江南产业集中区改革创新和高质量发展的思路举措进一步明确。

黄金水道作用加快发挥，芜湖港与上港集团携手打造安徽至上海洋山港的重要喂给港。

多领域多主体合作进一步丰富，芜湖积极推进长三角 G60 科创走廊芜湖产业创新中心建设，宣城与杭州合作共建宣城新塘羽绒产业园，铜陵深化与阿里云计算有限公司智慧工业大数据产学研合作，池州与上海市静安区就养老一体化合作达成初步共识，安庆市经开区与上海市嘉定区安亭镇签署战略合作框架协议。

4. 皖北承接产业转移集聚区建设进一步加快

编制皖北承接产业转移集聚区建设实施方案，提出"6 + 2 + N"空间布局构想。

开展集聚区建设支持政策研究，积极对接国家发展改革委，争取国家出台支持建设政策措施。

淮北分别与上海市嘉定区、普陀区达成战略合作意向，亳州加快推进上海九间堂亳州中医药科技健康园等一批 10 亿元以上项目，宿州与徐州签署合作共建园区框架协议，蚌埠与江苏恒润集团合作推进长三角区域现代冷链物流及食品精深加工中心项目，阜阳与上海市徐汇区建立全面战略合作关系，淮南积极推进云谷大数据产业园等项目建设。

5. 皖西大别山革命老区建设进一步加强

大别山革命老区对外联通通道启动建设。生态环境质量明显改善，实施造林绿化37.85万亩，治理水土流失面积300平方公里。

公共服务水平持续提高，新建、改扩建公办幼儿园项目57个，六安市顺利实现长三角异地门诊就医直接结算，完成1544人易地扶贫搬迁。

6. 皖南国际文化旅游示范区建设水平进一步跃升

黄山、杭州两地战略合作全面深化，签署"1+9"合作协议，谋划建设杭黄绿色产业带，在公共服务、旅游合作、产业发展、区域交通等方面推进全方位合作，引进杭州都市圈项目55个，协议投资额63.6亿元，实际到位资金11.7亿元。全域旅游示范区建设稳步推进。

二 科技创新能力持续增强

推动上海张江、合肥综合性国家科学中心"两心共创"。

大力推动合肥综合性国家科学中心建设，涌现出全球首颗量子通信卫星"墨子号"、全球首条量子保密通信网络、全球最薄0.12毫米触控玻璃等一批"安徽原创""安徽首创"的重大成果。

积极创建量子信息科学国家实验室，组建合肥综合性国家科学中心能源研究院、人工智能研究院并启动运行。

支持中国科学技术大学等共建未来网络试验设施，开通南京、合肥、杭州等12个城市节点的光传输网络。

三 产业合作发展不断深化

在第二届世界制造业大会期间，与沪苏浙共同设立长三角一体化展区，签约长三角合作项目149个，投资额达1018亿元。

进一步完善长三角一体化发展产业转移承接合作机制。G60科创走廊新能源产业联盟、新能源和网联汽车产业联盟、通航产业联盟分别在宣城、合肥、芜湖成立。

2019 年 1~11 月，沪苏浙来皖投资在建亿元以上项目 2877 个，实际到位资金 5931.1 亿元，同比增长 12.1%，实际到位资金占全省比重 51.1%。

四 重大基础设施项目加快实施

商合杭高铁合肥以北段建成通车，安徽成为全国第二个"市市通高铁"的省份。

黄山至千岛湖高速公路开工建设，合宁高速改扩建安徽段正式通车。

17 条省际待贯通路段推进顺利，涉及安徽省 5 条，3 条已建成，1 条开工建设，1 条计划 2020 年启动建设。高速公路省界收费站全部撤除。

安徽民航集团与上海机场集团开展战略合作，合肥国际航空货运集散中心建设进展顺利。

省港航集团与舟山市政府、浙江省海港集团签订合作协议，共同推进长三角港航一体化，加强江海联运。

提升能源保障水平，淮南—南京—上海 1000 千伏特高压交流输电工程苏通 GIL 综合管廊建成投运。

5G 建设及示范应用取得突破，合肥新桥国际机场建成国内首个 5G 机场。

五 区域生态环境质量切实改善

大气污染防治协作持续推进，联合印发《长三角区域大气和水污染防治协作 2019 年工作重点》，2019 年 1~11 月，41 个城市 PM2.5 平均浓度 39 微克/立方米，同比下降 4.9%。

启动实施长三角一体化发展生态保护重点工程安徽推进行动，规划建设合肥骆岗中央公园。

皖浙两省签署共建新安江—千岛湖生态补偿试验区合作意向书。

六 公共服务便利共享稳步推进

1. 医疗养老领域

试点开展社会保险服务"一网通办"，安徽 16 个地级市与沪苏浙各市实现医保"一卡通"，覆盖了一市三省医疗机构 4700 余家。

一市三省民政部门在上海召开会议，确定江苏苏州、南通，浙江嘉兴、湖州，安徽芜湖、池州以及上海11个区作为区域养老一体化的首批试点。

2. 教育领域、文化旅游领域

复旦大学、上海交通大学、南京大学、浙江大学、中国科学技术大学等"华东五校"共同发起成立长三角研究型大学联盟。

建立并实体化运作长三角文化和旅游一体化战略联盟，共同开发"名城名镇名湖名山名村名园名馆"国际精品旅游线路，2019年11月21日，一市三省文化旅游部门联合在合肥举办长三角区域"七名"国际精品线路暨主题专项旅游产品发布会，推出"七名"国际精品环线1条、"三名"区域中短程线路4条、"七名"系列推荐目的地70个。

3. 信用领域、市场领域

建设"信用长三角"，推动长三角重点领域信用信息共享。积极创建长三角国家社会信用体系建设区域合作示范区。

一市三省共同签署落实《长三角地区市场体系一体化建设合作备忘录》和《长三角地区共同开展"满意消费长三角"行动实施方案（2019～2022年）》，市场主体基础数据库基本建成。

长三角"一网通办"正式开通，安徽16地级市与沪苏浙各市实现51个政务服务事项跨省（市）通办。

安徽立足比较优势，坚持整体推进、重点突破，进一步明确发展定位和主攻方向，加强与沪苏浙对标对接、合作共进，形成核心引领、板块联动、多点支撑、特色鲜明的区域发展新格局。

高质量建设合肥都市圈。提升合肥省会城市能级，加快都市圈同城化步伐，建设具有较强影响力的国际化都市圈、支撑全省发展的核心增长极。

增强合肥引领带动力。加快科技、产业、制度创新，提升绿色、开放、共享水平，完善现代综合交通运输体系，支持参与长江中游城市群建设，加快打造具有国际影响力的创新之都、国际组织和总部经济聚集区、长三角世界级城市群副中心、联通中西部重要开放枢纽的节点城市。

推进都市圈同城化步伐。加快合六经济走廊、合淮蚌产业走廊建设，积极建设合芜、合马、合铜、合滁、合桐发展带，有序推动都市圈扩容提质。以强化制度、政策和模式创新为引领，以基础设施一体化和公共服务一卡通为着力点，构建便捷的都市通勤圈、优质生活圈、功能疏解承载地。

深化与长三角都市圈协调联动。重点加强与南京都市圈协同发展，打造东中部区域协调发展典范。加强与上海大都市圈对标对接，深化与杭州、宁波都市圈互动互补，共建长三角世界级城市群。

加快发展合芜蚌国家自主创新示范区。全面对接沪苏浙的国家自主创新示范区，推动创新链与产业链深度融合，打造产业创新升级引领区、科技成果转化示范区、科技体制改革和创新政策先行区、大众创新创业创造生态区，更好地引领和服务全省创新发展。

加快产业创新升级。以 G60 科创走廊为依托，大力发展新兴产业，改造升级传统产业，积极培育未来产业，着力推动产业迈向中高端。推动产业创新升级，打造具有重要影响力的品牌园区。支持蚌埠依托高新区创建科技创新特色园区。

强化科技成果转移转化。创建合芜蚌国家科技成果转移转化示范区，加强与浙江、上海闵行、苏南等现有示范区对接，共建科技成果转移转化高地。

推进科技体制改革。用活用好全面创新改革试验成果，进一步完善科研组织管理，健全科研评价体系，激发创新人才活力，强化科技金融支撑，促进知识产权保护，构建充满活力的科技发展体制机制和政策支撑体系。

优化创新创业创造生态环境。不断完善创业孵化链条，支持科学家和企业家联合开展科技创业，搭建共享融合的创新创业服务平台，培育爆发式成长的企业主体，构建创新创业生态体系。

提升发展皖江城市带承接产业转移示范区。突出"承接"导向、"示范"功能和"中心区"定位，高质量承接产业转移，扎实推进水清岸绿产业优美丽长江（安徽）经济带建设，打造引领全省高质量发展的支撑带。

增强发展新动能。对接沿沪宁产业创新带和 G60 科创走廊，强化合肥、芜湖"双核"要素集聚力，提升马鞍山、铜陵、池州、滁州、宣城等城市能级，强化创新驱动，加快科技成果转化，加大承接产业转移力度，错位承接、高端承接、链式承接、集群承接。

提升发展支撑力。坚持共抓大保护，不搞大开发，优化沿江产业布局，加快推进长江（安徽）经济带绿化美化生态化。对标对接沪苏浙产业园区，推动各类开发区特色发展，制定促进江北、江南产业集中区改革创新发展实施方案，支持集中区与沪苏浙开展合作共建。

加强安庆区域重点城市建设。强化现代化基础设施体系建设，大力培育新兴产业，加快装备制造等传统优势产业向中高端发展，打造全国重要的现代绿色安全综合性化工产业基地，使之成为带动皖西南、辐射皖赣鄂交界地区的重要增长极。

高水平打造皖北承接产业转移集聚区。充分发挥皖北地区粮食主产区、劳动力、煤电资源、消费市场等优势，在保障国家粮食安全的基础上，有序承接产业转移，打造区域高质量发展新的增长极。

集中集约承接。制定皖北承接产业转移集聚区建设实施方案，遴选一批条件较好的开发区与沪苏浙开展园区结对共建，强化土地供给、环境容量、财税金融等政策支持，重点发展现代农业、文化旅游、大健康、医药、农产品加工等特色产业及配套产业，积极承接沪苏浙中心区工程机械、轻工食品、纺织服装等传统产业升级转移，有序承接新型、绿色重化工业，力争骨干企业迁移布点、相关企业配套跟进，实现全产业链高质量承接。

夯实承接基础。紧密结合中原城市群、淮河生态经济带建设，全面提升综合交通运输能力，谋划推进皖北城际轨道和综合运输枢纽建设。提升蚌埠、亳州、宿州、淮北、淮南等城市能级，增强集聚力、带动力。

加强阜阳区域重点城市建设。依托商合杭、郑阜高铁开通运营等有利条件，大力发展机械电子、绿色食品、现代医药、精细化工、再生资源利用等优势产业，加快发展商贸物流、文化旅游等现代服务业，打造重要的国家综合物流枢纽载体城市，成为带动皖北、支撑中原城市群发展的重要增长极。

大力振兴皖西大别山革命老区。依托农林、矿产、生态、旅游等资源优势和产业基础，着力发展适应性产业和特色经济，努力打造全国重要的特色优质农产品供应基地和旅游康养地。

发展特色优势产业。提升六安城市能级。创建一批特色农产品优势区，培育大别山地理标志农产品品牌。做好"水文章"，促进水资源优势向产业优势转化。积极承接产业转移，做大做强现代农业、农产品深加工、医药、大健康等特色产业及配套产业，整合开发铁矿等优势矿产资源，提升发展汽车及汽车零部件、高档纺织服装、电子信息、高端装备等制造业。

强化红色文化传承。把弘扬大别山精神与弘扬红船精神等结合起来，深度开发红色、生态、文化等旅游资源，鼓励引导各类资本布局建设一批健康医疗、养生养老项目，打造长三角高品质红色旅游示范基地和康养基地。

提升精准脱贫基础支撑力。实施大别山革命老区对外联通通道建设工程，推进连接大别山革命老区的铁路、高速公路、支线机场建设。推进新建金寨机场、迁建安庆机场前期研究。

高标准建设皖南国际文化旅游示范区。深入实施皖南国际文化旅游示范区规划，加快建设美丽中国建设先行区、世界一流旅游目的地、中国优秀传统文化传承创新区。

创建国家全域旅游示范区。按照国际旅游城市标准，提升黄山城市能级。着力推动示范区生态、文化、体育、旅游、科技融合互动，建设新安江百里大画廊、皖南川藏线、石台原生态最美山乡等，全面提升文化旅游发展质量和国际化水平。

深化与沪苏浙旅游合作。推进苏浙皖、浙皖闽赣生态旅游和全域旅游协作，联合打造跨界文旅精品、风光廊道、黄金线路，规划建设杭黄国际黄金旅游线、"皖浙一号风景道"等精品旅游线路。

积极打造新安江生态经济示范区。严守生态保护红线，全面加强生态修复，强力推进污染防治，实施森林和湿地资源保护等重大生态工程。打通绿水青山与金山银山转化通道，加快生态产业化、产业生态化，形成以生态旅游、徽文化、大健康、绿色食品等为主导的生态经济产业体系。推进黄山市融入杭州都市圈，共建杭黄绿色产业带。

第二章
安徽一体化发展对策及路径

第一节 长三角一体化发展的四条皖北对策

一 长三角一体化发展的皖北对策

"十三五"以来,皖北地区经济社会发展持续向好,已成为安徽省区域经济发展新的增长极。在长三角一体化发展的背景下,皖北地区人口、资源、区位交通等传统比较优势正逐步转化为加速发展的动能。一是人力资源丰富,有望持续释放人口红利。皖北6市户籍人口3376万人,常住人口2826万人。14岁以下人口占全部人口22.8%,高于长三角8.5个百分点,中长期人力资源储备丰富。庞大的外出务工群体,为皖北地区锻造出一批高素质产业工人队伍。二是农业和能源资源富集,有望加快构建现代产业体系。皖北耕地面积占全省的近50%,也是华东地区重要的煤炭和能源基地。亳州现代中药、阜阳生物医药、淮南煤化工、淮北食品加工等一批主导产业正在形成。聚焦农产品精深加工、煤电化一体化、大数据、硅基新材料等新兴产业领域,皖北地区有望探索出产业转型升级新路径。三是交通条件改善,有望更好地利用内外部资源。京沪、京九、京广、陇海等国家骨干铁路和京台、济广、连霍、宁洛等高速公路在此交汇,阜阳、蚌埠是国家物流枢纽承载城市。随着商合杭高铁全线贯通,皖北连通长三角与中西部的枢纽地位将进一步凸显。四是政策红利叠加,有望释放巨大经济效能。长三角一体化发展、淮河生态经济带、中原城市群等形成政策叠加的乘数效应,皖北地区可进一步发挥比较优势,提升在区域发展格局中的地位。

与此同时，安徽也应清醒认识到，皖北经济总量小、人均水平低，发展差距还很大。比如，产业层次低，农产品加工水平低于全省及周边地区，且战略性新兴产业基础薄弱、规模较小；创新要素缺，皖北地区普通高校仅有24所，国家级工程技术研究中心、国家重点实验室和新型研发机构，全省占比较低，研发经费支出占GDP比重仅为1.15%；生态约束紧，水资源严重短缺，地下水超采现象普遍，城市地表水水质、空气质量优良率在全省排名靠后。针对这些"短板"，在长三角一体化发展中，借船出海、借梯登高，成为皖北地区实现高质量发展的关键。

首先，推动产业结构升级，构建现代产业体系。要做好"新"文章，以长三角区域创新共同体为依托，围绕战略性新兴产业建设高水平研发平台，推动蚌埠硅基新材料、淮北铝基新材料、亳州现代中药、阜阳现代医药、宿州云计算、淮南大数据等战略性新兴产业提升细分行业集中度。要做好"农"文章，依托皖北粮食主产区优势，面向长三角高质量消费需求，加快农业结构调整，并着力补齐农产品精深加工短板，向后端延伸发展仓储保鲜、冷链物流等配套服务体系，打造长三角绿色农产品基地。要做好"人"文章，大力承接、改造和发展轻纺、服装、电子等劳动密集型产业，推广应用先进适用技术和管理模式，建设劳动密集型产业接替区。

其次，提升双向开放水平，打造承接产业转移集聚区。要提高产业承接层级，立足主导产业，强链补链延链，聚焦智能制造、高端制造、绿色制造等重点领域开展务实对接。要推进集群化承接，以骨干企业迁移布点、相关企业配套跟进、全产业链高质量承接为重点，有序承接沪苏浙中心区重化工业、工程机械、轻工食品、纺织服装等产业，加快建设一批专业特色鲜明、品牌形象突出、服务平台完备的现代产业集群。要夯实产业承接载体，深化省际合作共建产业园区，积极探索"一园多区""跨区托管"等，完善宿州徐州合作共建园区、张江萧县高科技园区共建共用共管共享的合作模式，深化南北合作共建园区建设，有序推进长三角区域和省内产业"北移"。要对标提升营商环境，深化"放管服"改革，加快形成与国际接轨的标准体系，提高产业配套能力。

再次，推动新型城镇化建设，促进区域协调发展。要提升中心城市能级，做大做强阜阳、蚌埠区域中心城市，创建智慧城市、绿色城市、海绵城市，提升产业和人口承载力，增强辐射带动力。要探索城乡融合发展新路径，建立健全农业转移人口市民化激励机制，促进人口就地就近城镇化，塑造个性鲜明、充满活力的品质乡村。要加快省际毗邻地区发展，鼓励宿州、淮北、徐州在长三角一体化发展框架内，打破行政藩篱，加强规划衔接，搭建产业、科技、人才、公共服务等全方位合作平台，打造省际协同合作示范样板。

最后，补齐民生领域短板，增强居民获得感幸福感。要深入实施脱贫攻坚，加快淮河行蓄洪区安全建设，要嫁接优质公共服务资源，鼓励组建跨区域的医疗联合体，支持沪苏浙高端优质医疗资源在皖北布局，加快构建长三角智慧医疗平台，鼓励各类教育机构来皖北建立分校、分院、分园，拓宽多元化公共服务渠道。要提升交通互联互通水平，积极推动沿淮铁路建设，打造皖北城际铁路网，强化高速公路连接线建设，逐步打通省市际断头路，并提升蚌埠内河港口枢纽作用，增强淮河通江达海能力。

第二节 长三角一体化"安徽行动计划"在行动

2020年1月16日，安徽省发改委全文发布了《安徽省实施长江三角洲区域一体化发展规划纲要行动计划》，其中，合肥、芜湖、马鞍山、铜陵、安庆、滁州、池州、宣城8市为中心区。到2025年，全省域与沪苏浙一体化发展水平明显提升，城乡区域、科创产业、基础设施、生态环境、公共服务、体制机制等领域一体化取得实质性进展。

一 合肥都市圈：打造东中部区域协调发展典范

为增强合肥引领带动力，将支持合肥参与长江中游城市群建设，加快打造具有国际影响力的创新之都、国际组织和总部经济聚集区、长三角世界级城市群副中心、联通中西部重要开放枢纽的节点城市。接下来，安徽省还将推进都市圈同城化步伐。

一方面，加快合六经济走廊、合淮蚌产业走廊建设，积极建设合芜、合马、合铜、合滁、合桐发展带，有序推动都市圈扩容提质。以强化制度、政策和模式创新为引领，以基础设施一体化和公共服务一卡通为着力点，构建便捷的都市通勤圈、优质生活圈、功能疏解承载地。

另外，深化与长三角都市圈协调联动。重点是加强与南京都市圈协同发展，打造东中部区域协调发展典范。加强与上海大都市圈对标对接，深化与杭州、宁波都市圈互动互补，共建长三角世界级城市群。

二 合芜蚌：依托G60合力打造若干世界级产业集群

安徽省将加快发展合芜蚌国家自主创新示范区。全面对接沪苏浙的国家自主创新示范区，推动创新链与产业链深度融合，打造产业创新升级引领区、科技成果转化示范区、科技体制改革和创新政策先行区、大众创新创业创造生态区，更好引领和服务全省创新发展。

以G60科创走廊为依托，着力推动产业迈向中高端，合力打造若干世界级产业集群。以合肥、芜湖、蚌埠国家级高新区为核心，打造具有重要影响力的品牌园区。另外，创建合芜蚌国家科技成果转移转化示范区，加强与浙江、上海闵行、苏南等现有示范区对接，共建科技成果转移转化高地。

三 皖江：将在全省率先实现5G全覆盖

皖江城市带承接产业转移示范区，将提升发展，以便打造引领全省高质量发展的支撑带。接下来，安徽省将对接沿沪宁产业创新带和G60科创走廊，强化合肥、芜湖"双核"要素集聚力，提升马鞍山、铜陵、池州、滁州、宣城等城市能级，努力在新兴产业发展、传统产业提升、未来产业布局上不断突破。

同时，加快推进长江（安徽）经济带绿化美化生态化。对标对接沪苏浙产业园区，推动各类开发区特色发展，制定促进江北、江南产业集中区改革创新发展实施方案，支持集中区与沪苏浙开展合作共建。构建全面对接沪苏浙的现代化综合交通网络，在全省率先实现5G全覆盖。

四 皖北：谋划推进城际轨道和综合运输枢纽

安徽省将高水平打造皖北承接产业转移集聚区，打造区域高质量发展新的增长极。一方面，制定皖北承接产业转移集聚区建设实施方案，遴选一批条件较好的开发区与沪苏浙开展园区结对共建，力争骨干企业迁移布点、相关企业配套跟进，实现全产业链高质量承接。

除了要加强阜阳区域重点城市建设，皖北承接产业转移集聚区还将紧密结合中原城市群、淮河生态经济带建设，全面提升综合交通运输能力，谋划推进皖北城际轨道和综合运输枢纽建设。提升蚌埠、亳州、宿州、淮北、淮南等城市能级，增强集聚力、带动力。

五 皖西：打造长三角高品质红色旅游示范基地

从安徽相关发展规划来看，安徽省要大力振兴皖西大别山革命老区。一方面，积极承接产业转移，做大做强现代农业、农产品深加工、医药、大健康等特色产业及配套产业，整合开发铁矿等优势矿产资源，提升发展汽车及汽车零部件、高档纺织服装、电子信息等制造业。

另外，深度开发红色、生态、文化等旅游资源，鼓励引导各类资本布局建设一批健康医疗、养生养老项目，打造长三角高品质红色旅游示范基地和康养基地；实施大别山革命老区对外联通通道建设工程，推进连接大别山革命老区的铁路、高速公路、支线机场建设。

六 皖南：规划建设"皖浙一号风景道"等精品线路

为高标准建设皖南国际文化旅游示范区，接下来，将加快建设美丽中国建设先行区、世界一流旅游目的地、中国优秀传统文化传承创新区。

一方面，着力推动示范区生态、文化、体育、旅游、科技融合互动，建设新安江百里大画廊、皖南川藏线、石台原生态最美山乡等。另外，推进苏浙皖、浙皖闽赣生态旅游和全域旅游协作，联合打造跨界文旅精品、风光廊道、黄金线路，规划建设"皖浙一号风景道"等精品旅游线路。

七 科创共同体：沪宁杭合"四城同创"推动技术创新

在实施长三角科技创新共同体建设工程时，以合肥、上海张江两大综合性国家科学中心"两心共创"推动原始创新，以上海、南京、杭州、合肥"四城同创"推动技术创新，以沪通、宁苏锡、杭甬、合芜蚌"多组团联创"推动产业创新。

八 滨湖科学城：建设"四个先行区"、"四个产业群"

编制完善合肥滨湖科学城的总体规划，建设国家实验室核心区、大科学装置集中区、教育科研集聚区、产学研用创新成果孵化加速转化区"四个先行区",集中布局一批重大科技基础设施和交叉前沿研究平台,配套建设国际化的教育、医疗、文化、商业、娱乐等公共服务设施。

安徽要打造科技大市场,加强与上海技术交易所、江苏省技术产权交易市场、浙江科技大市场联动发展,共建全球创新成果集散中心。支持国家技术转移东部中心在安徽开展技术转移服务,鼓励高校、科研机构建设专业化技术转移平台,支持合肥、芜湖、宣城等市参与长三角区域技术市场联盟。

在新兴产业方面,将聚焦智能家电、电子信息、新能源汽车、机器人和人工智能领域,携手打造若干世界级新兴产业集群。围绕生物医药、航空航天、高端装备、新材料、节能环保、装配式建筑等领域,强化区域优势产业协作,培育在全国具有影响力的产业集群。

九 承接转移:打造"一岭六县"产业合作发展试验区

依托苏浙皖交界地区的溧阳市、宜兴市、长兴县、安吉县、郎溪县、广德县和上海市白茅岭农场,以生态、旅游、文化方面的合作为主题,按照共建共管共享共赢的模式,规划建设长三角产业合作发展试验区,努力打造成为区域合作发展引领区、生态创新试验区。

在省际产业合作园区打造工程中,接下来,将加快苏皖合作示范区、中新苏滁高新技术产业开发区、合肥上海产业园、张江萧县高科技园等载体建设,鼓励各地依托现有省级以上开发区谋划建设一批省际合作园区。此外,推动上海市白茅岭、军天湖农场等"飞地经济"发展。

十 开放平台:鼓励沪苏浙跨境电商龙头企业布局

在共建高水平开放平台方面,接下来,除了要跟进上海自贸试验区改革发展,探索复制推广新路径,抓紧抓实安徽自贸试验区申建工作;安徽省还将积极参与国家和沪苏浙重大展会活动,全面提升安徽展会能级,打造一批具有重要影响力和开放推动力的展会品牌。

积极对接上海虹桥国际机场,重点推动合肥新桥国际机场承接国际货运业务,黄山屯溪国际机场承接国际客运业务。围绕外资主要来源地、重大外资项目和友城资源,通过招大引强、延链引进、集群承接,培育一批新的国际产业合作园。

另外，发挥合肥综合性国家科学中心和"全创改"试点省的聚才作用，积极引进国际高端人才，营造外国专家"来得了、待得住、用得好、流得动"的良好引才氛围。学习借鉴沪宁杭苏等地国际社区建设经验，依法保障在皖工作国际人才享有医疗、子女教育、住房、社会保障等基本公共服务。

十一 绿色生态：到2030年，创建4个国家级湿地公园

为加快建设绿色生态屏障，安徽省将重点打造长江、淮河、江淮运河、新安江4条生态廊道；谋划实施环巢湖十大湿地生态系统保护与修复工程，到2030年，创建4个国家级湿地公园，建成4个省级湿地公园、2个市级湿地公园，打造生态系统保护与修复总面积近100平方公里的环巢湖湿地公园群。

另外，实施华阳湖、太平湖、升金湖、南漪湖、城西湖、瓦埠湖、女山湖、平天湖等湿地保护与恢复工程，对过度利用、遭受破坏或其他原因导致生态功能降低、生物多样性减少的湿地进行综合治理，开展湿地可持续利用示范。

配合编制新安江－千岛湖生态补偿试验区建设实施方案，安徽省将深入实施新安江流域生态补偿机制第三轮试点，在水权交易、排污权交易、园区建设、生态工程等方面，进一步探索和拓展生态补偿的方式和领域；逐步在湿地等其他生态领域推广"新安江模式"。

第三节 因地制宜各扬所长，科学探索发展路径

2020年初，安徽省主要领导在讲话中指出，要把握形势、坚定信心，抢抓长三角一体化发展"大机遇"。全省各县（市）牢固树立"一盘棋"思想，不断深化与沪苏浙合作，保持了县域经济稳定增长，支撑了全省经济稳中有进。但也面临吸引集聚高端要素能力不强、转型升级任务艰巨、保障改善民生压力加大等挑战，如何破局？

安徽要明确思路、聚焦重点，用好长三角一体化发展"大舞台"。围绕"创新共建"求突破，面向沪苏浙联建创新平台、大力精准招商、共建合作园区，打造承接产业转移集聚地。要围绕"协调共进"求突破，立足"一圈五

区"，推动县城、中心镇、美丽乡村三级联动，推动跨行政区发展新型功能区建设，形成统筹城乡发展主阵地。

要强化战略思维，深度对接长三角一体化发展国家《规划纲要》和安徽《行动计划》，找准定位，扬长补短，厚植优势，加快培育县域经济高质量发展新动能。要聚焦重点突破，在科技创新、产业升级、开放合作等方面采取务实举措，在抓好全面建成小康社会收官、补齐民生短板上下足功夫。要强化责任担当，坚持真抓实干，迎难而上、积极作为，以稳定经济增长的实际成效检验主题教育的成果。

同时，联合沪苏浙共同研究制定覆盖长三角全域的全面创新改革方案，探索建立一体化协同创新长效机制。推动顶山－汊河、浦口－南谯、江宁－博望等毗邻地区全面深度合作，积极探索省际合作园区共建共管共享新机制。推进基础设施互联互通，推进滁州、马鞍山与南京城际轨道对接建设。

安徽省居中靠东、连南接北，已成为"一带一路"、长江经济带建设、长三角一体化发展和中部崛起等国家战略部署覆盖的省份，彰显了"左右逢源"的独特优势。

2020年，安徽要坚持以长三角一体化统筹推进全省区域、城乡融通联动发展，紧扣"一体化"和"高质量"两个关键，促进形成优势互补高质量发展的区域经济布局。

其中，合芜蚌自主创新示范区对引领安徽省创新发展具有很强的牵动作用。2020年，重点是围绕新型显示、人工智能、集成电路、机器人、新能源及智能汽车、新材料、节能环保、生命健康、未来技术等领域，组织实施一批省科技重大专项、重点研发项目及重大科技成果工程化研发专项。探索推动合芜蚌与苏南、杭州等国家自主创新示范区融合发展。

如何推进长三角更高质量一体化发展，对于安徽而言，在长三角区域中既有自己独特的优势，也存在一些"短板"，如何借助长三角区域一体化国家战略的春风，积极融入，乘势而为，实现体制机制的接轨与原有格局的突破，是当前急需解决的问题。

1. 破解"被虹吸"发展难题

由于集聚效应的存在，区域经济发展中出现了先发地区与后发地区并存的事实。从竞争的角度来看，区域经济中的先发地区会形成强有力的"虹吸效应",以更高的收益吸引着后发地区的资金、人才和技术流动汇集到中心城市。这样的后果是,后发地区无法同步获得城市化红利,出现"被虹吸"的现象。不过,当区域中的中心城市的虹吸效应达到一定程度时,资源将不得不向外溢出,形成区域发展的"溢出效应"。其原因一方面是中心城市的房地产成本和生活成本上升过快,推动一些产业向外迁移;另一方面,省会城市规模达到一定程度后,产业结构面临提升,一些劳动密集型产业、资源密集型产业或者高污染的产业也必然转移出去。由此,先发地区与后发地区之间会形成新的分工合作关系,实现共同发展。

从安徽在长三角区域的空间位置和发展态势来看,不可避免地受到"虹吸效应"和"溢出效应"双重影响。特别是当四通八达的高铁网进一步覆盖后,安徽与沪苏浙之间的距离进一步被拉升至一小时城市圈。安徽各城市在经济基础、生活环境、营商氛围方面都面临着强有力的竞争对手,如何在长三角区域一体化的战略机遇中赶上城市化的"快车"是当前需要积极探索的重大问题。

对于安徽而言,要破解"被虹吸"难题,在长三角一体化进程中获益,就需要了解自身的独特优势,确立发展的科学定位。安徽在自然资源优势、生态优势、人力资源优势和特色产业优势方面在长三角区域相对突出,这些优势需要与苏浙沪的金融资源优势、研发优势、国际贸易优势等紧密结合起来,才能不断提升安徽的竞争优势,突破城市化的"瓶颈"。

2. 打破行政壁垒"最后一公里"

只有突破行政壁垒的限制,才能够真正实现一体化的收益。也正是因为许多地方行政壁垒的长期存在,才导致了长三角很多地区之间"最后一公里"无法连通,极大地限制了资源流动与市场发育,从而阻碍了长三角产业分工和市场互补。

造成行政壁垒的原因主要是对地区利益的保护。在传统的条块分割体系下,一个地区的收益主要取决于管辖领域内的产业。地区利益通常会聚焦于如何分配既有的"蛋糕",而不是努力去"做大蛋糕"。

交通路网互联互通是长三角一体化的物质基础。今天的长三角已较为充分地实现了主干公路桥梁、高速路网、城际铁路的互联互通,然而在一些次要交通路网互联互通节点上仍有不尽如人意的地方。例如,长三角地区有沪苏浙皖四条区划边界,以及众多县界、区界,各行政主体的价值取向和职责边界不同，造成了很多"断头路"现象。

3. 以产业合作示范区实现共赢

如何有效找到区域利益共享机制？区域一体化规划当然是基础性条件。

在规划先行的基础上，还需要解决具体合作地点的利益共享问题。最近热议的"长三角一体化发展示范区"就是对这一问题的创新对策。不过区域主要集中在苏浙沪"两省一市"交界地区。对于安徽来说，虽然不可能采取强强联合式的发展示范区，但可以采取借势互补式的"产业合作示范区"。推动安徽与江苏、浙江临界的一些城镇先行获取先发地区的基础设施和优势资源，从而在快速发展中实现利益增进。一种可能的模式是，在"产业合作示范区"内，安徽提供土地资源、劳动力资源，合作省份提供政策机制、科研资源、教育资源以及基础设施，共同推动当地产业的创新发展。安徽在东部与江苏有着上千里的临界线，在南部与浙江有多个县市接壤，可以设立"产业合作示范区"的地点非常多。

一旦试点成功，就可能让更多的安徽人不用背井离乡就能够获得长三角优质的发展条件和资源，无法逾越的"最后一公里"将成为一体化的"桥头堡"，安徽将释放出前所未有的发展能量。

第七篇 长三角中心区江苏九城发展篇章

六朝古都、十朝都会的南京地处中国东部、长江下游、濒江近海，是中国东部战区司令部驻地，国家物流枢纽，长江国际航运物流中心，长三角辐射带动中西部地区发展的国家重要门户城市，也是东部沿海经济带与长江经济带战略交汇的重要节点城市，还是华东及长三角的中心城市、特大城市。

第一章

六朝古都——南京

第一节 钟山风雨起金陵

南京,简称"宁",古称金陵、建康,是江苏省会、副省级市、特大城市、南京都市圈核心城市,国务院批复确定的中国东部地区重要的国家中心城市、全国重要的科研教育基地和综合交通枢纽,南京在长三角一体化建设中将起到举足轻重的地位和作用。

1. 区域概况

南京地处中国东部、长江下游、濒江近海,是中国东部战区司令部驻地,国家物流枢纽,长江国际航运物流中心,长三角辐射带动中西部地区发展的国家重要门户城市,也是东部沿海经济带与长江经济带战略交汇的重要节点城市。

南京是首批国家历史文化名城,中华文明的重要发祥地,长期以来都是中国南方的政治、经济、文化中心,历史上曾数次庇佑华夏之正朔,在中国历史上具有特殊地位和价值。南京早在100万~120万年前就有古人类活动,35万~60万年前已有南京猿人在汤山生活,有着7000多年文明史、近2600年建城史和近500年的建都史,有"六朝古都""十朝都会"之称。

南京是国家重要的科教中心,自古以来就是一座崇文重教的城市,有"天下文枢""东南第一学"的美誉,明清时期中国一半以上的状元均出自南京江南贡院。南京各类高等院校66所,其中111计划高校9所、学科25个,仅次于北京;211高校8所、双一流高校12所、两院院士81人,均稳居中国第三;全球科研城市50强排名,南京位列全球第十二、中国第三。

南京是国家重要综合性工业生产基地、现代服务中心和先进制造业基地，国家信息化与工业化融合试验区，是中国三大电子工业基地之一，车辆制造规模居中国第三位，电子化工生产能力居中国第二位，制造业强市排名中南京居中国第一，液晶模组生产规模居中国第一，智能电网产业整体实力居中国第一、先进轨道交通装备产业综合排名中国第一、新型显示产业规模居中国第二，被国家九个部委列为中国投资硬环境"四十优"城市，中国城市综合实力"五十强"第五名。

2. 经济综述

江苏省统计局网站3月3日发布的《2019年江苏省国民经济和社会发展统计公报》公布了南京市2019年常住人口数据。统计公报显示，南京市2019年常住人口850.55万人，比2018年的843.62万人增加了6.93万人。值得一提的是，南京这一常住人口增量在江苏省13个设区市当中排名第一，是增量第二的苏州两倍多。

近年来，南京人口规模持续增加，人口结构和质量变化不断向好。从主要构成看，2019年末，全市户籍人口709.82万、流动人口321.4万，其中经济发达的江宁区就有流动人口近100万。从学历结构看，去年南京实有人口中，研究生及以上学历23.35万人，本科137.09万人，大专89.58万人，大专及以上占比24.25%，居江苏第一，全国前列。南京学历人口占比逐年增加。人口密度和主城区人口往往比人口总量更能体现城市的集聚力和活力。目前，南京每平方公里人口超过1500人，主城区人口达600万，在同类城市中均居于前列。

1981年南京被列为国家15个经济中心城市；2004年经济中心定位指数排名南京列中国大陆第六，仅次于北上广深津；2008年总部经济发展能力列中国第五，排北上广深之后。2014年中国区域中心城市竞争力评估，南京仅次于深圳、广州（不含京沪）。2015年全国投资吸引力城市排名，南京位列中国第五，紧随北上广深。

2019年全年完成地区生产总值14050亿元、可比价增长8%，增幅连续11个季度保持8%及以上，位居东部地区GDP过万亿元城市和全省首位；一般公共预算收入1580亿元、增长7.5%，税收占比86.9%，增速列全省首位。固定资产投资增长8%，社会消费品零售总额增长5.5%，外贸进出口总额增长10%。预计，金融机构本外币存贷款余额达到3.6万亿元和3.4万亿元，同比分别增长2%和增长17%。

"进"的势头持续保持。创新主体培育、平台建设、人才引进增长较快，2019年，全市净增高新技术企业1475家、增长47.3%，入库科技型中小企业6685家、比上年翻一番，PCT专利申请量增长97%。技术合同成交额596.2亿元，全社会研发经费支出占GDP比重3.28%，均居全省首位。全面实施优化营商环境100条，跻身2019中国城市营商环境指数评价第五位、全国重点城市网上政务服务能力评估第二位。中国（江苏）自贸试验区南京片区获批设立。省会城市功能和中心城市首位度加快提升。

"好"的福祉不断增进。全体居民人均可支配收入增长9%，城镇新增就业32.5万人，登记失业率1.78%。大力实施长江生态修复和保护，拆除取缔违规占用岸线项目84个，退出长江干流生产岸线18公里，沿江1公里范围内新增造林6200亩。入选国家生态园林城市。22个省以上地表水考核断面水质优良比例100%，7个省控入江支流断面全面消除劣V类。

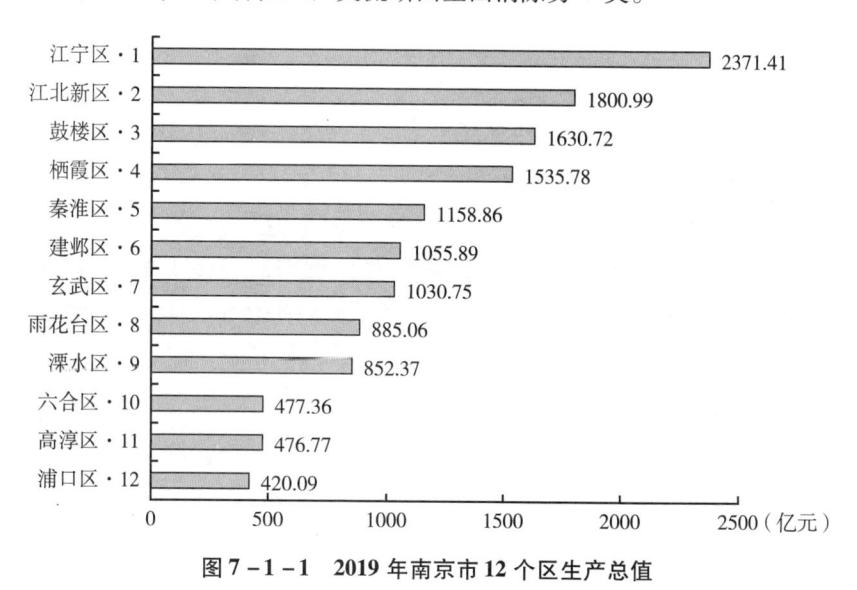

区	生产总值（亿元）
江宁区·1	2371.41
江北新区·2	1800.99
鼓楼区·3	1630.72
栖霞区·4	1535.78
秦淮区·5	1158.86
建邺区·6	1055.89
玄武区·7	1030.75
雨花台·8	885.06
溧水区·9	852.37
六合区·10	477.36
高淳区·11	476.77
浦口区·12	420.09

图7-1-1 2019年南京市12个区生产总值

南京是中国近代工业的摇篮，作为民国首都以及洋务运动的始发地，南京在20世纪上半叶的中国工业体系中占有举足轻重的地位，是近代中国城市工业化与现代化转型的典型。1949年后，南京新发展了石油化工、汽车制造、钢铁冶金、机械装备等支柱产业，在计划经济时代是工业总产值位居全国前十的综合性工业城市，相继诞生了中国第一座磷肥厂、第一只国产电子管、第一台全国产收音机、第一座无线数字卫星通信站、第一部雷达、第一台全自动洗衣机等。

南京是国家发改委定位的"全国重要区域金融商务中心"，在长三角地区中是仅次于上海的商贸中心城市和区域性金融中心，金融业是南京的重要战略性、支柱产业。金融中心指数居全国第六。2015年"中国金融中心指数"评估中，南京金融人才环境排中国第四，仅次于北京、上海和广州。2016年中国城市金融竞争力指数，南京列中国第五，仅次于京沪深穗。2018年"中国金融中心指数"评估中，南京金融产业绩效排中国第四，仅次于北京、上海和深圳。2018年，南京金融业实现增加值1473.32亿元，金融机构本外币各项存款余额34524.86亿元。

第二节　南京的发展优势与战略布局

中国科研产出前十名城市中南京排第三，仅次于北京、上海。自然指数全球科研城市50强，南京位列全球第十二、中国第三。中国创新城市评价报告显示，南京创新总指数排名中国第四，仅次于北京、深圳、上海，属第一梯队城市。全球城市基础前沿研究监测指数前20强，南京位列全球第十四、中国第三。截至2018年，有高新技术企业3126家；境内外上市企业109家；科技部门备案众创空间282家，其中国家级备案53家；市级以上工程技术研究中心1047家；省市科技公共服务平台130家；国家和省重点实验室88家，其中国家级31家。

作为江苏省会、东部地区重要中心城市和长三角特大城市，南京始终是长三角区域一体化发展的积极倡导者、有力推动者和坚决执行者。仔细梳理《长江三角洲区域一体化发展规划纲要》，其中明确由南京承担的重点任务清单共有五大方面32项，涉及推动形成区域协调发展新格局、加强协同创新产业体系建设、提升基础设施互联互通水平、加快公共服务便利共享、推进更高水平协同开放等。

在长三角区域一体化发展上升为国家战略后，南京如何在推动长三角一体化发展中扛起南京担当，展现南京作为，贡献南京力量？

一 扬江苏之长，发挥辐射示范作用

《长江三角洲区域一体化发展规划纲要》是指导长三角地区当前和今后一个时期一体化发展的纲领性文件，体现了中央对长三角更高质量一体化发展的要求。据统计，《规划纲要》中直接涉及南京的任务就达32项。同时，南京作为江苏省会、东部地区重要中心城市和长三角特大城市，在长三角一体化中扬江苏之长、发挥辐射示范作用的过程中必将发挥更大的作用。

1. 扬江苏制造之长

《规划纲要》指出，苏浙皖各扬所长，其中江苏要扬制造业发达和开放程度高之长。南京是推进沿沪宁产业创新带的主要节点、苏南自主创新示范区的生力军，正在推进江北新区的"芯片之城"和"基因之城"建设。在推进制造业高质量发展过程中，南京坚持走自主可控高端化发展的路子、数字支撑智能化发展的路子、低碳集约绿色化发展的路子、二三产业融合化发展的路子，必将在打造具有全球影响力的科技产业创新中心和具有国际竞争力的先进制造业基地中做出新的贡献。

2. 发挥科教资源优势

实施科技创新战略需要将科教资源丰富的重点城市作为创新节点，更要通过分工和协作充分利用长三角的创新要素。《规划纲要》把"创新共建"放在规划原则首要位置，提出联合开展"卡脖子"关键核心技术攻关，这就是要以长三角为整体参与国际竞争，体现国际竞争力。南京众多的大院大所和大中型科技企业是长三角协同创新的重要力量，应当成为牵头进行联合技术攻关的生力军。

3. 加强都市圈跨界融合示范

《规划纲要》要求加强长三角都市圈间合作互动，高水平打造长三角世界级城市群；加强南京都市圈与合肥都市圈协同发展，打造东中部区域协调发展的典范，建设宁杭生态经济带，强化南京都市圈与杭州都市圈协调联动。都市圈发展思路的前提是要有打破区域行政区划界限的微观机制。过去江苏昆山等地由于产业发展的自然规律，成为上海都市圈的主要组成部分；安徽的马鞍山、滁州等地因为地缘相近、人缘相亲，较早成为南京都市圈成员，在省市交界地区的跨省都市圈建设中走在一体化前列。《规划纲要》对于打破行政界限的跨界融合发展提供了现实抓手：省际毗邻区域协同发展、省际产业合作园

区、推动跨界生态文化旅游发展,将为南京都市圈建设提供新的活力。

4. 强化交通枢纽地位

交通建设是南京枢纽建设的根本,要加快空港、海港、高铁、高速公路等重要交通枢纽的高水平建设。按照《规划纲要》要求,优化提升南京区域航空枢纽功能、加快建设长江南京以下江海联运港区、推动北沿江高铁、沿江高铁武合宁通道等规划项目开工建设,推进宁杭二通道的规划对接和前期工作,加快推进宁马、合宁、京沪等高速公路改扩建,提升南京与主要城市之间的通达效率。充分释放南京在科教人才、历史文化、产业金融等方面的优势,带动城市功能品质整体提升,提升城市经济社会发展能级。

5. 打造双向开放高地

南京是全国深化服务贸易创新发展试点城市、全国跨境电商综合试验区,要努力构建跨境电商枢纽,与兄弟城市合力打造全球数字贸易高地。发挥南京作为长三角特大城市在集聚总部经济方面的优势,积极吸引跨国公司全球总部、区域性总部,以及国内大企业全国性总部或全国功能性总部等"高端"总部。与此同时,将增强全球资源集聚能力、国际资本的承载能力与共建中国国际进口博览会、加强国际合作园区建设等高水平"走出去"的开放平台形成有机统一体,做到"引进来"和"走出去"并重。加快推进国际产业双向合作,加强国际合作园区建设,打造南京的海外"桥头堡",支持南京企业组团出海。

6. 当好上海自贸区新片区的策应

《规划纲要》将高标准建设上海自贸区新片区作为长三角高质量一体化发展的主要抓手,江苏自贸区南京片区建设正在有序推进之中。南京在自贸区建设中要借鉴学习上海自贸区新片区在投资自由、贸易自由、资金自由、运输自由、人员从业自由等方面的经验和做法,进一步与国际通行规则相衔接,推进投资贸易自由化、便利化。

二 提升发展层级和能级,谋划产业高端发展

长三角高质量一体化的基础是长三角产业一体化,建设最具影响力和带动力的强劲活跃增长极。南京应抓住机遇,乘势而起,提升南京产业发展的层级和能级,实现产业高质量、高端化发展。

1. 推动江北新区构建长三角科创产业高地

南京要主动承担江北新区在长三角区域联动发展的使命，加强与苏南国家自主创新示范区、上海张江、合肥科学城、G60科创走廊的联动，共建多层次产业创新大平台。江北新区要以建设"基因之城"、"芯片之城"和"新金融中心"为核心，与长三角各市共建产业链、共享创新链，加强合作与互动，以集聚效应吸引来自长三角各地的创新资源落户江北新区，实现上下游融合发展。将江北新区打造成具有全国影响力的长三角科创产业高地。

2. 推进地标产业融入长三角世界级产业集群

顺势而为，将南京重点打造的新能源汽车、集成电路、人工智能、软件和信息服务、生物医药五大地标产业，融入《规划纲要》提出的国家级战略性新兴产业基地和世界级制造业集群建设，与长三角相应产业领域的国际竞争力较强的研究机构和龙头企业，组建长三角一体化产业创新联盟。要高标准制定人工智能、集成电路、新能源汽车等产业地标融入长三角实施方案，围绕产业链布局创新链、服务链和联盟链，构建符合"一体化"产业创新需求的协同机制，针对新能源汽车、集成电路等南京产业发展中的"卡脖子"问题，加强区域技术协同攻关，实现创新链与产业链跨区域协同，进一步提高南京地标产业的技术密度和创新浓度，打造"江苏第一、全国前三、全球有影响力"的城市产业地标。

3. 推进新型产业组织融入长三角区域创新共同体

构建"长三角科技创新圈"，推动南京融入长三角国际科创中心，密切与上海张江、安徽合肥综合性国家科学中心的合作，推进大型仪器设备、科技文献等科技资源的共享共用，支持互建共建各类新型研发机构和创新"飞地"。要推动江苏省技术产权交易市场与上海技术交易所、浙江科技大市场和安徽科技大市场等建立长三角技术交易市场联盟，开展长三角技术转移服务人才交流与培训，支持南京承办国际创新挑战赛等科技成果转化对接活动，促进创新要素的跨区域高效流动，发挥南京在推进长三角创新一体化、服务国家发展大局中的战略作用。

三 观大势谋全局，提高科技创新能力

党的十八大以来，习近平总书记把创新摆在国家发展全局的核心位置。他

深刻指出，科技创新是核心，抓住了科技创新就抓住了牵动我国发展全局的"牛鼻子"。作为江苏省会、东部地区重要中心城市和长三角特大城市，长三角一体化有助于推动南京现有资源有效整合、加快基础设施互联互通，提高基础设施投资水平，加强南京同周边其他城市之间的协同联动、功能统筹，提升南京城市能级和区域竞争力。

1. 加大科技投入力度，强化企业科技创新的主体地位

南京可以加大对企业设备投入和科技创新方面的扶持力度，提高科技经费占财政支出比例，解决科技投融资难问题，增强企业开展科技创新活动的紧迫感和吸纳创新成果的主动意识，进一步引导企业调整优化结构，承担重大项目研发任务，扩大创新主体规模。

2. 深入贯彻创新发展理念，加快产学研结合和科技成果转换

创新是民族进步的灵魂，是国家兴旺发达的不竭动力。在激烈的竞争中，唯创新者进，唯创新者强，唯创新者胜，无论是企业、高校还是科研机构都应该根植创新理念。南京要积极搭建产学研合作平台，以项目为载体，共建技术中心，进行人才交流，促进企业家、科学家和大学教授相结合，联手合作，有效实现优势互补，将科研成果转化为现实生产力。

3. 壮大创新人才队伍，重视创新型人才培养

南京要建立人才培养机制，搭建人才脱颖而出的平台。以提高自主创新能力为核心，以年轻优秀人才为重点，以培养拥有自主知识产权的创新人才为目标，优化队伍结构，改善培养方式。坚持"做人做事做咖啡"的原则，不论是学生的培养还是创新型人才的培养，始终将人品放在首位，只有会"做人"，才能更好地"做事"。其次是注重个人能力的提高。最后是"做咖啡"。每个人都会回归生活，南京应该完善人才保障机制，在人才住房、人才医疗和人才子女教育等方面进一步完善，做到"人才用好现有的、培养自己的、引进急需的、留住关键的"。

4. 优化科技创新环境，健全科技服务工作机制

南京要加强与海内外高校、科研机构的战略合作，完善推动科技创新的政策体系和工作措施。打造科技孵化中心、合作中心等创新载体，完善"互联网+科技服务"模式，为各类创新主体提供全方位"保姆式"服务。同时完善科技奖励制度，重奖重大科技成果，为南京科技创新能力的提高保驾护航。

四 释放人才在创新名城建设中的新动能

人才是城市发展中最关键的要素,南京作为江苏省省会城市和长三角特大城市,要积极抢抓长三角一体化战略契机,进一步强化对人才资源的整合和配置,以人才一体化战略推动人才工作高质量发展,充分释放人才在南京创新名城建设中的新动能。

1. 加强人才交流合作,推动人才开发一体化

近年来,南京周边的上海、杭州等城市举全市之力加强人才招引,在一定程度上形成了对南京人才尤其是高端人才的"虹吸效应"。随着长三角一体化战略的实施,南京要结合城市经济发展战略和人才工作实际,联合长三角各市共同编制区域人才一体化开发规划,加强和上海、杭州等长三角城市间的人才交流与合作,形成分工有序、优势互补的协同放大效应。要完善区域人才利益共享机制,积极探索建立以成果共享、资金共享、人才共享为主要特点的沪宁杭人才经济走廊,实现各类人才在区域内的合理分布和高效配置,进一步提升南京的人才使用效率,以区域人才一体化推动形成城市发展合力。

2. 优化人才培养模式,推动人才教育一体化

2018年12月,苏浙皖沪三省一市共同签署了《长三角地区教育更高质量一体化发展战略协作框架协议》,长三角进入教育合作新阶段。随着长三角一体化战略的实施,推进人才教育一体化已成为区域高质量发展的客观要求,南京要充分发挥科教资源优势,探索建立沪宁杭高校联盟,开展和上海、杭州等城市的跨区域联合办学,编制三地互认互通的人才培养方案,积极开展三地间的教师进修和学生交流,逐步实现三地高等学校和中小学校的学科共建、教师共享、课程共选、学分共认。

3. 加快人才环境打造,推动人才服务一体化

2018年3月,苏浙皖沪三省一市共同签署了《三省一市人才服务战略合作框架协议》,目前各地人才服务合作仍处于探索阶段。随着长三角一体化战略的实施,一体化人才服务环境将成为推动人才工作的重要抓手,南京要率先在人才评价、人才医疗、人才子女教育等方面,打破省际和区域壁垒,逐步建立起长三角各大城市相互认同、有效衔接的人才评价和人才服务体系,实现各类人才服务资源的一体化利用。

4. 推动人才自由流动，探索人才户籍一体化

长期以来，由于户籍限制的存在，人才流动手续复杂、程序烦琐，阻碍了人才资源的有效配置。随着长三角一体化战略的实施，区域间人才柔性流动机制将逐步建立，南京要进一步加大户籍制度和社会保障制度方面改革，探索各大城市户籍制度和社会保障制度一体化统筹管理，打破人才跨区域流动障碍，吸引上海、杭州等大城市的优秀人才进入党政机关和企事业单位，为南京高质量发展贡献聪明才智。

第三节　协同发展，践行国家战略

随着《长江三角洲区域一体化发展规划纲要》的公布，长三角各城市重点任务明确到位。在这一体现国家战略意图的重大布局中，南京被赋予重要使命，被提及次数以及在《规划纲要》行文中的排序仅列上海之后。

经梳理，南京要承担 5 大方面 32 项重点任务，正是南京近年重要发力点，透过这些使命担当，南京在长三角改革开放空间布局中的地位和作为更加清晰。

一　构建区域协调发展新格局，引领"南京实践"

2020 年初，南京市委提出，南京要打造成为促进长三角一体化发展的战略支点、驱动长三角高质量发展的创新引擎、支撑长三角国际化发展的门户枢纽，在融入长三角一体化战略中走在前列。《规划纲要》摆在首位的任务就是要"推动形成区域协调发展新格局"，要求发挥上海龙头带动作用，苏浙皖各扬所长。

江苏具有制造业发达、科教资源丰富、开放程度高等优势，这也是南京优势。在区域协调发展"大文章"中，南京领到 11 项重点任务，包括加快建设南京江北新区，而该国家级新区正以高出全市经济增速 5 个百分点的速度快速前进，提升区域整体发展水平。长三角要打造成具有全球影响力的科技产业创新中心，2020 年南京科技型企业增加七成多，总数全省第一，多项科技创新关键指标又创新高，优势彰显，科技辐射进一步强化。

南京正处在承东启西、连南贯北的节点。面积、经济总量和常住人口分别占长三角 1/5、1/6 和 1/7 的南京都市圈横跨苏皖两省和长江、淮河两大流域，《规划纲要》提出加强南京都市圈与合肥都市圈协同发展，打造东中部区域协

调发展的典范。同时要求建设宁杭生态经济带，强化南京都市圈与杭州都市圈协调联动。

《规划纲要》明确，支持虹桥－昆山－相城、嘉定－昆山－太仓、金山－平湖、顶山－汊河、浦口－南谯、江宁－博望等省际毗邻区域开展深度合作。这六个"先行区"中三个事关南京。

2019年11月19日，淮安盱眙境内的宁淮特别合作区实现异地使用南京号码，园区企业正逐步将办公电话号码变更为"025"南京区号。南京市溧水区和杭州市余杭区多次商讨共建宁杭合作试验示范区，打造长三角绿色美丽大花园。马鞍山市博望区工商联也来到南京市江宁区横溪街道，与当地商会商讨共建合作平台，推动乡村振兴。

二 绿色长三角共保联治，推广"南京探索"

长三角区域一体化发展，绿色是底色。《规划纲要》要求，坚持生态保护优先，把保护和修复生态环境摆在重要位置，加强生态空间共保，推动环境协同治理，夯实绿色发展空间本底，努力建设绿色美丽长三角。

三 探索生态环境共保联治，南京不断创新前进

早在2014年，南京就与镇江、扬州等都市圈城市签订协议，明确区域大气联防联控措施，为开启长三角区域环保一体化发挥关键作用。此后，在G20峰会、国家公祭日、江苏发展大会等重大活动期间，南京与长三角相关城市同步实施扬尘管控、企业限产等措施。

守护好苏皖交界地带的石臼湖，南京联合马鞍山建立"石臼湖共治联管水质改善工作机制"，共同推进流域水污染治理。2019年10月，石臼湖所属的当涂县、博望区、溧水区和高淳区签订《石臼湖生态环境保护合作框架协议》，构建石臼湖生态环境保护共商、共治、共享新格局。

2019年3月，由南京牵头，杭州、无锡、常州、镇江、湖州等5市参加，共同举办宁杭生态经济带建设论坛，签署《共建宁杭生态经济带行动倡议》，探索生态经济发展与跨省区域合作新路径。

10月11日，南京与滁州签署共同落实长三角区域一体化发展战略合作框架协议，南京江北新区与滁州来安县、南京浦口区与滁州南谯区分别签署跨界

一体化发展示范区共建框架协议,双方将加快健全跨区域联防联治工作机制,上述合作区建设均写入了《规划纲要》。

11月14日,安徽马鞍山与南京市签署了共同落实长三角区域一体化发展战略合作框架协议,双方共建30平方公里合作示范区,宁马一体化再加速,其中有一项关键内容是全面启动跨区域河道水系综合治理方案编制工作,实现水质监测数据共享、污染源共查、联合执法。

四 基础设施互联互通,做强"南京枢纽"

强化协同创新和提升基础设施互联互通水平,"南京任务"达15项。《规划纲要》提出,要推动未来网络试验设施,打通沿海、沿江和省际通道,推动北沿江高铁、沿江高铁武合宁通道等规划项目开工建设,同时优化提升杭州、南京、合肥区域航空枢纽功能。

2020年1月,南京提出了"以上海为龙头,南京、杭州、合肥共同推进长三角科创圈建设"的设想,牵头起草相关建设方案和框架协议,建设"长三角创新圈"成共识。《规划纲要》提到未来网络试验设施,2019年已在南京江宁启动建设,是我国在通信与信息领域唯一一项国家重大科技基础设施。项目团队已成功研制全球首个支持300个城市1000个节点的大网操作系统。

南京是省内唯一同时拥有千万级大型机场、亿吨级海港、国家级高铁枢纽的城市。2019年9月,南京入选全国23个国家物流枢纽建设名单,成为内外贸货品流动的重要节点,将深度参与经济空间布局优化,迈向国家中心城市。

主动融入长三角区域一体化发展"一盘棋",南京"内联外通"动作频频。南京加快推动基础设施一体化,打造"轨道上的南京都市圈"。目前,江苏交通一卡通可刷遍苏浙皖36个城市,覆盖省内13个设区市,以及浙江温州、宁波等8个城市,安徽除合肥外的15个城市,上海市的部分公交线路。

第四节 积极践行一体化赋予南京32项重任

一 推动形成区域协调发展新格局(11项)

(1)发挥江苏制造业发达、科教资源丰富、开放程度高等优势,推进沿沪宁产业创新带发展，加快苏南自主创新示范区、南京江北新区建设，打造具有全球影响力的科技产业创新中心和具有国际竞争力的先进制造业基地。（2项）

（2）以基础设施一体化和公共服务一卡通为着力点，加快南京、杭州、合肥、苏锡常、宁波都市圈建设，提升都市圈同城化水平。（1项）

（3）加强南京都市圈与合肥都市圈协同发展，打造东中部区域协调发展的典范。推动杭州都市圈与宁波都市圈的紧密对接和分工合作，实现杭绍甬一体化。（1项）

（4）建设宁杭生态经济带，强化南京都市圈与杭州都市圈协调联动。（2项）

（5）完善适应上海超大城市特点的户籍管理制度和南京、杭州特大城市的积分落户制度，提升中心区其他城市人口集聚能力，全面放开Ⅱ型大城市、中小城市及建制镇的落户限制，有序推动农村人口向条件较好、发展空间较大的城镇、特色小镇和中心村相对集中居住和创业发展。（1项）

（6）支持虹桥-昆山-相城、嘉定-昆山-太仓、金山-平湖、顶山-汊河、浦口-南谯、江宁-博望等省际毗邻区域开展深度合作，加强规划衔接，统筹布局生产生活空间，共享公共服务设施，强化社会治安协同管理，加强重大污染、安全事故等联合管控与应急处置，共同推动跨区域产城融合发展。（3项）

（7）统筹规划建设长江、淮河、大运河和新安江上下游两岸景观，加强环太湖、杭州湾、海洋海岛人文景观协同保护，强化跨界丘陵山地的开发管控和景观协调，加快江南水乡古镇生态文化旅游和皖南国际文化旅游发展，加强浙皖闽赣生态旅游协作，共同打造长三角绿色美丽大花园。（1项）

二 加强协同创新产业体系建设（1项）

推动硬X射线自由电子激光装置、未来网络试验设施、超重力离心模拟与实验装置、高效低碳燃气轮机试验装置、聚变堆主机关键系统综合研究设施等重大科技基础设施集群化发展。（1项）

三 提升基础设施互联互通水平（14项）

（1）围绕打通沿海、沿江和省际通道，加快沪通铁路一期、商合杭铁路等在建项目建设，推动北沿江高铁、沿江高铁武合宁通道、沪通铁路二期、沪苏湖、通苏嘉甬、杭临绩、沪乍杭、合新、镇宣、宁宣黄、宁扬宁马等规划项目开工建设，推进沿淮、黄山-金华、温武吉铁路、安康（襄阳）-合肥、沪甬、甬台温福、宁杭二通道的规划对接和前期工作，积极审慎开展沪杭等磁悬浮项目规划研究。(6项)

（2）加快推进宁马、合宁、京沪等高速公路改扩建，提升主要城市之间的通达效率。(2项)

（3）完善过江跨海通道布局，规划建设常泰、龙潭、苏通第二、崇海等过江通道和东海二桥、沪舟甬等跨海通道。(1项)

（4）优化提升杭州、南京、合肥区域航空枢纽功能，增强宁波、温州等区域航空服务能力，支持苏南硕放机场建设区域性枢纽机场。(1项)

（5）加强沿海沿江港口江海联运合作与联动发展，鼓励各港口集团采用交叉持股等方式强化合作，推动长三角港口协同发展。(1项)

（6）在加快建设长江南京以下江海联运港区、舟山江海联运服务中心、芜湖马鞍山江海联运枢纽、连云港亚欧陆海联运通道、淮河出海通道，规划建设南通通州湾长江集装箱运输新出海口、小洋山港北侧集装箱支线码头。(1项)

（7）支持北斗导航系统率先应用，建设南京位置服务数据中心。(1项)

（8）推进电网建设改造与智能化应用，优化皖电东送、三峡水电沿江输电通道建设，开展区域大容量柔性输电、区域智慧能源网等关键技术攻关，支持安徽打造长三角特高压电力枢纽。依托两淮煤炭基地建设清洁高效坑口电站，保障长三角供电安全可靠。加强跨区域重点电力项目建设，加快建设淮南-南京-上海1000千伏特高压交流输电工程过江通道，实施南通-上海崇明500千伏联网工程、申能淮北平山电厂二期、省际联络线增容工程。(1项)

四 加快公共服务便利共享（2项）

鼓励沪苏浙一流大学、科研院所到安徽设立分支机构。推动高校联合发展，加强与国际知名高校合作办学，打造浙江大学国际联合学院、昆山杜克大学等一批国际化教育样板区。共同发展职业教育，搭建职业教育一体化协同发展平台，做大做强上海电子信息、江苏软件、浙江智能制造、安徽国际商务等联合教育集团，培养高技能人才。(2项)

五　推进更高水平协同开放（4项）

（1）加快上海、南京、杭州、合肥、宁波、苏州、无锡、义乌跨境电子商务综合试验区建设，构建跨境电商枢纽，合力打造全球数字贸易高地。（1项）

（2）依托上海国际大都市和南京、杭州、合肥等中心城市，高水平打造国际组织和总部经济聚集区。依托经济技术开发区、高新区和产业集聚区，加快建设中韩（盐城）产业园、中意宁波生态园、中德（合肥）合作智慧产业园及太仓、芜湖、嘉兴等中德中小企业合作区等一批国别合作园区。依托重大国际产业合作项目和对外投资集聚区，加快建设中阿（联酋）产能合作示范园、泰国泰中罗勇工业园、莫桑比克贝拉经贸合作区等一批境外经贸合作区，支持国内企业组团出海。（2项）

（3）办好世界互联网大会、世界智能制造大会、世界制造业大会、联合国地理信息大会、19届亚运会等重大国际会议展会，开展系列重大国际文化、旅游、体育赛事等活动。（1项）

第五节　江北新区如何把握机遇融入一体化发展

长三角地区重要门户城市南京，以其深厚的文化底蕴和强劲的经济发展势头成为长江三角洲世界级城市群中一颗璀璨的明星。纵览南京经济发展概况，江北地区严重落后于江南的现状已经成为严重制约其进一步发展的一大障碍；为此，建设国家级"江北新区"的宏伟规划应运而生。

高度定位决定了前景和地位。江北新区发展规划的出台，不仅对南京改变发展重心，推动城市布局结构变化，加快长江两岸融合发展有积极影响，对整个苏南地区产业结构调整建设乃至辐射带动苏中苏北和皖江经济带的协同发展都有着十分重大的战略意义。

江北新区位于南京市长江以北，是中国国家级新区，由浦口区、六合区和栖霞区八卦洲街道构成，总面积2451平方千米，占南京市域面积的37%，是华东面向内陆腹地的战略支点，拥有便捷的公路、铁路、水路和航空枢纽，是长江经济带与东部沿海经济带的重要交汇节点，长三角辐射中西部地区的综合门户，南京北上连接中西部的重要区域。

江北新区的发展定位是国家级产业转型升级、新型城镇化和开放合作示范新区；长江经济带和长江三角洲的重要发展支点；南京都市圈和苏南地区的新增长极；南京市相对独立、产城融合、辐射周边、生态宜居的城市副中心。职能是中国重要的科技创新基地和先进产业基地，南京都市圈的北部服务中心和综合交通枢纽，南京市生态宜居、相对独立的城市副中心。2015年6月27日，国务院印发《关于同意设立南京江北新区的批复》，正式批复同意设立南京江北新区。自此，南京江北新区建设上升为国家战略，成为中国第十三个、江苏省唯一的国家级新区。

长三角区域一体化发展，对于南京的快速发展是一次重大机遇。那么，作为南京的城市副中心江北新区，在践行国家战略融入长三角一体化发展又有什么抓手，如何加快建设好江北新区，带动江苏发展？

根据南京市委市政府要求江北新区从全市、全省、全国3个坐标系中高点定位，高质量建设"六个新区"，努力做到全市最优、全省一流、全国前列的要求。伴随着长三角一体化上升为国家战略，加上"一带一路"和长江经济带建设，这三大国家战略在新区的叠加，必将成为江北新区"改革开放再出发"千载难逢的历史机遇！

如何明确发展定位、抢抓战略机遇、深化融入长三角一体化过程，成为江北新区决策者们现阶段亟待研究和践行的课题。

一 集聚创新资源，坚持高质量发展

江北新区总体规划在长三角一体化发展上升为国家战略时期不断完善，按照对标雄安新区和浦东新区、落实长江经济带发展战略要求，体现了生态优先、绿色发展的理念。下一步，江北新区应重点明确在长三角更高质量一体化发展中的区域定位，进一步深化产业定位、城市配套、绿色宜居、创新融合等方面研究。集聚创新资源坚持高质量发展。江北新区要完善创新产业链，找准自身在长三角一体化发展中的目标定位。

江北新区的"新"体现在创新资源不断集聚，创新也是未来城市竞争力的重要体现，江北新区可以汲取浦东新区建设经验，吸引一流企业，打造区域研发中心，大力发展总部经济。

江北新区应立足于振兴长三角西北翼发展定位，要加强对周边功能区的辐射带动和联动发展研究。遵守国际规则打造一流营商环境，政府要做规则坚定的参与者和支持者，要加快理顺管理体制机制，加快国际化步伐。办事要讲规则，可以参照苏州工业园区经验，让渡部分行政权力，更好地开展国际合作。完善基础设施，打造宜居人文环境。

江北新区在交通配套、医疗教育、港口经济方面还有不少弱项，要想吸引人才投资兴业，还需要沉下心来，下更大力气，做更多功课。江北新区还应充分挖掘山水资源、区位优势等，提升城市能级，树立国家级新区标杆。

二 与上海协同打造世界级的先进制造业集群和国际开放新门户

21世纪的今天，上海基于全球开放和国家战略的视角，提出要在临港再造一个浦东，使上海成为引领经济全球化健康发展的中心。江苏作为开放型经济大省，理应紧抓这一历史性新机遇，主动对接上海自贸区新片区建设，不做旁观者，而做参与者，借助上海自贸新片区这一制度创新的平台载体，集聚、整合和吸引全球高端生产要素和创新资源，在高质量对外开放和区域协调发展中实现实体经济转型升级和全球价值链的攀升，与上海协同打造世界级的先进制造业集群和国际开放新门户。具体讲要做到以下"五个对接"。

1. 战略理念的对接

在开放战略方面，江苏开放型经济与上海自贸新片区建设的理念是相通的。江苏新一轮开放要适应新形势、把握新特点，率先转向规则等制度型开放，主动对标上海自贸新片区高水平贸易投资规则，通过法制、税制和管制三大制度创新，大力提升贸易便利化水平，全面改善外资投资环境，完善对外投资事中事后监管体系建设，强化知识产权保护，打造开放层次更高、营商环境更优、辐射作用更强的开放新高地。

2. 交通设施的对接

注重从空间规划、交通联络、港口发展等方面加强同上海的沟通与协调。加快沪通铁路建设，力争2020年通车，沪通铁路一期连接苏中、苏北和上海，二期连接上海临港新片区。沪通铁路建成有利于加强上海临港对江苏的辐射功能，使江苏沿海大开发进入快车道。临港地区南接全球最大的集装箱码头——洋山深水港，将太仓港、南通港融入未来上海自贸港组合港建设方案，以多式联运为突破口，努力打造长三角全球领先的国际综合枢纽港口群。

3. 产业项目的对接

党的十九大报告提出，促进我国产业迈向全球价值链中高端，培育若干世界级先进制造业集群。世界级先进产业集群不是一个封闭的产业组织，而是一个具有强大包容性的开放系统，其发展超越了传统的地理边界和行政边界。江苏2018年提出要重点培育13个先进制造业集群，其中，集成电路、人工智能、生物医药都是上海自贸区临港新片区聚焦的重点产业。作为全国制造业大省，江苏制造业集聚、集群化发展具备一定基础，下一步依托上海自贸区特殊经济功能区的政策优势，强化产业协作和内引外联，共同打造以人工智能、集成电路、大数据为代表的世界级数字经济产业集群。

4. 资本金融的对接

自贸区有投融资贸易自由化的优先政策，有更多资金入境和出境的政策优势。总体方案明确，支持境内外投资者在新片区设立联合创新专项资金，允许相关资金在长三角地区自由使用；境内投资者在境外发起的私募基金，参与新片区创新型科技企业的融资，凡符合条件的可在长三角地区投资等。江苏金融企业也可成立长三角天使投资、风险投资、私募基金到德国、爱尔兰、以色列等国参与科技孵化器的投资，从海外引进风险投资的先进理念。

5. 人才技术的对接

设立自贸区的最大优势在于能够吸收国外高端生产要素，如技术、人力资本要素来推动国内产业和技术升级。总体方案中不仅要通过签证、停居留政策，实施更加便利的人才流动政策，更为重要的是，让境外人士参加我国相关职业资格考试，外国专业人才可以在特殊经济功能区自由职业，并且享受境外人才个人所得税税负差额补贴政策。江苏的高质量开放，离不开良好的引才引智政策。应进一步复制推广上海外籍人才工作经验，积极争取在长三角地区先行先试区域一体化的人才政策，在集成电路、人工智能、生物医药等重点领域，逐步推进高级专业技术人才和高技能人才的资格、职称互认，为区域高层次人才合理流动创造条件。

"虎踞龙盘今胜昔，天翻地覆慨而慷。"六朝古都、十朝都会的南京，正以其挟江海之势，集钟山之气，在长三角一体化发展之路上跑出南京加速度。

第二章
人间天堂——苏州

苏州是首批国家历史文化名城之一，有近 2500 年历史，是吴文化的发祥地之一、清代"天下四聚"之一，有"人间天堂"的美誉。中国私家园林的代表——苏州古典园林和中国大运河苏州段被联合国教科文组织列为世界文化遗产。

第一节 苏州概况与经济综述

苏州，简称"苏"，古称姑苏、平江，是江苏省地级市，国务院批复确定的中国长江三角洲重要的中心城市之一、国家高新技术产业基地和风景旅游城市。全市下辖 5 个区、代管 4 个县级市，总面积 8488.42 平方千米，建成区面积 461.65 平方千米，常住人口 1072.17 万人，城镇人口 815.39 万人，城镇化率 76.05%。

苏州地处中国华东地区、江苏东南部、长三角中部，是扬子江城市群重要组成部分，东临上海、南接嘉兴、西抱太湖、北依长江。苏州属亚热带季风海洋性气候，四季分明，雨量充沛，主要种植水稻、小麦、油菜，出产棉花、蚕桑、林果，特产有碧螺春茶叶、长江刀鱼、太湖银鱼、阳澄湖大闸蟹等。

截至 2019 年 12 月，苏州市辖 5 个市辖区：姑苏区、虎丘区、吴中区、相城区、吴江区；代管 4 个县级市：常熟市、张家港市、昆山市、太仓市；另辖一个县级单位：苏州工业园区。全市共设 36 个街道和 53 个镇，其中苏州市区设 29 个街道和 21 个镇。

表 7-2-1　苏州行政区划

地名	驻地	人口（万人）	面积（平方千米）	行政区划代码	邮编
姑苏区	苏锦街道	75	83	320508	215031
虎丘区	狮山街道	74	335	320505	215004
吴中区	长桥街道	61	2043	320506	215128
相城区	元和街道	39	490	320507	215131
吴江区	滨湖街道	80	1238	320509	215200
常熟市	虞山镇	107	1276	320581	215500
张家港市	杨舍镇	91	990	320582	215600
昆山市	玉山镇	74	932	320583	215300
太仓市	娄东街道	47	823	320585	215400

苏州古城境内河港交错，湖荡密布，最著名的湖泊有位于西隅的太湖和漕湖；东有淀山湖、澄湖；北有昆承湖；中有阳澄湖、金鸡湖、独墅湖；长江及京杭运河贯穿市区之北。太湖水量北泄入江和东进淀泖后，经黄浦江入江；运河水量由西入望亭，南出盛泽；原出海的"三江"，今由黄浦江东泄入江，由此形成苏州市的三大水系。由于苏州城内河道纵横，又称为水都、水城、水乡，十三世纪的《马可·波罗游记》将苏州赞誉为东方威尼斯。苏州古城被法国启蒙思想家孟德斯鸠称赞为"鬼斧神工"。

2019年，苏州实现地区经济生产总值1.93万亿元，同比增长6%，城镇居民人均可支配收入6.86万元，同比增长8%，农村居民人均可支配收入3.5万元，同比增长8.1%。

2019年，苏州积极应对中美经贸摩擦等风险挑战，把"六稳"放在突出位置，各方面出现了许多向好向优、质态提升的变化。其中，有效投入实现较快增长，省市新开工项目完成投资超1500亿元，预计固定资产投资4920亿元，增长8%，高新技术产业投资占工业投资比重达39.9%。产业结构进一步优化提升，战略性新兴产业产值、高新技术产业产值分别占规上工业总产值的53.5%、47.9%。全市预计生物医药产业产值超1700亿元。开放战略也实现了全新突破，江苏自贸区苏州片区共推出创新举措143项。全市预计实际使用外资可达45.7亿美元，继续保持增长。

另一组数据表明，苏州创新动能正加快释放。2020年，全社会研发投入占地区生产总值比重突破3%，万人有效发明专利拥有量超58件。高新技术企业认定数、有效数、净增数分别为3160家、7052家、1643家，均位居全省第一。5家企业被认定为首批国家级专精特新企业。苏州还成功创建国家先进功能纤维创新中心，获批筹建国家超级计算昆山中心，累计建设新型研发机构58家，与20多家高校、科研院所开展合作，建成各类产学研联合体超100家，实施合作项目超1000项。全年新增上市企业21家，数量创历史新高。科创板上市6家，并列全国大中城市第三位。

苏州2020年第一季度GDP发布：增速大幅下滑，2020年4月27日，苏州市统计局正式公布了2020年第一季度经济运行情况。

统计数据显示，经过初步核算，2020年第一季度苏州地区生产总值为3743.93亿元，按照可比价计算，与去年同期相比，增速下滑8.3%。其中第一产业增加值为23.13亿元，同比增加2%，第二产业增加值1626.21亿元，同比下降11.1%；第三产业增加值为2094.59亿元，同比下降5.9%。从名义增速来看，与去年同期相比，下滑幅度超过10%。

从统计结果来看，这次疫情对于苏州的影响还是非常严重的，特别是对于第二产业而言，增速下滑幅度超过了10%，在目前已经公布经济数据的城市中，无疑是影响最大的，而这也与苏州的经济结构有很大的关系。对于这座城市而言，工业在苏州的经济体系中占有举足轻重的地位，受疫情影响，多数城市停工停产，对工业造成巨大冲击，而苏州又是一座严重依赖外贸的城市，随着全球疫情大爆发，各主要经济体相继停工停业，导致外贸订单大幅下降，高度依赖外贸的城市受到的影响就尤为突出，如果全球疫情得不到缓解，预计下个季度，经济增速仍然不会明朗。

苏州引以为傲的工业产值则直接遭遇滑铁卢，下滑幅度超过10%。这是个非常不利的信号，对于经济一直处于快速增长期的苏州来说，如何破局，稳步恢复经济，已到了刻不容缓的地步。

第二节 同城效应谋发展

总体上看，2019年长三角一体化在多领域、多层次纵深推进，取得了突破性的进展，上海和苏州的互动明显增加。

主要体现在以下几个方面：第一，长三角一体化通过自下而上的努力上升为国家战略，既是党中央和国家的重视，也是长三角三省一市共同努力的结果。第二，长三角区域合作办公室由三省一市合作成立，是合作机制的一小步、一体化工作的一大步。第三，"三年行动计划"由三省一市合作编制完成，是未来三省一市推进一体化行动的纲领。第四，组织长三角地区主要领导座谈会，深入学习贯彻习近平总书记对长三角一体化发展的重要批示精神，以"聚焦高质量，聚力一体化"为主题，对长三角更高质量一体化发展进行再谋划、再深化。第五，重点合作专题有建树。交通领域，梳理了打通断头路计划并切实推进；通信设施方面，5G 在长三角先试先用先布局，争取在新一代信息技术设施布局、应用、研发方面走在前列；构建信用长三角，建立跨区域联合惩戒机制；民生领域，在 14 家试点医院、针对 4 类人群启动异地医保结算工作；出行便利化，杭州、宁波、上海等地每天有 200 万人次异地扫码乘车。

苏州是上海大都市圈的一个部分，苏州和上海不仅是毗邻地区，也是同城效应发挥充分的区域，两地在一体化合作上走向纵深。首先要开放用好已有服务平台，共同为三省一市服务，比如苏州工业园区为长三角企业打造"一带一路"投资平台；还要加强重点专题对接与合作，比如在科创和产业协调发展方面上海和苏州有很大的合作成效和潜力，除了要继续放大创新券通兑效应外，还应围绕培育新增长点进行深入合作。在金融市场服务上，要发挥好上海证券市场为长三角、为全国筹融资服务的功能，把资本市场服务基地建设好。

在民生领域，要针对长三角人群流动特点，立足公共服务便利化，扩大交通卡、医保卡跨区域使用等，增强人民群众获得感。建议苏州在以下几个方面发力。

一是进一步接轨融入上海发展。积极支持和融入 G60 科创走廊建设，找准定位，充分发挥自身优势，打造长三角一体化交通枢纽中心、创新资源梯度转移中心、高端产业集聚发展中心。

二是进一步提升开放创新水平。苏州工业园区与 G60 科创走廊九城市海关特殊监管区可联合争取申请建设自贸区新片区和复制自贸区政策，吴江、昆山、太仓等毗邻上海的地区可设立上海进口博览会分会场和展示物流基地。

三是进一步推进要素对接。在 G60 科创走廊九城市加大产业布局和合作分工力度，加快复制推广"三大法宝"创新经验，协助推进 G60 科创走廊产融结合服务中心（资本市场服务中心）建设。

四是进一步扛起担当、落实责任。凭借苏州产业园区数量和质量优势，积极参与支持 G60 科创走廊产业园区联盟建设。

第三节　科创板为苏州提供新路径

科创板作为上海三项新的重大任务之一，为苏州对接融入长三角提供了新的路径。2019 年，苏州市政府与上海证券交易所签署了全面战略合作协议。下一步，建议围绕科创板的配套措施做更加深入的交流讨论，形成更加务实可行的改革方案和工作机制。

一是积极支持本地企业在科创板上市。科创板的设计已经取得了一定进展。一些省市正在与上交所对接，把相关企业信息汇总给交易所。苏州在这方面工作还可以做得更扎实、更细致、更深入，对企业做一次全面摸底，针对企业上市的需求和可能遇到的困难，及时提供相应的支持。

二是有序推动本市中长期资金入市。科创板的核心是市场化，市场化的基础在于有成熟的投资者、科学的交易机制和理性的中长期资金。苏州应对本市的中长期资金做梳理分类，掌握哪些长期资金可以入市，哪些长期资金暂时不能入市，哪些长期资金不合适入市，比如产业基金等。可以直接入市的做好入市工作；暂时不能入市的，要把瓶颈制约找出来，做好率先改革试点准备，掌握下一步对接科创板的主动权。

三是做好本地投行等中介机构改革。科创板未来将逐步把一些关键的要点交给市场。为了更好地保护投资者，投行在保荐企业上市中将肩负起更大的主体责任。苏州应选择本地的证券公司率先改革，比如东吴证券，支持围绕中介机构主体责任、投行业务担责等做好前期的改革准备工作。

同时，苏州金融机构也面临着新的机遇和挑战。一是融资业务范围和额度会更多。长三角一体化上升为国家战略将启动一些重大项目，届时债券类、资产证券化类的融资需求会快速提升。科创板的启动也将带来新的 IPO 增量。苏州本地的金融机构将获得上海资本市场溢出的红利。

二是金融创新业务和产品会增加。很多金融机构会推出一批专门服务长三角的金融创新产品和业务，比如，中国银联的长三角交通互联互通。交易所未来也将开发服务长三角一体化的证券类产品，比如ETF。苏州的金融机构应积极对接。

三是合作机会和力度会加大。企业和金融机构之间、金融机构与金融机构之间会有很大的合作空间，银行与证券、保险之间也会有新的合作机会。

苏州要抓住长三角区域一体化契机，深度融入长三角一体化发展，主要把握以下问题。

首先，明确共同体文化思想，在新的定位和站位下规划苏州新的发展。苏州很多精神文化成果（比如"三大法宝"），在新时代要寻求新概念，让这些精神在一体化当中继续闪烁发光、聚集成为重要的思想武器，在继续开放的潮流中进一步解放思想，寻找经济发展的新动力、新路径。

其次，高质量是整体的高质量，单一方面的高质量不是一体化语境中的高质量。要跳出分割式、单元式、部落式的体制机制。高质量要提高整体现代化，以产业现代化推动经济现代化，同时也要研究支撑产业现代化因素，如政策现代化、服务现代化、文化现代化、生态现代化、社会治理现代化等，不能就一方面来掌握某个问题。

再次，在长三角一体化过程当中，苏州要实现三个一体化：一是内部一体化，通过多方面的体制机制创新把区域优势发挥出来，如将苏州三大港口（太仓港、张家港港、常熟港）整合为苏州港；二是与上海、长三角其他区域的一体化，明确苏州的定位和作为，在新的形势下找准发力点和工作重心；三是上海苏州两地GDP近5万亿，体量较大，苏州要考虑积极携手上海共同走向国际一体化。

高等教育是苏州的软肋。要实施切实的名城名校战略，推动苏州教育跨越式发展。正如美国的硅谷有斯坦福大学，斯坦福造就了硅谷，硅谷也反馈了斯坦福。苏州作为历史文化名城，要把苏州大学和其他高校作为科创的摇篮。苏州大学作为江苏省省部共建高校第一名，是江苏省对于区域发展的战略考虑，对一体化具有很好的促进和借鉴作用，也是苏州大学更好贡献一体化的新路径。

第四节　长三角一体化发展，苏州辉煌未来可期

苏州不仅是中国地级市中综合实力第一的城市，更值得借鉴的是长期为中

国经济发展提供了宝贵的"苏州模式"和"发展之路"。2020年1月13日至14日,笔者与中国长江经济带发展研究院的几位同仁应邀到苏州相城、吴江等地调研考察。其间,与相城区委书记顾海东、常委副区长潘春华及该区政府各组成部门负责人,就相城区如何融入长三角一体化发展进行了深入的交流。

顾海东书记表示,中国长江经济带发展研究院是国家发改委主管的高级智库,专家云集,硕果累累,尤其是在长江经济带及长三角发展方面的研究有着无可比拟的优势条件。相城区很多做法在全市乃至全国均属于首创,希望研究院能将相城区作为调研基地,共同破解发展难题,助力相城发展。相城是一个充满创新活力的区域,2019完成地区生产总值800亿元,同比增长6%;在减税降费27亿元的基础上,完成一般公共预算收入120亿元,增长10,6%,税比达93%。相城区综合实力首次位居全国百强区前30位,科技创新百强区第14位,在全省综合考核评价中,国家级经开区、省级高新区、省级度假区排名分别提升5位、8位和7位。

相城区精准把握"一带一路"、长江经济带、长三角一体化等重大战略布局的深刻内涵,确立"12345"的战略思路。"1"就是总体目标建设"苏州市域新中心";"2"就是区域目标建成"产城融合样板区、长三角一体化创新发展先导区";"3"就是产业方向构建"大研发、大文化、大健康"三大产业;"4"是发展内涵建成"生态宜居中心、科技创新中心、城市枢纽中心、未来活力中心";"5"是全域规划建设"五大功能片区"。这是相城的高标准、高水平目标,也是持续性、整体性要求,相互支撑、统筹推进。相城区将积极发挥中心区位优势,加快打造创新开放新高地,主动对接长三角一体化发展,提升高质量发展新能级,为中国经济高质量发展起到示范引领作用。

调研组一行对相城区经济发展和生态环保工作给予了很高的评价。调研组认为相城区在着力打造优质的区域发展生态,营造怡人的城市功能环境、生态环境、人文环境的做法值得借鉴。相城地处长三角核心区位,应当进一步完善产业载体和城市功能,努力建成产城融合样板区。加大生态环境整治力度,坚决打好污染防治攻坚战培养绿色经济增长点。相城区区位优势十分突出,地处苏州市域地理中心,人文底蕴深厚,生态环境优越。这是一片创新创业的热土,相城区在融入长三角一体化发展方面的主要做法已经取得一定的成效,希望相城区今后在进一步创新体制机制,激活高质量发展新动力,全力做好实体经济，建设长三角产业创新高地，拓展开放新格局，提升高质量发展新能级，推动生态宜居相城建设，持续提升民生福祉方面再提升完善体制机制，不断增强人民群众的获得感和幸福感。

相城区委区政府提出：早一步、紧一程、奋力夺取"双胜利"——以更高的定位、更好的模式、更新的团队、更优的机制、更大的范围、更广的领域。

疫情当前，鏖战犹酣。在疫情形势复杂的情况下，苏州相城坚定发展目标不动摇，在全力以赴做好疫情防控的同时，超前谋划、务实创新、迎难而上，以更大的担当作为，全力抓好经济社会秩序加快恢复，奋力夺取疫情防控和经济社会发展"双胜利"。

着力以更快的复工复产确保"双胜利"。相城早在1月27日就研究制定复工复产预案；1月28日，明确区防控指挥部调整设立企业防控组（企业服务组），镇（街道、区）新设企业服务组，建立区、镇两级复工复业服务小组，配备企业复工联络员，指导全区企业做好复工复产准备。

2月1日制定《关于全力服务企业早开工、早达产内部操作细则》，明确服务对象、板块工作职责和企业主体责任，细化工作人员实际操作流程。

2月2日率先制定《市外无症状人员隔离观察的暂行须知》，并根据形势动态调整；多次专题研究，细化复工目标任务，分级分类、精准施策，加快推进规上企业、高新技术企业、外贸企业、建筑工地等重点领域复工复产，加强负面清单管理，顺势整治淘汰"散乱污"企业和村级工业集中区。

2月15日之前，规上工业企业、高新技术企业、外贸企业200强全部复工。2月5日全面启动工地复工，2月26日实现327个在建工地全部复工，3月9日员工到岗率达107%（截至3月31日，到岗超3.8万人，到岗率135.4%），在苏州大市遥遥领先。3月25日工业用电量恢复到去年四季度典型日的100%。一季度，实现一般公共预算收入33.2亿元，增长3.9%，为全面完成全年目标任务打下坚实基础。

着力以更大的开放力度确保"双胜利"。疫情阻挡了人们外出的脚步，但相城开放发展的脚步一刻未停。积极应对疫情影响，相城不断创新招商方式。推出中、英、日三语版本在线招商小程序，集合相城投资热力图、政策通、投资意向交互平台、投资指南和联系"店小二"五大特色功能，确保相城招商不打烊、不断线；开拓"云招商、云签约"模式，借助电话、微信、视频会议等渠道，通过"线上+线下"相结合方式，实现招商连线不断、洽谈不停、热度不减；成功举办一季度产业项目集中开工暨签约仪式、中日（苏州）智能制造产业合作示范区建设启动仪式、金融产业发展对接会等活动10余场，一季度全区累计签约产业项目156个，总投资757亿元，其中超50亿元项目4个，超10亿元项目13个；集中开工项目38个，总投资210.9亿元。

相城紧扣"苏州市域一体化"发展大局，深化拓展与苏州工业园区合作模式，苏相合作区确立了更高的定位、更好的模式、更新的团队、更优的机制、更大的范围、更广的领域，进入了高质量发展的新时期。

从相城发展的做法可见苏州在抓复工达产、经济发展方面着实是有一定的路径和方法的，中国唯一的地级市敢与其他省市较劲的底气可见一斑。

第五节 苏州在长三角区域一体化进程中的机会颇多

苏州拥有更优越的进一步融入上海、承载更多经济和人口发展的机会；创新链与产业链融合升级，给予了苏州更大的发展空间。

苏州面临的挑战同样不容忽视。第一个挑战是空间极化；第二个挑战来自地区竞争；第三个是自身发展能力不足的挑战；第四个是经济下行与环境风险依然较大的双重压力带来的绿色发展的挑战。如何正视挑战和危机，苏州要积极寻求出路和对策。

第一，从"世界工厂"向全球新崛起的创新型制造中心转变。 当下苏州给世人的印象仍然停留在"世界工厂"的地位。我国加快长三角一体化，编制长三角一体化规划，其中一个重要目的就是要通过一体化联合，提升竞争力，能够参与国际竞争。而靠世界工厂是没有实力参与国际竞争的。苏州要将自身定位于技术创新应用的产业创新中心；这就要在技术创新制度体系改革上学深圳。

第二，紧扣人才需求，打造幸福宜居新天堂。 创新的核心在人才。如何吸引人才？用人才政策还是人才计划，都不是应有的重点。吸引人才也应该是一个市场问题。想要吸引怎样的人才，就需要看到这些人才的需求点在哪里，进而配置人才需求的供给侧。一方面，苏州历史上园林式的休闲生活有着巨大的吸引力，笔者认为，苏州可以在恢复这种生活形式上多下功夫，以"天堂般"的生活环境吸引人才、留住人才。另一方面，未来要吸引年轻的创新人才，需要的是一个时尚宜居的新"天堂"，可以学习上海的精致生活和纽约、伦敦、东京的街区创意。当前苏州工业园区邻里中心的模式虽然干净便捷，但是没有街区的概念，这种空间模式是否为人才真正喜欢的宜居环境，值得思考。

第三，实现生态品质的经济化。如何实现生态品质的经济化，让绿水青山变为金山银山？这对苏州来说是一个新课题，是与原来工业化城镇化思路完全不一样的新路径。

生态经济化不能只依靠投资，还要靠生态保护下的生态技术和知识创新、靠百姓参与和创造力、靠生活生产创意的市场拓展。不唯投资，不唯量的扩张，摆脱路径依赖，寻求凤凰涅槃的创新，紧紧抓住长三角生态示范区建设的机遇，补齐短板，生态优先，苏州才能在长三角一体化中实现华丽转身，永葆"东方威尼斯"的底色和"人间天堂"的美誉。

第六节　苏州高质量发展有举措

2019江苏省GDP排名中苏州排名第一，"全球城市经济竞争力"排名中苏州位列全球第25位，成为中国第6，中国百强乡镇TOP10苏州独占7席。

2020年开门红，苏州开放再出发30条政策举措，68.8平方公里产业用地面向世界招商，556个项目签约，投资总额达7359亿元。

高新区到账，200000000美元——

2020年1月，苏州高新区实际使用外资金额2.0351亿美元，同比增长240.6%，开放再出发大会上11个外资签约项目，已落地完成7个，累计合同外资2.25亿美元，包括日本电产、迈大等重点项目。

超360亿元！园区27项实事项目定了——

2020年实事项目共有八个方面40个项目，涉及教育文体、医疗养老、就业社保、生态环境、公共交通、便民服务等，总投资将超过360亿元。

2020年，园区明确将落实18项27个项目民生实事项目，涵盖六大方面，让园区百姓共享城市发展的硕果。

465 亿！吴江 43 个重大项目集中开工——

2020 年吴江区春季重大项目集中开工，暨恒力国际新材料产业园签约仪式举行，参加本次集中开工的项目共有 43 个，涉及 8 个区镇板块和 1 个部门，总投资约 465 亿元。

1488 亿元！昆山一批重大项目签约和开工——

本次昆山重大签约项目共 47 个，投资总额 617 亿元。其中外资项目 29 个，投资总额 55 亿美元，注册资本 23 亿美元。主要集中在智能制造、新能源、电子信息、生物医药、总部经济等领域。

535.43 亿元！张家港 75 个项目集中开竣工——

2 月 20 日上午，聚焦聚力"三标杆一率先"全力助推项目提速增效张家港 2020 年一季度项目集中开竣工活动举行。此次集中开工项目共有 53 个，总投资 475.53 亿元。

总投资 1501 亿元！重点项目 123 个——

今年太仓计划安排重点项目 123 个，投资总规模 1501.5 亿元。列入江苏省重点项目 9 个，总投资 283.9 亿元，年度投资 56.5 亿元；列入苏州市级重点项目共 39 个，总投资 1254.5 亿元，其中，年度投资 241.8 亿元。

665.4 亿元！太仓 88 个项目集中开工开业——

太仓集中开工开业的项目，涵盖了高端装备制造、生物医药以及服务业等领域，具有体量大、结构优、综合效益好的鲜明特征，必将对太仓、对苏州加快产业转型、增强发展后劲起到重要推动作用。

大科园"不见面招商"签约项目总投资 15 亿元——

近期，常熟国家大学科技园陆续成功签约了新能源智能网联汽车质量监督检验中心项目、动力电池与储能电池华东检测中心项目等 7 个项目，项目总投资约 15 亿元，未来可实现产值约 30 亿，引进聚集各类高层次专业人才超 1000 人。

35 亿元！打造一基地两中心——

项目主要打造一基地两中心，总投资约 35 亿元，分两期实施，其中一期项目总投资 17 亿元。建设内容包括：长三角地区电商产业生态培育中心、长三角智能物流高端装备研发制造基地、长三角地区仓储式购物综合体验中心。

苏州开放再出发大会京东长三角智能电商产业园项目（一期）签约现场

22 亿！"天空之城"在吴江开工——

此次开工的博洛尼天空之城项目是博洛尼公司在长三角区域的又一重大战略布局，将打造成为集总部经济、文化创意、特色旅游、原创酒店等多种元素为一体的具有示范性、引领性和标杆性的高显示度大项目。同时，这个项目也是吴江开发区云梨路总部经济带第一个奠基开工的重点项目。

13.9 亿元！建设燃气–蒸汽联合循环发电机组——

该项目建设 1 台 485MW 燃气–蒸汽联合循环发电机组，投资 13.9 亿元。采用上海电气 AE94.3A 型燃机，将实现重型燃机关键热部件国产化示范，包括全部四级静/动叶、燃烧器、持环、密封环等的毛坯铸造及加工制造，控制系统自主化设计。

相城"隔屏"签下日企中国总部项目——

受新冠肺炎疫情的影响，伊藤喜与相城漕湖开发区的签约采用了邮寄的形式进行不见面签约。2 月 12 日，株式会社伊藤喜与漕湖开发区正式签约，伊藤喜将在漕湖开发区设立中国区总部——伊藤喜（中国）投资有限公司。

2020 年是我国全面建成小康社会和"十三五"收官之年，也是自贸区建设全面展开之年，苏州自贸片区围绕四个维度，明确了 33 项重点工作任务。

今天的苏州，向五湖四海、九州八方敞开胸怀，热情接纳"追梦人"，未来的苏州必将成为一座创造梦想的希望之城，再续发展辉煌与"苏州传奇。"

第三章

太湖明珠——无锡

无锡是中国民族工业和乡镇工业的摇篮,是苏南模式的发祥地,是扬子江城市群重要组成部分,北倚长江、南滨太湖,被誉为"太湖明珠"。

第一节 无锡社会概况

无锡,简称"锡",古称新吴、梁溪、金匮,是江苏省地级市,国务院批复确定的中国长江三角洲的中心城市之一、重要的风景旅游城市。全市下辖5个区、代管2个县级市,总面积4627.47平方千米,建成区面积332.01平方千米,常住人口657.45万人,城镇人口501.50万人,城镇化率76.28%。无锡地处中国华东地区、江苏省南部、长江三角洲平原,京杭大运河从无锡穿过;境内以平原为主,星散分布着低山、残丘;属北亚热带湿润季风气候区,四季分明,热量充足。无锡是国家历史文化名城,自古就是鱼米之乡,素有布码头、钱码头、窑码头、丝都、米市之称。

无锡有鼋头渚、灵山大佛、无锡中视影视基地等景点。全国文明城市荣誉称号。2018年12月,被评为2018中国大陆最佳地级城市第3名,2018中国创新力最强的30个城市之一,2018中国最佳旅游目的地城市第17名。2019年8月,中国海关总署主办的《中国海关》杂志公布了2018年"中国外贸百强城市"排名,无锡排名第11。

2019年,无锡市地区生产总值为11852.32亿元,增长6.7%。分产业看,第一产业增加值122.50亿元,下降2.4%;第二产业增加值5627.88亿元,增长 7.6%；第三产业增加值 6101.94 亿元，增长 6.0%。无锡是江南文明的发源地之一。行政区划截至 2016 年底，无锡市辖梁溪区、锡山区、惠山区、滨湖区、新吴区 5 个区及江阴、宜兴 2 个县级市。全市共有 30 个镇、51 个街道，下设 527 个村、590 个社区、112 个村居合一单位。

第二节　无锡人口与经济

一　无锡市2019年户籍人口和常住人口数

依据《2019 年无锡市国民经济和社会发展统计公报》，截止至 2019 年末，无锡市户籍人口 502.83 万人，比上年增长 1.13%。全年出生人口 37981 人，出生率 7.60‰；死亡人口 32074 人，死亡率 6.41‰，人口自然增长率为 1.18‰。户籍人口城镇化率 76.97%。

截止至 2019 年末无锡市常住人口 659.15 万人，比上年增长 0.26%，其中城镇常住人口 508.2 万人，比上年增长 1.34%，常住人口城镇化率 77.10%。

二　无锡2019年部分市区县人口总数

1. 2019年滨湖区人口总数

依据《2019 年滨湖区国民经济和社会发展统计公报》，截止至 2019 年末，滨湖区常住人口为 50.39 万人，其中城镇人口 38.23 万人，城市化率达到 75.87%。另据区公安部门统计，滨湖区 2019 年年末户籍人口为 37.04 万人，人口出生率 6.91‰，人口死亡率 6.31‰，人口自然增长率为 0.6‰。

2. 2019年宜兴市人口总数

依据《2019 年宜兴市国民经济和社会发展统计公报》，截止至 2019 年末，宜兴市全市户籍总人口 107.97 万人，比上年下降 0.1%，其中城镇人口 63.22 万人。2019 年末总户数 37.35 万户，平均每户家庭人口 2.89 人。全年出生人口 7384 人，出生率为 6.83‰；死亡人口 8114 人，死亡率为 7.51‰。人口自然增长率 -0.68‰。2019 年末宜兴市常住人口 125.64 万人，比上年末增加 0.03 万人。常住人口城镇化率 66.12%。

3. 2019年江阴市人口总数

截至2019年末,江阴市全市户籍人口126.41万人,常住人口165.34万人。全年出生人口8733人,出生率6.93‰;死亡人口8340人,死亡率6.62‰,人口自然增长率为0.31‰。全市人均预期寿命为82.32岁。

三 无锡历年户籍人口

表7-3-1 无锡历年户籍人口数

单位:万人

年份	全市	其中				年平均人口
		市区	江阴市	宜兴市	锡山市	
2000	434.61	112.99	115.18	107.79	98.65	434.00
2001	435.90	213.06	115.39	107.44		435.25
2002	438.58	215.92	115.78	106.88		437.24
2003	442.54	219.60	116.70	106.24		440.56
2004	447.19	223.57	117.77	105.85		444.86
2005	452.84	228.49	118.62	105.73		450.02
2006	457.80	232.30	119.45	106.05		455.32
2007	461.74	235.92	119.77	106.05		459.77
2008	464.20	237.42	120.00	106.78		462.97
2009	465.65	238.12	120.35	107.18		464.92
2010	466.56	238.60	120.71	107.24		466.10
2011	467.96	239.47	120.88	107.61		467.26
2012	470.07	241.08	121.26	107.73		469.02
2013	472.23	242.61	121.73	107.88		471.15
2014	477.14	245.74	123.21	108.19		474.68
2015	480.90	248.51	124.10	108.29		479.02
2016	486.20	253.05	124.80	108.34		483.55
2017	493.05	259.23	125.49	108.33		489.62
2018	497.21	263.13	125.95	108.13		495.13

2019年,无锡市地区生产总值为11852.32亿元,增长6.7%。分产业看,第一产业增加值122.50亿元,下降2.4%;第二产业增加值5627.88亿元,增长7.6%;第三产业增加值6101.94亿元,增长6.0%。2019年全市一般公共预算收入完成1036.33亿元,同比增长2.4%,剔除减税降费等政策因素,同口径增长12.9%。

2019年，无锡市实现GDP约11852.3亿元，在江苏省各城市中位居第三位。较2018年末增长了413.7亿元，名义增长速度为3.62%。按可比价计算，实际增长速度为6.7%。具体来看各区县市情况。

江阴市2019年GDP总量突破4000亿元，绝对值为4001.1亿元，高居全市第一位。相比上年末增长了194.9亿元，增量占全市增量的比重为47.11%，名义增长速度5.12%，在全市较为不错。

新吴区2019年实现GDP约1845.5亿元，位居全市第二位。相比上年末增长了44.7亿元，增量居全市第四位，名义增长速度为2.48%，增速比全市平均值低了1.14个百分点。

宜兴市2019年实现GDP约1770.1亿元，位居全市第三位。相比上年末增长了56.8亿元，增量居全市第三位，名义增长速度为3.32%，略低于全市增长平均值。

梁溪2019年实现GDP约1280.4亿元，位居全市第四位。相比上年末增长了11.1亿元，名义增长速度为0.87%，增速在全市居最后一位。

滨湖区2019年实现GDP约1096.9亿元，惠山区2019年实现GDP约937.1亿元，锡山区2019年实现GDP约921.7亿元，分列全市第五至七位。

江阴市2019年GDP总量成功突破4000亿元大关，继续在全国各县市中位居第二位。名义增长速度5.12%虽然放在全国范围内来看相对较低，但在全市增速则相对较高，保持目前的增长情况，2020年有望达到4200亿元。

新吴区、宜兴市之间的差距略有缩小，目前两地区的差距只有70多亿元，考虑的疫情的影响等因素，2020年末可能会出现位次上的变化。

全市5区2市，2019年GDP名义增长情况均较为的一般，未来需要找到新的经济增长点，努力实现又好又快的增长。

第三节　一体化行动计划助力无锡发展

无锡市委常委会第148次会议，审议通过的《〈长江三角洲区域一体化发展规划纲要〉无锡行动方案》，为无锡全面落实国家《规划纲要》和江苏省《实施方案》精神指明了方向。

以对接上海龙头为重点,做强市域一体化、服务省域一体化、融入长三角区域一体化,不断提升无锡作为长三角区域中心城市的地位和能级,加快建设世界格局中的无锡、现代化形态中的无锡,努力在长三角区域高质量一体化进程中走在前列。

无锡要明确目标定位,加快建设长三角先进制造核心区、技术创新先导区、绿色生态标杆区、综合交通枢纽区。要明确战略方向,东向重点融入上海大都市圈建设,北向重点推动锡常泰跨江协同发展,南向重点参与宁杭生态经济带建设,西向重点促进西太湖湾区一体化。要把握重点领域,在产业发展方面,深化与上海和周边地区的产业合作,增强无锡对高端资源要素的集聚和配置能力,打造既一体同构、又自主可控的现代产业体系;在科技创新方面,发挥自身优势,推动协同创新、融合创新,组织攻关一批关键核心技术,使无锡成为若干重要领域的创新策源地;在生态环保方面,积极加入长三角区域污染联防联控体系,深化生态治理联动协同,进一步改善无锡生态环境;在重大基础设施方面,率先布局5G等新一代信息技术基础设施,加强与周边地区的交通基础设施互联互通;在公共服务供给方面,加强教育、卫生、养老、人力资源等领域的交流合作、共建共享,切实提高异地公共服务便捷度。

一 融入长三角区域一体化,开辟高质量发展新局面

2月17日,市委书记、市推进长三角一体化发展领导小组组长黄钦主持召开领导小组第一次会议,研究部署打好长三角一体化主动仗相关工作。

为全面贯彻落实中央和省市委决策部署、着力推进长三角一体化相关工作、打好长三角一体化主动仗,无锡市研究制定了《无锡市推进长三角区域一体化发展三年行动计划(2020~2022年)》,进一步明确路径方向、目标任务,通过抓实做好区域联动发展、做强市域一体化、构建现代产业体系、构建长三角科技创新共同体和促进区域生态环境联保共治、基础设施互联互通、改革开放互利共赢、公共服务共建共享等8个领域35个方面重点工作,努力在长三角区域高质量一体化进程中走在前列。

《2020年工作要点》对三年行动计划重点工作中涉及今年工作的部分进行细化分解,明确了具体要求和任务清单、责任清单。为加强组织领导、有序开展各项工作,无锡市还研究制定了无锡市推进长三角一体化发展领导小组及其

办公室工作规则。会议审议通过《无锡市推进长三角区域一体化发展三年行动计划（2020~2022年）》《2020年工作要点》和无锡市推进长三角一体化发展领导小组及其办公室工作规则。

按照"建立一个机制、研究一批课题、展开一批行动、落实一批项目"的要求，推动全市域、各领域广泛深入参与一体化，扎实做好服务促进一体化各项工作，在建设长三角先进制造核心区、技术创新先导区、绿色生态标杆区、综合交通枢纽区"四个区"和做好东向接轨融入、北向引领辐射、南向协同联动、西向湖湾一体"四篇文章"上取得新进展新突破，在长三角高质量一体化进程中发挥优势、展现作为、做出贡献。

二 瞄准关键，积极融入长三角一体化发展

重抓产业科技协作、交通互联互通、示范亮点打造、生态联防联治，在产业和科技一体化项目上努力放大增量、深化提升存量，加快建设一批交通一体化重点项目，积极推进长三角产业合作示范区、高质量跨江融合发展示范区、环太湖科技创新走廊、江苏自贸区联动发展区以及锡澄锡宜协同发展区建设，完善区域环保合作机制，在重点事项、关键工作上尽快取得突破。

注重统筹协调。在时间维度上，长线要按《〈长江三角洲区域一体化发展规划纲要〉无锡行动方案》有序推进，中线要按《三年行动计划》分步落实，短线要按《2020年工作要点》明确的30项重点任务抓紧实施。在空间维度上，市域外要重扬我长、整体作战，既以我为主办好"自己的事"，也主动协同做好"大家的事"，在推进长三角一体化中拉长无锡长板、贡献无锡力量；市域内要各扬所长、分兵突破，努力实现无锡一体化发展效应的最大化。

聚强推进合力。领导小组要及时协调解决推进中遇到的重大问题，办公室及各专项工作组要认真履行职责，确保各项工作压茬推进、落地见效。各地各部门要树立"一盘棋"思想，主动参与、密切配合，加快构建上下联动、左右协调的工作格局。要将相关指标纳入年度综合考核，加强督促检查，加大宣传力度，营造打好长三角一体化主动仗的良好氛围。

长三角一体化热潮滚滚向前，能否抢抓这一重大国家战略机遇，已成为长三角区域城市在新一轮发展中大有作为的胜负手。地处长三角几何中心的无

锡,既有"一点居中、两带联动、十字交叉"的区位优势,又有全域一体化取得实质性进展的发展态势,完全可以在长三角一体化竞合中勇立潮头。

第四节 积极融入一体化,无锡已经进入快车道

一 产业—科创联动,构筑长三角先进制造核心区、技术创新先导区

产业强市主导战略实施四年之际,无锡建设长三角先进制造核心区和技术创新先导区有了更足的底气。加快培育三组产业集群,构筑特色鲜明、自主可控、具有核心竞争力的强劲增长极,将让无锡的产业强市水平跃升至一个新层级。纵观长三角产业格局,无锡在物联网、集成电路、"两机"产业等领域都拥有极大优势。

如何充分发挥优势,打造先进制造核心区?

建立重点产业集群发展评价指标体系,针对"卡脖子"领域加快"强链、补链、延链",加强"定链招商",补齐补强产业集群链条上的短板,同时通过全面实施工业企业资源利用绩效评价等,加快淘汰落后产能,倒逼企业提质增效,为先进制造业的发展腾出空间。

瞄准先进制造核心区、技术创新先导区建设目标,板块积极抢抓发展机遇。凭借华虹项目与上海建立深度合作的新吴区,已在筹划更大动作。新吴将以华虹半导体基地项目为引领,加强与上海地区的产业对接、园区对接,建设更多优质的科技孵化、创新创业、产业转移载体,有效承接高端项目和产业链配套项目,带动提高全区产业资源整合力。当前,新吴区正加快推动国家级特色工艺与半导体封装技术创新中心、深度感知研究所、智能集成电路设计研究所等一批研发高地和创新平台建设,占领技术制高点,孵化更多创新型企业。今年计划引进科技创新人才500名,科创企业营收突破110亿元,夯实技术创新先导区基础。

二 擦亮"环境美"底色,打造绿色生态标杆区

推动环境共同保护、生态协同治理,在太湖生态保护圈建设中带好头。无

锡未来生态"颜值"做出了清晰定位：要成为"十三五"期间全省地表水优Ⅲ比例提升幅度、PM 2.5 年均浓度下降幅度、固危废处置新增能力最大的城市。守住绿水青山，擦亮"环境美"底色，一系列重点工作正在接力展开。

实现全会确立的建设长三角绿色生态标杆区目标，关键是要更高质量地打好蓝天、碧水、净土三大保卫战。治气领域，PM 2.5 浓度已从 2015 年的全省第 10 位到目前的第 2 位，有了比较明显的改善，下阶段将全力推进 1324 个大气污染防治年度重点工程项目，老百姓可望迎来更多的蓝天白云。如何让水更清、岸更绿？将把太湖治理和保护修复长江生态环境摆在压倒性位置，狠抓 480 个重点治水项目工程，最大力度地把长江、太湖入河排污口排查整治专项行动做到位。

把长江江阴段率先打造成为水清、岸绿、景美的绿色廊道，围绕长江大保护，江阴提出"高端进、低端退，治理进、污染退，生态进、生产退"的工作路径，十三五"在治水、治气、治土方面安排了 308 亿元资金。江阴城乡建设"1310 工程"率先实施的就是滨江亲水工程，滨江 8 公里岸线全部由生产岸线变成生态岸线，到 2021 年，30 公里环城绿道将全线贯通，穿越树梢而过的绿道体验感极强，全程马拉松"澄马"也将实现全程无红绿灯。

生态禀赋绝佳的宜兴正发力建设高水平的全省生态保护引领区。重点推进的"减化"中，近两年来关停化工企业 255 家，现已减至 338 家。通过规范化建设，在生态养殖、生态换水、生态清淤方面下功夫，以期不断提升入湖水质。

三　多举打造长三角综合交通枢纽网络

去过东京的人一定都记得东京的地铁线像蜘蛛网一样，东京地铁不但覆盖东京都，而且前往整个首都圈都非常快捷。其实中国城市也是同样的发展趋势，有都市圈和城市群两种，城市群是由多个中心城市构成，都市圈是一个中心城市外加周边的辐射区。

广义的无锡其实就是一个都市圈，以无锡为中心城市，涵盖江阴、宜兴以及外市的张家港、靖江。只不过无锡的中心度不像东京那么高，东京是全日本的中心城市，所以东京地铁网触达范围非常大，无锡都市圈大概就只能把地铁建到江阴和宜兴。

但不管怎么说无锡跟大部分地级市都不一样，大部分地级市由于城市功能弱无法形成一个都市圈，而无锡都市圈在发育中，无锡不但是地级市，还是区域性中心城市。

无锡将在新一轮国土空间总体规划编制过程中，立足全市域谋划无锡在长三角世界级城市群中的定位。在加快建设有形交通枢纽上，要构建多层次的轨道交通网络，打造成"快轨上的长三角"的重要节点，主动融入"上海1小时交通圈"；同时将苏南硕放国际机场建设成为长三角区域性枢纽机场，切实提升机场能级。

只有建设好长三角综合交通枢纽区，才能进一步巩固无锡作为全国性综合交通枢纽城市的定位。加快推进南沿江城际铁路建设，尽早启动苏锡常都市快线；同时加快建设苏锡常南部高速等一批骨干路网，把江阴港建设成为上海国际航运中心组合港，努力构建基础设施完备、多种运输方式更高效顺畅衔接的客货运枢纽。

当今社会数字经济蓬勃发展，已成为引领全球科技革命、产业变革的重要力量。无锡在以物联网为龙头的新一代信息技术产业发展方面具有领先优势，加大信息基础设施建设，强化信息枢纽地位，可在数字信息共享互惠方面彰显更大作用。

加快融入长三角一体化，无锡如何发力？

第一，挖掘好文旅稀缺资源，培育新兴增长极。创新时代的到来，为无锡加快融入长三角一体化发展构筑了新优势、创造了新机遇。在新时代很多新经济业态的出现有它的特点，其中之一，就是有生态风景区的地方就有可能孕育出新经济。为何？这意味当地不需要依赖传统的规模化的发展模式，更注重创新。在这些地方，办公场所推开窗户就能看见风景。风景给人创作灵感。

如今城市的发展动力正经历新一轮演变，从过去的制造驱动、资本驱动转变为创新驱动。在新时代，科技创新已成为城市发展的第一动力，而创新驱动靠啥？靠人。如何留住高素质创新创业人才？依靠的是宜居城市魅力。未来创新人才最青睐的办公环境，不会是千篇一律的高楼大厦，而是充满诗情画意、能激发灵感的创意空间。未来无锡应重新"审视"自身优势，充分规划利用好山水人文资源、开展好城市设计，以"相对较低生活成本、高品质城市生活"定位，锚定无锡在长三角城市群中的发展优势。

第二，共筑世界级城市群"太湖绿心"。打造高品质城市空间，离不开绿水青山的良好环境。推动长三角地区生态共治是专家热议的焦点。无锡未来如何在环保联防联控上做出"无锡贡献"？由于特殊地理位置，无锡区域太湖水的水流条件最差，这意味着此处最易产生污染，对无锡来说，最重要的就是要坚持底线思维，加强生态红线管控，加大污染治理力度，开展好生态修复。"无锡作为"对太湖治理来说至关重要，是必须要扛起的责任。

依托太湖打造世界级城市群的"绿心"，构筑三圈层环形放射的环太湖生态绿廊，是太湖治理的新思路。通过环湖生态湿地和入湖河道沿线绿廊的建设能有效改善太湖水质。目前一份"环湖生态绿廊总体规划"已经制定，希望通过生态廊道有机联系环太湖地区的生态资源，形成一体化的生态共同体。未来，环湖各城市应充分凝聚共识，通过绿色廊道的构建，将原来分布在各市的孤岛式的生态斑块，如湿地、山体、水体等进行串联，形成生态绿廊网络，最大程度地发挥生态效益，有效改善生态环境。远期，应当对接浙北生态资源、上海的区域绿道，建立覆盖太湖流域、连接长三角城镇群，通过环太湖的内、中、外三个圈层，形成支撑区域高质量发展的生态网络，共建环太湖旅游品牌，推动转型发展，构建生态文明时代的"人间新天堂"。

第三，无锡进入"名城＋美好生活"时代。环太湖地区历史文化名城、名镇资源丰富，已成为新业态发展的重要载体。以乌镇为代表，"乌镇＋旅游和互联网"的发展模式，正催生出众多新业态，为城市发展注入活力。更好地融入长三角一体化发展，无锡还有哪些发力点？不少专家认为，无锡城市魅力的彰显还不够突出，是发力点所在。

环太湖地区能否沿湖打通一条环形步道？面对丰富、未充分利用的水面资源，能否开发多城联动的游船项目？环太湖城市，协同合作，才能互利多赢，这也是研讨会举办的初衷。未来环太湖城市应在生态保护、文化风貌、城镇网络、基础设施建设、体制机制五个方面的协同上多做探索创新，合力打造环太湖地区命运共同体，抢抓好长三角高质量一体化这个新一轮城市发展的新机遇。

第五节　无锡发力"三大经济"，续写高质量发展新篇章

时间拨回到 2 月 26 日。总部位于无锡蠡园经济开发区的江苏卓胜微电子

股份有限公司的股价在盘中再创新高，一度冲至718元/股的高位。

卓胜微是一家射频前端芯片研发高新技术企业，产品应用于三星、小米、华为、OPPO、vivo、联想等知名品牌。疫情之下，包括卓胜微、朗新科技、药明康德在内的一批无锡上市公司逆势上扬，展现出更强的"免疫力"。

异军突起的背后，得益于无锡始终坚持产业强市，大力发展新兴产业，加快推进"三大经济"高质量发展。

2019年12月27日，无锡重磅发布《关于加快推进数字经济、总部经济、枢纽经济高质量发展的实施意见》，培育壮大经济发展新动能，推动产业强市"复兴号"驶向更广阔的蓝海，续写无锡高质量发展新篇章。

5月23日上午，习近平总书记看望参加全国政协十三届三次会议的经济界委员时强调，加快推进数字经济、智能制造、生命健康、新材料等战略性新兴产业，形成更多新的增长点、增长极。

疫情让数字经济迅速成为热点。数字化手段在线上零售、精准防控、减轻基层人员负担等方面发挥了重要作用；复工复产中，数字化又提供了远程办公、线上教育等多个"非常生活"版本。应对疫情，各大运营商及互联网平台纷纷基于位置、行为数据推出了行程、区域、城市相关查询服务，既方便用户自查是否与疑似感染者有过交集，也为基层社区的精准化预防提供了技术支撑。

数字化为产业赋能。捷普电子是无锡首批真正意义上的5G工厂，去年9月企业和无锡移动合作，完成了5G基础覆盖探索智能制造垂直应用。业内人士分析，后疫情时代，伴随5G技术的加速普及，数字化、虚拟化趋势进一步深化，数字经济为未来中国经济的复苏和转型提供新的可能性。

在各行各业受冲击的大背景下，无锡数字经济依然延续蓬勃发展的良好态势。一季度，无锡物联网、软件、大数据和云计算产业分别逆势增长10.2%、7.2%、5.5%，呈现强劲的韧性和活力；线上购物、订餐、娱乐等数字消费新模式表现活跃，有力促进餐饮、零售、服务行业的加快复苏和转型升级。

下阶段，无锡将扎实推进数字经济高质量发展《三年行动计划》，进一步加大数字"新基建"投入力度，加快国家车联网先导区建设和交通、民生基础设施数字化改造，2025年前新建5G基站超4万个，形成泛在互联的新型信息基础设施网络；进一步加快"数字产业化、产业数字化"步伐，推动信息技术与实体经济深度融合，确保到2022年实现数字经济核心产业营业收入突破 6000 亿元、年均增幅达到 7% 的目标；进一步丰富数字业态应用场景，全面提升数据资源的汇聚、共享、开放和利用水平，鼓励引导企业结合市场需求创新商业模式，在实现自身发展壮大的同时，积极助力智慧城市运行、切实便利群众"衣食住行"。

加码"总部经济"，攀向价值链高端。2020 年 4 月的第一周，喜讯从锡东新城传来：b–ONE 宽岳骨科在越南胡志明市成功开展了首例 MOBIO 全膝和 JUVENO 全髋置换手术，正式进入东南亚关节市场，在中国和美国之外开辟了新的业务区域。今年春节后正式签约将总部落户锡东新城商务区内的宽岳生物，为当地生命科学产业高地的总部建设蓝图添上一笔。

让企业的生产运营和区域资源实现最优的空间耦合，领航产业发展的同时更辐射周围地区——占领价值链高端的"总部经济"，近年来在无锡经济舞台上的显示度不断提升；随之释放出的"总部效应"，愈发坚定了无锡加码发展"总部经济"的决心，以融入全球产业链高端和创新链核心。

最新发布的 2019 年度纳税百强榜单上，总部企业成为一个不容忽视的存在。无论是蝉联榜单第一名的阿斯利康，还是首度进入榜单前三的海力士，以及那些为人所熟知的企业：海澜、博世、中信特钢……都闪烁着耀眼的"总部"光芒。无锡市财政局分析人士表示，总部企业"开枝散叶"，对地方的纳税贡献度呈上扬态势。

无锡拥有省级跨国公司地区总部和功能性机构 36 家、全省第三；40 家经过市级认定的总部企业平均营收 43 亿元、近三年年均增长 20% 以上。

其实，无锡并不是一个对总部经济有着天然吸引力的城市，甚至毗邻上海的地理位置还会在一定程度上降低对总部的引力。为何企业纷纷将总部设在无锡？无锡市发展改革委提供的信息显示，目前，无锡的总部经济涵盖了综合型、研发型、销售型以及金融、物流等范畴，稍作分析能进一步发现：本地的制造业根基提供了丰沃的土壤。

实践证明，立足本地产业发展与之匹配度高的企业总部，是一条可以复制推广的路。在江阴，这个交通并不占优势的城市，却让贝卡尔特、中信特钢、见龙国际等企业在此建了功能性总部。

枢纽经济"融"汇城市硬核竞争力。由 DHL 运营的"芝加哥—仁川—无锡—芝加哥"货运航班，这条"美线"自 4 月 1 日临时复航起，一周执行 6

班,加上 2 月 14 日复航的"无锡＝哈恩"定期航班、3 月 17 日开航的"无锡＝新加坡"临时航班、3 月 21 日首航的"无锡＝大阪"临时航班,硕放机场已运营的 4 条国际货运航线为稳定国际供应链、助力苏南企业复工复产提供了重要支撑。

疫情期间的不俗表现,展现了苏南硕放机场逆境中的主动作为。2019 年,机场完成旅客吞吐量近 800 万人次、货邮吞吐量 14.5 万吨,同比分别增长 10.6%、17.2%。硕放机场集团负责人介绍,业界对于发展临空经济,有两个门槛指标,一是货邮吞吐量 10 万吨,二是旅客吞吐量 1000 万人次。

依托硕放机场发展起来的无锡空港经济开发区,也正擘画临空经济的升级版文章。

作为国家一类对外开放口岸,江阴港依托"江尾海头"的区位优势和"T"字形航线网络,发挥"江海河"联运枢纽港的优势,2009 年跻身亿吨港口俱乐部,2017 年跨过 2 亿吨大关,江阴港已开通集装箱航线 49 条,每周 116 个航班,件杂货航线 16 条,与全球 100 多个国家、600 多个港口建立业务联系。

一个高铁站催生一座新城,锡东新城是无锡枢纽经济的缩影。新城建设十多年来,依托"高铁＋"优势,商务区大力发展总部经济、人工智能、智能网联、精准医疗、产业金融等新经济业态,税收结构悄然发生变化。数据显示,2016 年,商务区第一幢产业载体创融大厦投用时,房地产＋建筑业在税收结构中占比高达 70%,新经济占比基本为零。到 2019 年,商务区经济总量已增长 50%,房地产＋建筑业占比下降到 45% 左右,而新经济贡献份额大幅提升至 22% 左右,产城融合水平跃升至一个新层级。

地处长三角几何中心的无锡,集聚空港、海港、铁路、公路等各大枢纽要素,是国家"十三五"现代综合交通运输体系发展规划定位的全国性综合交通枢纽,发展枢纽经济大有可为。

抢抓长三角一体化发展国家战略机遇,无锡正在将不可多得的枢纽优势转化为发展竞争优势,打造空港、海港、高铁港、陆港四大枢纽经济区,建设长三角一流的枢纽经济中心城市。

第四章
龙城腾飞——常州

常州地处中国华东地区、江苏南部，是扬子江城市群重要组成部分，北濒长江、东临太湖、西倚茅山、南扼天目山麓；与上海、南京两大城市等距相望。常州是一座有着3200多年历史的文化古城；

第一节 常州社会概况

常州，简称"常"，别称龙城，是江苏省地级市，国务院批复确定的中国长江三角洲地区中心城市之一、先进制造业基地和文化旅游名城。

全市下辖5个区、代管1个县级市，总面积4375平方千米，建成区面积261平方千米，全市常住人口473.6万人，其中城镇人口347万人，城镇化率达到73.3%。全市户籍总人口385万人，增长0.7%，人口自然增长率1.2‰。

常州市有圩墩新石器遗址、春秋淹城、天宁寺、红梅阁、文笔塔、藤花旧馆、舣舟亭、太平天国护王府、瞿秋白纪念馆、中华恐龙园、天目湖、金坛茅山风景区、嬉戏谷、东方盐湖城、华夏宝盛园等景点。

2019年常州旅游经济主要指标稳居全省第一方阵，2019年常州市接待国内外游客7947万人次（合21.8万人次/天），实现旅游总收入1197.6亿元（合3.3亿元/天），同比均增长10%；旅游业增加值占GDP比重达7.6%。常州旅游经济主要指标稳居全省第一方阵。以上数据，是包括对旅游景区景点和旅游宾馆等的统计。

凭借"无中生有"和"借题发挥"的创新精神，常州走出了一条"资源创造型"旅游发展新路,并荣膺中国优秀旅游城市。目前,常州拥有 1 个国家级旅游度假区和 4 个省级旅游度假区,建成了 3 家 5A 级景区以及 10 家 4A 级景区,5A 级景区数量仅次于苏州、无锡,名列全省第三。

天目湖成为江苏唯一上市旅游景区,环球恐龙城跻身全国十大热门景区。近年来,在文旅融合的大背景下,常州旅游通过发掘传承文化资源、推进重大项目建设、促进融合创新发展等一系列举措,"近悦远来·乐在常州"的品牌影响力不断彰显。

为了确保在疫情防控和经济社会发展双重"大考"中,全力发挥好自然资源配置和规划服务作用,近日常州市自然资源和规划局印发了《常州市自然资源和规划局关于强化保障重大项目资源配置和规划服务的十项举措》,全力加速推进重大项目建设,不断提升优化营商环境,着力推动自然资源和规划要素保障再强化、服务再加码、效能再提升。十项举措包括:组织领导机制无缝对接;建立重大项目"一档一人";全力做好重大项目空间保障;精准配置用地指标;节约集约提升资源配置效率;全面提升行政审批效率和服务质量;构建协调机制、将解决问题摆在项目管理突出位置;建立督查通报制度,进一步强化服务单位责任意识;加强信息化建设,实时掌握重大项目建设动态进展;提升服务质量,完善重大项目专项考评和奖励机制。

随着越来越多景点开放,旅游业也在加快复苏。全市拥有国家 A 级旅游景区 31 家,其中 5A 级 3 家,位居江苏省第二;花谷奇缘创建成为国家 4A 级旅游景区,全市 4A 级景区增加到 10 家。

淹城坐落在武进区,距常州市区 4 千米,系春秋早期城池遗址,已有 2800 余年。春秋淹城遗址东西长 850 米,南北宽 750 米,占地约 0.65 平方千米,是中国保存最完整、最古老的地面城池建筑,其三城三河的形制,在全国乃至全世界独一无二,1988 年被列为全国重点文物保护单位。春秋淹城三城三河的形制似一神秘莫测的水城迷宫,城内有江南第一竹木井、玉兔神井等一批古迹、景点及传说,城外有宝林禅寺等古迹。

茅山位于江苏省常州市金坛区和句容市交界处,是江苏境内主要山脉之一,主体山脉位于常州金坛市薛埠镇境内,少数山体余脉位于镇江句容市境内,南北走向,主峰大茅峰海拔 372.5 米。茅山景区面积约为 71.2 平方千米,有"山美、道圣、洞奇"之特色,主茅山是道教上清派发源地,被道家称为

"上清宗坛"，一直被列为道教之"第一福地，第八洞天"。抗战时，陈毅等革命先辈在此与敌开展游击战。茅山景区有九峰、二十六洞、十九泉之说。茅山风景名胜区1986年被江苏省人民政府批准为省甲级风景名胜区，2001年被国家旅游局评定为国家AAAA级旅游区，2003年被授予省级文明旅游区示范点的称号。新四军纪念馆被定为全国爱国主义教育示范基地。

中华恐龙园始建于1997年，2000年正式对外开放，总投资已超过10亿。10年来，中华恐龙园陆续获得了"国家5A级景区"、"全国科普教育基地"、"中国文化产业示范基地"等荣誉。

表7-4-1 常州获得的城市荣誉

荣誉	日期
中国特色魅力城市200强	2012年12月19日
全国社会治安综合治理优秀市	2017年09月21日
国家森林城市	2016年09月20日
国家卫生城市（区）	2017年06月23日
全国文明城市	2017年11月14日
中国特色魅力城市200强	2017年12月24日
中国外贸百强城市	2019年08月02日
全国绿化模范单位	2019年09月20日
中国城市绿色竞争力排名第45	2019年11月3日
中国地级市百强第7名	2019年11月06日
全球城市经济竞争力第99	2019年11月12日
全球可持续竞争力第158	2019年11月12日
2019中国地级市全面小康指数前100名第11位	2019年11月21日
2019中国城市品牌评价百强榜（地级市）第7	2019年11月25日
2019年中国康养城市排行榜50强"第27位	2019年12月7日
2019年全球城市500强榜单第382名	2019年12月26日
"中国城市科技创新发展指数2019"第12、2018年度健康城市建设示范市	2020年1月

第二节 产业与经济

2019年，常州市实现地区生产总值（GDP）7400.9亿元，按可比价计算增长6.8%，增速高出全省平均水平0.7个百分点。截至2019年9月，常州市辖5个市辖区，代管1个县级市，即金坛区、武进区、新北区、天宁区、钟楼区、溧阳市。

2019年，全市经济运行保持稳中有进、稳中向好的好势头，大部分指标增速高于全省平均水平，部分指标增幅保持在全省前列。一个个亮眼数据背后，烙印了常州经济社会迈向高质量发展的成效，展示出了常州转型发展的强大韧劲，为2020年决胜全面建成小康社会提供了坚实保障。

一 经济：发展韧性增强

GDP、投资、消费、收入、进出口总额等多项宏观经济数据，成为拥有蓬勃持久发展动力的最好证明。

地区生产总值（GDP）7400.9亿元，增长6.8%，增速居全省第三位。规模以上工业增加值按可比价计算增长9.1%，增速高于全省平均2.9个百分点，居全省第二、苏南第一。

固定资产投资增长5.6%，增速高于全省平均0.5个百分点。

社会消费品零售总额2815.7亿元，增长7.8%，增速高于全省平均1.6个百分点，居全省第三位。

进出口总额2330.8亿元，增长2.8%，其中出口1738.8亿元，增长5.2%，增速分别高于全省平均3.7个、3.1个百分点。

一般公共预算收入590亿元，增长5.3%，增速高于全省平均3.3个百分点，居全省第二位。

税收收入501.6亿元，增长2.5%，占一般公共预算收入的比重为85%，居全省第二位。

工业利润总额742.1亿元，增长8.5%，增速居全省第三位。

二 产业：结构持续优化

新旧动能转换、新业态加速布局、新兴产业集群不断涌现。常州产业发展的优势凸显，"新"意十足。

工业强基工程项目累计达16个，国家制造业单项冠军12个，数量双双保持全省第一。

十大产业链规模以上工业企业产值同比增长9.5%，对全市工业产值增长的贡献率为43.2%。新能源、新医药及生物技术、智能电网等6个产业链保持两位数增长。

智能制造装备产业集群入选首批国家战略性新兴产业集群。

高技术制造业投资占工业投资比重达到30.9%。

三 科技：创新引领未来

培育壮大创新主体，提高创新投入产出效益。常州，坚持以科技创新集聚发展新动能，在推进供给侧结构性改革中起到支撑引领作用。常州科教城荣膺2019年中国创新园区第一名。

5家企业获4项国家科学技术奖，创历史新高。

新增高新技术企业421家，累计1760家，列全省第四；获省科技成果转化资金项目立项12项，支持金额1.145亿元，均列全省第三。

获评潜在独角兽企业4家，列全省第三；瞪羚企业55家，列全省第二。

全市企业研发机构达1612家，其中省级以上674家。

争取省创新能力建设专项经费6175万元，列全省第二。获评省科技企业孵化器绩效评价A类13家，列全省第二。

新增高技能人才1.6万名，每万名劳动者中高技能人才达1212名，连续六年居全省第一。

四 改革开放：迸发澎湃活力

一项项有力的改革举措扎实推进，一项项开放举措落地有声，使开放的大门越开越大，让更多的商品和要素自由流动，将压力转化为深化改革、扩大开放的强大动力，激发常州经济澎湃的内生活力。

市场主体数突破60万。

年末全市各类市场主体60.3万户，其中私营企业18.9万户、个体工商户39.1万户，同比分别增长10.1%、9%、11%。

有力推动营商环境"1+10"综合改革，高质量实现"3550"。加快推进"一网通办"，99.7%的审批事项网上可办，98.8%的事项可不见面办，"12345"平台满意度列全省第一。

全市民营经济不断突破瓶颈，加快发展。民营经济增加值占GDP的比重为65.2%，比上年提高0.1个百分点，民营经济对全市经济增长的贡献率达

67.6%。

新增立华、中简和国茂3家上市公司，全市境内外上市公司累计达61家。

五　城乡建设：协同协调发展

主动对接落实国家战略，成功列入上海大都市圈1+8协同发展规划。

地铁1号线建成通车，常州机场旅客吞吐量突破400万。

常泰长江大桥主体工程、溧宁高速全面开工，苏锡常南部高速、常宜、溧高高速加快建设，锡溧漕河常州段航道整治工程竣工验收，茅山旅游大道等项目建成通车，新机场路快速化改造一期建成通车。

全市新增有桩公共自行车1.9万辆，新增公共停车泊位1.16万个。

常州机场旅客吞吐量增长21.8%，常州港货物吞吐量增长15%。

加快全域美丽乡村建设，4个村庄获评首批省级特色田园乡村、数量全省第一。

六　生态环境：天蓝地绿水清

守护青山绿水，推动绿色发展。常州始终坚持经济与环境的协调发展，先后实施一系列蓝天、碧水、净土保卫工程，整治和关停污染企业，城乡居民生活环境持续改善，全力推动生态宜居的现代化城市建设。

深入推进"生态绿城"建设，创成全国绿化模范城市。

7030家"散乱污"企业（作坊）全部完成整治，依法关停化工企业65家。

新增7家国家绿色工厂，全市累计共有国家绿色工厂20家，绿色园区1家、绿色供应链管理示范企业1家，绿色设计产品2个。

31个国省考断面达标率96.8%，同比提高9个百分点；优Ⅲ水质比例83.9%，同比提高23.3个百分点，改善幅度全省第一。

七　品质民生：幸福一路相伴

共享发展，发展为民。居民收入与经济增长基本同步，社会保障体系继续完善，社会事业不断发展，人民生活品质得到进一步提升。

全市居民人均可支配收入49840元，增长8.5%。

城镇常住居民人均可支配收入58345元，增长8%；农村常住居民人均可支配收入 30491 元，增长 8.8%。

城镇新增就业 11.3 万人，扶持创业 1.9 万人，城镇登记失业率控制在 3% 以内。

城乡基本养老保险参保率达 98% 以上，企业离退休养老金实现"十五连增"，跨省异地就医联网率达 100%。

做强"健康养老"品牌，建有居家养老服务中心（站）1054 家，标准化居家养老服务中心（站）城乡覆盖率分别达到 75.8% 和 45.8%。

棚户区改造新开工 1.96 万套（户），基本建成 1.26 万套（户），19 个老旧小区综合整治基本完工。

第三节 抓住机遇，推动常州经济高质量发展

常州正处于国家战略叠加的窗口期、转型升级的关键期和高水平全面建成小康社会的攻坚期，在长三角一体化发展的新机遇下，将找准定位、争先进位、提升地位，锐意改革创新、善于担当作为，积极开启率先基本实现现代化新征程，努力推动高质量发展走在前列。

一 找准定位 发挥好中心城市1/27的独特作用

从"雏形"到"成形"，"长三角一体化"已从 9 个城市的"小商量"发展到 41 个城市的"大合唱"，再到 27 个中心城市的"领唱"。常州地处长三角地区的几何中心，位于上海、南京、杭州三个都市圈的交汇点，在长三角区域一体化发展中具有重要地位。

作为长三角中心城市的 1/27，常州正认真找定位，从四个方面主动融入、展城市所长，在城市转型、产业升级、文化传承等方面谋深谋透，充分放大长三角几何中心、都市圈联结纽带等战略支点优势，建设长三角和上海大都市圈具有突出影响力的区域中心城市。

处于战略发展机遇期的常州，如何才能不辜负江苏经济第一方阵苏锡常的"三条龙"称呼，发挥自身优势，让常州这座龙城向高质量发展之路迈进——

一是做生态带的守护者。一体化发展必须践行"绿水青山就是金山银山"的理念，贯彻"山水林田湖草是生命共同体"的思想，推进生态环境共保联

治,共同打造绿色发展底色。常州处在环太湖生态圈的关键位置,必须高度重视生态环境保护工作,主动承担起守护者的职责。

二是做都市圈的后花园。近年来,常州积极依托深厚的历史积淀、良好的生态环境和坚实的基础配套,打造了一批在华东乃至全国都具有一定知名度的旅游产品,比如,"无中生有"恐龙城、"小题大作"天目湖、"点土成金"古淹城、"借题发挥"大佛塔、"虚实结合"嬉戏谷、"移花接木"盐湖城、"花好月圆"西太湖、"人文荟萃"古运河等。下一步,常州将进一步传承历史文化、彰显山水特色,努力成为近悦远来、特色鲜明的全域旅游目的地。

三是做城市群的传动轴。常州地处上海、南京、杭州三大都市圈的交汇点。东西方向,常州是上海大都市圈向西对接南京都市圈最近的城市;南北方向,常州是"江苏南北中轴"的重要枢纽城市,是宁杭生态经济带重要的节点城市。同时,常州还是苏锡常城市群、锡常泰城市群的重要成员。长三角一体化上升为国家战略,就是要把域内的都市圈、城市群协调起来、传导起来、转动起来,通过小圈的转动,推动大圈的转动,常州将充分利用好区位优势,承担起传动轴的作用。

四是做增长极的新支点。《长三角一体化发展规划纲要》明确,长三角地区要成为全国经济发展强劲活跃的增长极。常州制造业基础雄厚,近年来"三位一体"推进工业经济转型升级,加快苏南国家自主创新示范区建设,产业优势更加明显,前不久,常州智能制造装备产业集群成功入选国家首批战略性新兴产业集群。下一步,常州将全力塑造高质量的工业明星城市,努力成为全国经济发展强劲活跃增长极中的重要支点。

二 争先进位,建设长三角特色鲜明的产业技术创新中心

常州是近代中国民族工商业重要发祥地之一,20世纪80年代成为工业明星城市,并与苏州、无锡一起创造了"苏南模式"。

长三角一体化发展为常州工业发展提供了更高的平台和更强的助力,常州将争先进位,加快产业协同、科创合作、金融导入,在抱团发展、集群发展中推动工业经济迈上更高层次,着力建设长三角特色鲜明的产业技术创新中心和有广泛影响力的制造名城。

产业协同方面,常州将立足特色优势产业,发挥制造业基础扎实、配套能

力强的优势，以重大项目建设为主引擎，在智能装备制造、新材料、新一代信息技术等重点产业领域，主动对接上海等地的项目、资本，有针对性地布局、引进、培育一批建链、强链、补链、延链重点项目，加快构建自主可控的现代化产业体系。

科创合作方面，常州将主动承接上海、南京、杭州等地科创资源，着力提升常州科教城"创新之核"辐射带动作用，推动政产学研用深度合作，加快建设长三角特色鲜明的产业技术创新中心，并与苏州、无锡等城市合力推进苏南国家自主创新示范区建设。

金融导入方面，常州将加强金融对接合作，大力引进上海等地的银行、证券、保险等金融机构，支持上海等地的产业基金、资产管理、股权投资、融资租赁等机构来常发展，鼓励引导更多企业上市，登录科创板。目前，常州上市企业总数已达61家、其中上海主板23家。

三 提升地位，打造更高水平的对外开放先行区

随着国家《长江三角洲区域一体化发展规划纲要》正式印发，紧接着江苏省委省政府印发了纲要的《江苏实施方案》，重点部署推进六个一体化。

那么，对于常州，首先是服务战略大局，全面落实《规划纲要》和江苏"六个一体化"的部署要求，为长三角地区更高质量的一体化做出"常州贡献"。

其次是发挥所长，做强特色优势，把自己的事情办好。为此，常州将充分用好长三角一体化发展平台，坚持深化市场化改革，进一步优化营商环境，突出对标德国制造，以中以、中德、中瑞、苏澳等合作园区为载体，面向全球集聚资源，有效提升城市国际化水平，打造高水平对外开放的先行区。

交通是发展和开放的基础，常州将努力放大常州东融西进、南接北联的战略支点作用，打造长三角区域交通枢纽城市。

人才是创新发展的第一资源。当前，常州正着力打造独具竞争优势的人才发展高地。一是对顶尖人才支持无上限。顶尖人才来常设立科研院所、领办创办企业、创新创业，简化程序，一事一议，特事特办，特别支持。二是把人才选择权交给企业。赋予掌握核心技术、综合贡献突出的重点企业、重大项目人才举荐权。三是探索开展人才特区试点。四是突出解决首贷首用难题。

优化营商环境是高质量发展的内在要求。常州要学习借鉴上海等地做法经验，对标国际规则、对标国家营商环境指标评价体系，加快打造接轨国际、全国一流的市场化法治化国际化营商环境。以"为企业服务向园区集中、为群众服务向社区集中"为理念，以"一窗受理、一网通办"为抓手，让数据多跑路、群众少跑腿、办事像网购一样便捷，实现审批最少、成本最低、流程最优、效率最高目标。

第四节 2020是常州全面融入长三角一体化的发展之年

2020年4月1日，江苏正式发布《长江三角洲区域一体化发展规划纲要》江苏实施方案，作为长三角的重要一员，常州在《江苏实施方案》中多次被提及。

2020年，全省共确定240个省重大项目，其中实施项目220个、储备项目20个。常州负责推进的28个项目入选，项目总数及产业类项目数均位列全省第二。

常州近年来取得的发展有目共睹，从经济来看，和2012年相比，常州近8年来GDP增长了3431.1亿元，近乎翻倍。此次入选全国GDP30强城市也是实至名归。

在城市变强的同时，老百姓的人均可支配收入也从2012年的33586元，上涨到58345元，增长了24759元。

在常州地铁1号线开通后，人们的目光又聚焦到地铁2号线，目前常州地铁2号线全线复工率达100%，各建设单位正开足马力，力争在今年6月前实现轨通，预计明年可正式试运营。

除此之外，常州地铁官网也已经发布了《常州市城市轨道交通第二期建设规划（2020~2026年）环评公众意见征询》，规划建设6条线路，共85.7千米，设站65座，分别为5号线、6号线一期、1号线北延、1号线南延、2号线西延和2号线东延。

江苏南沿江城际铁路全面建设，江苏南沿江城际铁路是时速350公里的高速铁路，线路自南京南站引出，向东经句容市、金坛区、武进区、江阴市、张家港市、常熟市，终至在建的沪通铁路（上海—南通）太仓站，预计2021年正式通车。

常州将建5座通用机场，根据江苏省通用机场布局方案，常州将建5个通用机场。分别是常州、常州经开区、武进、金坛、溧阳。到2020年，常州将建成溧阳、武进这2个机场，到2035年，将建成金坛、经开区、常州这3个机场。

2020年1月2日，世界最大跨度公铁两用钢桁梁斜拉桥——常泰长江大桥建设迎来新年开门红，大桥主航道桥主塔首节钢沉井成功就位，为实现今年钢沉井最终下沉至设计深度的目标打下了坚实的基础。还创造了一个世界纪录，世界上最大的钢沉井！

3月，常州高铁新城建设指挥部正式挂牌，未来将新龙商务区将打造成为常州城市新中心，长三角的中轴新支点，常州经济的产业新高地，最宜居的智慧生态城！

总投资75亿元的江南环球中心，将建造两座200多米高度的双子楼，打造长三角地区的新地标。据规划，双子楼共43层，高249.955m，建成后将是常州的第2高楼，仅次于333m的现代传媒中心。

2019年，常州全市接待国内外游客近8000万人次，实现旅游总收入近1200亿元，同比均增长10%，旅游业增加值占GDP比重达7.6%。

2020年度全市确定重点文化和旅游项目共22个，总投资额达417.94亿元，年内计划投资额43.95亿元。其中，有2个项目入选江苏省重大项目，有3个项目入选江苏省重点文化和旅游项目。

近期更是出台了《常州市支持文旅发展促进旅游消费的八项措施》，统筹3亿元资金，打出支持文旅发展促进旅游消费的"组合拳"，助推常州旅游市场重整旗鼓、重焕生机。

这些年，无论是民生，还是城建，常州的发展有目共睹，未来，常州的发展也更值得我们期待，长三角一体化发展将给常州快速发展插上腾飞的翅膀。

第五章
江海明珠——南通

南通,简称"通",古称通州,别称静海、崇州、崇川、紫琅,是江苏省地级市,国务院批复确定的中国长三角北翼经济中心、现代化港口城市。南通集"黄金海岸"与"黄金水道"优势于一身,拥有长江岸线226千米,"据江海之会、扼南北之喉",被誉为"北上海"。

第一节 南通概况与发展优势

南通是国家历史文化名城,自后周显德三年(956年)建城至今已有一千多年历史。在中国近代文化科教史上,南通创办第一所师范学校、第一座民间博物苑、第一所纺织学校、第一所刺绣学校、第一所戏剧学校、第一所中国人办的盲哑学校和第一所气象站等"七个第一",被称为"中国近代第一城"。

南通是"精神文明南通现象"的发源地,是中国、江苏省重大精神文明先进典型最多的地区之一,连续四次被评为全国文明城市,并先后入选国家智慧城市试点、宽带中国示范城市。截至2014年,南通人口平均预期寿命达80.71岁,南通百岁寿星多达1031位。

全市下辖3个区、1个县、代管4个县级市,总面积8544平方千米,建成区面积246平方千米,常住人口731.8万人,南通地处中国华东地区、江苏东南部,东抵黄海、南濒长江,是扬子江城市群的重要组成部分、上海大都市圈北翼门户城市、中国首批对外开放的14个沿海城市之一。

表 7-5-1　2019 年年末人口数及构成

指标	年末数（万人）	比重（%）
常住人口	731.8	—
城镇人口	498.4	68.1
乡村人口	233.4	31.9
户籍人口	759.8	—
18 岁以下	91.3	12.0
18~34 岁	137.5	18.1
35~60 岁	297.4	39.1
60 岁以上	233.6	30.8
男性人口	373.0	49.1
女性人口	386.8	50.9

2014 年 5 月，南通被国际自然医学会、世界长寿乡认证委员会授予全球首个"世界长寿之都"。2018 年 10 月，获评首届健康中国年度标志城市。

南通集"黄金海岸"与"黄金水道"优势于一身，拥有长江岸线 226 千米，其中可建万吨级深水泊位的岸线 30 多千米；拥有海岸线 210 千米，其中可建 5 万吨级以上深水泊位的岸线 40 多千米。全市海岸带面积 1.3 万平方千米，沿海滩涂 21 万公顷，是中国沿海地区土地资源最丰富的地区之一。已探明的矿产资源主要有铁矿、石油、天然气、煤、大理石等。全市耕地总面积 700 万亩，土壤肥沃，适种范围广，盛产水稻、蚕茧、棉花、油料等作物。水产资源十分丰富，是全国文蛤、紫菜、河鳗、沙蚕、对虾的出口创汇基地。吕四渔场是全国四大渔场、世界九大渔场之一。

南通国务院批复确定的中国长三角北翼经济中心、现代化港口城市。全市下辖 3 个区、1 个县、代管 4 个县级市，总面积 8544 平方千米，建成区面积 246 平方千米，南通地处中国华东地区、江苏东南部，东抵黄海、南濒长江，是扬子江城市群的重要组成部分、上海大都市圈北翼门户城市、中国首批对外开放的 14 个沿海城市之一，南通集"黄金海岸"与"黄金水道"优势于一身，拥有长江岸线 226 千米，"据江海之会、扼南北之喉"，被誉为"北上海"。

2020 年全国百强县市评比，南通五个县全部跻身全国前 30 名，其中，海门位列第 13，如皋位列 19，启东和海安分别位列第 23 和第 25，如东位列第 30。

第二节 经济结构与产业特点

改革开放以来，南通市第一产业从业人员比重下降了60个百分点。与此同时，农业内部结构也出现了多元化趋势。农、林、牧、渔业总产值中，种植业比重不断下降，林、牧、渔业所占比重不断上升。

南通2019年地区生产总值9383.4亿元、增长6.2%；在减税降费142.8亿元的基础上，一般公共预算收入619.3亿元、增长2.2%；全社会研发投入占地区生产总值比重2.5%；固定资产投资增长6.6%，社会消费品零售总额增长5.6%，出口总额增长2.3%；城镇、农村居民人均可支配收入分别为50217元、24303元，分别增长8.4%、8.6%；居民消费价格涨幅3.2%；城镇登记失业率1.75%，新增就业11.5万人；完成省下达节能减排任务。

第二产业工业1978年改革开放前夕，南通市工业基本呈国有、集体"一统天下"。改革开放以来，南通非国有工业取得长足发展，国有工业企业产值占比的下降和非国有工业企业产值占比的大幅度上升，使南通工业经济的所有制结构发生了重大调整，2019年全市规上工业增加值同比增长7.2%，较1~11月提升0.2个百分点，高于全省平均水平1个百分点，位于全省第八位；

建筑业是南通的一张名片，响当当的建筑队伍被外界称为"铁军"，是中国建筑业不可逾越的一道标杆。1988年，由南通市承建的拉萨饭店项目摘得江苏省首个鲁班奖。2018年，南通市新入围鲁班奖3项，累计获103项，居中国地级市之首。"十二五"期间，南通市建筑业总产值累计达到23000亿元，年均增长16.4%，高于中国平均增速2.7个百分点，南通是闻名全国的"建筑之乡"，建筑业持续快速发展，规模不断扩大，结构日趋优化，技术显著提高，在激烈的市场竞争中实现了量质并举的新跨越，逐步形成了门类齐全、专业配套、全国领先的产业格局，对经济社会发展做出了突出贡献。2019年，南通市建筑业生产运行情况良好，完成产值持续增长，各项主要生产经营指标稳步增长。

一 建筑业生产基本情况

（一）施工产值稳步增长

2019年，全市总承包和专业承包建筑业企业964家，完成建筑业总产值

9061.3亿元,同比增长9.7%。

(二)新签合同额小幅增长

2019年,全市总承包和专业承包建筑业企业签订合同额14329.8亿元,同比增长12.2%。其中,本年新签合同额7191.8亿元,同比增长3.7%,占全部签订合同额比重50.2%。上年结转合同额7138.0亿元,同比增长22.4%,占总合同额比例达49.8%。

(三)在建规模保持增长

2019年,全市建筑业企业实现房屋施工面积92873.7万平方米,同比增长6.1%,新开工面积27975.1万平方米,同比下降5.7%。房屋竣工面积22423.1万平方米,同比增长4.5%,房屋竣工价值4898.9亿元,同比增长6.4%。从构成看,住宅房屋竣工面积17570.6万平方米,同比增长6.7%,占全部竣工面积78.4%。

二 建筑业运行特点

(一)房屋建筑业占据主导

分行业看,2019年全市房屋建筑业共完成建筑业产值8094.9亿元,比2018年增加706.0亿元,同比增长9.6%,占建筑业总产值比重89.3%。对全市建筑业总产值贡献率达到88.0%,拉动全市建筑业总产值增长8.5个百分点。

(二)县市区贡献程度不一

2019年,海门市、通州区建筑业总产值领跑全市,分别为2037.1亿元、1812.9亿元,两者占全市总产值比重均超过20%,开发区体量较小,建筑业总产值在全市占比仅0.5%;启东市、海安市和港闸区建筑业总产值增速领先,分别增长16.4%、12.0%和12.0%,开发区建筑业总产值同比下降3.5%;海门市、海安市和启东市对全市建筑业总产值贡献最为突出,贡献率分别为21.4%、21.3%和19.0%。

(三)特级资质企业支撑力强

2019年,全市特级资质企业新签建筑合同额、建筑业总产值、房屋施工面积占全部资质以上企业同类指标的比重均超过70%,从业人员期末人数占比达到66.6%。特级企业对全市建筑业发展贡献明显,产业集中度高,江苏省苏中建设集团股份有限公司、江苏南通三建集团有限公司等24家特级资质企业完成建筑业总产值6471.0亿元，同比增长19.9%，占建筑业总产值的71.4%。

三 建筑业需要关注的问题

（一）建筑业总产值增速波动较大

2019年，全市建筑业总产值同比增长9.7%，较前三季度增速回落2.5个百分点，分县市区季度间同比增幅波动更大。仅港闸区全年建筑业总产值增速较前三季度提升7.5个百分点，其他地区增速均呈现回落。崇川区、开发区、如皋市和通州区增速较前三季度分别回落10.3、8.2、7.1和5.6个百分点。

（二）建筑业原材料价格上涨

自《水泥行业去产能行动计划（2018~2020）》文件下发之后，环保整治风暴持续席卷全国，各地开展了治污去产能的工作。一定程度上减少了建筑原材料产量，砂石严重缺货，价格一路上涨，甚至"有价无货"。由于建筑材料的上涨，甚至出现了炒沙、囤砂石的现象。作为主要建筑原料，砂石、水泥占据施工总量的一半以上，建筑企业工程施工成本大大增加。

（三）疫情影响下建筑业发展

根据南通市住房和城乡建设局《关于进一步加强疫情防控期间建筑工地管控工作的通知》（通住建安〔2020〕66号）要求，全市所有房屋和轨道交通工程一律不得早于2月20日24时前复工、开工。短期内对行业有所冲击，疫情影响体现在职员复工、劳务招聘、材料采购、物资运输、资金压力等各个方面，对于建筑企业也是一个优胜劣汰、提高免疫力以及行业洗牌的过程。一旦疫情结束之后，预计会出现项目集中爆发开工、赶工期的现象。

2019年地区生产总值9383.4亿元、增长6.2%；在减税降费142.8亿元的基础上，一般公共预算收入619.3亿元、增长2.2%；全社会研发投入占地区生产总值比重2.5%；固定资产投资增长6.6%，社会消费品零售总额增长5.6%，出口总额增长2.3%；城镇、农村居民人均可支配收入分别为50217元、24303元，分别增长8.4%、8.6%；居民消费价格涨幅3.2%；城镇登记失业率1.75%，新增就业11.5万人；

出口贸易已扩展到全世界100多个国家和地区。出口商品结构基本实现了以初级产品出口为主到工业制成品出口为主的重大转变。一些资金技术含量高、附加值高的出口产品已形成一定生产规模,增强了南通出口产品参与国际市场的竞争能力,推动了南通产业结构和产品结构的升级优化。

第三节 加快谱写"向南通、通上海"发展篇章

2018年4月26日,江苏省南通市在上海召开"南通高质量发展环境说明会",标志着南通将加快融入长三角一体化、建设上海大都市北翼门户城市的具体进程。

江苏省人民政府副省长费高云表示,希望南通以这次高质量发展环境说明会为契机,更加主动融入长三角区域一体化进程,全面提升沪通合作的广度和层次,加快建设上海大都市北翼门户城市,全力增创高质量发展优势。希望上海和各方支持南通深化上海"北大门"建设,在推动非核心功能疏解过程中积极向南通倾斜。

作为国家"一带一路"和长江经济带的交汇点、江苏扬子江城市群建设的重要节点城市和上海大都市圈的重要成员,自去年以来,江苏省南通市依照"建设上海'北大门'"的发展新定位,多措并举推动高质量发展。

一 加快"向南通、通上海"步伐

南通与上海隔江相望,中心城区到上海市区100公里,凭借苏通、崇启等过江大通道,南通正在全面融入上海1小时都市圈。从"上海北"或"北上海",到上海"北大门",南通与上海正在向"一体关系"迈进。

跨江融合、接轨上海,加快融入长三角一体化进程,一直是南通发展的战略取向。为此,江苏省人民政府正式批复《南通建设上海大都市北翼门户城市总体方案》,确立了"三港三城三基地"空间格局。

南通与上海方面已经成立了沪通交通对接联合工作组,推动北沿江高铁、过江通道等重大交通基础设施对接,加快沪通交通一体化、同城化步伐。南通交通格局加快"向南通、通上海"步伐,朝着全国性综合交通枢纽目标迈进。

从陆路看,南通已建成苏通大桥、崇启大桥,市区经苏通大桥到虹桥机场60分钟,经崇启大桥到浦东机场90分钟。随着日前沪苏通铁路的通车,南通

至上海只需66分钟。新长铁路、宁启铁路在通交汇，沪通铁路、盐通高铁加快建设，北沿江高铁、通苏嘉城际正在推进前期工作；城市轨道交通1号线正在建设，2号线预计今年开工。

从水运看，南通江海河贯通，沿海具备建设30万吨级深水大港条件，去年全港货物吞吐量超过2亿吨。沿江通海港区集装箱码头，首期3个7万吨级集装箱泊位今年6月投入运营，将与综保区叠加联动，打造上海国际集装箱枢纽港多式联运配送基地；沿海的洋口港区已接卸LNG大型船舶超过150艘、近3000万立方米，成为长三角地区重要的清洁能源供应基地。

从航空看，南通兴东国际机场已开通国内外航线39条，是江苏第4个年旅客吞吐量突破200万人次的机场，与上海机场成立了沪通航空物流公司，空港货运业务将有巨大合作空间和发展潜力。

二　深化园区合作，推动产业协同

除了交通方面的合作，双方经贸交流合作也不断深化，南通50%以上企业在上海有合作关系，60%货物通过上海口岸进出，70%农副产品供给上海。与此同时，南通产业基础好、产业承载力强、与上海产业契合度高，对接上海的重点就在产业与载体的对接。

从去年以来，南通市深化与上海重点产业园、科技园等平台合作，不断提升园区建设水平。在原有7个沪通合作园区的基础上，2017年新增合作园区10个。其中，上海市北高新（南通）科技城是沪通合作园区的代表，拥有长江智谷、市北云院、市北科创大街等优势平台，将重点发展智能型、科技型、总部型三大业态。

从产业基础来看，南通先进制造业根基扎实，产值已经超过1.5万亿元。南通土地、港口、人才等优势，在承接产业溢出等方面有很大空间。

作为国家船舶高新技术产业基地，南通船舶产业约占全国市场份额的1/10，海工装备占全国市场1/3，正加快船舶产业向高技术绿色船舶、海工关键技术研发、特种海洋工程船等领域迈进。南通也是纺织之乡，家纺年营业收入约占全国1/2，迫切需要发展特种增强纤维、高性能纤维复合材料、功能性后整理等高端纺织产品和技术。

南通电子信息产业在集成电路封装测试等多个细分领域全国领先，设立了

100亿元新一代信息技术产业发展基金，重点开发引进智能终端及芯片、大规模集成电路、新型电子元器件等产品和技术。下一步，南通市将着眼推动产业链深度融合，将上海的创新优势、平台优势与南通的资源优势、成本优势深度互补。

三 加快空港新城建设，实现交通立体化

继《长江三角洲区域一体化发展规划纲要》确定"南通新机场"重要定位之后，再次回首盘点通州近期城建大动作。这十年间，南通人，看到开发区从荒地走向车水马龙，见证了南通创新区从无到有。下一个十年，又会给南通带来什么样的改变？

根据规划，南通新机场是上海国际航空枢纽的重要组成部分，上海大都会影响下接踵而来的人流和客流，将开拓南通更大的发展空间。

回顾通州的历史，我们发现从最传统的港口，到机场，到港口、再到如今尝试通过机场等多维度结合，打造"轨道上的机场"。提高的是人们的出行速度、搭建的是当下经济发展的基石。

南通对于"空港新城"的规划不仅是一时的热情，而是长久的规划。早在2017年，对兴东机场周边的建设就已经初具想法。

在2017年，南通空港产业园的发展设想中，园区产业发展功能体系分为："一大基地、三大主导产业、五大配套功能"。以航空发展多渠道带动当地经济发展。其间，南通的江海大道高架也与之相配合，延伸与机场直接相连。通过江海大道高架，乘客可以以约80千米的时速，联通啬园路隧道、东快速路高架等道路绕城一周。

通州区人民政府公布"机场达到互通连接线（江海大道东延一期）工程"，以加强通州区与主城区以及兴东机场之间的联系。江海大道高架的东延将实现从通州南山湖板块出发，真正实现通州与主城、兴东机场的无缝对接。

第四节 抓住用好新机遇，落实长三角一体化战略

如何贯彻落实《长江三角洲区域一体化发展规划纲要》，南通全市上下切实把思想和行动统一到中央决策部署和省委要求上来，主动担当起推动长三角

一体化发展的政治责任和历史使命，抓住用好百年未有之新机遇，以奋斗的姿态全力落实国家战略，努力把国家战略优势转化为南通发展胜势。

出实招加快推动产业、城市、交通三大转型升级，为抢抓长三角一体化发展机遇奠定厚实基础、创造优越条件。主要着力推动产业转型升级，抓好"大三件"：一是持续推动产业项目建设，三年开工10亿元以上重大产业项目400个，在手在谈在建百亿级重大项目20个，优化了产业结构，增强了高质量发展的动力；二是整市推进高标准农田建设，开工建设200万亩，超过过去总量的60%，有力支撑了农业结构调整，促进了农民增收；三是坚决打好"三大攻坚战"特别是污染防治攻坚战，PM2.5浓度全省最低，空气优良天数比率全省最高，水环境质量明显改善。

进一步着力推动城市转型升级，抓好"老三件"。一是推进五山及沿江地区生态修复保护，修复腾出5.5公里长江生态岸线，"面向长江、鸟语花香"的城市风貌日益彰显；二是加快城市轨道交通建设，1号线一期工程预计2022年3月底开通试运营，南通正迈入地铁时代；三是按照"一带四中心"总体布局规划建设中创区，会展中心、中创一小等项目如期竣工，累计签约项目80多个，北京大学长三角光电科学研究院、中科院上海技物所南通智能感知研究院、上海电气中央研究院等科研机构顺利落户。

科学布局，着力推动交通转型升级，抓好南通新机场、北沿江高铁、通州湾新出海口规划建设"新三件"。按照上海国际航空枢纽重要组成部分的定位，推进南通新机场规划建设，结合北沿江高铁，打造空铁枢纽，目前南通新机场选址稳步推进，北沿江高铁过江线型基本稳定，明年有望全线开工建设；按照打造通州湾长江集装箱运输新出海口的定位，加快推进通州湾起步码头和专用疏港铁路建设。

长三角一体化发展给南通带来了百年未有的新机遇。机遇前所未有，将显著提升南通在长三角区域的地位；机遇影响长远，将显著改变南通城市发展格局，增强南通区域发展综合竞争力。空铁枢纽是南通高质量发展的"动力源"、新一轮城市布局的"定盘星"、新时代的"南通梦"，要按照"上海国际航空枢纽重要组成部分"定位，迎难而上奋力推进。要按照长江集装箱运输新出海口的定位，聚集更多有利因素，以国际一流标准推进通州湾港口建设，力争到2025年初步建成江苏新出海口。要策划和落地一批重大产业项目，加快推动中天钢铁等重特大项目建设。

重大项目的拉动作用明显。当前，南通正处于经济总量迈进"万亿俱乐部"的历史关口，也处于提升交通枢纽、产业发展、城市服务三大能级，推动高质量发展走在前列的重要阶段，一批重大基础设施建设需要大量资金投入。截至2019年10月末，全市新增基础设施类贷款237.39亿元，占全市各项新增贷款的22.29%，同比多增133.09亿元。

第五节　南通市未来的发展天空将更加灿烂

长三角一体化的进展，南通目前是红利不断。最最关键的是，成为上海都市圈的核心城市在近期发布的上海大都市圈"1+7"城市群中，南通赫然在列，整个江苏也就苏州、无锡、南通三地。相对应的是浙江的嘉兴、湖州、宁波舟山。从地图上就可以很明显地看出，发展上海大都市圈，苏州、无锡、嘉兴、湖州是腹地，宁波舟山、南通将成为大上海的南北两翼，港口优势。

南通谋划、科学确定了推动长三角一体化发展的主要目标任务，要求重点抓好六个方面工作。一是突出先行先试，打造高水平沪苏跨江融合试验区，以世界眼光、一流标准规划建设示范区，构建"一主两副一枢纽"空间格局，以试验区为引领提升城市服务能级和品质；二是突出互联互通，打造高能级综合交通枢纽，建设上海国际航运中心北翼江海组合强港、长三角北翼重要航空港、华东地区重要信息港；三是突出协同创新，打造高质量现代产业体系，建设具有较强区域影响力的创新之都、长三角北翼富有鲜明特色的产业高地；四是突出共保联治，打造高标准绿色生态典范，抓好"大保护"、抓实"大治理"、抓牢"大监管"，助推绿色美丽长三角建设；五是突出跨江融合，打造高层次开放合作平台，创新建设合作载体，提升双向开放水平，创建高端活动品牌；六是突出同城共享，打造高品质公共服务体系，不断完善保障体系，大力发展社会事业，加强和创新社会治理，着力打造文化强市。

过去，南通的发展空间，实际上是被上海、苏州、无锡挤压的。而融入了上海这个梦之队，南通的发展前景很值得期待。作为未来的世界经济、金融、航运等诸多中心，长江经济带和沿海经济带的汇聚中心，上海的未来胜景是会超过想象的。而南通，离得那么近，又承接上海产业转移，担负上海北港口重任,大发展是必然趋势,特别是在沪苏通公铁两用长江大桥通车后,南通在长三角的战略地位将进一步得到提升。

北面是南通,南面是宁波舟山,这就给南通创造了第一个目标,就是争取和宁波并驾齐驱。宁波,即是南通的对标,又是南通的竞争对手。一旦实现这个目标,那么,南通也已经进入万亿城市规模,将有资本向苏南第一板块叫板。

南通未来发展的前景被看好是不争的事实,而下面各区的发展最快的估计会是启东。以后上海的地铁通到南通市区还有些遥远,但通到启东的时间可能会提前。启东已经站在风口上了,一旦无缝对接,人才、资金就会源源不断地输入启东。

2019年12月25日至26日笔者应邀率中国长江经济带发展研究院工作调研组,对南通融入长三角一体化发展进行了为期两天的调研。其间,考察了几家大型企业,并与通州区、高新区、发改委等部门领导进行了深入的沟通交流。调研组认真听取了发改、商务、高新等单位的情况汇报。

参加座谈的通州区委常委、常务副区长成小红,区委常委、宣传部部长胡卫东,高新区副主任陈锦成、发改委副主任季玉华等在座谈会上都发表了自己的看法。大家一致认为,对南通来说,关键在于和上海的一体化发展速度,以及如何利用好港口经济,进一步建设好空港以及如何调整产业结构等方面的问题。特别是在港口经济这个问题上,宁波也好,包括江苏省内的连云港也好,都走过一段弯路,既没有利用港口经济发展高附加值产业,而是只满足于收取过路费。这一点,也是南通,这个上海北港口、江苏新出海口需要注意的。特别是南通本身的产业基础不算太雄厚,抓住上海引领发展契机,能够引进一批重大高新产业和重大项目,从相关资料数据上看到,近期一大批优质项目将在南通落地。

调研交流中,关于人才建设问题也是比较突出的问题,人才大量外流已经成为南通发展的瓶颈之一。如何为南通发展储备人才,引进人才,用好人才这是一个关键点。从当下现状来看,南通高校资源不足,优质科研院校少,本土培养出的学生大多跑去上海、苏州、南京等地发展。现在对于南通来说,不仅要考虑怎么去跟其他城市争取人才资源的问题,更要思考怎么把当地人才先留下来,尤其在目前南通老龄化问题如此突出之时。

调研组认为，一体化发展南通已经站在风口上了，天时地利人和各发展要素还需要进一步优化，社会人口老龄化、本土人才流失、空港经济战略定位等很多问题需要上升到城市发展战略地位来统筹考虑。通州湾长江集装箱运输新出海口建设已被写入《长江三角洲区域一体化发展规划纲要》，它的定位是长三角港口群核心枢纽之一、上海国际航运中心北翼集装箱干线港。按照国际化高标准打造的通州湾海港，有望在2022年建成投入运营。预计到2035年，通州湾将建设成为全省港口一体化发展的示范区，集装箱吞吐能力超1500万标箱。

明确自身在上海大都市圈中的定位，实行什么样的产业发展战略，以及如何创造良好的营商环境，吸引更多的人来南通投资立业。要学习纲要、谋划落实，这是机遇意识、使命意识、担当意识的彰显，更是抢抓发展机遇、推动南通高质量发展走在前列的实干之举。

长风破浪正当时。长三角一体化发展国家战略，是有史以来对南通实质性利好最多、撬动性最大、意义最为广泛深远的国家战略，是南通百年未有的机遇。机遇是一个地方发展的"风口"，既来之不易，又稍纵即逝。面对长三角一体化发展国家战略，唯有迎难而上、奋勇攻坚，要有持之以恒的决胜心，要有主动作为的使命感。抓好机遇、用好机遇，奋力谱写长三角一体化发展的南通新篇章。

第六章
踞江望海——镇江

说到镇江，大家可能第一时间想到的就是"水漫金山"，白娘子与许仙的爱情故事发源地。其实，镇江是一座国家历史文化名城，在春秋时称为"朱方"，战国时改称"谷阳"，秦朝时称"丹徒"，三国时为"京口"，南朝宋在京口设"南徐州"，隋统一后改置"润州"，镇江之名自北宋至今，民国时期为江苏省省会，只是近代变得有些落寞。

镇江地处中国华东地区、江苏南部，是南京都市圈成员城市、扬子江城市群重要组成部分，是长江与京杭大运河唯一交汇枢纽，长江流域第三大亿吨港口镇江港通江达海。

第一节 区域概况与发展现状

镇江，古称京口、润州、南徐，是江苏省地级市，国务院批复确定的中国长江三角洲重要的港口、风景旅游城市。全市下辖3个区、代管3个县级市，总面积3847平方千米，建成区面积179平方千米，常住人口319.64万人，城镇人口227.72万人，城镇化率71.2%。

镇江西衔南京、南靠常州、北邻扬州，是华东地区重要的交通中枢。境内京沪铁路、京沪高铁、沪宁高铁、沪蓉高速公路、扬溧高速公路、312国道、104国道等通达全国各主要城市。镇江2017年GDP为4010亿元，2018年为4050亿元，2019年为4127.3亿元，依然处于稳步增长趋势。虽然GDP总量排名不高，但镇江常住人口只有319.64万人，人均GDP在江苏排名第5，实力强劲！

全市共有56个镇（街道）。丹阳市辖10个镇、2个街道；句容市辖8个镇、3个街道；扬中市辖4个镇、2个街道；丹徒区辖6个镇、2个街道；京口区辖6个街道；润州区辖7个街道；镇江新区托管3个镇、2个街道；镇江高新区托管1个街道。镇江市地处江苏省西南部，长江下游南岸，东西最大直线距离95.5千米，南北最大直线距离76.9千米。东南接常州市，西邻南京市，北与扬州市、泰州市隔江相望。全市土地总面积3847平方千米，占全省3.7%。

2019年，镇江市实现地区生产总值4127.30亿元，名列全国排名55位，在江苏省各城市中位居第十位。相比上年末增长了77.32亿元，名义增长速度1.91%。按可比价计算，实际增长速度为5.8%。具体来看各区县市GDP及增长情况：

2019年，丹阳市实现GDP约1122亿元，位居全市第一位。相比上年末减少了128.26亿元，名义下降了10.26%。

京口区2019年实现GDP1100.34亿元，位居全市第二位，其中京口435.64亿元，镇江新区664.7亿元。相比上年末减少了30.53亿元，名义下降了2.70%。

句容市2019年实现GDP661.48亿元，位居全市第三位。相比上年末增长了90.38亿元，名义增长速度为15.83%，增量及名义增速均位居全市第一位，表现出色。

扬中市2019年实现GDP487.83亿元，位居全市第四位。相比上年末减少了54.17亿元，名义下降了9.99%。

丹徒2019年实现GDP404.89亿元，位居全市第五位。相比上年末减少了12.13亿元，名义下降了2.91%。

润州区2019年实现GDP236.85亿元，位居全市第六位。相比上年末增长了18.45亿元，名义增长速度为8.45%。

六个区县市GDP及增长情况汇总成表，如图7-6-1所示。

图 7-6-1 镇江市各区县市 2019 年 GDP 排名

单位：亿元，%

排名	地区	2019年GDP	2018年GDP	增量	名义增速
—	镇江市	4127.32	4050	77.32	1.91
1	丹阳市	1121.99	1250.25	-128.26	-10.26
2	京口区	1100.34	1130.87	-30.53	-2.70
3	句容市	661.48	571.10	90.38	15.83
4	扬中市	487.83	542.00	-54.17	-9.99
5	丹徒区	404.89	417.02	-12.13	-2.91
6	润州区	236.85	218.40	18.45	8.45

从图 8-6-1 可以看出，全市六个区县市，有四个较上年末出现了下滑，仅有句容市、润州区相比上年末实现了增长，各区县市 GDP 之和总体处于下滑态势。

可能有人会问，既然各市 GDP 之和较上年末出现了下滑，那全市的数据为什么会增长 70 多亿元？仔细观察便会发现，2018 年各地区 GDP 之和比全市高出 100 多亿元，2019 年各地区则成功"瘦身"，更接近于全市 GDP 总量，为之后推进高质量发展奠定基础。

初步核算，2019 年全年实现地区生产总值 4127.32 亿元，按可比价计算增长 5.8%，其中第一产业增加值 140.2 亿元，下降 0.6%；第二产业增加值 2004.79 亿元，增长 4.9%；第三产业增加值 1982.33 亿元，增长 7.2%。人均地区生产总值 128979 元，增长 5.5%。产业结构继续优化，三次产业增加值比例调整为 3.4∶48.6∶48.0，服务业增加值占 GDP 比重提高 0.1 个百分点。

全年规模以上工业总产值比上年增长 1.3%，其中大中型企业总产值增长 2.0%。分轻重工业看，轻工业总产值增长 0.4%；重工业总产值增长 1.5%。分经济类型看，国有企业总产值下降 3.0%；集体企业总产值下降 15.5%；股份制企业总产值增长 4.3%；三资企业总产值下降 4.4%。在规模以上工业企业中，民营企业总产值增长 3.3%，其中私营企业总产值增长 1.0%。全年规模以上工业营业收入比上年增长 0.7%、利税总额下降 1.8%、利润总额增长 7.4%。亏损企业亏损额下降 6.6%，亏损企业数增长 5.2%，亏损企业亏损面 19.4%，比上年提高 0.5 个百分点。年末应收账款增长 1.3%，产成品存货下降 2.0%。产品销售率 99.3%，增长 0.6%。

镇江被评为 2018 年"中国外贸百强城市"。2019 年 8 月 13 日，入选全国城市医疗联合体建设试点城市。2019 年 8 月 28 日，入选第四批中央财政支持开展居家和社区养老服务改革试点地区名单。2019 年 9 月 23 日，"2019 年中国百强城市排行榜"发布，镇江排名第 57。2019 年 11 月 3 日，"中国城市绿色竞争力排名 TOP100"发布，镇江排名第 40。2019 年 11 月 6 日，入选中国地级市百强第 16 名。2019 年 11 月 21 日，入选"2019 中国地级市全面小康指数前 100 名"。2019 年 11 月 25 日，入选"2019 中国城市品牌评价百强榜（地级市）"。2020 年 1 月，"中国城市科技创新发展指数 2019"发布，镇江排名第 25。

第二节 抢抓长三角一体化重大战略机遇

一 镇江积极促进南京都市圈高质量发展

2019 年 8 月 28 至 29 日，市八届人大常委会召开第二十次会议，这也是镇江首次提出支持和保障南京都市圈，预示着长三角一体化正在加速推进，镇江迎来大发展。

具体做法如下。

（1）全面贯彻落实《长江三角洲区域一体化发展规划纲要》，与都市圈其他城市密切协作，全力打造长三角一体化高质量发展合作示范区。

（2）结合镇江实际，认真落实国家长三角一体化战略部署。

（3）加快与都市圈城市的优势结合、资源整合和全面融合，推动创新要素、市场要素自由流动和高效配置，打造一流营商环境。

（4）抢抓党中央支持长三角区域一体化发展并上升为国家战略的重大机遇，争取国家改革创新试点在南京都市圈先行先试。将全面贯彻落实《长江三角洲区域一体化发展规划纲要》与都市圈其他城市密切协作，全力打造长三角一体化高质量发展合作示范区；认真落实国家长三角一体化战略部署，结合镇江实际，在长三角一体化大格局中促进南京都市圈一体化高质量发展。

据了解，2019 年 2 月，南京市政府印发《南京都市圈一体化高质量发展行动计划》，并于 2020 年建成国家级现代化都市圈。

总之，南京都市圈正紧跟国家战略部署，并结合各自实际，积极谋划，以便形成合力向前发展。这不仅是提升南京中心城市首位度、成为大南京的必然选择，也是目前提升南京都市圈一体化建设、提升省会城市功能的必然要求，更是镇江新一轮发展的机遇。积极推动镇江特色新型城市功能提升，强化宁淮深度合作，增强对周边区域辐射能力。

二　镇江积极融入长三角一体化

总理在 2019 年政府工作报告中提到"将长三角区域一体化发展上升为国家战略，编制实施发展规划纲要。长江经济带发展要坚持上中下游协同，加强生态保护修复和综合交通运输体系建设，打造高质量发展经济带。"

明确镇江将落实基础设施互联互通，促进都市圈一体化。宁镇城际是宁镇扬同城化、南京都市圈的建设项目，宁镇城际一期初步规划线路途径南京市、镇江市，线路西起南京仙林湖，经宝华、下蜀、高资，东至镇江南徐新城，全长约 45km；线路二期延伸至丹阳市、扬中市，项目拟建设投资 100 亿元。

第三节　创新理念，顺势而谋，文旅融合激发产业价值

镇江应该利用自身的旅游资源优势，充分发挥文旅融合的价值所在，做大做好文旅产业：一是树立融合发展理念。推动文化与旅游产业深度融合发展，是两个产业转型升级提质增效的重要途径。只有把提升文化内涵贯穿到旅游产业发展的全域，实现景点外观和文化内涵的融合，才能使旅游产业更具生命力、吸引力和竞争力。二是树立协同发展的理念。在推动两者融合发展过程中，不能只强调或偏重文化内容向旅游产业的植入，也不能单方面强调旅游产业向文化产业的空间拓展。三是树立品牌建设的理念。把文化旅游资源优势转化为文化旅游产业优势，以精心打造精品旅游线路为依托，对示范带动性强的重点项目，充分发挥文化旅游企业的龙头作用，引导产品结构和整个产业链条向高附加值领域延伸。为什么同是白娘子的故事在杭州能打响品牌，而镇江却

是默默无闻。因而镇江要挖掘传统的知名文化旅游品牌，积极融入长三角文旅阵营。

把握关键，发挥优势，以载体融合汇聚产业吸引力。一是加大技术融合力度。积极推动现代科学技术特别是信息技术在文化旅游产业的广泛应用，在"三山"、西津渡、茅山、宝华山等主要景区重点加强文化旅游信息服务功能建设，突出"智慧旅游"主题，强化"智慧体验、智慧营销、智慧服务、智慧管理"理念，努力打造具有独特文化魅力的智慧旅游城市，催生一批智慧旅游景区、智慧旅游企业和智慧旅游业态。二是加大业态融合力度。组织专业人士，深度挖掘能代表镇江文化特色的名城文化、宗教文化、运河文化、红色文化、非遗产品、戏曲艺术、饮食风俗等要素，开发制作体现镇江地域特点的文化旅游纪念用品，挖掘旅游品牌的形象价值，拓展旅游品牌的产业链条。精心打造文化旅游精品景区和线路，吸引旅客驻足停留，促使旅游行为由观光型向体验型、度假型转化，带动文化与旅游产业融合发展。三是加大活动融合力度。积极参与全国性的文化旅游节庆活动，切实办好金山文化旅游节、长江音乐节、扬中河豚节、乡村旅游节等各类活动，努力推动镇江文化旅游品牌走向全国、走向世界。立足镇江历史文化优势、突出地域文化特色，打造生态文化、养生文化、红色文化、运河文化等主题文化旅游节庆活动，更多更好地聚集人气，提升文化旅游活动的品牌影响力。

精准施策，构建品牌，以融合提升产业竞争力。一是加大品牌融合力度。坚持以市场为导向，加大文化旅游的招商引资力度，引进有实力、有影响力、讲诚信、有成功范例的企业来镇江发展，通过整合、培育、引进等方式培育一批龙头企业，全力打造一批具有吸引力、影响力和竞争力的文化与旅游产业品牌，特别是要强力推动这些品牌在两个产业间的相互转化、融合发展。二是加大营销融合力度。创新营销理念和手段，开展整体营销。加快推进畅游镇江电子商务一体化营销平台建设，实现文化与旅游产品的统一。从不同侧面、不同层次向外界宣传和展示绚丽多彩的文化旅游产品。坚持走出去促销，组织企业赴苏浙沪皖等主要客源地，举办文化、旅游展示会等促销活动，拓展文化旅游市场。鼓励有条件的地区和单位运用市场手段以购物节、旅游节、影视节、动漫节、读书季等为载体，提升各类活动的质量和水平，鼓励与周边地区联合开发旅游线路，带动文化旅游消费。

科学设计，抢占高点，以机制融合构建产业支撑力。学习借鉴周边城市的经验，进一步理顺管理体制，强化责任分工，在市级层面建立文化旅游融合发展联席会议制度，促进文化与旅游在规划编制、政策支持、标准制定、市场监管、宣传推广、产品创新等方面的紧密结合，实现文化与旅游的无缝对接。明确今后文化旅游融合发展的战略目标、发展重点和保障措施。坚持项目化推进，特别是在"十四五"文化和旅游产业规划编制过程中应突出文旅融合导向，加快储备和培育一批文旅融合重点项目，制定推动深度融合的中长期规划。加大高层次人才的选拔引进力度，采取灵活多样的方式引进文化创意人才和旅游经营管理人才，着力打造一支高素质、专业化的文化旅游人才队伍。引进资金实力雄厚、管理经验丰富、具有战略眼光的大型企业集团，通过市场化方式进行景区运作，以战略合作的形式吸引产业资本投资，激发市场活力，创新招商方式，拓宽融资渠道，吸引境内外战略投资商、大型旅游集团和文化企业来我市投资文化旅游项目，高起点规划、高水平建设，高质量运营，抢占文化旅游制高点。积极寻求与长三角地区旅游城市的区域合作，提高镇江文化旅游产业的美誉度和品牌影响力。

第四节 长三角一体化重要门户城市镇江未来可期

随着各类轨道交通的建成通车，另外在大力推动宁镇扬一体化、南京都市圈、长三角一体化的背景下，镇江作为宁镇扬一体化的桥头堡，正在不断迎来高质量发展！

未来镇江将全面接受南京这座长三角唯一特大城市的辐射，承接南京多个方面的优质城市资源。

随着长三角一体化规划纲要印发，国家长三角一体化战略部署不断落实，南京都市圈各个城市都将迎来新一轮的大发展。

都市圈发展，交通先行。镇江作为南京都市圈中的重要一环，作为比扬州更近南京的紧密圈层，未来的交通必将迎来新一轮的爆发，从而真正实现宁镇扬交通圈，即30分钟的快速通勤圈，1小时的休闲旅游生活圈。

目前，各市毗邻地区还存在一些断头路，区域间的轨道交通、高速路网、高铁建设等还不能满足快速通联的需要。

作为离南京最近的城市，在历史上，镇江是江苏前省会城市。不论是城市骨架还是城市规划都起点很高，城市底子不差。中心区位上，不管是沿着沪宁城际打通上海——南京；还是新建设的南沿江城际线路，都必经镇江。尤其沪宁城际，在镇江市内连设镇江站、镇江南站、未来更有镇江东站、连镇城际等高铁线路。连接镇江东西两侧的苏南城市群和西部的江苏省会南京都市圈，两者都交叉重叠辐射整个镇江。

在长三角的主要城市范围当中，镇江位于核心城市区域。回顾这几年，可以发现，推进宁镇扬同城化、一体化都会被写入当年的《政府工作报告》。从开始的"积极推进宁镇扬同城化建设"，到"加快宁镇扬同城化建设"，再到今年的"推动宁镇扬一体化取得实质性进展"，表述的细微不同，却透露出极大的信息。

根据南京市政府办公厅发布的《关于贯彻落实宁镇扬同城化发展规划的通知》，到2020年，宁镇扬一体化格局基本形成，基本实现与镇江、扬州基础设施同城通达。

随着长三角一体化上升到国家战略，宁镇扬三地将围绕南京持续发展，未来还将大有可为。日前从镇江市交通运输部门了解到，镇江大力推进现代综合交通运输体系规划建设工作，统筹推进长三角一体化建设中的重大交通项目，积极构建多层次轨道交通网、完善多方式过江通道群、优化高快一体公路网、推动港口功能转型升级、加快航空设施建设，努力构筑了"铁公水空"有效衔接、特色鲜明协调发展的一体化区域交通体系。

南沿江铁路正式开工，宁句城际轨道全面开工。镇宣铁路、宁扬宁马城际列入规划，积极推进宁镇轨道等项目纳入国家相关规划。在公路建设方面，镇丹高速公路建成通车，镇江长江大桥南北接线高速公路路基完成50%以上，桥梁进入上部结构施工阶段。

随着长江12.5米深水航道工程通过交工验收，长江运河两条黄金水道十字形国家级水运枢纽地位确立，镇江港成为拥有万吨级以上泊位58个，和全世界71个国家和地区、288个港口建立贸易的沿海亿吨大港。

当前，正围绕宁镇扬组合港、区域枢纽港等定位，完成镇江港总规修编，开工建设联合动力码头，续建华电句容、荷花池作业区、扬中长旺、圣灏等码头。推进中林、孟家港、中储粮等企业向第三代、第四代港口转型升级。开展大港港区与外部高速、铁路衔接研究，打通临港交通末梢。

不仅如此，镇江又增添航空引擎，大路机场已建成省内高等级的通用机场，水上起降区浮动码头、栈桥等将在年底前正式开工。同时，连镇铁路镇江东站开工建设、镇江新区站建设进展良好，京沪高铁镇江南站一体化改造即将全面收尾，年内启动京沪铁路镇江东货场搬迁。

现阶段，将加快镇江长江大桥建设，并加快推进镇江至扬州第二过江通道和龙潭过江通道接线前期工作。加快推进仪禄高速公路等项目前期工作，加快建设357省道丹阳至常州机场段、122省道丹阳段、265省道丹徒南段改造等一批国省干线公路。并以宁镇之间的交通建设为重点，积极推进宁镇扬区域一体化出行。

江苏要更好地支持长三角的发展，首先要着眼于内部的优化，率先构建省域一体化发展的新格局。江苏作为"长三角一体化"至关重要的一极，做好区域互补、跨江融合、南北联动是其促进长三角一体化的重大举措。在一些条件比较成熟的地方可以率先推动跨地区的融合，以局部的一体化促进更大范围的一体化，为整个长三角的一体化发展探索新路径。比如以苏南自主创新示范区建设为抓手，加快提升苏南城市群发展能级；以提升南京首位度为带动，推动宁镇扬一体化取得积极进展等。

其实，无论是苏南城市群发展能级的快速推进，抑或"宁镇扬一体化"的积极进取。镇江，这个处于中心位置的江苏前省会城市都将迎来前所未有的发展机遇。

宁镇扬一体化，镇江迎来发展新机遇。从铁路规划上看，不管是沿着沪宁城际打通上海——南京；还是新建设的。尤其沪宁城际，在镇江市内连设镇江站、镇江南站、未来更有镇江东站、连镇城际等高铁线路。两条高铁线路连接镇江东西两侧的苏南城市群和西部的江苏省会南京都市圈，两者都交叉重叠辐射整个镇江。

"宁镇扬一体化"对于镇江利好，在公路规划方面表现尤其突出。主要有312国道快速化建设，这将大大降低镇江到南京的经济和时间成本；省道243建设，镇江到禄口机场的时间将由70分钟缩短到40分钟；与扬州过江通道的建设，今后可通过城市型过江通道，实现大市口到文昌阁在20分钟免费通达。

在产业一体化融合中，规划同样为未来以预留了"空间"。未来，镇江将沿着312国道打造创新产业带。这条"走廊"将以312国道为轴，发挥其两侧宁镇科教和创新资源优势，深化宁镇一体创新合作，串联宝华、下蜀、高资、镇江高新区、高校园区等区域，打造"仙林—宝华""高新区—长山科教创新区（高校园区）"东西两大创新极，加快江苏硅谷、团山睿谷等载体建设，为产业发展提供创新支撑。

回顾这几年的江苏省政府报告，推进宁镇扬同城化、一体化无不被写入。从开始的"积极推进宁镇扬同城化建设"，到"加快宁镇扬同城化建设"，再到今年的"推动宁镇扬一体化取得实质性进展"，表述的细微不同，却透露出极大的信息。

根据南京市政府办公厅发布的《关于贯彻落实宁镇扬同城化发展规划的通知》，到2020年，宁镇扬一体化格局基本形成，基本实现与镇江、扬州基础设施同城通达。

镇江抢抓长三角区域一体化战略机遇，主动对接上海"五个中心"建设——出台镇江实施方案，打造转型发展创新区和先进制造业基地。推动产业协同一体化，积极承接上海非核心功能疏解，吸引电气重型机械装备、航天工业等先进制造业项目落户，推动上下游企业协作，探索推进与上海、南京共建产业园区。推动科技创新一体化，融入G42沪宁沿线人才创新走廊，加强与长三角高校院所合作，建设一批科创孵化基地。推动基础设施一体化，加快推进宁句城际轨道、南沿江城际铁路等项目建设，做好312国道宁镇段快速化、镇扬二通道、镇杭高速铁路、243省道快速化改造、丹金高速公路等前期研究。

推动公共服务一体化，加强与南师大附校等重点学校对接，引进优质教育资源办分校，推进电子健康档案跨区域调阅，实现与浙江异地就医门诊费用直接结算。推动社会治理一体化，加强固废危废、大气污染、森林防火、重大灾害等联防联控机制，成立长三角警务大数据分中心，加快实现基础数据库信息互通。

这也意味着，随着长三角一体化上升到国家战略，省域一体化发展迎来新格局，镇江将坐享苏南城市群能级快速推进和"宁镇扬一体化"的双重利好，其发展机遇不言而喻，镇江的未来必将大有可为，苏南城市经济"垫底"的镇江，随着长三角一体化发展的进程，将唱响镇江发展的新篇章。

第七章

湿地之都——盐城

"一个让人打开心扉的地方"——盐城。江苏省地级市，长江三角洲中心区27城之一。地处中国东部沿海地区，江苏省中部，东临黄海，南与南通接壤，西南与扬州、泰州为邻，西北与淮安市相连，北隔灌河和连云港市相望，是世界生态湿地胜地，一座现代新兴工业城市。

全市地势平坦，河渠纵横。盐城下辖3区5县，代管1县级市，全市土地总面积16931平方千米，其中沿海滩涂面积4553平方千米，拥有江苏唯一的世界自然遗产中国黄（渤）海候鸟栖息地。

第一节 区域概况与发展优势

盐城是江苏最低调的三线城市，2018排名省内第七，2019年GDP排全省第八。要说在国内哪个省份的发展是比较好的，想必除了广东就是江苏的发展了。江苏境内的很多城市在进入21世纪之后都做出了很大的贡献，像南京、苏州等城市，就是像盐城这样的三线城市，也是发展得有声有色。

盐城是长江三角洲中心区27城之一。这座城市东边就是黄海，南边又和南通接壤，西南与扬州和泰州为邻，北边又和连云港市相毗邻，全市的总面积16931平方千米，是江苏面积最大和海岸线最长的城市。

盐城的交通发展是比较完善。铁路、航空和海运等交通网络基本建成，作为一座三线城市，盐城的基础设施也是相当完善的，因此盐城和其他城市之间的合作和沟通都是很有优势的。

2019年盐城的GDP总量是5702亿元。虽然说在全省的位置还是靠后的，排在第八名，但是盐城的经济总量却比一些二线城市还好。2019年哈尔滨的GDP总量也就是5249.4亿元，2019年南昌的GDP总量是5596亿元，江苏的一个三线城市经济总量却超过了两个省会城市的发展，可见盐城的发展是非常迅猛。江苏省各大城市之间的差距并不像是广东那么大，因此境内很多城市的发展虽然排名稍微靠后，但是和别的城市比起来还是有一定优势的。

盐城户籍人口总量保持稳定。2019年末，全市户籍人口821.35万人，比上年末减少3.38万人，其中城镇人口502.59万人，乡村人口318.76万人。城镇化率64.9%，比上年提高0.87个百分点。盐城海陆空交通便捷，基本形成高速公路、铁路、航空、海运、内河航运五位一体的立体化交通运输网络。南洋国际机场、盐城大丰港区和滨海港区成为国家一类开放口岸，盐城市成为同时拥有空港、海港两个一类开放口岸的地级市，是国家沿海发展和长三角一体化两大战略的交汇点，2019年全国大陆地区前38强。

2020年第一季度盐城市经济运行情况尚好。2020年以来，盐城全面贯彻落实中央和省各项决策部署，统筹做好疫情防控与经济社会发展，有效克服了疫情对经济运行的冲击，经济运行加快恢复。

根据地区生产总值统一核算结果，第一季度全市地区生产总值为1222.78亿元，同比下降9.2%。其中：第一产业增加值为95.03亿元，同比增长0.1%；第二产业增加值为425.13亿元，同比下降17.7%；第三产业增加值为702.62亿元，同比下降3.9%。

第一季度，全市规上工业产值同比下降19.5%。从行业看，有色金属冶炼和压延加工业同比增长87.4%，造纸和纸制品业同比增长29%，电力、热力生产和供应业同比增长10.3%，电气机械和器材制造业同比增长10.5%。规上工业开票销售收入839.8亿元，同比下降17.9%。工业用电量46.7亿千瓦时，同比下降8.0%。

第一季度，5000万元以上项目固定资产投资完成额同比下降0.9%。其中，第二产业5000万以上项目投资同比下降4.3%；第三产业5000万以上项目投资同比增长6.1%，占全市5000万以上项目投资的比重由去年同期的34.3%提高到36.8%。5000万以上高耗能行业项目投资同比下降21.3%，全市5000万以上基础设施项目投资同比增长17.4%。

第一季度，全市实现进出口总额23.8亿美元，同比增长2.9%。其中：出口16.0亿美元，同比下降0.7%；进口7.9亿美元，同比增长11.0%。注册外资实际到账1.71亿美元，同比下降28.0%。

第一季度，全市居民人均可支配收入为10015元，同比增长1.4%。其中：城镇常住居民人均可支配收入为11355元，同比增长1.9%；农村常住居民人均可支配收入为8036元，同比下降0.5%。第一季度，全市居民消费价格总水平（CPI）同比上涨4.4%。八大类商品价格"六涨两跌"。其中：食品烟酒类上涨12.5%，居住类上涨1.3%，生活用品及服务类上涨0.4%，教育文化和娱乐类上涨5.8%，医疗保健上涨1.1%，其他用品和服务类上涨5.6%，衣着类下跌2.8%，交通和通信类下跌2%。

盐城海陆空交通便捷，基本形成高速公路、铁路、航空、海运、内河航运五位一体的立体化交通运输网络。南洋国际机场、盐城港大丰港区、滨海港区、射阳港区、响水港区成为国家一类开放口岸，盐城市成为同时拥有空港、海港两个一类开放口岸的地级市，是国家沿海发展和长三角一体化两大战略的交汇点。

第二节　接轨上海，盐城加快融入长三角一体化

江苏盐城与上海地缘相近、经济相融、人文相亲。近年来，盐城将"融入长三角、接轨大上海"作为提升开放层次、实现高质量发展的战略选择。盐城市委七届六次全会更是明确将"接轨上海"作为推动高质量发展走在苏北苏中前列的现实路径。

目前，盐城市及下辖各县（市、区）与上海合作共建园区已实现"全覆盖"，是江苏最多的设区市。

一　太平洋西岸最大滩涂湿地

近年来，盐城抢抓长三角区域一体化和江苏沿海发展两大国家战略叠加的机遇，认真落实江苏省"1+3"重点功能区战略，把接轨大上海、融入长三角，作为开创沿海发展新优势的战略举措，确立"产业强市、生态立市、富民兴市"发展战略，举全市之力重点实施"五个一"战略工程，着力做好

"大交通""大生态""大海洋""大上海""大开放"五篇大文章，努力打造接轨上海、融入上海、服务上海"苏北第一站、沿海主阵地"新形象。

二 拉长"短板"，拓展延伸发展新空间

盐城处于"一带一路"和长江经济带的交汇点，既是长三角城市群入选城市，也是正在建设的国家可持续发展实验区，区域地位和城市影响力不断提升。

近年来，盐城抢抓国家战略叠加机遇，对外构建快速通道，全力推进通往北京、上海、南京、杭州、西安、青岛方向"5+1"高速铁路网。

随着"5+1"高速铁路网的加快建设，纵贯南北、横贯东西、内联外通的现代综合交通体系也随之形成，盐城已成为江苏铁路建设的主战场，已经迈入高铁时代，到杭州、苏州、无锡等长三角主要城市时间缩短2/3以上，全面融入上海"1小时经济圈"。

与高铁建设相配套，盐城将新建两个市级综合枢纽，一个是空港客运枢纽，一个是高铁综合枢纽，且相关县（市、区）也将同步建设7个高铁站，实现市县联动。打开了盐城新时代建设长三角国际空港、江苏沿海中心空港的新格局。

三 融合发展，打造"飞地经济"示范区

盐城按照推动长三角更高质量一体化发展的要求，抓紧落实长三角地区主要领导座谈会的部署，充分发挥沪苏两地合作共建园区方面的实践经验，高起点谋划集聚区开发建设，努力打造长三角区域合作园区标杆。

目前，沪苏大丰产业联动集聚区已完成规划编制，确立了高端装备制造、新兴特色和安全食品三大主导产业，致力建设"北上海临港生态智造城"。

推进集聚区建设是沪苏合作传统的传承延续、区域协作共赢的积极探索和长三角一体化发展的示范引领。启动接轨上海、融入长三角工作以来，盐城坚持把合作共建园区作为策应长三角区域一体化战略的重要载体和平台来打造，积极抢抓江苏省委、省政府出台支持南北合作共建政策的机遇，不断加大苏南以及上海的合作力度，走出一条"园区合作共建、促进发展双赢"之路。

随着长三角经济一体化进程的逐渐加快，盐城把"双招双引"作为接轨上海工作的重中之重来抓。

四　彰显优势，打造上海"后花园"

一直以来，盐城充分发挥农业资源优势，加快农副产品基地建设，多次在上海开展多种形式的"农超对接""农校对接""农企对接""社区对接"等活动，搭建盐城农产品在上海产销衔接平台，努力建成上海等长三角地区重要的"菜园子"。

如今，盐城许多农产品生产基地都是将直供上海市场作为首选地，经过多年努力，已成为上海一些大市场、大超市长期合作的产品供应基地。

五　海上风电打造"海上三峡"

"世界那么大，先到盐城去看看！"深秋的黄海森林公园色彩斑斓、风景如画，每到周末就会迎来大批上海等长三角都市的游客，人们徜徉其中、放飞心灵。

半个多世纪前，一群热血青年在时代的呼声中，从上海来到大丰这片热土，开垦出3个农场，造就了盐城与上海情牵一线的特殊纽带。60多年后，这座城市不仅成为老上海人重温记忆的地方，更凭借丰富的旅游资源，成为上海市民休闲旅游的热门"花园"。

盐城黄海湿地作为2019年国家申报世界自然遗产项目，目前整个申报已经获得成功。

依托麋鹿和珍禽两个国家级自然保护区，盐城正加快实施生态修复工程，全力打造生态特区。作为沿海空间大、岸线长、滩涂多、资源丰富的资源大市，盐城秉持绿色发展理念，用生态"底色"铺陈发展"绿色"，积极打造上海"后花园"。2019年12月6日，江苏省盐城市市长曹路宝做客《我们都是长三角人——对话长三角市长》大型全媒体直播节目，用一个半小时的时间畅谈了长三角一体化盐城的进行时和将来时。

曹路宝表示，总计3万字的《长三角一体化规划纲要》，将长三角一体化发展的未来全景清晰地勾勒了出来，提振了盐城的状态和信心，也明确了盐城努力的方向和努力，但同时也带来了机遇和压力。

"我们知道了该往哪个方向努力，有了具体的时间表、路线图、任务书。"但同时，纲要提出到2025年，中心区常住人口城镇化率要达到70%，铁路网密度要达到 507 公里/万平方公里等要求，都将带动一系列的投资和建设，"我们的各项工作都要放到长三角中心区城市中去定位，身上肩负的担子更重了，工作的要求更高了。"

在长三角一体化中心区的 27 个城市中，盐城是江苏苏北唯一一个被纳入的城市。因为盐城有它的特色和优势，有明确的角色承担，即生态旅游目的地、先进制造业集聚地、优质农产品输出地、城乡一体发展示范地。

第三节 盐城在长三角城市群中的定位和特点

论地理位置，盐城在长三角中心区 27 座城市中是最北面的，与龙头上海也隔着相对较远的距离。论综合实力，盐城也难比苏州、杭州、南京、宁波等城市。那么，盐城在长三角城市群中的定位和优势在哪？

盐城认识到，上海对外的辐射主要是四个方向，分别是西北沪宁，西南沪杭，南向沪甬，北向沪盐，呈反 K 型，而盐城处于沿海发展北向轴线上，向北连接连云港、青岛，向南接上海，贯通宁波、福建，是沿海发展轴线的北向中心位置。

从发展现状看，长三角一体化对于长江以北的城市来说，没有像江南地区那样相互之间有着联系紧密，主要原因是交通障碍。但随着交通条件的改善，盐城和上海等长江以南城市的经济联系会发生根本性改变。相对于较早和上海对接的其他城市，盐城的发展空间更大、更有潜力，更加具有优势。

据悉，盐城正在加快推进高铁网络建设，通往北京、上海、南京、杭州、西安、青岛等方向的 5 条高铁和 1 个综合客运枢纽建设下面同步开展。盐（城）（南）通高铁目前正在开展路基桥梁施工，计划于 2020 年建成通车，建成后盐城将真正融入上海"一小时经济圈"。

除了交通之外，盐城还具有区别于其他城市很鲜明的个性特点：

一是生态好。拥有江苏最长海岸线的盐城，有海洋、湿地、森林三大生态系统，东部是黄海湿地，西部是湖荡湿地，有长三角最大的绿肺、最好的空气、最多的珍稀鸟类，建有珍禽、麋鹿两个国家级自然保护区。不久前，黄海湿地成功列入《世界遗产名录》，更是让盐城的绿色"家底"变成了世界的生态"焦点"。

二是空间大。盐城陆地面积1.7万平方公里，接近三个上海的面积，是苏锡常土地面积的总和，拥有长三角地区最大、最具潜力的后备土地资源。因此而具有容纳百亿级甚至千亿级的重特大产业项目的空间条件。梅钢将要搬迁盐城滨海就是最好的证明。

三是农业强。盐城是农业大市，以占全国的0.64%的耕地面积产出了全国1.2%的粮食、1%的肉类、3%的蛋类、2.1%的蔬菜和1.9%的水产品，是全国重要的优质农产品供应基地。

第四节 盐城在长三角一体化中能做什么？

笔者带队的中国长江经济带发展研究院调研组，于2019年12月22日至24日对盐城积极融入长三角一体化进行了深入的调研。盐城市曹路宝市长及市发改委、商务局、经济开发区、滨海县、亭湖区等单位负责人与调研组进行了深入的座谈交流。曹路宝市长认为，长三角一体化中，每个城市都有自己的使命，每座城市也在找寻自己的角色和定位。

基于上述特性和优势，曹路宝表示，盐城可以作为长三角城市群中的生态旅游目的地、先进制造业集聚地、优质农产品输出地、城乡一体发展示范地。

所谓生态旅游目的地，曹路宝说，就是发挥盐城独特的生态优势，做好"生态+旅游"文章，加强康养服务设施建设，建设长三角最独特的生态旅游康养基地，让更多的朋友在盐城能够呼吸新鲜的空气，感受到慢生活的惬意。

黄海湿地申遗成功，无疑为盐城的旅游产业输出了一块国际认可的"金字招牌"。

曹路宝表示，盐城接下来将在旅游发展方面有很多新动作。如建设一号海堤公路，布局乡村旅游公路，挖掘九龙口国家湿地公园的文旅内涵等。

调研组提到关于《长三角一体化规划纲要》提出盐城要建设协同创新产业体系，盐城应该如何布局的问题时，曹路宝表示，盐城作为一座新兴工业城市，将充分发挥空间优势，大力推进产业强市，深入实施创新驱动，加快构建现代产业体系，打造长三角北翼的先进制造业高地。

曹路宝侧重介绍了东风悦达起亚、梅钢、东山精密三个项目。

说到东风悦达起亚，曹路宝说，提到盐城就会想到汽车。由于东风悦达起亚的项目发展，盐城已经建成江苏最大的汽车制造基地。此次《长三角规划纲要》同时把汽车作为加强产业合作的两大领域，提出建设一批国家级战略性新兴产业基地，形成若干世界级制造业集群，可以说是对盐城的重大利好消息。

盐城市发改委负责同志向调研组介绍道，盐城目前已经确立了新能源汽车的方向，力图抢占新能源汽车产业发展高地。而梅钢和东山精密两个项目，可以说是长三角一体化区域合作的典范。

在南京关闭的梅山钢铁公司产能，转而要在盐城滨海港工业园区规划建设2000万吨级的绿色精品钢生产基地，建设世界级的"未来钢厂"，打造全球钢铁产业绿色发展标杆。

此举既可以改善南京的沿江环境，为南京腾出开发空间，又使盐城大面积盐田资源得到有效利用，并有望形成以钢铁和黑色金属作为原材料的制造业产业集群，带动盐城北部基础设施建设实现新一轮的突飞猛进，使长期发展相对滞后的滨（海）阜（宁）响（水）后来居上，形成北部隆起的良好局面，可以说是"一举多得"。

而东山精密把总部从苏州迁到盐城，目前它所在的盐城国家级高新区，已经布局了智能终端产业园，正在打造华东地区最具规模的智能终端产业基地。曹路宝还透露，最近有一大批上海和南京的企业希望到盐城建设终端人才的工作基地。

曹路宝说认为，要深入融入一体化，光靠区域独特的成本优势、人口优势、市场优势和发展空间还不够，我们更多考虑在营商环境、管理理念、发展思路等方面，能够更好地与以上海为代表的先进地区同步，然后在共同的大市场当中，找到我们的机会。

而在建设农业强市上，曹路宝表示，盐城已提出了第六产业的概念。农业＋二产＋三产要叠加起来，要形成乘法效应。内涵是一二三产融合发展，举措是推动农业向食品加工业迈进，路径是完善产业链、提升价值链，目标是实现农业的规模化、产业化发展。

调研组还就城乡一体发展问题方面，与曹路宝等进行了交流。盐城方面介绍了交通和医疗等领域的建设。

"三人行必有我师。长三角每一个城市都有自身的特点和优势。"曹路宝说，杭州的"不见面审批"改革经验和电子商务发展经验，苏州在园区建设、对外开放方面的成功路径，南京在保护历史文化名城、高水平推进科技创新的有效做法，南通发挥区位优势在上海大力度招商引资的有益探索，扬州在打造宜居人居环境方面的生态情怀等，都给了盐城的发展提供了很多借鉴。

纵观盐城的自然资源禀赋和现代工业新兴城市的气质，作为苏北唯一融入长三角中心区的盐城，必然会在一体化发展的团队中获得高分，高质量发展之路将越走越宽广，"一个让人打开心扉"的地方将奏响新时代的发展凯歌。

第八章
文旅名城——扬州

江苏省地级市,是世界遗产城市、世界美食之都、东亚文化之都、国家历史文化名城和具有传统特色的风景旅游城市,位于江苏省中部、长江与京杭大运河交汇处,有江苏省陆域地理几何中心(扬州高邮市)之称,有"淮左名都,竹西佳处"之称,又有着"中国运河第一城"的美誉;被誉为扬一益二、月亮城。

第一节 扬州的社会概况与特点

扬州,古称广陵、江都、维扬,建城史可上溯至公元前 486 年首批国家历史文化名城,中国大运河扬州段入选世界遗产名录;扬州列入中国海上丝绸之路申报世界遗产城市之一。下辖邗江区、广陵区、江都区 3 个市辖区和宝应县 1 个县,代管高邮市、仪征市 2 个县级市。

扬州是江苏长江经济带重要组成部分、南京都市圈成员城市和长三角城市群城市;是南水北调东线工程水源地、联合国人居奖获奖城市、全国文明城市、中国温泉名城、国家园林城市、国家森林城市。扬州成功举办 2017 年世界体育赛事与旅游峰会、世界地理标志大会、世界运河城市论坛,2018 年世界运河风情民俗展演活动、江苏省第十九届运动会、第十届江苏省园艺博览会,将举办 2021 年扬州世界园艺博览会,2022 年世界半程马拉松锦标赛。

2018 年中国百强城市排行榜公布,扬州市位列第 45 位。2018 年 11 月,入选中国城市全面小康指数前 100 名。2019 年 10 月 31 日,扬州入选世界美食之都。

写到这里,不能不隆重推介下历史文化名城扬州,作为中国首批公布的24座历史文化名城之一,其深厚底蕴清晰展示了中国古代文化特别是中华民族主流文化的发展脉络。同时,扬州这座2500年历史的古城在21世纪如一艘世纪巨轮,航行出新的方向和活力,迈上了新的台阶。

扬州作为历史文化名城,它的特点十分明显,概括起来有三方面。

1. 通史性

扬州经过了从原始社会包括新旧石器社会直至奴隶社会、封建社会,其中尤其是封建社会2500年的建城历史,从春秋时期吴王夫差开凿邗沟到隋炀帝修大运河,从唐代鉴真六次东渡日本传播中华文化,直到宋大城,从宋代普哈丁墓遗址到马可波罗口述中元代的扬州,从明清漕运到清代两淮盐运,给我们留下了大量的可移动的文物和不可移动的文物以及历史积淀的文化精神,犹如构写了一部扬州文化通史,这种通史性的特点是十分明显的。

2. 多元性

扬州作为历史文化名城,在中国历史上尤其海外交通史上具有重要的地位,它是运河和长江交汇点,同时又是长江的入海口必经之地,使之具有东西文化碰撞的地利条件;因此,历史上就有中国的鉴真和尚六次东渡日本去传播中华文化;同时,还有韩国崔致远到中国并在扬州做官留下了大量诗文和遗著。

3. 不可复制性

扬州城曾有大城、夹城、宝佑城,虽几经嬗变,直至民国年间保留尚好。新中国建立后,因城市"生产发展需要"在新中国成立之初拆除。与之同样命运的还有一些著名的人文景观,也因人为原因而被废弃。历史上的旌忠寺是六朝遗址,清代为阮元治学之地,亦是纪念岳飞之地,后成为宗教寺院,这种历史变异使之面目全非。扬州历史上的11个名镇,今天除少数保存完好的外,相当部分名镇已几乎无遗存。如宝应氾水镇拆晚清著名华家大院,以致氾水镇几乎无历史文化遗存。

4. 保护性

打造文化扬州与扬州历史文化名城保护是一项复杂的系统的工程,内容广泛,情况错综复杂,必须认真对待。

人类对于历史文化名城的保护经历了从早期单体历史遗迹保护阶段到历史遗址周边地区、历史地段保护阶段直到历史文化名城保护三个阶段。就扬州历史文化名城而言，目前基本是三类皆有之。即保护文物古迹、保护古街区、保留某些古城格局和保护历史文化名城。

第二节　扬州产业经济与战略发展地位

2019年，扬州全年实现地区生产总值5850.08亿元，排名全国大陆地区第35名。比上年增长6.8%。而在扬州前面的正是赫赫有名的吉林省会长春，去年长春的GDP为5904.10亿元，排名在扬州后面的是河北省会石家庄，去年石家庄的GDP为5809.90亿元，数据可以看出，目前扬州的GDP与石家庄和长春都是毫厘之差，谁都有可能在2020年把GDP排名改写。

2020年4月7日，扬州市统计局发布《扬州市第四次全国经济普查公报》《2019年扬州市国民经济和社会发展统计公报》。数据显示，2019年，扬州市地区生产总值5850亿元，人均地区生产总值近13万元，三产结构进一步优化。

《2019年扬州市国民经济和社会发展统计公报》显示，2019年，扬州市实现地区生产总值5850.08亿元，增长6.8%，人均地区生产总值为128856元，增长6.3%。结构调整扎实推进，第三产业增加值占地区生产总值的比重比上年提高0.5个百分点。

扬州市国民经济模式已经从以工业制造业为主导，转向服务业为主导的经济发展模式、产业机构模式；结构优化升级、转型升级的一个重要评判指标，就是服务业占比提高，第三产业的就业人口和第二产业相比有所提高。

工业经济稳中有进：扬州市3026家规上工业企业增加值同比增长8.5%，先进制造业产值同比增长8.5%，对全部规上工业总产值的贡献率达75.3%，拉动全市产值增幅5.6个百分点。

2018年11月，国家发改委网站公布了《淮河生态经济带发展规划》全文，这意味着江苏、安徽、河南等省共同参与的这一国家级战略正式落地。

根据规划，江苏省淮安市、盐城市、宿迁市、徐州市、连云港市、扬州市、泰州市7个城市包含在规划范围之内。

规划明确，国务院和地方政府将给予大量"真金白银"的政策支持，规划区域内的各个城市也将迎来重大发展机遇。规划提出了"一带、三区、四轴、多点"的空间布局。

"一带"：指淮河干流绿色发展带。

"三区"：指东部海江河湖联动区、北部淮海经济区、中西部内陆崛起区。从规划来看，扬州属于规划中的东部海江河湖联动区。

东部海江河湖联动区包括淮安、盐城、扬州、泰州、滁州等市，发挥淮安、盐城区域中心城市的引领作用，依托洪泽湖、高邮湖、南四湖等重要湖泊水体，统筹海江河湖生态文明建设，强化与长江三角洲、皖江城市带等周边区域对接互动。

值得一提的是，扬州还被纳入一条轴——依托新（沂）长（兴）铁路、京沪高速公路、京杭运河以及在建的连淮扬镇高铁、规划建设的京沪高铁二通道，建设临沂—连云港—宿迁—淮安—盐城—扬州—泰州发展轴。

大运河文化带建设《纲要》中提到加强大运河文化带建设，扬州是大运河的原点城市，也是中国大运河申遗的牵头城市。争做大运河文化带建设的"排头兵"，对于扬州来说，是光荣的历史使命.

大运河博物馆、世界运河名城博览会、世界运河城市论坛、世界运河历史文化城市合作组织以及扬州城遗址（含隋炀帝墓遗址）、玉雕、漆器等众多扬州元素和一批重大项目写入《大运河文化保护传承利用规划纲要》，

扬州成为全国唯一一个全域划入大运河文化保护传承利用规划核心区的地级市。全国唯一的地级市，全域划入核心区，其重要性可想而知。

中国大运河博物馆（筹）的建设，是国家大运河文化带建设的重要举措，是展示中华民族辉煌历史、复活民族文化记忆的重要载体。中国大运河博物馆和大运河国家文化公园的打造成为扬州"新十件大事"之一。

第三节 文旅融合不失为扬州的一条发展路径

2019年12月27日中国长江经济带发展研究院调研组应邀到扬州调研考察，笔者及调研组其他成员在扬州市副市长刘禹同等领导的陪同下，对扬州古城街区的保护与发展进行了深入调研。"你们为古城历史文化街区的保护和发

展树立了一个标杆。"这是中国长江经济带发展研究院专家组对江苏扬州仁丰里进行深入调研后发出的由衷赞叹，也是对近年来仁丰里历史文化街区在改造过程中紧扣扬州古城特色，采取的"小地块、渐进式、微更新、强文化、可持续"模式的肯定。他们的一些做法很值得借鉴和总结推广。

扬州是中国文化名城，历史悠久。而作为扬州4条历史文化街区之一的仁丰里，更是底蕴深厚。调研中，汶河街道人大常委会主任宋凌晨介绍，仁丰里是一条700米长的鱼骨状老街，是唐代扬州老城里坊制格局的一个遗存。历经千年，这里汇聚了众多历史名人的印记，如梁昭明太子萧统曾在巷内的旌忠寺编著《文选》，清代三朝阁老、一代文宗阮元，民国历史学家黎东方等，都曾是小巷人家。

"2013年，'仁丰里历史文化街区保护设施改造项目'纳入国家发展改革委'国家文化和自然遗产保护设施建设项目'。国家资金550万元加上扬州市配套资金1295万元，让仁丰里发生了巨大的变化。"时任汶河街道党工委书记牛耕耘谈到，对于仁丰里的改造，扬州市和街道通过多次调研，确定了"文+"的总基调，并随之展开工作。

牛耕耘表示，仁丰里的民宿项目基本位于支巷内，主干道是仁丰里的文化界面，每个项目都要有公共文化空间。这是街道改造思路的"升级版"——放大项目投资者个人的文化魅力，组织各类文化活动。巷内24小时的免费城市书房长20米，但宽不过2米。和几十个公共文化客厅一样，这里也成了陌生人之间相互认识的平台，成就了他们的"布衣之交"。"如果没有这些空间，仁丰里就留不住人。我们的理想状态就是巷道干净宁静，推开每扇门又温馨热情。"

汶河街道办事处主任蒋兴国告诉专家组一行："原住民元素在改造过程中不仅没有被消解，老住户的生活质量还得到改善。去年底，仁丰里实施三线下地、煤气管道入户等工程，让原住民欣喜不已。"

刘禹同副市长表示，扬州的发展尤其是在文化旅游方面有着十分独特的先天条件，感谢中国长江经济带发展研究院能对扬州各方面工作给予战略支持，特别是在诸如仁丰里这样的古城改造和运维项目上，能从战略层面给予更多的关心和支持，使扬州的工作能够取得更好的成绩，使扬州的文化旅游能够在新时代绽放出新的灿烂，为扬州深入融合到长江三角洲一体化发展中提供"扬州样本"。

"仁丰里的保护和建设取得成绩来之不易,你们为古城历史文化街区的保护和发展树立了一个标杆,希望在此基础上加以进一步提升,无缝对接长三角地区丰厚的旅游资源,创建独特的街区景象,为文旅融合、历史文化保护和传承提供新样板。研究院愿意与扬州结成战略合作单位,为仁丰里及扬州古城保护项目和社会经济发展献智献力,共同打造历史文化兼具且特色鲜明的仁丰里,让新时代赋与古城古巷新的辉煌。"专家组一行表达了相关建议。

要说扬州融入区域一体化发展把文化旅游作为一个重要抓手的话,那么就不能不提扬州跨江发展的桥头堡——千年古镇瓜洲镇。

如同她的名字,瓜洲是长江这根绵延的长青藤上结出的一枚神奇瓜果。唐代以前,长江的入海口就在扬州和镇江之间,长江带来的泥沙在海潮的顶托下,在江口形成一道道拦门沙。从汉代到晋代,这座长如瓜形的沙洲开始露出水面,并被赋予"瓜洲"之名,岛上逐渐形成渔村、集镇。到唐代,这个长江的"睡美人"始与北岸并连,张若虚在《春江花月夜》中用"春江潮水连海平""江流宛转绕芳甸",描绘出了江海相连的壮阔景致和出没于潮水之间的连片沙洲,这正是包括瓜洲在内的长江沿江景观。

瓜洲渡是千年瓜洲的灵魂所在。在长江东流千万年不断生成和并陆的沙洲中,没有哪一个沙洲享有瓜洲的独特,因为它背靠的是世界运河名城扬州。唐代,由于瓜洲与长江北岸并陆,封堵了邗沟——从春秋到隋代开凿的大运河最早的一段——的通江口门。唐开元年间(713~741),从原邗沟的江口扬子津向南穿过瓜洲的洲地,新开一条长达12.5千米的大运河南延段—伊娄河,新的入江口门形成了中国历史上最重要的津渡之一——瓜洲渡。瓜洲渡是瓜洲的代名词。没有瓜洲渡,就没有瓜洲辉煌的历史;没有瓜洲渡,千年运河的世界遗产将失色三分。

"京口瓜洲一水间"。千百年来,瓜洲以渡口的角色与对岸的镇江对望,两座城镇如同连体,不论是漕运贸易还是军事江防,始终声息互动。从南岸的镇江北望,能望见瓜洲背后广阔的江北腹地,望见运河牵着的富庶繁华的扬州和更深、更远处的京城以及家国万里;从北岸的瓜洲南望,能望见江山如画。

2005年,润场长江公路大桥建成通车,"一桥飞架南北",结束了瓜洲与镇江之间只有轮渡的历史。大桥的建成，使扬州"跨江联动，融入苏南"迈出了实质性的步伐。古渡与大桥，交织在一起，构成了瓜洲古代文化与现代文明交相辉映的壮丽画卷。

一千多年前，张若虚在《春江花月夜》中写下"江流宛转绕芳甸"，如今这样的美景在瓜洲再次变为现实。立足于古镇古渡的历史文化禀赋和大江大河的生态资源条件，瓜洲实施由"古渡"向"度假区"的转型，致力打造的瓜洲国际旅游休闲度假区已初见雏形，瓜洲古渡公园正在升级改造为集历史文化、旅游度假、餐饮娱乐、休闲体验等功能于一体的特色精品民宿体验区。润扬长江公路大桥脚下，3500亩润扬森林公园，1600亩旅游露营基地，12平方千米天然绿肺，700亩江月湖，178座芳甸别墅群落，5000平方米会所，一个伊甸园般的美景已经呈现。此外，太阳岛高尔夫、途居扬州国际露营地等一批特色休闲度假重点项目建成或在建，"芳甸"般的瓜洲以独揽长江湾流与千载古运河的壮阔景色重新诠释了"春江花月夜"的美景。

由全国人大环境与资源委员会、全国政协人口环境资源委员会指导，国家发改委中国经济导报社、中国发展网、中国长江经济带发展研究院联合发起主办的新长江论坛，根据瓜洲申请，论坛组委会同意从2018年起将瓜洲作为论坛永久性地址。

新长江论坛是国内研讨、推动长江经济带发展的质量最高、专家学者莅临最多的高端论坛之一，它将以其创新的生态环保理念、创新的生态环保模式，为中国经济高质量发展巨献理论成果和发展实例。如此高端论坛放在瓜洲举行，将让社会各界更加关注世瓜洲，世界的目光将由此聚焦瓜洲。

第四节　长三角一体化扬州发展机遇

2020年，国家发改委、住房和城乡建设部正式印发《长江三角洲城市群发展规划》，提出培育更高水平的经济增长极，到2030年，全面建成具有全球影响力的世界级城市群，为长三角城市群的未来发展描绘了崭新蓝图，扬州市作为长三角城市群重要组成部分，将迎来哪些发展机遇？

机遇一：集聚人口和空间红利，建设更高水平大城市

规划将扬州定位为长三角城市群Ⅱ型大城市，列入13座"大城市"之一,到 2020 年,全市人口达 560 万人,城镇化水平达到 68%,市区常住人口预计达 200 万。规划将扬州国土空间划分为重点开发区域和限制开发区域,为此,扬州市须在严格保护生态环境的基础上,进一步强化产业和人口集聚能力,适度扩大产业和城镇空间,优化农村生活空间,严格保护绿色生态空间。

机遇二:融入圈带空间格局,双重机遇同频共振

规划进一步明确了宁镇扬三市共建"南京都市圈"的功能定位和未来发展方向,为宁镇扬同城化建设更好更快发展注入了"强心剂"。这也是"宁镇扬同城化"再次进入国家战略。在"四带"中,扬州市正在实施的"跨江融合"发展战略,提出要加快融合发展、特色发展和整体提升,加快融入苏南、融入长三角核心区,争做全省全面深化改革的先行区、跨江融合发展的示范区,与沿江发展带目标定位高度契合。

机遇三:健全基础设施网络,互联互通普惠共享

加快打造都市圈交通网,规划建设上海—南通—泰州—南京—合肥铁路(北沿江高铁)、南京至扬州铁路(宁扬城际)、扬州东站综合客运枢纽和 G40 广陵段等一系列涉及扬州市的基础设施建设,这将进一步加快融入长三角城市群的步伐,获得更多的发展资源和机遇。规划还就推进能源基础设施互联互通提出要求,将日照(连云港)—仪征原油管道项目及仪征大型原油存储设施建设列入能源基础设施重点工程。

机遇四:生态共建环境共治,外联内通共筑屏障

规划将扬州市定位于长江生态廊道范围,明确要求在长江水环境综合治理、长江口污染整治、里下河水环境综合整治等工程中,必须严守长江经济带的生态安全底线,坚持走生态优先、绿色发展之路,切实做到在发展中保护、在保护中发展。要求全面推进绿色城市建设,合理安排城市生态用地,适度扩大城市生态空间。

机遇五:创新联动打破壁垒,推动城市群一体化

规划要求各地打破行政区划壁垒,实现创新联动,推动城市群协同发展。这将为扬州市加快融入苏南、融入以上海为龙头的长三角核心区,进一步深化与上海、南京、杭州、合肥等(超、特)大城市的合作交流提供难得机遇。

第五节　扬州融入长三角一体化的战略构想

宁镇扬快速发展，大运河文化带建设给了扬州新的发展机遇。那么现在扬州又被纳入长三角一体化发展中心区城市，这江海河湖的独特资源元素给予了扬州史无前例的发展机遇，扬州的战略构想又是什么呢？

一　坚定不移推进重大项目建设，着力培育经济增长新动能

强势推进招商引资。牢固确立"项目为王"理念，深入开展重大产业项目招商活动，聚焦欧美、日韩、"一带一路"国家和北上广深等重点城市，实施精准招商。

着力扩大有效投资。发挥好市场和政府"两只手"作用，引导资金投向供需共同受益，具有乘数效应的先进制造业、民生建设、基础设施短板等领域。用好地方政府专项债券，坚持"资金跟着项目走"，允许更多符合条件的重大项目将其作为资本金。

深挖消费市场潜力。发挥"世界美食之都"和"东亚文化之都"品牌效应，办好"东亚文化之都中国扬州活动年""中国（扬州）世界美食节""早茶文化节"等节庆活动，促进对外文化、艺术、美食、体育等领域交流，激发入境消费潜力。实施"互联网+老字号"计划，推进"三把刀"特色步行街、东关街－国庆路老字号集聚街区建设，申办老字号博览会，打造有国际影响力的消费品牌。

二　聚力聚焦新兴科创名城建设，全力打造高质量发展新引擎

提升科技创新基础能力。牢牢锁定新兴科创名城建设"一号工程"的战略定位，以601所扬州协同创新研究院、中航机载共性中心项目为牵引，瞄准航空科技产业、通用航空产业、航空服务业三大发展方向，加快布局飞机研发设计、航空装备制造、临空经济等重点项目，推进中航631所微电子集成电路等产业化项目加快落地。

促进传统产业改造提升。坚持一手抓重大项目建设，一手抓现有产业的改造提升。启动"百企引航"行动计划，研究出台工业大企业（集团）培育意

见，推动全市主营业务收入100亿元以上工业企业达7家。实施重大技术攻关计划，实施科技企业培育"446"工程，新遴选400家企业进入省高新技术企业培育库，新获批国家高新技术企业400家，通过国家科技型中小企业认定600家。

三 持之以恒优化营商环境，全面释放经济社会发展新活力

营造良好创业生态。不折不扣落实好减税降费政策，坚持普惠性减税和结构性减税并举，严格规范涉企收费，坚决把该减的减到位、该降的降到位，切实让市场主体特别是小微企业、民营企业有获得感。全面落实国省关于优化营商环境的政策意见，聚焦获得信贷、纳税等重点评价指标和"获得电力"、"办理建筑许可"等薄弱环节，实行清单化、节点化管理，推动审批环节、时间、流程、费用"四减少"。

四 深度融入国省重大战略布局，加快构建区域融合发展新格局

推动重大战略落地。落实《长江三角洲区域一体化发展规划纲要》，编制实施"扬州行动方案"，以对接融入"南京都市圈"为重点，聚焦交通快联快通、产业共创共兴、生态共治共保等重点任务，清单化项目化推进区域合作重大事项。加快完善立体交通大网络，融入"轨道上的长三角"，重点推进连淮扬镇高铁扬州段建成通车，力争北沿江高铁扬州段开工建设，加快五峰山过江通道公路接线、龙潭过江通道等重点工程建设，推进润扬第二过江通道、宁扬城际等项目前期工作，着力打造"963"交通圈。

深入参与长江经济带建设，完善"共抓大保护"体制机制，持续巩固沿江非法码头整治成果，不断优化沿江产业布局，推进岸线高效、集约利用，高质量打造扬州长江—大运河绿色航运示范段。加快大运河文化带（扬州段）建设，完善大运河文化带"1+6+10"规划体系，编制大运河文化带专项规划和实施方案。

提升县域综合实力。注重发挥县域经济的比较优势，促进各类要素合理流动和高效集聚，推动县域经济特色发展、差异发展、联动发展。发挥农业资源优势，加快推进"宝应荷藕、河蟹""高邮鸭、罗氏沼虾""仪征茶果""江都花木"等特色农业发展。

实施乡村振兴战略。深入实施关于决胜高水平全面建成小康社会补短板强弱项的若干措施，推进农村饮用水安全、人居环境整治提升、农村义务教育保障和医疗卫生服务保障水平提升行动方案，加快补齐"三农"领域短板。

五 坚持生态优先绿色发展，推动美丽中国扬州样板取得新突破

坚决打好污染防治攻坚战。坚持方向不变、力度不减，突出精准治污、科学治污、依法治污，巩固和扩大污染防治成效。深入持久打好蓝天、碧水、净土三大保卫战，着力解决生态环境突出问题。实施新一轮蓝天保卫行动，全面加强主要污染源管控，推进"五气同治"，努力实现 PM2.5 和臭氧"双控双减"。

切实加强生态保护与修复。深度推进江淮生态大走廊建设，以高邮湖、宝应湖、邵伯湖和"绿三角"、七河八岛以及南水北调输水廊道滨河滨水区域为重点，加快打造南水北调东线源头国家公园，基本完成江淮生态大走廊沿线"三退三还"。推进公园体系建设，完善公园管理机制，丰富提升公园功能，打造高品质的城市空间。做好 2021 年扬州世界园艺博览会筹备工作。

六 更大力度保障和改善民生，满足人民群众美好生活新需求

顺应长三角一体化、宁镇扬一体化深入推进的大趋势，扬州市委做出了决战决胜未来的战略取向：在加快推进沿江地区"一体两翼"融合发展的同时，着眼于南北向的纵向融合，突出加强与苏南、上海、北京以及国内外大企业的合作，大力吸纳发展资源和创新要素，加快扬州崛起。扬州融入苏南地区的步伐进一步加快。

这是一座充满诗意的城市，李白一句"烟花三月下扬州"成为扬州响亮的城市名片；穿城而过的古运河托起了扬州的繁华。如今，它将融入长三角一体化和扬子江城市群迈入跨越大发展。在新的定位和要求下，扬州在旅游、交通、产业升级、跨江融合方面已经取得一定成果，新的融合发展策略也给扬州创造了许多新的机遇。

第九章
国泰民安——泰州

泰州是承南启北的水陆要津，为苏中门户，自古有"水陆要津，咽喉据郡"之称。700多年前，马可·波罗游历泰州，称赞"这城不很大，但各种尘世的幸福极多"。

泰州简称"泰"，江苏省地级市，位于江苏省中部。南部濒临长江，北部与盐城毗邻，东临南通，西接扬州。泰州所辖县市（区）全部建成国家级生态示范区、全国百强县，同时泰州也是全国文明城市、国家环保模范城市、国家园林城市、中国优秀旅游城市、全国科技进步先进市、第一批国家农业可持续发展试验示范区。

第一节 泰州社会简况

全市总面积 5787.26 平方千米，其中陆地面积占 77.85%，水域面积占 22.15%。市区面积 1567.13 平方千米。泰州秦称海阳，汉称海陵，州建南唐，文昌北宋。南唐时（公元937年）为州治，取"国泰民安"之意，始名泰州。泰州人文荟萃、名贤辈出，"儒风之盛，素冠淮南"。王艮、刘熙载、施耐庵、郑板桥、梅兰芳是泰州文化艺术史上的杰出代表。

2017年中国地级市全面小康指数排名第42。2018年11月，入选中国城市全面小康指数前100名。12月，被评为2018中国大陆最佳商业城市100强。

2019年，全市实现地区生产总值5133.36亿元，按可比价计算，比上年增长6.4%。其中第一产业增加值292.50亿元，增长2.3%；第二产业增加值

2525.98亿元，增长5.9%；第三产业增加值2314.88亿元，增长7.6%。按常住人口计算，人均地区生产总值110731元，增长6.6%。劳动生产率不断提升。全员劳动生产率为186498元，比上年增长7.2%。产业结构继续优化。

全年三次产业增加值比重调整为5.7∶49.2∶45.1，服务业增加值占GDP比重比上年提高1.4个百分点。市场活力不断增强。年末全市共有私营企业12.95万户，全年新增2.51万户；年末共有个体经营户37.09万户，全年新增6.12万户。

农业生产总体平稳。全年实现农林牧渔业总产值481.48亿元，按可比价计算，比上年增长2.2%；实现农林牧渔业增加值305.20亿元，增长2.4%。粮食生产稳定。全年粮食播种面积374.12千公顷，比上年减少1.19千公顷，粮食总产280.55万吨，减少6.59万吨，其中夏粮总产104.65万吨，减少2.29万吨，秋粮总产175.9万吨，减少4.3万吨。粮食亩产499.93公斤，增加4公斤。生猪产能下降。全年生猪出栏140.59万头，下降45.4%。渔业生产基本稳定。全年水产品产量36.95万吨，下降5.0%。

现代农业加快推进。农业设施提档升级。全年完成高标准农田建设25万亩，年末高标准农田比重达到76.1%；全年新增设施农业面积6.69万亩，年末设施农业面积85.1万亩。有效灌溉面积412.91万亩，比上年增加1.31万亩，增长3%。农业机械化水平提升。全市农业机械总动力达286.91万千瓦，比上年增长1%，农业综合机械化水平达到85%。绿色农业水平稳步提升。建成省级绿色防控示范区14个，化肥施用量比上年下降2.5%，农药使用量下降6.5%。

工业生产平稳运行。全年规模以上工业增加值增长6.4%，其中轻工业增长6.0%，重工业增长6.5%。分经济类型看，国有工业增长9.7%，股份制工业增长6.4%，外商和港澳台投资工业增长2.6%。在规模以上工业中，民营工业增加值增长6.7%，大中型工业增长5.2%。支柱产业稳定支撑。全年船舶、医药、电气、化工等产业产值分别增长18.3%、12.5%、7.9%和4.8%。

先进制造业加快发展。全市高新技术产业产值增速快于规模以上工业产值增速3.7个百分点，高新技术产业产值占规模以上工业产值比重为45.0%，比上年提高1.5个百分点。战略性新兴产业产值增速快于规上工业产值增速12.9个百分点，战略性新兴产业产值占规模以上工业产值比重为28.6%，比上年提高 6.6 个百分点。规模以上工业中锂离子电池、光电子器件、太阳能电池等产品产量分别比上年增长 17.4%、12.2%、5.4%。

工业企业经营状况良好。全年规模以上工业利润比上年增长 4%，亏损企业亏损额下降 0.4%。企业资产负债率为 51.0%，比上年下降 1.1 个百分点。规模以上工业企业每百元营业收入中营业成本为 79.5 元，比上年减少 0.6 元。

建筑业平稳发展。全年完成建筑业总产值 3458.07 亿元，比上年增长 3.7%。年末全市具有资质等级的总承包和专业承包建筑企业 754 家，比上年增加 7 家。其中具有特级、一级和二级资质企业 318 家，比上年增加 10 家。年末建筑业从业人员达 114.94 万人，下降 1.7%。

固定资产投资增长平稳。全年固定资产投资增长 6.0%，其中第一产业投资下降 82.2%，第二产业投资增长 6.2%，第三产业投资增长 6.5%。在二产投资中，工业投资增长 6.1%，其中医药制造业增长 31.1%，汽车制造业增长 15.2%，通信设备、计算机及其他电子设备制造业增长 42.2%，仪器仪表制造业增长 15.8%。在服务业投资中，信息传输、软件和信息技术服务业增长 13.7%，科学研究和技术服务业增长 60.1%，水利、环境和公共设施管理业增长 53.5%，文化、体育和娱乐业增长 60.8%。

投资结构不断优化。全年民间投资增长 11.1%，民间投资占全部投资比重为 85.9%。在工业投资中，高新技术产业投资增长 24.1%，占工业投资比重为 36.1%，比上年提高 4.8 个百分点；工业技改投资增长 6.3%。在服务业投资中，基础设施投资增长 14.0% 截至 2019 年，泰州市户籍总人口 503.39 万，泰州市下辖海陵区、高港区、姜堰区等 3 区，代管县级兴化市、靖江市、泰兴市等 3 市，另辖医药高新区和农业开发区等 2 个功能区，有 74 个镇、6 个乡、18 个街道办事处。

第二节　泰州打造江苏中部支点城市由"大"变"强"

"打造江苏高质量发展中部支点城市，是省委赋予泰州的新定位、新使命，是省委从全省发展大局出发，谋划苏中板块动能再造的整体考量，更是着眼于长三角区域一体化发展、提升扬子江城市群整体竞争力的战略之举。"这个观点在 1 月 9 日召开的中共泰州市委五届六次全会上得到与会代表的一致认同。全市上下将坚定扛起省委赋予的重大职责使命，真正把发展"定位"干成发展"地位"，实现"大泰州"向"强泰州"的跨越。

泰州全市上下聚焦供给侧结构性改革、三大攻坚战、乡村振兴战略、长江经济带发展等重要工作，进行专题研究部署并扎实推进；统筹推进重点领域改革，国家金融支持产业转型升级改革创新试验区工作取得突破，获批全国取消企业银行账户开户许可证核发试点，在全国率先试行人民币跨境结算便利化"绿色通道"；深入推进"品质泰州"建设，荣获第三届中国质量奖提名奖，获批国家新型城镇化标准化试点。泰州港吞吐量增幅全省第一，成为江苏第五个 2 亿吨大港。

泰州市委提出，围绕江苏高质量发展中部支点城市的战略定位，泰州要成为促进苏中崛起的枢纽节点和重要增长极，在区域发展中走在前列。2020 年，要实现高水平全面小康，同时构建起特色鲜明的"1＋5＋1"现代产业体系，成为长江经济带大健康产业集聚发展示范区、生态文明建设示范区、跨江融合发展示范区。到 2025 年，初步建成辐射带动力强的区域性中心城市，力争成为全省特色发展、改革创新排头兵，成为长三角先进制造业基地和全国"健康名城"。

未来，泰州将重点在几个方面锲而不舍、久久为功。首先，依托加密过江通道，加快跨江融合，融入锡常"一体化"，唱好宁沪"双城记"。跳出"城河思维"，跨越"长江天堑"，激活"大海基因"，加快实现从"高速时代"向"高铁时代"，从"城河时代"向"大江时代"，从"双水绕城"向"三水绕城"，从"大泰州"向"强泰州"的大踏步跨越。

其次，心无旁骛地加快构建以制造业高质量发展为导向的"1＋5＋1"产业体系，形成实力强劲的国家级产业集群。再者，坚决打好蓝天、碧水、净土三大保卫战，打造绿满滨江的大江风光带，建设集都市农业、生态休闲为一体的生态经济带，保护里下河地区原生态原村落原风貌，展现"水韵江苏"诗画美景。最后，对标国际一流标准和省内最好水平，不断提升制度环境软实力。更大力度推进政府职能转变和"放管服"改革，着力增强市场主体的感受度，着力形成优质服务的加速度，努力建设贸易投资最便利、行政效率最高、服务管理最规范、法治体系最完善的城市。

第三节　泰州的发展战略定位

根据《江苏省城镇体系规划（2015~2030年）》，江苏省结合全省城镇空间发展态势，引导中心城市差别发展，培育具有国际竞争力的专业化城市，对部分具有一体化发展态势的城市组群进行整体功能引导。江苏对13个直辖市和8个县、县级市进行了发展定位，这就是江苏省政府"13+8"中心城市（组群）规划。在这个规划中泰州被定位为：中国医药名城和长三角先进制造业基地，滨江生态旅游城市。

那么，泰州在这种战略背景下，如何实现战略目标，融入长三角一体化，发挥中心区城市作用？泰州市委、泰州市人民政府实招不断，主办的"服务大上海，融入长三角"泰州城市推介会在沪如期举行。他们积极践行落实长江三角洲区域一体化战略要求，充分发挥自身优势，从区域上来讲，泰州不仅是江苏的地理中心，也是整个长三角的地理中心，随着长三角区域一体化和长江经济带战略的实施，更是将泰州推向了发展的最前沿。

如何融入长三角？泰州都做了哪些努力？为了学习上海、接轨上海、服务上海，更加全面地融入长三角、走向全世界，泰州正努力建设成为上海产业合作主阵地、创新成果转化地、康养休闲目的地、优质产品供应地。

泰州制造业基础扎实、特色鲜明，服务业潜力巨大、需求广阔，与上海产业发展互补性强、关联度高，是产业配套协作、融合提升的"天然伙伴"。当前，泰州抢抓上海产业资源和生产要素转移的发展机遇，以打造长三角地区特色产业基地和物流基地为目标，充分放大产业配套、区位交通、商务成本、营商环境等方面的比较优势，进一步提升产业对接精度，有效承接上海非核心功能转移，形成产业共兴、资源同享、互惠发展的生动局面。

此外，泰州生态优美、美食众多、吉祥和谐，拥有"水天佛国"的历史韵味和自然风光。将大力发展康复疗养产业、健康食品产业、康养旅游产业等，打造以"春江花月夜"为主题的滨江健康新城，提升溱湖湿地、华侨城温泉等旅游核心景区品质，加快发展文化游、生态游、休闲游、禅修游、美食游等旅游业态，打造集娱乐、健身、文化于一体的健康旅游综合体。

泰州市是著名的"鱼米之乡""银杏之乡""水产之乡"，将以特色农产品供给为重点,以产品质量安全为根本,加快打造农产品质量追溯平台,推进健康食品、农副产品成分检测及功能评价中心建设,努力把更多优质、安全的农产品带到上海市民的餐桌上。

笔者认为,泰州在新时代要努力抢抓机遇,更深层次接轨上海,更大范围对接长三角各大城市,加快建设江苏高质量发展中部支点城市。初步思考应该是,泰州融入长三角区域一体化发展的城市定位是:长三角特色产业名城、高端人才创新创业基地、幸福宜居城市、旅游休闲后花园。

在《长江三角洲地区区域规划》中,泰州的定位就是"长江南北联动发展的枢纽",江苏明确泰州是江苏高质量发展的中部支点。今后,泰州将积极推进北沿江高铁规划建设,连接长三角北翼重点城市,同时积极推进盐泰锡常宜铁路建设,打造长三角地区承南启北的中部干线;此外,积极推进泰常、江阴靖江、高港扬中等过江城际铁路,推进泰常等过江通道建设,推动跨江融合,加强与上海国际航运中心的合作,努力将泰州港建成江海联运中心港。

泰州里下河地区属于水乡生态功能区,生态资源富集,生态条件优越,生态环境良好,且美食餐饮、文化资源、康养旅游独具特色,是全省首个获批的生态经济示范区,将努力打造成长三角北翼"生态后花园""都市休闲地"。将建成21公里江港堤防加固工程、20公里长江岸线生态绿化工程,确保一江清水向东流。

第四节 加快融入长三角区域一体化发展

开辟高层次人才就业"绿色通道"。

如今各地抢人大战频发,作为地级市,泰州如何吸引和留住人才,都有哪些做法?

泰州开启了"新时代科技新长征",通过采取企业科技行、"泰爱才"校园行、科技人才推介会等形式,到高端人才集聚的地方、科教资源丰富的地方。今年泰州将开展36场活动,组织800家以上企业对接60多个高校科研院所、200多个优势学科、重点实验室和人才(团队)。中国医药城的成功实践也证明了这一点,对于泰州而言,就是要围绕产业链布局人才链、创新链,这既是发展之需,也是招才之要,最终实现"以产引才、以才促产"的良好局面。

吸引人才之后，如何留住人才也是值得关注的问题，泰州在留住人才方面，提出了全力打造"泰爱才"服务品牌，重点推出高层次人才"学额奖励"制度，放大泰州基础教育好的优势，用最好的教育资源服务最好的人才。在就医方面，推出高层次人才"全程陪诊"制度，开辟就医"绿色通道"，从挂号、就诊、拿药、缴费等方面提供"一条龙"服务。在住房方面，通过发放"购房券"、生活补贴，提供人才公寓，放宽公积金贷款额度，给予租房补贴等多种渠道，让人才乐居泰州、乐业泰州。

常泰过江通道的建设加快了泰州跨江融合发展，三种交通方式过江，将实现"锡常泰"1小时通勤圈，推进"锡常泰"城市组团，为区域经济融合发展提供强有力的交通支撑。

在城东，东环高架北延；在城北，站前路东西延展；在城南，永定路快速化一路向西。这三条快速路将于近期全线贯通，一个快速、流畅的方形环线也将随之形成。

泰州是上海都市圈、南京都市圈、苏锡常都市圈重要节点城市。新长、宁启铁路，京沪、宁通、盐靖、启扬高速公路纵横全境。泰州火车站5条黄金始发线路通往全国上百个主要城市。扬泰机场通航，江阴长江大桥、泰州长江大桥"双桥飞渡"贯通大江南北。国家一类开放口岸泰州港跨入亿吨大港行列，六大沿江港区连接远海大洋。优越的区位和公铁水空一体化格局，凸显泰州长三角北翼交通枢纽的重要地位。

近年来，泰州聚焦发挥交通的先导性、战略性作用，把交通转型升级作为主攻方向，加快建设集高速铁路、普速铁路、城际铁路、城市轨道交通于一体的现代轨道交通运输体系，构建高品质快速轨道交通网，泰州的高效网格化立体大交通以及其独特的区位优势，在融入长三角一体化进程中必然会大放异彩。

第八篇 | 长三角中心区浙江九城发展篇章

杭州自秦朝设县治以来已有2200多年的历史，曾是吴越国和南宋的都城。因风景秀丽，素有"人间天堂"的美誉。

杭州，简称"杭"，古称临安、钱塘，是浙江省省会、副省级市、杭州都市圈核心城市，国务院批复确定的中国浙江省省会和全省经济、文化、科教中心、长江三角洲中心城市之一。

第一章
江南名城——杭州

第一节　杭州概况及经济综述

截至 2019 年,全市下辖 10 个区、2 个县、代管 1 个县级市,总面积 16853.57 平方千米,建成区面积 559.2 平方千米,常住人口 1036 万人,城镇人口 813.26 万人,城镇化率 78.5%。

杭州地处中国华东地区、钱塘江下游、东南沿海、浙江北部、京杭大运河南端,是环杭心城市、国际重要的电子商务中心。杭州人文古迹众多,西湖及其周边有大量的自然及人文景观遗迹,具代表性的有西湖文化、良渚文化、丝绸文化、茶文化,以及流传下来的许多故事传说。杭州得益于京杭运河和通商口岸的便利,以及自身发达的丝绸和粮食产业,历史上曾是重要的商业集散中心。

杭州依托沪杭铁路等铁路线路的通车以及上海在进出口贸易方面的带动,轻工业发展迅速。21 世纪以来,随着阿里巴巴等高科技企业的带动,互联网经济成为杭州新的经济增长点。2018 年世界短池游泳锦标赛、2022 年亚运会在杭州举办。2017 年中国百强城市排行榜排第 7 位。2019 年 6 月未来网络试验设施开通运行。11 月 29 日,杭州直飞开罗航线正式开通。2019 年 12 月,《长江三角洲区域一体化发展规划纲要》将杭州定位为特大城市。

2019 年 4 月 2 日,浙江省政府批复同意设立杭州钱塘新区,面积达 531.7 平方千米,托管管理范围包括江干区的下沙、白杨 2 个街道,萧山区的河庄、义蓬、新湾、临江、前进 5 个街道,以及大江东产业集聚区规划控制范围内的其他区域（不含党湾镇所辖接壤区域的行政村）根据浙江省统计局数据显示，截至2019年末，杭州市常住人口首次突破1000万，达1036万人，与2018年相比，增加了55.4万人。

2019年，杭州市实现地区生产总值15373亿元，按可比价计算同比增长6.8%。分产业看，第一产业增加值326亿元，增长1.9%；第二产业增加值4875亿元，增长5.0%；第三产业增加值10172亿元，增长8.0%，三次产业增加值结构调整为2.1：31.7：66.2（根据我国GDP核算制度和第四次全国经济普查修订结果，2018年，杭州GDP为14307亿元，三次产业增加值结构为2.1：32.8：65.1）。全市人均GDP达15.2万元，折合2.2万美元。

一 农业生产形势稳定，优势特色产业增速回升

2019年，全市实现农林牧渔业增加值333亿元，增长2.1%，增速较上年提高0.1个百分点。其中，农业、林业、渔业增加值分别增长2.5%、3.9%、2.2%，牧业增加值下降5.0%。优势特色产业产值增长4.6%，增速比上年提高0.7个百分点，占农林牧渔总产值的75.2%。

二 工业生产总体平稳，新制造业动能增强

全面实施"新制造业计划"，2019年，全市规上工业增加值3531亿元，增长5.1%。其中，高新技术产业、战略性新兴产业、装备制造业分别增长8.5%、13.1%和7.8%；占比达61.7%、37.6%和46.5%，比上年提高4.5、4.3和1.5个百分点。重点行业中，计算机通信和其他电子设备制造业增加值增长15.2%，医药制造业增长13.0%。

三 服务业态势良好，现代服务业贡献突出

2019年，全市服务业增加值突破万亿，达到10172亿元，对GDP增长贡献率达72.9%。金融服务产业增加值1791亿元，增长9.1%，新增境内外上市企业22家，累计192家，居全国第四。健康产业实现增加值975亿元，增长12.5%。文创产业实现增加值3735亿元，增长15.6%。规上高新技术服务业营业收入占全省的80%以上。

四　固定资产投资较快增长，项目投资占比提高

2019年，全市固定资产投资增长11.6%，增速位居全省首位。其中，房地产开发投资增长10.7%；项目投资增长12.6%，占比提高到48.1%。从产业投向看，第二产业投资增长6.2%，其中工业投资转负为正，增长5.6%，第三产业投资增长12.2%。

五　商品销售增长稳定，消费升级持续推进

2019年，全市社会消费品零售总额6215亿元，增长8.8%。商品消费持续向高品质升级，限额以上可穿戴智能设备零售增长38.4%，智能家用电器和音像器材增长21.7%。线上线下融合发展，限额以上零售额中，通过公共网络实现的商品销售增长20.0%。

六　外贸多元发展，出口逆势增长

在中美经贸摩擦背景下，着力构建出口竞争新优势。2019年，实现货物进出口5597亿元，增长6.7%，其中出口3613亿元，增长5.7%，对"一带一路"市场出口份额提高到32.6%。服务贸易态势良好，深化国家服务贸易创新发展试点，全年服务贸易实现出口124.9亿美元，增长19.0%。跨境电商进出口952亿元，增长28.8%。

七　财政运行稳健，信贷结构优化

2019年，全市实现财政总收入3650亿元，增长5.6%，一般公共预算收入1966亿元，增长7.7%，增速分别比上年回落8.9和4.8个百分点。一般公共预算支出1953亿元，增长13.7%，民生支出占一般公共预算支出的78.6%。

12月末，金融机构本外币存款余额45287亿元，增长13.8%，增速比上年提高4.7个百分点。金融机构本外币贷款余额42245亿元，增长15.4%，全年新增贷款6086亿元，其中小微企业新增贷款占22.0%，比上年提高7.0个百分点，民营经济新增贷款占27.4%，比上年提高8.5个百分点。

八　数字经济持续引领，重点产业较快增长

2019年，数字经济核心产业实现增加值3795亿元，增长15.1%，比上年提高0.1个百分点，高于GDP增速8.3个百分点。电子商务产业增加值增长14.6%，物联网产业增加值增长13.6%，数字内容产业增加值增长16.3%，软件与信息服务产业增加值增长15.7%。

总的来看，2019年，在经济下行压力加大的背景下，杭州全市经济运行在合理区间，积极因素累积增多，继续向高质量发展迈进。2020年，国内外环境依然复杂严峻，经济下行压力不减，实体经济仍然面临不少困难，要坚持新发展理念，坚持稳中求进工作总基调，落实稳增长、稳企业各项政策举措，培育壮大新动能，做好民生补短板，确保高水平全面建成小康社会和"十三五"规划圆满收官。

2020年全国15座新一线城市依次为：成都、重庆、杭州、武汉、西安、天津、苏州、南京、郑州、长沙、东莞、沈阳、青岛、合肥、佛山，我们能看到除了合肥与佛山取代了宁波和昆明之外，一直稳居第二的杭州，却被重庆取代了。

杭州是浙江省的经济、文化、科教中心，同时也是长江三角洲中心城市之一，随着近些年阿里巴巴等高科技企业的飞速发展，杭州的经济实力得到极大的提升。

有着超过1000万常住人口的杭州，不光有完善的城市建设，各类人才也是非常之多，在如今的时代下，作为国际重要的电子商务中心，杭州的潜力还很大，比肩北上广深指日可待。

除此之外，杭州的景色也是一绝，"上有天堂，下有苏杭"，正是对杭州景色的最佳赞美，杭州西湖在全世界都享有极高的知名度，可以说杭州是当下旅游热度最高的城市之一，极具魅力和发展潜力。

第二节　杭州融入一体化的战略构想

市域面积占长三角地区的4.7%，常住人口占4.3%，经济总量占6.4%，一般公共预算收入占7.2%——作为长三角南翼中心城市的杭州，如何更好地

发挥在浙江融入长三角中的"头雁"作用?

杭州将积极贯彻长三角一体化发展国家战略,全面提升城市综合能级和核心竞争力,全力打造长三角南翼强劲增长极。

一 长三角一体化,杭州既是机遇也是挑战

长江三角洲,这片长江入海前形成的冲积平原,是中国第一大经济区,亚太地区重要的国际门户、全球重要的先进制造业基地,也是中国率先跻身世界级城市群的地区。杭州,则是长三角的"地理中心",沪杭宁、沪杭甬、杭宁合三大板块在杭州形成空间上的交汇,区位条件得天独厚。当前,杭州的城市能级正在蝶变,经济形态正在迭代,社会治理正在攻坚,迫切需要内生动力与外部赋能的交互作用,这与长三角一体化发展国家战略的实施形成了历史性的交汇。

"这两个交汇为杭州提升城市综合能级和核心竞争力带来了千载难逢的重大历史机遇,我们必须把握时机、抢占风口,更好地实现借势借力发展。"杭州市委主要负责人强调。

但是,区域之间的合作交流从来都是机遇与挑战并存。大家都处于新的起跑线上,谁看得准、动作快,就能抢占先机赢得主动,一旦错过机遇,就有被边缘化的风险。从长三角区域发展态势来看,杭州既面临着上海超大城市的"虹吸效应",也面临着周边城市的"洼地效应"。上海对龙头企业、高端人才的吸引力持续增强,由于临近上海这个国际大都市,许多国际化资源难以在杭落地布局。同时,随着基础设施的互联互通,嘉兴、湖州、绍兴等周边地区产业空间大、生产成本低等优势也进一步显现。

在"两头挤压"的夹缝中,面对自身发展存在的问题,杭州要保持清醒头脑,抓住时间窗口,主动作为、提升本领、扎实行动。杭州市委主要负责人表示,杭州既要防止"大树底下不长草",又要避免"山坡中段不存水",努力在新一轮区域合作与竞争的赛场上跑出好成绩。

二 深度融入长三角——杭州的方向与路径

如何贯彻实施长三角一体化发展国家战略,杭州明确了方向和路径。

第一紧紧围绕一体化。实现长三角更高质量一体化的实质,是打破行政区

划分割、促进资源要素自由流动。其关键是推动体制机制的一体化。杭州将坚持全面深化改革，积极打破行政壁垒和制度壁垒，努力推动与长三角城市政策协同、规则协同、标准协同、要素协同，合力探索区域一体化发展的体制机制。

第二始终坚持高质量。长三角致力于打造"全国高质量发展样板区"，杭州必须成为南翼的高峰，在板块中走在前列。除了促进高水平的空间布局、高层次的产业发展，更要高水平地提升人民生活水平。特别是要加大民生领域的同城化力度，既要主动上门对接一体化，积极推动杭州市民在兄弟城市享有更多的便捷优质服务，又要打开大门推进一体化，让周边城市居民到杭州也能享受到同城待遇，拆掉城市之间"无形的门"。

第三要充分彰显新魅力。杭州是历史文化名城、创新活力之城和生态文明之都，这是杭州相对于长三角其他城市最明确的城市定位和最明显的特色优势。在贯彻实施长三角一体化发展战略中，杭州既要精心守护"中华文明圣地"，彰显历史文化名城新魅力；也要全力打造数字经济第一城，彰显创新活力之城新魅力；同时，还要通过统筹美丽城区、美丽城镇、美丽乡村建设等行动，努力建设美丽中国大花园，彰显生态文明之都新魅力。

第四做强做大都市圈。都市圈是城市群的主体和硬核，长三角一体化首先是都市圈的同城化。过去，杭州参与长三角一体化主要是以城市为单位的同城化；现在，杭州将以市域为主体，加快整个都市圈同城化发展，实现以都市圈为单位的集群融入。在设施全网络、产业全链条、审批全窗口、环保全流域、民生全卡通等方面加快突破，力求率先实现都市圈内人才流、物流、资金流、信息流的高效便捷流动。

第五服务借力大上海。"长三角城市群中，上海是当之无愧的龙头。上海发展得越快，杭州借势的平台就越大；对上海服务得越好，杭州面临的机遇就越多。"杭州市委主要负责人在会上表示，杭州要研究把握上海的发展趋势，精准对接上海的发展需求，主动承接上海的辐射效应，更好地利用这个大平台壮大自己、链接全球，以更优服务实现更好接轨。

杭州要深度融入长三角，就是融入一个拥有2.2亿人口的大市场，融入一个高端资源集聚的大平台。

对杭州来说，首先是要助推基础设施的互联互通，以构建与长三角中心城市1小时交通圈为目标,争取加快跨区域交通基础设施建设,包括提升杭州高铁枢纽功能,加快铁路西站枢纽建设,协同做好湖州至杭州西至杭黄铁路连接线、商合杭、杭临绩、沪乍杭铁路、宁杭高铁二通道、杭衢、金建高铁及杭绍、杭海、杭德等成绩铁路建设,积极审慎开展沪杭磁悬浮项目规划研究,打造轨道上的长三角中心城市。率先在都市区实现公交化客运服务,全面推进萧山机场三期扩建,积极拓展国际航线网络,等等。

三 切入点与突破口:杭州要集中力量攻坚一批重点项目

长三角一体化发展是一项系统工程,必须在若干重点领域和关键环节率先取得突破、形成示范效应。为起到一字落而全盘活、牵一发而动全身的效果,杭州近期将重点实施十个方面的项目。

一要持续打造全国数字经济第一城。近期要重点在5G商用和产业化上实现突破,推进"5G+四基"产业发展。聚焦"城市大脑"、未来社区、智能亚运、工业智联网等应用场景,加快国家人工智能开放创新平台、中国信通院人工智能研究中心和人工智能小镇建设,参与建设长三角人工智能产业联盟,争创国家新一代人工智能创新发展试验区,等等。

二要不失时机地实施"新制造业计划"。千方百计留住杭州的优质企业,持续加大招大引强力度,培育形成一批能够支撑杭州未来发展的优势产业集群和大企业大集团。争取上市工业企业实现新突破,三年内实现规上工业企业数字化改造全覆盖,每年净增规上工业企业300家以上,争取打一个杭州制造业的"翻身仗"。

三要持续实施"城市国际化计划"。着力打造具有全球影响力的"互联网+"创新创业中心、国际会议目的地城市、国际重要的旅游休闲中心、东方文化国际交流重要城市,联动高水平筹办2022年亚运会,完善国际化软硬件服务设施,提升市民国际化素质。

四要以"最多跑一次"改革引领营商环境建设。对标国际国内营商环境一流城市,在促进投资、服务企业方面采取更大改革力度,进一步减时间、减材料、减环节、减费用,优化投资项目全程服务,建立全周期跟踪服务机制。切实降低创新创业的时间成本、商务成本和制度成本,打造成本的洼地、投资的高地。

五要探索建立跨区域特色小镇。充分利用上海的创新、人才资源和开放政策，在上海境内建设沪杭梦想小镇，打造在沪大学生新创业的新平台、杭企在沪研发的新基地、杭州对外开放的新窗口。依托中国科技大学等知名院校，在合肥设立合杭梦想小镇，在钱塘新区设立长三角小镇，建设上海高校联盟众创空间等载体，在产业、科创、会展赛事、公共服务等领域全方位对接上海等，打造杭州"新浦东"。

六要做强做优"城市大脑"品牌。充分发挥示范效应，扩大"城市大脑"应用范围，协同推进数据资源共享、算法服务平台共建，促进5G、IPv6以及新型城域物联专网在长三角率先商用，共推长三角人工智能平台等数字化重大项目建设，探索建立与长三角其他智慧城市建设的协同服务机制等。

七要共同打造世界文化遗产群落。高水平做好西湖、大运河、良渚三大世界遗产的保护、研究传承和利用。以良渚古城遗址公园为核心，加强环太湖流域良渚文化遗址群的合作考古研究和保护利用，共同挖掘好、梳理好、阐释好蕴藏在遗址文物资源中的文化基因、文明记忆、民族精神。

八要建设美丽中国大花园的示范区。加快淳安特别生态功能区建设，严格落实千岛湖保护法规制度，推动产业生态化与生态产业化融合发展，推动建立执法互助、监测互动、信息互换、奖补互挂和江湖联保、应急联动、示范联创工作机制，提供更多优质生态产品，为坚定不移走"两山"发展路子提供示范。

九要持续擦亮"最具幸福感城市"的金字招牌。持续深化"美好教育""健康杭州"建设，切实办好"十件民生实事"，全力抓好老旧小区改造提升、垃圾分类等"关键小事"，积极助推医疗卫生、养老服务等民生领域实现长三角"一证通"，切实增强群众的获得感和满意度。加快学校、医院等基础设施建设，使杭州更加宜居宜业。要着力降低生活成本，深化住房租赁市场发展试点，加大人才房、"蓝领公寓"等建设力度，健全多元化住房保障体系，确保房地产市场平稳健康发展。

十要着力打造长三角南翼"人才特区"。在未来科技城开展试点基础上推进"人才特区"建设，大力支持浙江大学、西湖大学、之江实验室、阿里达摩院等名校名院名所建设，强化重大创新平台对人才的吸附效应。充分发挥企业引才用才的主体作用，制定实施企业引才补贴奖励政策，提高人才引进的"匹配度"。持续创新引才机制，学习借鉴上海分类推进人才评价机制改革等先进经验，在努力优化创新创业便利性的同时，不断提升人才综合生活环境。加快推进浙江人才大厦建设，努力推动长三角人才柔性流动，打造辐射全省的科技孵化器、人才高地和公共服务平台，服务全省各地人才引育留用，服务借力大上海做强做实都市圈。

第三节　杭州全力打造长三角南翼强劲增长极

如何更高质量地融入长三角？2019年7月30日，杭州市公布了落实长三角区域一体化发展国家战略行动计划征求意见稿，要深入开展科创、产业、开放、营商环境等服务借力上海十大行动；做强做实都市圈，先行建设杭嘉、杭湖、杭绍一体化发展的协同板块，以及千黄省际旅游合作示范区，全力打造长三角南翼强劲增长极。

更高质量融入长三角，杭州定下了目标：到2025年，杭州全市域全方位融入长三角更高质量一体化发展格局基本形成，城市综合实力、创新能力和国际影响力迈上新台阶，常住人口城镇化率达到80%，人均GDP达到20万元，城乡居民收入差距缩小到1.8∶1。

助推长三角更高质量一体化发展，杭州要打造数字经济和制造业"双引擎"。以打造数字经济第一城为目标，杭州正力争在5G商用和产业化上实现突破，争创国家新一代人工智能创新发展试验区，围绕"跨境电商全国第一城、全球第一流"目标加快"数字口岸"建设，支持加快eWTP秘书处实体化运作。为加快制造业高质量发展，杭州正实施规上工业企业、十百千亿企业、国家级高新技术企业数量和工业投资、工业技改总量、新引进项目投资额"六倍增"计划；杭州市域内企业正常流动信息平台和共建共享机制正在建设中，滨江与富阳特别合作示范区即将"结果"。

全面对标上海营商环境，共建长三角一体化营商环境。当前，杭州正深化"最多跑一次"改革，开通运行长三角地区政务服务"一网通办"，以打造"移动办事之城"为抓手，实现数据互通共享，稳步实现与其他城市网上统一办事入口、跨区域身份认证和登记文件互认、市场主体资质类信息全贯通全共享。

TOD：构建未来杭州城市新空间

通俗一点说，TOD模式就是以公共交通站点为中心、以400~800米（5~

10 分钟步行路程）为半径建立中心广场或城市中心，其特点在于集工作、商业、文化、教育、居住等于一身的"混合用途"。它主要通过土地使用和交通政策来协调城市发展过程中产生的交通拥堵和用地不足的矛盾。

随着城市骨架的进一步拉伸，地铁出行在市民群众的生活中显得越来越重要。未来三年，杭州将建成 13 条城市轨道交通线路，通车总里程 516 公里。如何通过有效开发，引领城市空间布局优化，带动沿线周边区域经济发展，疏散老城区人口，进而缓解主城区的交通拥堵压力？

TOD 模式——关于杭州未来城区的探索

事实上，在杭州，TOD 模式的建设已经取得了实践成果。地铁七堡车辆段是杭州实践"地铁+物业"理念开发的第一个车辆段上盖综合体。该项目上盖物业由地铁集团联合绿城集团进行开发，打造起杨柳郡项目的同时还配置了小学、幼儿园和市政公园等设施，成为杭州地上地下空间一体化综合开发利用的新"样板"。它的出现也带动了艮北的发展和价值提升。

公共交通引导城市——关乎人民幸福

TOD 模式不仅在杭州实践成功，它的建设价值也正在被交通专家肯定。

TOD 是实现便捷高效、绿色发展的关键；是形成合理城市结构、提高土地利用效率的根本途径。TOD 是实现基于公共交通出行生活方式的抓手，不光提供服务，还要追求效益，才能可持续发展。TOD 的设计应该面向所有出行者，面向各种客流，提供全天候服务。例如除了早晚通勤，考虑到一部分居家人士的需求，照顾到她们的购物需求，可以跟百货大楼融合，这就是高峰与平峰的充分利用；又比如一些郊区 TOD，可设计一些游乐场所或度假酒店供亲子周末游玩，也可以充分利用交通线路，多种经营，提高收益。TOD 模式不只是枢纽经济，要融合轨道交通方式协调发展，在投资方向或者规划上用好先进理念进行实践探索。

笔者认为，现在杭州是多中心多点发展的城市，每个地方应该都是一个宜居宜工作宜生活的地方，这也正是 TOD 模式探索和实践的核心价值所在。

TOD 模式的"他山之石"

目前，TOD 模式在国内外的运营已经相对普遍。它成为有效缓解城市交通拥堵、快速串联城市板块、有效提升轨道沿线商业价值、发挥土地价值的"法宝"。

比如在日本新宿，当地人就可以依托交通枢纽站，在步行 10 分钟范围之内享受到城市中心的服务，从而实现集办公、购物、文化、教育、娱乐、居住等于一体的生活模式。

第四节　杭州湾的未来

浙江作为全国经济强省，在发展了几十年后，无论城市经济还是百姓水平都得到很大的提高。目前各大城市都已经到转型的窗口期，自身城市资源有限，大城市需要发展都市圈来扩大自身影响力，进而持续经济增长。浙江与上海相近，上海作为中国经济、贸易、航运、金融、医疗等中心，有着很强虹吸效应。浙江肯定主打杭州省会的发展路线，但上海的存在，也会让沪杭周边的嘉兴、湖州、绍兴、宁波会有自己的盘算，该跟谁走？这只是现状，也是目前浙江非常纠结的地方。

在四大都市区之后，浙江最近又主推了杭州湾大湾区发展。这个规划看似和四大都市区是 2 个方案，但在某些方面还是有相似的地方，在发展上，四大都市区也是杭州湾大湾区的补充和升级。但大湾区规划主打的是浙江北部地区，以嘉兴、湖州、杭州、绍兴、宁波和舟山六市为主，对于浙江其他地市有益吗？看似一个小区域规划能否带动全省的经济发展呢？杭州湾大湾区战略不但是未来浙江的主要发展方向，更是长三角乃至中国的发展思路。湾区经济是资本主义国家几百年来研究发展的城市配置，全球五大最现代的城市群都属于湾区资源，东京、旧金山、纽约等都是最好的案例，这些成功的历史案例就是我们学习的最好材料。

实质上金华义乌都市区的发展和杭州、宁波非常有联系，杭州的商业和宁波的物流对金华义乌的发展关系很大。至于温州也有足够能力立足浙南。温州拥有浙江最多人口，全球温商群体，以及强大民营经济的支持，温州自然能独当一面，产生自己的城市影响力，甚至吸引周边福建北部以及省内部分县市来打造属于自己的核心圈。四大都市区可以拆分，可以作为大湾区的补充，浙江未来的发展非常值得期待。

民生领域加速同城化。推动基础设施互联互通，杭州正以构筑与长三角中心城市 1 小时交通圈为目标，持续推进现代综合交通大会战。此外，杭州主动接轨长三角基本公共服务标准体系建设，互认对接社会保障、医疗养老、人才资源、公共安全等方面的标准和程序。到2025年杭州全市域全方位融入长三角长三角地区，是我国经济发展最活跃、开放程度最高、创新能力最强的区域之一，在国家现代化建设大局和全方位开放格局中举足轻重。

作为长三角南翼中心城市的杭州，如何更好地发挥在浙江融入长三角中的"头雁"作用？

同时，《杭州市落实长三角区域一体化发展国家战略行动计划（征求意见稿）》公布，提出到2025年，杭州全市域全方位融入长三角更高质量一体化发展格局基本形成。

杭州是长三角"地理中心"。当前，杭州的城市能级正在蝶变，经济形态正在迭代，社会治理正在攻坚，迫切需要内生动力与外部赋能的交互作用，这与长三角一体化发展国家战略的实施形成了历史性的交汇。这两个交汇为杭州提升城市综合能级和核心竞争力带来了千载难逢的重大历史机遇。

但是，区域之间的合作交流从来都是机遇与挑战并存。从长三角区域发展态势来看，杭州面临上海的"虹吸效应"，也面临周边城市的"洼地效应"。上海对龙头企业、高端人才的吸引力持续增强。同时，嘉兴、湖州、绍兴等周边地区产业空间大、生产成本低等优势也进一步显现。

如何贯彻实施长三角一体化发展国家战略，杭州明确了方向和路径。

第一是紧紧围绕一体化。实现长三角更高质量一体化的实质，是打破行政区划分割、促进资源要素自由流动。其关键是推动体制机制的一体化。杭州将坚持全面深化改革，积极打破行政壁垒和制度壁垒，努力推动与长三角城市政策协同、规则协同、标准协同、要素协同，合力探索区域一体化发展的体制机制。

第二是始终坚持高质量。长三角致力于打造"全国高质量发展样板区"，杭州必须成为南翼的高峰，在板块中走在前列。除了促进高水平的空间布局、高层次的产业发展，更要高水平地提升人民生活水平。特别是要加大民生领域的同城化力度，既要主动上门对接一体化，积极推动杭州市民在兄弟城市享有更多的便捷优质服务，又要打开大门推进一体化，让周边城市居民到杭州也能享受到同城待遇，拆掉城市之间"无形的门"。

第三是要充分彰显新魅力。杭州是历史文化名城、创新活力之城和生态文明之都,这是杭州相对于长三角其他城市最明确的城市定位和最明显的特色优势。在贯彻实施长三角一体化发展战略中,杭州既要精心守护"中华文明圣地",彰显历史文化名城新魅力;也要全力打造数字经济第一城,彰显创新活力之城新魅力;同时,还要通过统筹美丽城区、美丽城镇、美丽乡村建设等行动,努力建设美丽中国大花园,彰显生态文明之都新魅力。

第四,做强做大都市圈。都市圈是城市群的主体和硬核,长三角一体化首先是都市圈同城化。过去,杭州参与长三角一体化主要是以城市为单位的同城化;现在,杭州将以市域为主体,加快整个都市圈同城化发展,实现以都市圈为单位的集群融入。

第五要服务借力大上海。长三角城市群中,上海是当之无愧的龙头。上海发展得越快,杭州借势的平台就越大;对上海服务得越好,杭州面临的机遇就越多。杭州要研究把握上海的发展趋势,精准对接上海的发展需求,主动承接上海的辐射效应,更好地利用这个大平台壮大自己、链接全球,以更优服务实现更好接轨。

具体看杭州在其中的角色,杭州要抓住机遇、乘势而上、主动配合,在长三角区域一体化的大舞台上担当好自己的角色,真正使浙江成为长三角"金南翼",长三角一体化的主力队,在长三角一体化进程中进一步贡献"杭州力量。"

第二章

海港名城——宁波

宁波，简称"甬"，是浙江省副省级市、计划单列市，国务院批复确定的中国东南沿海重要的港口城市、长江三角洲南翼经济中心。

宁波属于典型的江南水乡兼海港城市，是中国大运河南端出海口、"海上丝绸之路"东方始发港。宁波舟山港年货物吞吐量位居全球第一，集装箱量位居世界前三，是一个集内河港、河口港和海港于一体的多功能、综合性的现代化深水大港。

第一节 区域概况及经济综述

宁波全市下辖6个区、2个县、代管2个县级市，总面积9816平方千米，建成区面积345.49平方千米，常住人口820.2万人，城镇人口597.93万人，城镇化率72.9%。

宁波地处中国华东地区、东南沿海，大陆海岸线中段，长江三角洲南翼，东有舟山群岛为天然屏障，宁波是国家历史文化名城，公元前2000多年的夏代，宁波的名称为"鄞"，春秋时为越国境地，秦时属会稽郡的鄞、鄮、句章三县，唐时称明州。唐朝长庆元年（821年），明州州治迁到三江口，并筑内城，标志着宁波建城之始。明洪武十四年（1381年），取"海定则波宁"之义，改称宁波，一直沿用至今，是中国著名的院士之乡。

2019年地区生产总值11985.1亿元。按可比价格计算，同比增长6.8%。2019年，宁波第一产业实现增加值322亿元，同比增长2.3%；第二产业实现增加值 5783 亿元,同比增长 6.2%;第三产业实现增加值 5880 亿元,同比增长 7.6%。按宁波市常住人口计算,宁波全市人均地区生产总值为 143157 元（按年平均汇率折合 20752 美元）。

作为开放型经济大市,外贸一直在宁波的国民经济中占据重要地位。2019 年宁波全市完成口岸进出口总额 17086.4 亿元,同比增长 6.7%,其中出口 5969.6 亿元,同比增长 7.6%,进口 3200.6 亿元,同比增长 5.8%。

自 2008 年金融危机以来,宁波市出口依存度已由 85.7% 降低至 2019 年的 49.8%。出口依存度过高并非好事,由原先的国外市场导向,转变为国内市场导向,恰是中国经济转型升级的必然。

据悉,2019 年宁波完成跨境电商进出口额 1282.0 亿元,同比增长 17.2%。2019 年,宁波舟山港货物吞吐量 11.2 亿吨,同比增长 3.3%,连续 11 年蝉联世界首位;集装箱吞吐量 2753.5 万标箱,同比增长 4.5%,全球第三大集装箱港口的地位进一步巩固。

在人口规模方面,截至 2019 年年末,宁波全市拥有户籍人口 608.5 万人,常住人口为 854.2 万人。

宁波是长江三角洲南翼经济中心和化学工业基地,是中国华东地区的工商业城市,也是浙江省重要经济中心之一。宁波开埠以来,工商业一直是宁波的一大名片。特别是改革开放以来,宁波经济持续快速发展,显示出巨大的发展活力和潜力,成为国内经济最活跃的区域之一。

2019 年,全年宁波市实现地区生产总值 11985.1 亿元,同比增长 6.8%,增速高于全国 0.7 个百分点。分产业看,第一产业实现增加值 322.3 亿元,增长 2.3%;第二产业实现增加值 5782.9 亿元,增长 6.2%;第三产业实现增加值 5879.9 亿元,增长 7.6%。三次产业之比为 2.7∶48.2∶49.1,一、二、三产对 GDP 增长的贡献率分别为 1.0%、44.8% 和 54.2%（根据我国 GDP 核算制度和第四次全国经济普查修订结果,2018 年宁波 GDP 为 11193.1 亿元,三次产业增加值结构为 2.7∶49.2∶48.1）。人均 GDP 为 14.3 万元,合 2.1 万美元。

第二产业,宁波工业的主要门类为石油化工、纺织、机械、冶金、电子、建材等。其中,化工、纺织服装、机械为宁波工业的三大支柱。宁波化工主要以石油化工、化工原料、橡胶、塑料和染料的生产为主。位于镇海区的宁波石化经济技术开发区、位于北仑区的宁波经济技术开发区和大榭开发区是宁波重要的化工基地。宁波纺织和服装工业较为发达，区域集中度较高。毯类、针织、服装辅料生产规模在中国大陆位居前列。

第三产业，宁波的商业史由来已久。宁波商帮曾是中国十大商帮之一，并且是唯一成功进行近代化转型的地方商业团体。宁波钱庄业起步于17世纪初，当时位于江厦的钱行街是宁波钱庄集中之处。太平天国时期，由于贵金属运输被切断，宁波本地钱庄开始出现过账制度，资金收支不必使用现金，而通过钱庄汇转，统一清算。这一改变使宁波传统的钱庄业向现代银行业转变。

第二节 宁波高质量打造长三角一体化发展先行区

2019年，宁波集中开工84个长三角一体化重大项目，总投资达1000亿元，涵盖基础设施、电子信息、生物科技、高端装备制造、新能源及民生发展等领域。宁波市打造"科技飞地"助推长三角一体化取得明显成效。宁波市正在抢抓长三角一体化发展上升为国家战略的机遇，加强对沪合作。

宁波要推进沪嘉甬铁路、甬舟铁路前期工作，加紧谋划沪甬跨海交通通道建设，加快金甬铁路等项目建设，进一步提升宁波在长三角的平台优势、交通枢纽优势，努力把宁波建设成为长三角一体化发展的"金南翼"。

宁波将努力走在"八八战略"再深化、改革开放再出发的前列，加快打造现代产业、现代都市、对外开放和营商环境升级版。

在加快打造现代产业升级版方面，宁波要加快推进"246"万千亿级产业集群工程，重点打造绿色石化、汽车制造等2个万亿级产业集群，培育高端装备、新材料、电子信息、软件与新兴服务等4个五千亿级产业集群，提升关键基础件（元器件）、智能家电、时尚纺织服装、生物医药、文体用品、节能环保等6个千亿级产业集群。

此外，宁波还将加强宁波杭州湾新区与上海的合作。宁波杭州湾新区于2010年2月23日挂牌成立，地处长三角区域上海、苏州、杭州、宁波四大都市的几何中心，是"一带一路"、长江经济带、长江三角洲区域一体化三大国家战略叠加的交汇点，也是正在建设中的沪甬合作示范区、浙沪合作示范区。

在上海设立研发中心，不仅为宁波留住了国内稀缺的智能算法人才，还吸引不少长三角地区的科技项目入驻孵化，转移到宁波产业化。借助这种被称作

"科技飞地"的"借智"模式，越来越多的宁波科技型企业将"最强大脑"落地上海、杭州等创新资源集聚地，在人才抢夺战中占得先机。目前，宁波企业已在上海、杭州、南京等长三角城市建立多家高水平科创中心，覆盖人工智能、高端医疗、先进制造、新材料等宁波重点发展领域。

"科技飞地"的建成，将打通人才项目在大城市孵化与本土产业化联动发展的通道，实现区域创新资源与产业结构的优势互补。这种柔性引才新模式，为城市拓宽引才渠道、创新引才模式提供了样本。在"科技飞地"助力下，宁波与长三角各城市科技交流更加密切，并共建了一系列高水平创新平台。目前，上海交大宁波人工智能研究院、复旦大学宁波研究院、复旦科技园（浙江）创新中心等高层级研究院所已落地宁波。

宁波正加快融入长三角一体化发展步伐，下一步，宁波将借力"科技飞地"建设，进一步强化与更高质量一体化发展深度融合的示范区建设，重点推动与复旦大学、上海交大等大院名校合作，打造高能级创新平台，引领宁波经济高质量发展。

而宁波的发展方向，老底子是不会变的，仍然是要依托宁波港的庞大能量，但是产业结构却需要转型。原来传统的工业已经不再适用，未来的宁波必将是智能工业之都。而产业结构的转型，也将带动宁波的外贸业的转型，将为其注入新的活力。而第三产业和第二产业之间的交融，将更加明显。

宁波未来发展的方向，以宁波和舟山为中心，台州、绍兴和嘉兴为南北两翼，借力长三角区域经济带，完善城镇体系，提高区域融合度，提升各级城市的服务功能和服务水平，坚持统筹发展，推进战略共谋，在战略定位，发展目标，产业布局，基础设施建设，生态环境保护等进行统一谋划。

第三节　宁波舟山港口探路新型竞合机制，加速全球布局

长三角港口群是我国外贸货物进出口的重要"门户"。地域相邻、经济相依、体量相似形成长三角港口群之间的竞合关系，为整体提升长三角港口群的国际地位，服务于"一带一路"、长江经济带建设，长三角地区探索港航一体化建设，从要素合作走向制度构建，通过资本合作推动模式创新，并通过联防

联治有效降低港口污染排放。当前，面对国际市场的激烈竞争，长三角港口群探索方向已明确：创新机制、高效协同、释放潜力。

一 规模效应显现：宁波舟山港夯实龙头地位

目前，全球货物吞吐量位列前十位的港口中，长三角地区占据三席，宁波舟山港、上海港和苏州港分别位于第一、二和第七位。据交通运输部数据显示，2019年宁波舟山港全港累计完成货物吞吐量11.19亿吨，成为目前全球唯一年货物吞吐量超11亿吨的超级大港，并连续11年位居全球港口第一；累计完成集装箱吞吐量超2753万标准箱，排名蝉联全球第三。

以宁波舟山港为代表的长三角港口群在集疏运体系建设、江海河海联运方面一直在进行一体化探索，当前航运一体化建设逐渐从要素合作走向制度合作。从宁波舟山港已经展开的资本大动作来看，从国家层面到区域层面，提升港口资源核心竞争力，参与全球化竞争的趋势，越来越明显。

二 资本合作带动模式创新

通过资本合作构建长三角港口的新型竞合关系是一大探索，为实现长三角港口间良性竞争，进而形成港口群优势，降低物流成本等发挥了积极作用。2019年，浙江海港集团和上海港务集团签署《小洋山港区综合开发合作协议》，双方通过股权合作共同推进小洋山港区综合开发，实现互利共赢，有助于实现小洋山全域一体化开发，形成更高层次对外开放的新平台。

以资本合作带动资源共享和模式创新仍然大有可为，包括信息数据共享、要素集聚、教育培训等，不仅港口之间合作，港口与航运企业也需要协同发展，进一步提升国际地位，真正形成相得益彰、相互促进的世界级港口集群。

三 环保联动为一体化升级探路

长三角港口群船舶靠港量大，如不对船舶排放进行严格控制，将直接造成空气污染，难以满足国际海事组织的要求，对港航运输造成干扰。长三角港口在船舶污染治理方面进行联防联治探索取得实效，成为全国港口环保区域治理的样板。

根据上海组合港管委会下发的《长三角船舶排放控制区"岸电应用试点

港区"工作方案》，以宁波舟山港穿山港区等港区作为岸电应用试点港区，通过尝试推进"岸电使用成本分摊机制"，鼓励和推动码头岸电技术部门主动对接船东，构建生态补偿与保护长效机制，探索适时推出强制使用岸电的途径和方法，多管齐下探索解决中高压岸电在使用过程中面临的瓶颈问题。

四　港口全球化战略提速：宁波舟山港打开更大想象空间

港口是连接陆域与海域的空间结点，也是地域经济与全球经济两个扇面的交集结点；是制造业加工基地通向海外市场的路径结点，更是一国综合实力的体现。无论是香港、鹿特丹，还是美国洛杉矶、中国东部沿海港口城市，其经济布局都呈现了以港口为结点的多层面辐射状态。

上港集团战略入股宁波舟山港，以"交叉持股"模式，打开了更大的想象空间，加速了全球战略布局。

而对于中国来说，在更大的范围、更高的层次和更广泛的领域参与经济的全球化，则拓展了我国港口业发展的市场空间。进一步增强其对全球大型集装箱船舶和国际中转集装箱的吸引力，进一步提升其超大型矿船靠泊条件和接卸能力，完善长三角地区进口铁矿石运输体系，从而提高宁波舟山港的综合竞争力。

第四节　宁波打造长三角总部经济标杆城市

2020年宁波出台《宁波市深化改革推进总部经济高质量发展的实施方案》，提出到2022年，力争总部数量超过1000家，实现三年翻一番，努力建成长三角乃至全国总部经济标杆城市和总部生态最优市。

当前，跨国公司等总部企业运营模式和全球布局正在重新调整，全国新一轮"总部企业"争夺战已经打响。面对新的机遇，宁波决定借鉴上海、深圳、杭州、南京等总部经济发达地区的经验，以总部经济为支点大力发展服务业，将其作为宁波市推动重大产业布局落地，实现新旧动能转换的重要突破口。

宁波将坚持政府引导与改革推动相结合、总部集聚与环境优化相结合、招大引强与本土培育相结合，重点推进总部引领、总部育强、总部招引、总部创新和总部集聚五大体系建设及六项政策创新，推动总部企业能级提升和高端引领。

　　实施方案提出，聚焦港航物流等八大重点领域，引进和培育补链强链的综合型总部企业，打造"世界港""全球贸""绿石化""智慧车""新材料""创新药""新金融""软件包"八大硬核产业链，推进"246"万千亿级产业集群培育、"225"外贸双万亿行动和现代服务业发展重大产业布局落实落地。在东部新城、三江口、南部商务区、前湾新区、甬江科创大走廊、东钱湖等重点区域，打造市级总部企业集聚区。

　　总部招引上，加强对接国内先进城市领航企业、瞪羚企业、独角兽企业等高成长性企业，支持跨国公司总部在甬设立投资中心、运营中心、结算中心、采购中心等经营性机构，研究建立世界500强企业投资地图，及时跟踪500强企业业务布局、投资动向、重组并购等信息，引导甬智、甬商回归创业。

　　宁波将重点发展新经济、研发型和机构型三大总部。来自市服务业发展局的资料显示，截至去年9月底，宁波共拥有总部企业500余家，其中世界500强企业的分支机构143家。宁波，名列2020年是新一线15个城市，成功挤掉大多数省会城市，进入中国经济发达第一梯队城市序列。宁波经济发展的这么好，与宁波的地理位置有着极大关系。

　　宁波经济的快速发展，不只是拥有天然的良港，而是有多方面的原因。宁波地处东南沿海，历代少受战争的摧残。这里安宁的环境有利于读书、经商，宁波是中国院士最多的城市。在民间，有"无宁不成市，无绍不成衙，无湘不成军，无徽不成镇"一说。宁波商帮是中国十大商帮之一。当然了，宁波的发展离不开浙江其他城市的资源共享，只有抱团发展，才会给宁波港带来源源不断的物流贸易和社会各项事业的壮大发展。

第三章
东南山水城——温州

简称"温"或"瓯",浙江省地级市;是国家历史文化名城,东南沿海重要的商贸城市,浙江省区域中心城市之一。

温州是国家历史文化名城,素有"东南山水甲天下"之美誉。温州古为瓯地,也称东瓯,公元323年建郡,为永嘉郡,传说建郡城时有白鹿衔花绕城一周,故名鹿城。唐朝时(公元675年)始称温州,至今已有2000余年的建城历史。温州是中国民营经济发展的先发地区与改革开放的前沿阵地,在改革开放初期,以"南有吴川,北有温州"享誉全国。

第一节 温州区域简况及经济综述

温州位于浙江省东南部,瓯江下游南岸。全市陆域面积11612.94平方千米,海域面积约11000平方千米。全市辖4个市辖区、5个县、3个县级市。2018年,户籍人口828.7万人,常住人口925万人。

温州文化属瓯越文化,温州人属江浙民系使用吴语,温州话被评为中国最难懂方言之一。温州是中国数学家的摇篮、中国南戏的故乡、中国海鲜鸡蛋之乡,温州人被国人称之为东方犹太人。

据2019年GDP数据显示,温州有着高达6606.11亿元的GDP总量,排名全国大陆地区前30强,在温州前面的正是赫赫有名的河北唐山,去年唐山的GDP是6890亿元,排名在温州之后的就是大名鼎鼎的云南省会昆明,去年昆明的GDP是6475.88亿元,由此可见,目前温州与唐山、昆明的GDP都差不太多。

2019年，温州市生产总值（GDP）6006.2亿元，按可比价计算，同比增长8.2%。2018年12月，温州入选2018中国大陆最佳地级城市30强。2019年，温州市辖鹿城、龙湾、瓯海、洞头4区，瑞安、乐清、龙港3县级市和永嘉、平阳、苍南、文成、泰顺5县。全市有66个街道、92个镇、26个乡，5576个建制村、174个居委会、249个城市社区。温州经济经过了连续多年快速增长，带动了GDP排名一路往前。

根据全国各城市已公布的经济信息汇总，2019年，温州GDP跃升至全国第30位，比上年提升5位，排名超过沈阳、长春、石家庄等省会城市。

温州是民营经济的发源地之一，传统的小商品为温州经济发展立下了汗马功劳。随着改革开放的深入，温州经济发展产业结构逐步优化，经济增长从主要依靠工业带动转向工业和服务业共同带动，正是这种结构性的变化，让温州这座具有创新力的城市一路前行，力压国内部分省会城市跻升30强，同时也为后续经济发展增强了韧性和稳定性。

当前，温州经济服务化和产业融合发展的趋势日益明显，服务业不仅保持了平稳较快发展态势，已成为经济增长的主要带动力量。2019年，全市实现服务业增加值3642.5亿元，同比增长10.1%，对GDP增长的贡献率达到66.6%，成为温州经济稳增长的主要支撑力。在服务业中，温州批发业、金融业、房地产业（K门类）、其他营利性服务业、其他非营利性服务业增加值分别增长12.2%、9.9%、10.3%、12.1%和14.5%，五个行业合计对GDP增长贡献率达57.1%，成为服务业较快增长的核心力量。

面对经济下行的压力，服务业的稳步发展平滑经济波动。"总部回归"企业持续拉动全市限上批发业强劲增长，全年限额以上批发业销售额增长51.5%，同比提高37.4个百分点，增速居全省第1位。

存款与贷款同比增量均创历年新高，2019年末——

温州市金融机构人民币存款余额13156.4亿元，较年初增加1417亿元，同比增长12.1%；人民币贷款余额11529.6亿元，较年初增加1452.6亿元，同比增长15.6%。

新兴服务业发展势头良好，网络消费持续走强——

全市全年网络销售额增长18.5%，居民网络消费增长19.9%，跨境网络零售出口增长39.5%。消费升级类商品较快增长，邮政快递业在电商拉动下较快增长，全年快递业务量突破十亿件大关，达到10.85亿件。

随着服务业比重持续提高，服务业不仅成为减缓经济下行压力的"稳定器"、吸纳就业的"蓄水池"，也是促进传统产业改造升级的"助推器"，孕育新经济新动能成长的"孵化器"。实体经济发展环境改善。金融风险有效稳控，不良率创下金改以来的新低，金融环境的改善更好助力经济发展大局稳定。

二 工业经济迈向高质增长

近年来国际环境错综复杂，中美贸易战后，温州出口压力陡增；而国内宏观经济下行风险加大，经济形势严峻。面对着种种新困难，温州清醒地认识到，机遇同样并存，在区域一体化进入全方位、加速度、高质量推进的新阶段，借力新兴产业，温州也将推动经济进入高质量发展。进入全国城市30强不仅仅是目标，更是起点，是温州经济持续发展的新征程。

强有力的工业经济就是温州市经济高质量发展的重要支撑。"跑得快，更要跑得好""今天的质量就是明天的市场"……对于温州众多企业来说，高质量发展，比拼的不仅仅是速度，更重要的是质量和效益。2019年，温州全市工业生产稳增长的基础不断巩固，继续发挥对经济增长的有效带动作用。全市实现工业增加值2311亿元，同比增长7.8%，其中规模以上工业增加值1109.3亿元，同比增长7.6%，增速分别高于全省平均0.8和1.0个百分点。

走过局部金融风波，温州的传统产业也开始进入了一个全新的增长。去年来，温州工业保持较大增长面，规上工业33个行业大类中，增加值同比均保持正增长，增长面为100%，增速超过10%的行业有11个。支柱产业支撑性较好，电气、服装、泵阀等支柱产业增加值分别增长8.6%、7.8%和15.7%，增速分别高于规上工业增加值1.0、0.2和8.1个百分点。中小企业发展向好，规上中小型企业工业增加值同比增长8.2%，高于规上工业0.6个百分点，高于大型企业2.3个百分点。

随着工业现代化智能化的推进，温州工业经济正向中高端不断迈进，新能源汽车、工业设备、战略性新兴产业从无到有，从弱到强，转型升级焕发新的发展活力。从工业经济改造提升看，数字经济核心产业制造业、高端装备制造业、节能环保制造业增加值分别增长9.0%、8.9%和7.9%。规上工业新产品产值增长29.1%；新产品产值率36.9%，同比提高6.1个百分点。

三 三大需求增强经济韧劲

消费市场的潜力是有目共睹，中低收入群体有消费升级的需求，高收入人群有从实物消费向服务消费转型的趋势，这些都是消费长期内可持续增长的动力。在这样的大背景下，引导消费成为经济增长的最大"奶酪"。当前，温州人均GDP已超过1万美元，这将为经济增长提供了坚实基础和强大动力。

消费的"压舱石"和"稳定器"作用不断增强。2019年，全市实现社会消费品零售总额3655.9亿元，增长9.6%，其中限上消费品零售额1040.2亿元，突破千亿大关，增长9.9%，增速分别高于全省平均0.9和3.8个百分点，均居浙江全省第3位。

消费高速增长的背后，是温州城乡居民收入稳步提高。2019年城镇、农村人均可支配收入分别突破6万元和3万元大关，其中：城镇居民人均可支配收入60957元，同比增长8.7%，增速比上年提高0.5个百分点；农村居民人均可支配收入30211元，同比增长9.9%，增速比上年提高0.7个百分点；农村、城镇人均可支配收入增速分列全省第2、3位。城乡差距进一步缩小，城乡居民收入比为2.02，比上年缩小0.02。

除了消费外，拉动经济的另外两驾马车投资和出口也保持良好的增长态势。温州投资增速保持稳定，全市固定资产投资增长10.3%，增速比上年提高2.2个百分点，高于全省平均0.2个百分点。投资结构得到进一步改善，民间项目投资、交通投资、高新技术产业投资分别增长19.5%、14.2%和23.8%；外贸出口逆势向好，2019年，全年全市实现外贸出口1685.3亿元，同比增长29.4%，增速比上年提高16.9个百分点，居全省首位。出口高增长主要受市场采购贸易出口持续快速增长的拉动，2019年市场采购贸易出口达272.9亿元（39.3亿美元），拉动全市出口增长20.9个百分点。

第二节 融入长三角，温州驶入发展"快车道"

长三角龙头城市上海，全球首屈一指国际化大都市。而温州，是浙江三大中心城市和四大都市区之一，中国改革开放的先行地、中国民营经济的发祥地。提起温州，首先想到的就是蓬勃发展的民营经济，以及闻名全国的"温州模式"。这座以创新闻名的城市，一直处于改革发展的前沿，是我国改革开放的先行区、市场经济的发祥地。

在长三角三省一市中，浙江与上海关系紧密。主动接轨上海，温州积极行动，文旅资源互相融通，社保多卡互相刷，教育机构手拉手……正在实现从"远亲"到"近邻"的转变。

2020年是长三角一体化发展国家战略的关键之年。温州如何推进长三角一体化发展工作，加强战略谋划，加快工作节奏，在融入长三角一体化中实现温州新发展？

过去的一年，温州实现地区生产总值（GDP）6606.1亿元，按可比价计算，同比增长8.2%，总量和增速均居全省第3位。在复杂多变的外部环境下，温州坚持稳中求进工作总基调，紧紧围绕"奋战1161，奋进2019"主题主线，聚焦聚力"两区"建设，全市经济保持稳中有进、稳中向好、稳中提质发展态势，主要指标好于全省、好于预期，转型升级持续推进，发展质量稳步提升，高质量发展取得积极成效。

《长江三角洲区域一体化发展规划纲要》发布，温州被列入27个中心区城市之一，新视野、新机遇，也显现出温州高质量发展的新问题，新难题。长三角一体化中，温州如何再发力，面对长三角一体化发展的新机遇，温州如何抢占先机驶上快车道，跑出加速度？

一　注重服务业强势领跑

敢为人先的温商、温企已率先一步，在上海、杭州等城市设立营销、研发等平台，以科技借力为纽带，主动融入长三角、对接大上海，使企业获得更大的发展后劲。

那么，在长三角一体化发展国家战略的宏伟蓝图下，温州还应做哪些努力？对接大上海中，温企还能获得哪些科技新动能？

二　研究城市群功能定位，重构经济新格局

长三角一体化战略，为温州市腾挪发展空间、重构产业格局、提升高质量

发展明确了导向。首先,温州要加紧研究在长三角城市群的功能定位,做好与上海、杭州等中心城市的衔接,尤其是大交通上的衔接,温州要进一步融入区域发展、积极参与区域分工、提升城市综合集聚与辐射能力创造机遇;其次,温州在融入长三角时,最好设立一个专门的管理团队,成立一家开发建设投资公司,在上海、杭州等城市设立招商接洽机构,承接一些重大项目的投资建设;再次,温州要发挥政府宏观调控能力,积极吸纳承接上海、杭州的优质发展要素,助力新经济的发展,如物联网、生物科技、智能制造等产业。

受长三角一体化的红利,需要温州智慧化链接杭州、上海等城市,尤其要借助上海"经济中心、金融中心、贸易中心、航运中心"的优势,重新构建温州民营经济新格局。同时,长三角也集聚了大批的高层次人才,尤其是上海、杭州等城市,温州要充分发挥在外各界温州人的优势,吸引、汇集这些高层次人才为温州所用,如加强与上海、杭州的高校及科研机构深度合作,将产学研科技成果转化为温州经济发展的原动力。

三 借力"科创飞地"模式,整合温商资源谋求大发展

随着大都市圈发展,高层次人才等经济发展要素更向北上广深杭等一线及省会城市集聚。这种情况下,一些中小城市都面临着经济发展后劲不足的问题,而"科创飞地"成为不少中小城市经济发展的新引擎,其中就有嘉兴、衢州、台州和舟山等省内城市已先后实施"科创飞地"模式,为当地经济发展添加后劲。

2017年始,温州市也开启了"科创飞地"模式,先后携手上海嘉定区南翔镇和安亭镇,打造两个"科创飞地",实现两地资源互补,引领民营经济高质量发展。目前,温州市"科创飞地"已达四个,分别在上海和杭州。

尽管如此,温州市还需从体制、政策和实际操作层面等方面完善"科创飞地"模式,以使该模式为温州更好地异地借力发展。首在这一块上,温州市可借鉴衢州与杭州余杭飞地合作经验,余杭在建设初期给予衢州人才、土地、租金以及税收分成等方面的优惠,分担衢州在杭投入的风险。

可以这样说,温州有其他城市所不具备的温商资源,在完善"科创飞地"的模式时,要整合国内外温商资源,打造品牌与产品研发设计的"科创飞地"和温州优势产业的"卫星基地",在做好科创园建设的同时,还要加强特色产

业引导，如瑞安的汽摩配产业，要集中上海科研资源，打造研发环境好、设备全、体系完整的平台，以吸引各类专业研发人才入驻。

四　打造温州优势产业，带动温州整体发展

目前，温州经济发展面临问题，追根究底是人才的问题，不仅企业难吸引到高层次人才，一些本地不错的人才也更愿意到上海、杭州等大城市发展。

温州在融入长三角中，可借用上海、杭州的一些资源，包括温商资源，成立人才基金或"科创飞地"基金，吸引一类领军科技人物创业发展，一旦某个新兴产业有发展空间，就要集中全力去做好这个产业，进而这个产业就会产生辐射力，带动温州整体产业的发展。

从目前看，温州打造健康产业基地比较适合，不仅有较好的天然资源，同时在外温商这一块的资源也不错，可借助上海、杭州等城市启动，发展一定程度后引入温州，一旦温州成为全国闻名的康养基地，国内外的高层次人才也会愿意到温州生活和工作，那样温州的其他产业也随之会带动。

五　敢为天下先的温州人，创造了多个全国第一

很多人对温州的第一印象，就是"温州人很会做生意"。温州以商著称，是中国民营经济的重要发源地，有东方犹太人美誉，创造了以民有、民本、民享、民营为主要特征的"温州模式"。

在外做生意的温州人包机回家过年，成立了中国首家民营包机公司，1980年，温州的章华妹拿到改革开放后的第一张个体工商业营业执照，成为全国第一位"个体户"，2019 年，"中国第一座农民城"龙港成为全国第一个"镇改市"的龙港市。

第一家民间股份银行、第一家股份合作企业、第一个跨国农业公司、第一条民资参与建设的合资铁路、第一条城市交通铁路。

温州依靠民间的智慧和力量，创造了很多"中国第一"。

温州人的创造和创新成为推动温州民营经济不断前行的重要力量，成为温州民营经济发展始终保持生机活力的重要基因，也正是这种敢为人先的勇气，支撑着温州人抓住改革开放的历史机遇，变"不可能"为"可能"，书写了一个个中国改革开放史上的传奇故事。

六　融入长三角一体化发展，温州要做"五篇文章"

温州是一座通江达海、山城相拥、陆海交融的滨海城市，地处长三角与海西区的交汇处。

2019年12月1日，中共中央、国务院印发《长江三角洲区域一体化发展规划纲要》，温州被列入27个中心区城市之一，也是长三角的"南大门"城市，是连接长三角与海西区的节点城市。

温州将以此为契机，加快进入长三角一体化发展的快车道，努力把温州建设成为"三城市两枢纽"，即长三角南大门区域中心城市、民营经济创新示范城市、上海高端资源溢出的重要承接城市、全国性综合交通枢纽、长三角联动海西区重要节点枢纽。

具体而言，温州要重点做好民营经济、大干交通、温州人经济、生态文明、文化融入等五篇文章。

民营经济是温州融入长三角一体化发展国家战略的最大优势。温州成功获批全国首个新时代"两个健康"先行区，谋划推出80条新政和146条具体举措，目前，已经有113项落地实施，一批首创性改革举措在全国全省复制推广，设立全国首个"民营企业家节"，喊出"民营经济看温州"的响亮口号。

温商则是温州最宝贵的资源和最显著的特点，在发展对外贸易、助推"一带一路"建设中发挥了独特作用。目前，共有68.89万温州人在世界131个国家和地区、175万温州人在国内各地经商创业，形成了覆盖全国、连接世界的温商网络。其中，有38万人活跃在"一带一路"沿线57个国家，建成了3个国家级境外经贸合作区和1个省级境外经贸合作区。

七　筹建世界（温州）华商综合试验区，打造长三角交通圈

除了做好温商和民营经济的文章，温州正积极谋划建设世界（温州）华商综合试验区，吸引更多优质重大产业项目、总部经济落地，推动"两个市场、两种资源"在温州加快融合，将温州打造成为华商优质要素集聚环流高地区、国际贸易枢纽性集散地、"一带一路"优质资源输出地和国际文化合作交流基地。

此外，温州加快打造长三角美丽后花园，谋划一批长三角景点串"珠"

成链的精品旅游线路，着力打响"诗画山水、温润之州"城市旅游品牌。

同时打造交通圈，5小时通达京津冀、珠三角、长江中游等城市群核心城市，2小时通达长三角和海西城市群核心城市上海、南京、厦门，1小时通达杭州、福州，随着"521"高铁时空圈的加快打造，长三角城市间的交流将日益紧密。

第三节　亮出长三角一体化的温州作为

温州如何融入融入长三角一体化发展，作为中心区城市之一的温州在长三角一体化中又将如何寻找定位，实现更大作为？

一　努力贡献温州探索——"最多跑一次"改革

规划纲要提到，长三角地区"一网通办""最多跑一次""不见面审批"等改革成为全国品牌，营商环境位居前列。

这些，正是温州当下以及未来着力推进的重点工作。

近年来，温州市推进"一件事"全流程"最多跑一次"，目前，41件高频"一件事"已全部开通"网上办""掌上办"。同时，组织实施"一件事"特色探索，即在省定的41项"一件事"外，组织各县（市、区）自主探索11项"一件事"全流程"最多跑一次"。

值得一提的是，温州坚持以改革的精神丰富"最多跑一次"的内涵和外延。针对温州华侨多，而华侨回国办事成本高、耗时多、办事繁等痛点问题，温州市围绕"华侨不回国、在外办成事"的目标，率全国之先打造全市一体、规范运作、线上线下融合的为侨服务"全球通"平台。如今，法国、意大利、南非、阿联酋等4个国家的6个城市先后设立了8个"全球通"海外服务点，每个服务点均可办理全市华侨涉侨事务。

温州以民营经济见长，在未来，继续优化营商环境显然还是温州的改革方向和重要内容。

二　全面融入一体化发展——当好长三角"南大门"

增强温州等区域航空服务能力；推进温武吉铁路、甬台温福的规划对接和前期工作。规划纲要为温州融入长三角一体化发展划出了重点。

事实上，不论是航空服务还是铁路谋划，温州都已经迈出了扎扎实实的步伐。

温武吉铁路被称为是一条带动浙西南、闽北和赣中的扶贫路，是一条连接雁荡山、武夷山、井冈山的生态旅游路，更是一条连接浙闽赣革命老区的红色之路，其建设将有力带动沿线经济社会的发展。

明确长三角南大门区域中心城市的定位，近年来，温州坚持以交通建设为基础和先导，全面布局规划、提速建设，打通长三角一体化的交通要道。

积极融入长三角世界级机场群协同发展，全力推进基地航空公司建设，拓展有客源支撑的国内支线航班，逐步加密或优化北广深、成渝等地航线航班，谋划开通国际优势航线及"一带一路"地区航线，增强机场通达性。

三 发挥特色扬长补短——跨区域共建共享

长三角一体化发展，离不开"跨区域"这一关键词，走出去共建共享、引进来共用共融。规划纲要提出，要支持浙江温州、台州开展跨区域发展政策协同试验，为民营经济参与长三角一体化发展探索路径。

事实上，温州的民营企业、民营资本早早地就搭乘着长三角一体化的东风，既在融入长三角中收获红利、也为一体化发展贡献力量。

温州市首批两个在沪"科技飞地"——乐清市·南翔镇科创合作基地、瑞安市（安亭）飞地创新港均已投用，在企业注册、行政许可互认衔接、知识产权保护、信息共享等方面，率先探索建立跨区域发展合作机制和利益共享机制。

长三角区域合作办公室有关负责人表示，希望温州在跨区域战略合作、优势产业集聚发展等领域取得新突破，在长三角一体化发展辐射闽赣区域中展现更大作为。

第四节 协同发展，共建共享

长三角一体化发展，温州正努力走出一条全新的路子——与上海嘉定等地共建"科创飞地"跨区域合作平台，高效承接上海科创资源辐射；与宁波共建国家自主创新示范区，携手开展创新政策先行先试；与台州共建温台民营经济协同发展合作高地，积极开展民营经济跨区域发展政策协同试验；与宁德共建浙南闽北合作发展区，打造省际区域合作标杆，成为长三角联动海西区的重要枢纽。温州大都市区温州都市区是指以温瑞平原一体化为主中心，以乐清和平（阳）苍（南）为副中心，以永嘉、文成、泰顺县城为山区发展带动极，以中心镇为城市化的重要节点的"一主两副三极多点"大都市区布局。

温州大都市区（WenZhou Metropolitan Area），温州大都市区的总体规划，构建"一主两副三极多点"、强化各级中心城市集聚整合的网络型市域城镇体系空间结构。"一主"是指以温瑞平原为市域主中心。"两副"是指以乐清和平苍（平阳－苍南）两个组团型城镇群为市域南北两个副中心。"三极"是指三个带动山区城镇化和旅游、文化产业发展的增长极，分别是永嘉、文成和泰顺的县城。"多点"是指多个支撑全市城镇化发展的其他小城市（镇），为周边村镇提供均等化的公共服务和就业。

一 优先打造204平方公里的中心城区核心区

温州明确提出了"推进城市主中心一体化发展"。如何一体化发展？温州不仅要加强城市空间战略研究和管理，科学划定城市功能分区，优化调整城市布局形态，提升城市的通透性，有力推动城市转型发展，还要破除现有行政区划分割，统筹谋划和推进资源要素配置、公共设施建设和生产力布局，进一步拓展环大罗山区域发展空间，构建北跨瓯江与永嘉沿江片一体化发展，南联温瑞平原、飞云江与瑞安组团式发展，向东与洞头、两大省级产业集聚区协同化发展的城市发展新格局。

二 以环大罗山的温瑞平原为主中心，以乐清和平(阳)苍(南)为副中心，以永嘉、文成、泰顺县城为山区发展带动极，以中心镇为城镇化重要节点的"一主两副三极多点"大都市区体系

作为温州市都市化战略的突破之举，大都市核心区内涉及50多平方公里的滨江商务区、城市中央绿轴、温州生态园和双屿综合整治等"3+1"亮点区块建设，有望率先成为靓丽山水智城的示范区、城市有机更新的样

板区。

温州都市区规划近两年来，滨江商务区累计建成 148 万平方米商务办公楼宇和 633 万平方米高档住宅，"宜商、宜居"功能逐步显现。城市中央绿轴公园，衔接串联滨江商务区、绣山公园、行政中心、世纪广场、三垟湿地等，山、水、湿地、城相融的连贯画卷徐徐展开。三垟湿地西出入口公园、五福源公园、福滋公园等景点已全面对外开放，向着中心城市"绿心"、山水智城"客厅"再近一步。在鹿城双屿，"一都两园三城"的产城融合新格局已然成型，一批机器换人、城市有机更新项目显现成效。

第五节　亮出长三角一体化的温州作为

温州通过的《中共温州市委关于全面提升中心城区首位度加快建设区域中心城市的决定》（以下简称《决定》）于 2019 年对外发布。这是有关温州发展的一次重大决定，关键词是城市。该《决定》全文 9000 多字，分总体要求、重点任务、保障措施三大部分，其中城市一词出现 150 多次。

温州做出重大决定的目的，就是通过加快转变城市发展方式，来提升中心城区首位度，加快建设东南沿海区域中心城市。工业化、城市化都是生产要素优化配置的手段，当前温州已处在工业化后期，需要通过推动城市化作为今后经济社会发展的主抓手，以城市化带动工业化发展。

一　发展目标：到2025年，实现全市地区生产总值突破1万亿元

《决定》提出，到 2025 年，温州要实现区域中心城市地位更加凸显，中心城区首位度明显提升，全国性综合交通枢纽加快构建，高水平对外开放格局基本形成，城市宜居品质显著提高等发展目标。

发展目标当中包含了多个指标性的要求。

实现全市地区生产总值突破 1 万亿元，常住人口达到 1000 万，人均生产总值达到 10 万元/人。

温州都市区框架进一步拉开，"一主两副三轴四带"空间格局基本构建，城市化水平达 72%。

城市开发建设与城市经济发展良性互动，形成以现代服务业为主体、二三

产业高度融合的城市经济体系，中心城区经济占全市经济总量比重45%以上，经济富裕度跻身全省先进行列。

"两港""两高"建设全面推进，"521"高铁时空圈和都市区、市域、城区三个"1小时交通圈"加快形成，"两主一辅"铁路枢纽基本建成，机场旅客吞吐量力争突破2500万人次，货邮吞吐量突破20万吨，港口货物吞吐量突破2亿吨，集装箱吞吐量突破200万标箱，加快建设开放畅达高效领先的全国性综合交通枢纽。

全市进出口总额占全国比重提高至10‰，外贸依存度达30%。

"两线三片"等亮点区块建设任务全面完成，一批标志性、功能性、特色性项目建成投用，具有温州文化特色的城市景观系统加快形成。

一体化发展也需要分轻重缓急。《决定》要求，优先打造204平方公里的中心城区核心区，对"大拆大整"后城市空间进行全域谋划开发，加快推进功能性区块、标志性项目、地标性景观建设，打造最能体现温州核心竞争力、最能彰显温州特色、最能代表现代化水平的城市核心区。加快中心城区城市化进程，发挥城郊片区的传承梯度作用，因地制宜，做精做特，为中心城区发展预留空间。

与此同时，《决定》还提出要推动中心城区向东面海发展、加强南北副中心建设、打造西部重要发展极。概括起来有"三区一阵地"——

依托温州东部综合交通枢纽建设，推动城市化发展和新城区开发建设，使其成为温州未来都市区发展的重要阵地；

大力推进海港、海湾、海岛"三海联动"，加强以乐清湾、瓯江口、洞头列岛等为重点的湾区保护和开发，大力发展湾区经济，加快创建国家海洋经济发展示范区；

统筹瓯江口和洞头规划建设，实现基础设施、公共服务共建共享，着力打造全省大湾区建设样板区；

以西部生态休闲产业带建设为抓手，重点支持文成、泰顺发挥生态环境、人文资源优势，加快建设一批全域旅游、休闲度假、康养体育等重大产业项目，积极培育和打造特色"旅游小镇"，推动都市区生态功能板块后发崛起，率先成为全省美丽大花园示范区和全国"两山"转化样板区。

二 实现"推窗见绿、出门见景、百米见园"

近年来,温州城市面貌发生很大变化。有关城市的建设口号,也从"大拆大整",到"大建大美",再到"精建精美"。这体现了市民对城市品质的需求,在不断地提升。

《决定》提出,要以滨江商务区、中央绿轴、高铁新城、高教新区、东部综合交通枢纽、瓯江口新区、浙南产业集聚区滨海新区、瓯江北岸城市新区、温州北高铁枢纽等为核心节点,着力推进城市重点功能板块建设,促进城市布局调整和功能提升。

以"两线三片"5个市级亮点区块为建设重点,着力开发和改造一批对内认同度高、经得起检验的传世精品之作,使其成为温州的城市名片和城市地标。高水平推进七都区块开发建设,加快打造成为环境最美、产业最优、人气最旺的地标性区域。

《决定》里也出现了不少新概念、新提法:

树立"城市定制"理念,引进国际国内一流设计团队,分层分类推进城市设计全覆盖。

超前布局城市的空间结构、设施网络,注重老城区改造和新城区建设的留白增绿,构建疏密有度、错落有致、显山露水的城市界面;积极培育温州城市特有的文化气质,着力打造具有全国影响力的国家历史文化名城。

推进环大罗山—三垟湿地公园、东海滨海带、瓯江—塘河城市生命带建设,着力打造长三角生态福地。

积极推广城市空间立体绿化,实现"推窗见绿、出门见景、百米见园",着力营造优美的人居环境,打造人与自然和谐的"公园城市"。

三 未来社区亮点频频

高质量推进未来社区试点,至2022年培育建设10个左右省级未来社区。

聚焦一江(瓯江)、一河(塘河)、一岛(江心屿)、一路(瓯海大道)、一街区(五马历史街区)等关键节点,加快打造月光经济休闲街区和产业带。

积极发展夜市、夜景、夜购、夜娱、夜休闲经济等旅游业态,完善功能布局,多方位刺激休闲消费,塑造24小时生活圈,打造"不夜温州"。

加快机场综合交通中心、第二跑道和T3航站楼等基础设施建设，积极筹建设立温州本地航空公司，完善机场集疏运体系，增强机场国际国内通达性。

加速推进杭温高铁一期建设，谋划新建甬台温福高铁、温武吉铁路等重大项目，加快构建"521"高铁时空圈。

进一步加密高速公路网，形成"一环一绕九射"高速公路网络，建设区域一体的立体交通走廊。加速构建城市轨道交通"S+M"网络，加快"七横七纵"城市快速路网建设，重点抓好滨海大道、温瑞大道等快速路项目，健全都市区通勤体系。

敢为人先的温州，有关理由让人们相信，长三角一体化"温州模式"必然会继续绽放光彩，鹿城一定会跑出温州"加速度"。

第四章
鱼米之乡——嘉兴

嘉兴，别称禾城，是浙江省地级市，国务院批复确定的中国具有江南水乡特色的旅游城市。

嘉兴地处中国华东地区、浙江省东北部、长江三角洲杭嘉湖平原腹地，处江河湖海交会之位，扼太湖南走廊之咽喉，是长三角城市群、上海大都市圈重要城市、浙江大湾区核心城市、杭州都市圈副中心城市。与上海、杭州、苏州、宁波等城市相距均不到百公里，作为沪杭、苏杭交通干线中枢，交通便利，是中国优秀旅游城市和国家园林城市。

第一节 嘉兴区域概况及经济综述

嘉兴全市下辖2个区、2个县、代管3个县级市，总面积4275.05平方千米，建成区面积152平方千米，常住人口472.6万人，城镇人口311.91万人，城镇化率66.0%。

嘉兴是国家历史文化名城，建制始于秦，有两千多年人文历史，自古为繁华富庶之地，素有"鱼米之乡"、"丝绸之府"美誉，自然风光以潮、湖、河、海并存驰誉江南，嘉兴名人辈出，涌现出茅盾、金庸、徐志摩、陈省身、王国维、丰子恺、张乐平等名家大师。

拥有南湖、乌镇、西塘三个5A级景区，以及盐官（钱江潮）、南北湖、绮园、月河历史街区、梅花洲、九龙山、东湖、莫氏庄园、茅盾故居、徐志摩故居等著名景点，构成江南水乡特色；中共一大在嘉兴胜利闭幕，是中国共产党诞生地，成为中国近代史上重要的革命纪念地。

2014年，嘉兴乌镇成为世界互联网大会永久会址。2017年中国地级市全面小康指数（含副省级城市）排名第17。2018年9月，荣获"2018中欧绿色智慧城市奖"。

2019年生产总值5370.32亿元，人均GDP为112751元。全市地区生产总值增长7.0%，突破5000亿元，完成年度目标任务。财政收入平稳增长，全市财政总收入945.4亿元，增长5.6%；其中一般公共预算收入565.7亿元，增长9.1%；一般公共预算收入中的税收收入占比达90.1%。三驾马车保持增长。有效投资较快增长，全社会固定资产投资增长11.3%，快于经济增长。消费保持平稳增长，全市社会消费品零售总额增长8.5%，网络零售额增长21%。

对外贸易保持平稳，全市进出口总额增长0.4%、出口总额增长4.4%，服务贸易进出口（商务部统计口径）增长34.7%。发展质量不断提升，民生福祉不断改善。城乡居民人均可支配收入分别增长7.8%和9.1%，农村居民人均可支配收入水平连续16年居全浙江省首位。

2019年末，全市户籍人口363.70万人，比上年末增加3.26万人。据浙江省统计局5‰人口抽样调查结果审定，2019年末，嘉兴全市常住人口总量480.0万人，比上年末增加7.4万人，其中城镇人口达到323.52万人，人口城镇化率达到67.4%，比上年提高1.4个百分点。

初步核算，全市生产总值（GDP）5370.32亿元，比上年增长7.0%。其中，第一产业增加值120.89亿元，增长2.1%；第二产业增加值2892.55亿元，增长5.9%；第三产业增加值2356.88亿元，增长8.5%。三次产业结构调整为2.2∶53.9∶43.9。按常住人口计算，全年人均生产总值112751元（按年平均汇率折算为16344美元），增长5.4%。全市城镇新增就业人数15.89万人，城镇登记失业率1.81%。

新动能加快培育成长。初步测算，2019年全市数字经济核心产业增加值438.26亿元，现价增长15.5%，占GDP比重为8.2%。在全市规模以上工业中，高技术制造业、数字经济核心制造业、装备制造业、高新技术产业增加值增速均高于规上工业平均水平，分别增长20.7%、17.7%、13.7%和9.8%。新产品快速增长。

2019年，全市规模以上工业新产品产值增长8.2%；新产品产值率41.9%。新业态持续快速增长。2019年，全市网络零售额1999.7亿元，增长21.0%。创新投入较快增长。全市规上工业企业研发费用248.91亿元，比上年增长25.1%，占营业收入比重达2.4%。创新发展活力显现。2019年度，全市新设立各类市场主体10.24万户，比上年增长3.2%，其中私营企业2.8万户，增长9.4%。全市市场主体累计达到55.52万户，其中企业18.12万户。

累计创建省级现代农业园区6个、特色农业强镇10个，建成单条产值10亿元以上的示范性农业全产业链6条。严格保护好115.7万亩粮食生产功能区，完成提标改造6.7万亩。累计培育区域农产品公用品牌6个，其中"嘉田四季"公用品牌新增许可单位30家，累计已有51家企业（组织），销售额达6亿元。新增绿色食品20个、地理标志农产品1个，主要食用农产品中"三品"比率达58.1%。2019年，全市农家乐休闲农业接待游客数4624.5万人次，营业收入29.66亿元，比上年分别增长7.0%和7.9%。

全市累计创建省级高标准农村生活垃圾分类示范村39个，建成省级农村生活垃圾减量化资源化处理试点村70个，农村生活垃圾分类处理行政村覆盖率达100%。累计建成优美庭院示范户22万户，建成省级美丽乡村示范镇29个、特色精品村96个，精品示范村（3A级景区村庄）45个，历史文化村落一般村37个，22条美丽乡村精品线初具形象。

2019年，嘉兴全市工业增加值2576.03亿元，比上年增长6.9%，占全市生产总值的48.0%。规模以上工业增加值2080.92亿元，增长6.8%；其中重工业增加值1177.49亿元，增长10.4%；轻工业增加值903.43亿元，增长2.7%。全市规模以上工业企业营业收入10277.03亿元，同比增长4.8%，利润总额597.75亿元，下降0.2%。其中，私营企业利润总额同比增长5.2%。全市32个行业大类中，31个行业盈利。规模以上工业产品销售率97.7%，资本保值增值率110.8%，成本费用利润率6.14%。全年建筑业增加值317.33亿元，比上年下降2.1%。

2019年，全市固定资产投资比上年增长11.3%。非国有控股固定资产投资增长6.4%，占全部固定资产投资额比重77.2%。重点领域投资加快。2019年，全市交通运输投资、高新技术产业投资、民间项目投资、生态环境和公共设施投资等四大领域投资增长均快于面上,分别比上年增长 43.7%、35.8%、15.8%、12.1%。

第二节 嘉兴融入长三角一体化的优势和战略布局

长三角一体化发展上升为国家战略对嘉兴而言是百年难得的机遇。地处长三角中心腹地的这片江南水乡,是浙江省全面接轨上海的示范区,也当之无愧成为浙江全面融入长三角的核心区和主阵地。

在这样的背景下,嘉兴把全面融入长三角区域一体化发展国家战略作为"首位战略",并结合实际,谋划了独特的定位——长三角核心区枢纽型中心城市、杭州湾北岸的璀璨明珠、国际化江南水乡文化名城、未来创新活力新城。

为了落实"首位战略",经过系统的考虑,嘉兴市提出了十个方面的工作抓手。从交通、科创到产业升级,从城市能级、对外开放到营商环境,从生态环境、文明建设到每一位百姓的获得感,多维度地明确了具体而详细的工作任务。

背靠大上海、面向杭州湾,让嘉兴拥有了显著的区位优势。未来,嘉兴高铁南站至少规划有 7 条高铁、城铁,定位为货运干线机场和客运支线机场的嘉兴军民合用机场飞行区,完全有条件打造长三角核心区枢纽型中心城市。

不过,地处上海和杭州之间,嘉兴在过去的发展中的确受到虹吸效应的影响。但通过不断的积累,如今的嘉兴已经在浙江省的区域创新体系当中举足轻重。

作为 G60 科创走廊的重要节点城市,嘉兴发挥清华长三角研究院这一科创龙头的引领和带动作用,累计引进各类大院名校共建创新创业载体 350 多家,从而助力长三角的创新发展。

长三角一体化上升为国家战略对嘉兴来说,是百年未有之大机遇。

第一,嘉兴的战略地位提升了。长三角是我国经济发展最活跃、开放程度最高、创新能力最强的区域之一,在全国经济中具有举足轻重的地位,是代表国家参与全球新一轮科技革命和产业变革、深度参与全面对外开放和全球竞争的主力军。

第二，让嘉兴获得了顶层设计的支持。《长江三角洲区域一体化发展规划纲要》公布后，国家又编制了一系列的专项规划。这些规划将从国家顶层设计的层面给嘉兴市的发展提供政策支持，给予一定先行先试、改革创新的试点权。

第三，协作合力大大提升。长三角一体化的过程中，嘉兴需要各方面的支持，需要和上海、苏州等城市加强合作。在一体化的背景下，各省市之间、各地市之间合作的主动性也在不断强化，大家都在加快消除区域间的行政壁垒、制度藩篱、政策掣肘，促进区域资源要素顺畅流动。

比如，嘉兴与苏州在嘉善共建了中新嘉善现代产业园，按照"锁定区域、约定年限、股份合作、封闭运行、滚动开发"的模式，致力于打造一个升级版的苏州工业园区。

嘉兴还把沪嘉城际轨道作为接轨上海的"一号工程"。两地政府领导认为，嘉兴的"一号工程"就是松江的"一号工程"，双方合力大大增强。

第四，各方面的发展预期都明显增强。无论是嘉兴市内百姓，还是嘉兴市外的企业和人才，大家都对嘉兴未来发展很看好，充满信心。嘉兴人才净流入率进入全国十强，还首次引进诺贝尔奖得主、图灵奖得主等顶尖人才的团队。在这样的背景下，嘉兴发展的动力越来越足、势头越来越好。

当然，看到机遇的同时，嘉兴也看到挑战。

在长三角一体化的大背景下，各地高铁、机场、高速等交通基础设施普遍改善，时空距离不断缩小，各类要素加快流动，嘉兴紧邻上海的区位优势会相对弱化。而且随着发展，当地的要素供给会逐渐紧张起来，嘉兴原本的商务成本较低的优势是否会有所弱化。

嘉兴在长三角一体化发展进程中，应当或计划扮演怎样的角色？嘉兴融入长三角一体化发展主要重点从四个方面入手。

第一，要发挥区位和交通优势，打造长三角核心区枢纽型中心城市。

从区域位置上看，嘉兴位于长三角的几何中心。从现实基础看，高铁高速、港口航道等交通基础设施完备，紧密连接起长三角各城市。从未来发展看，嘉兴高铁南站至少规划有7条高铁、城铁，嘉兴军民合用机场定位是货运干线机场和客运支线机场，所以，完全有条件打造长三角核心区枢纽型中心城市。

第二，发挥嘉兴实体经济扎实、世界互联网大会永久落户等优势，把嘉兴打造成杭州湾北岸的璀璨明珠。

嘉兴有 6000 多家规上企业，制造业门类比较齐全，去年规上工业总产值近万亿元，规上工业增加值近 2000 亿元，均居浙江第三，高新技术产业、战略性新兴产业增加值占比分别达到 52.4%、39.7%，新产品产值率居浙江第一。

另外，嘉兴的开放态势良好。改革开放以来，累计引进外资企业 8100 多家，实到外资突破 300 亿美元，59 家世界 500 强企业在嘉兴投资了 91 个产业项目。

嘉兴是世界互联网大会的永久举办地，去年数字经济核心产业产值达到 1300 亿元，"两化融合"指数居浙江第三。还有 1504 平方公里海域面积、82.1 公里的海岸线和杭州湾北岸唯一的深水良港，完全有条件成为大湾区建设的一个有力支点，成为杭州湾北岸璀璨明珠。

第三，发挥嘉兴历史人文和水乡风貌特色优势，打造国际化品质江南水乡文化名城。嘉兴是典型的江南水乡，境内的马家浜文化是江南文化的根脉，历史上人文璀璨、风华绝代。近现代涌现出了王国维、徐志摩、弘一法师、李叔同、丰子恺、茅盾、陈省身、金庸等一大批名家大师。大力提升中心城市品质，加强生态环境建设，努力打造"红船魂、国际范、运河情、江南韵"的水乡名城。

第四，发挥处于上海都市圈与杭州都市圈叠加区的优势，打造未来创新活力新城。贯穿嘉兴全境的 G60 科创走廊像一条纽带，把上海和杭州这两大科创高地紧密联系起来，促进了科创资源的流动。嘉兴又有较好的科技创新基础，去年研发经费支出占 GDP 比重达到 2.7%，居浙江前列，高新技术企业突破 1000 家。特别是习近平总书记在浙江工作期间，亲自引进清华长三角研究院落户嘉兴，以此为龙头引领，累计引进各类院校共建创新创业载体 350 多家。

同时，随着沪嘉城际轨道交通的开建，嘉兴与上海的同城效应越来越明显，又加上嘉兴商务成本、开发强度相对较低，完全有条件承接上海非核心功能的疏解，吸引更多创业创新的年轻人，打造未来创新活力新城。

第三节　融入长三角一体化嘉兴的行动方案与具体抓手

首位战略明确了方向，而要达成目标，必须有具体的抓手。目前，嘉兴已经做了系统的考虑，主要有十个方面的工作抓手。

一是加快打造高能级城市平台。嘉兴的城市能级还不够高，未来的嘉兴会成为"双中心"的发展引擎。一个就是以嘉兴高铁南站枢纽为核心，规划建设50平方公里的高铁新城，目前已经委托承担雄安新区规划的团队进行整体设计，准备向上海虹桥商务区看齐，建设一个集交通枢纽、科创、商务等综合功能于一体，能承接上海城市功能外溢、接轨国际的现代化新城。另一个是打造以南湖为核心的文化中心，抓紧实施中心城区的改造提升。嘉兴已经谋划了100个项目，2000亿元的投资，全面提升嘉兴的城市品质和城市能级。

二是加快打造高能级科创平台，充分发挥清华长三角研究院的科创龙头的引领和带动作用，优化G60科创走廊布局。最近嘉兴建立了长三角全球科创路演中心，常态化组织全球科创项目集中路演，基本是2天一场，是永不落幕的路演中心。

同时，还要依托嘉善科技城、张江长三角科技城平湖园等，零距离承接上海科创资源辐射和溢出，建设临沪产业创新带；依托嘉兴科技城、秀洲高新区，建设中电科长三角创新中心，打造嘉兴科创核心区；依托浙江大学国际学院海宁国际校区，与国外著名高校共建高水准的浙大国际创新中心，从而把G60科创走廊的嘉兴段打造得更具魅力。

三是加快打造高能级产业平台。谋划建设重大战略平台，推动国家级、省级平台整合资源、做强做大，重点建好21个万亩级大平台，承接百亿大项目、发展千亿大产业。按照特色小镇的样板，融合"生产、生态、生活"，提升各大产业平台。

四是加快打造高能级现代化产业体系。突出"数字经济"一号工程，抢抓世界互联网大会溢出效应，重点深化与中电科、阿里巴巴等的战略合作，大力建设乌镇国家互联网创新发展综合试验区，加快推进桃园数字小镇、乌镇街创新基地等平台的建设。

突出补链强链。着力引进一批能够推动产业链、创新链、价值链协同提升的龙头项目、补链项目、配套项目。突出扶优扶强，实施"领军企业"、"瞪羚企业"培育计划，打造一批引领行业发展的龙头企业，扶持一批具有高成长性的中小企业。

五是加快打造高能级交通物流枢纽。以嘉兴高铁南站核心枢纽为重点，构建"海陆空"立体交通网络。嘉兴没有大规模的畜牧业，但是有羊毛衫市场和皮革市场，没有成片的森林，但有木业家具市场，没有大片的果园，但有规模很大的进口水果市场，就是因为嘉兴独具区位优势、物流发达。

具体来说，将打造轨道交通枢纽，以沪嘉城际铁路"一号工程"为龙头，加速推进沪乍杭、通苏嘉甬铁路建设，构建与长三角重要城市的"半小时高铁圈、一小时通勤圈"。打造航空物流枢纽，以军民合用机场建设为契机，努力推进综合交通"立体化"，建设多式联运的国际空港物流中心。打造海河联运枢纽，以港产城融合为导向抓好嘉兴港开发开放，持续推进与上海港、宁波舟山港深度合作；加快高等级航道建设，提升海河联运能力。

六是加快打造高能级开放平台。发挥世界互联网大会的窗口和纽带作用，做大做强中德、中荷等 11 个国际产业合作园，打造高质量外资集聚地。

七是加快打造高能级营商环境。嘉兴所谋划的营商环境是综合、系统的，即优化城市宜业宜居、综合交通、产业平台三大硬环境；深化"最多跑一次"改革，推进一网通办、全城通办，着力优化政务服务、金融生态、人才创新、平安法治四大软环境，实现在嘉兴办事速度最快，效率最高。

八是加快打造高能级生态"绿心"。充分发挥 300 万亩良田、120 万亩湿地、50 万亩水面、水网纵横等资源禀赋优势，倾力打造长三角生态"绿心"。

九是加快打造高能级文化和文明高地。

十是加快打造高获得感民生福地，重点是深化与上海等地在医疗、教育等方面的合作。

目前，按照上述十个方面的定位，嘉兴已经谋划了 30 个标志性项目，总投资约 5700 亿元。

嘉兴市委市政府认为，这些年来的发展有一个深切的体会，嘉兴在上海和杭州之间，确实有被虹吸的现象。但他们也在不断积累，现在嘉兴在浙江省的区域创新体系当中举足轻重，就是得益于始终不渝地坚持创新驱动。创新要素越来越集聚，嘉兴已经成为全国第四大中高端人才净流入的城市。

由此，嘉兴的下一步发展还是要靠科技创新。在一体化进程中，将致力于把嘉兴打造成为区域创新体系副中心。

近年来，嘉兴实施了"沪嘉医疗、教育同行"计划，老百姓享受到实实在在的好处。比如，医疗服务方面，目前嘉兴与长三角地区54家知名医院建立合作关系，共建了8个院士工作站，41个联合诊疗中心。

在文化教育方面，嘉兴与同济大学、上海交通大学、华东师范大学、上海世外教育集团等开展合作办学，引进了惠灵顿国际学校、卡迪夫公学等国际化学校，目前市本级有国际化学校6所。

在公共交通方面，嘉兴市民卡可以在上海刷卡乘地铁、公交车，2018年，嘉兴老百姓在上海刷卡137.5万人次，上海居民在嘉兴刷卡81万人次。

第四节 把握机遇，战略"聚焦"深度接轨上海

在长三角一体化的版图上，浙江嘉兴有着特殊的定位——这里不仅是"一带一路"建设、长江经济带发展等多个国家战略的交汇点，也是浙江长期与上海接轨的"桥头堡"。其中，地处上海、苏州、杭州、宁波4城十字交叉中心的嘉善县，更是联结各大中心城市的黄金枢纽，被纳入长三角生态绿色一体化发展示范区。

嘉兴正从聚焦接轨科技创新、聚焦接轨国际化、聚焦接轨现代化治理入手，加快推进浙江全面接轨上海示范区建设，融入长三角一体化发展。

共同推进G60科创走廊建设，集聚高质量创新资源，加强科技创新平台合作，嘉兴在全面接轨上海过程中，科技创新率先破题，实现了协同发展新突破。

目前，嘉兴已聚集360多个创新载体，各类创新要素在这里迸发出澎湃动力。浙江中科院应用技术研究院已成为中科院系统规模最大、发展最好的院地合作成果转化平台之一；与中国电科联手打造中国电科长三角创新中心，首批38个项目已正式签约。

突出重大项目引领，加快产业平台整合提质，深化跨区域平台合作，嘉兴积极接轨上海国际化，实现了产业互促和城市发展能级提升。

20世纪90年代以来，往返于沪嘉两地的"周日工程师"开启了嘉兴对接上海的进程。如今，"创意研发在上海、孵化转化在嘉兴"协作体系已经形成。嘉善产业新城就是沪嘉产业互动的成功案例之一。据悉，嘉善产业新城建设6年来，主动参与长三角产业分工，积极承接上海人才资源转移和项目落地，引入生命医疗大健康、智能网联汽车、商贸服务、影视传媒4大产业集群，助力嘉兴科创产业实现突破性发展。与苏州共建的中新嘉善现代产业园作为浙江省重点打造的7个"万亩千亿"新产业平台之一，设立了总规模100亿元的嘉善智能传感器产业专项基金。

目前，嘉兴20个省级以上园区开发区与上海签订了有关开放创新平台合作协议，产业链合作更加深化，并不断向高端产业配套链延伸。

嘉兴率先复制上海自贸区、国际金融、国际航运等方面做法，实现跨省政务服务异地可办，在全省率先实现"无差别全科受理"、开设"企业服务直通车"。

下一步，嘉兴将在深化落实"三个聚焦"的基础上，加快推动形成规划一张"图"、交通一张"网"、市场一盘"棋"、民生一张"卡"、环保一条"线"的全域一体化发展格局，打造长三角一体化体制机制集成创新策源地。确立"首位战略"加速全面融入嘉兴争当长三角一体化发展先锋打造高质量发展典范。自长三角一体化发展上升为国家战略，嘉兴不等不靠、善谋实干，以争先创优、追梦奔跑的姿态，全力抢抓"百年未有之机遇"。嘉兴新签约超百亿项目13个，引进世界500强投资项目7个，总投资超亿美元项目25个，均列浙江全省第一。

谋定而后动。嘉兴市委八届七次全体（扩大）会议上，嘉兴正式将全面融入长三角一体化发展确立为首位战略。"12410"成为嘉兴新一轮发展的"战略密码"。"1"就是一个首位战略；"2"就是要扛起"桥头堡"和"门户"两大历史使命；"4"就是确立了"三城一地"的城市发展定位，即通过打造长三角核心区枢纽型中心城市、面向未来创新活力新城、国际化品质江南水乡文化名城、开放协同的高质量发展示范地，努力把嘉兴建设成为长三角城市群、杭州湾北岸一颗强劲活跃的璀璨明珠；"10"就是聚力打造高能级科创平台、高能级产业平台、高能级城市平台等"十大抓手"。

变化接踵而至。一体化示范区建设加快推进，嘉兴与青浦、吴江建立20

多项常态化交流合作机制,《枫泾—新浜—嘉善—新埭城镇圈区域协调规划》启动编制。区域政务服务一体化加快实现,南湖区与吴江区54个政务项目同标准审批,秀洲区与吴江区实现两地政务服务"跨省通办"。此外,嘉兴与G60科创走廊城市还在30个事项上实现"一网通办"。

产业合作成高质量一体化强劲动力。眼下,嘉兴20个省级以上园区开发区与上海各类开放创新平台新签订了高质量的合作协议。59家世界500强企业在嘉兴投资了92个产业项目,累计实际利用外资突破300亿美元。

创新要素集聚,为一体化赋能。上半年,嘉兴省级以上重大人才工程申报实现倍增。全市中高端人才净流入率位居全国第四,每万名从业人员人才资源数列全省第三。今年4月,首届长三角全球科创项目集中路演活动在嘉兴举行,1175个来自全球的科创项目集中展示,385个项目签约,签约总金额近336亿元,打响嘉兴创新活力新城品牌。

第五节 扎实推进长三角一体化行动方案

2020年1月8日,《浙江省推进长江三角洲区域一体化发展行动方案》正式对外发布。

方案里嘉兴元素满满。嘉兴G60科创大走廊、通苏嘉甬铁路、沪乍杭铁路、嘉兴机场……统统都提到。

中心区率先融入。率先在杭州、宁波、温州、湖州、嘉兴、绍兴、金华、舟山、台州九个设区市复制推广长三角生态绿色一体化发展示范区经验,提升一体化发展水平,共建长三角世界级城市群,带动全省域融入长三角一体化发展。

共同提升长三角G60科创走廊合作发展水平,规划建设环杭州湾高新技术产业带,加快推进杭州城西、宁波甬江、嘉兴G60等科创大走廊建设,支持打造温州环大罗山、台州湾、绍兴、金义等科创廊道及沪湖绿色智造廊道。

推进沪苏湖、通苏嘉甬、沪乍杭、杭临绩、甬台温福、黄山—金华、温武吉、衢丽、沪甬、甬舟等铁路项目。谋划杭丽、金龙等铁路以及沪嘉、沪平、环太湖、杭绍、杭德、宁象等都市圈城际项目。

全面提升省域高速公路数字化、智慧化水平,高起点规划建设环杭州湾智慧交通系统，重点推进杭绍甬智慧高速和长三角智慧高速公路测试中心（嘉兴）建设，推动实施沪杭甬高速和杭州湾大桥及接线智慧化改造，开展杭州绕城西复线部省联动试点，加快形成智能化道路交通环境，大幅提高路网运行效率和安全水平，引领带动长三角智慧高速公路网建设。

加快宁波舟山港、嘉兴、温州、台州、浙中多式联运枢纽和海陆联运通道建设，完善区域港口集疏运体系，规划建设北仑、金塘、梅山等重点港区进港铁路，提升海陆联运辐射带动力。

积极推进杭州机场三期改扩建和四期飞行区扩建、宁波机场四期扩建、温州机场三期扩建、嘉兴机场新建、丽水机场新建，加快完成舟山、台州等机场改扩建，规划建设嘉兴航空联运中心和浙西航空物流枢纽。

加快培育杭州、宁波、温州、嘉兴、义乌、青田等地进口商品"世界超市"。支持打造温州浙南闽北赣东进口商品集散中心、嘉兴长三角进口水果集散中心、舟山国际农产品贸易中心、衢州四省边际商贸中心。

支持湖州、嘉兴、绍兴等地建设高水平应用型大学。

长三角生态绿色一体化发展示范区地处沪苏浙交界，范围包括上海市青浦区、江苏省苏州市吴江区、浙江省嘉兴市嘉善县。长三角生态绿色一体化发展示范区是集中体现新发展理念、率先实现高水平一体化发展的先行区。加快建设示范区浙江片区，要充分发挥嘉善建设长三角生态绿色一体化发展示范区和县域科学发展示范点的双重优势，聚力打造创新活力新引擎、未来城市新样板、江南水乡新天地、现代治理新典范，努力成为凝聚浙江智慧、彰显浙江特色的新时代中国现代化标杆。

建设嘉湖一体化合作先行区。发挥湖州、嘉兴接沪融杭联苏通皖的区位优势，以吴兴—南浔—秀洲—嘉善、乌镇—练市等跨市域毗邻区域为重点，推进跨区域多领域一体化创新合作，共同推动G60科创走廊提升发展，构建沪湖绿色智造廊道，率先打造长三角高质量一体化发展先行区块。

建设杭嘉一体化合作先行区。以杭州、嘉兴交界地区为切入点，联动推进杭州钱塘新区、余杭区、海宁市合作联动，共建杭州大都市区同城化发展先行区。加快余杭、海宁合作开发区块规划建设，延伸杭州城东产业智造走廊，高水平建设杭海新城，主动承接临平、下沙城市功能。加快推进杭海城际铁路、海宁西站高铁新城等互联互通重大项目建设。

提首位战略，嘉兴有底气。嘉兴将突出重点板块引领，加快形成示范区先行示范、中心城区引领带动、G60科创走廊驱动支撑、临沪临杭滨海三带联动推进的全域融入的发展格局。努力打造长三角一体化体制机制集成创新策源地，让嘉兴在长三角一体化发展中展示新时代的南湖风采，充分展示"红船魂、国际范、运河情、江南韵"的水乡名城魅力。

第五章
古越名城——绍兴

绍兴,坐拥长江水,面向太平洋。中国东部的长三角区域,一个世界级的城市群正在崛起。而一叶乌篷载着千年古城绍兴,穿越江南的历史烟雨,摇进了长三角一体化发展的新时代。

绍兴,简称"越",古称越州,是浙江省地级市,国务院批复确定的中国具有江南水乡特色的文化和生态旅游城市。

第一节 绍兴区域概况及经济综述

绍兴全市下辖3个区、1个县、代管2个县级市,总面积8274.79平方千米,建成区面积208.1平方千米,常住人口503.5万人,城镇人口335.33万人,城镇化率66.6%。

绍兴地处中国华东地区、浙江省中北部、杭州湾南岸,东连宁波市,南临台州市和金华市,西接杭州市,北隔钱塘江与嘉兴市相望,是长三角城市群重要城市、环杭州湾大湾区核心城市、杭州都市圈副中心城市。

绍兴已有2500多年建城史,是首批国家历史文化名城、联合国人居奖城市,中国优秀旅游城市,国家森林城市,中国民营经济最具活力城市,也是著名的水乡、桥乡、酒乡、书法之乡、名士之乡。绍兴素称"文物之邦、鱼米之乡"。著名的文化古迹有兰亭、禹陵、鲁迅故里、沈园、柯岩、蔡元培故居、周恩来祖居、秋瑾故居、马寅初故居、王羲之故居、贺知章故居等。

2017年,绍兴市复查确认继续保留全国文明城市荣誉称号。2017年中国地级市全面小康指数排名第 16。2018 年 12 月，被评为中国大陆最佳地级城市第 7 名，中国创新力最强的 30 个城市之一。2018 年重新确认国家卫生城市（区）。绍兴市是"无废城市"建设试点城市。

2019 年，全市生产总值（GDP）5781 亿元，按可比价格计算，比上年增长 7.2%，增速高于全省平均 0.4 个百分点，居全省第五位。分产业看，第一产业增加值 208 亿元，增长 2.3%；第二产业增加值 2771 亿元，增长 7.0%；第三产业增加值 2802 亿元，增长 7.8%。三次产业结构为 3.6∶47.9∶48.5，全年三产比重首次超过二产。

全年财政总收入 825 亿元，比上年增长 1.7%，其中一般公共预算收入 528 亿元，增长 5.4%。一般公共预算支出 641 亿元，增长 15.1%。其中民生支出 503 亿元，增长 16.8%。

全面消除集体经济年总收入 20 万元、经营性收入 6 万元以下薄弱村。低收入农户人均可支配收入 14403 元，增长 12.5%。实施"闲置农房激活计划"，带动农户就业 16847 人，村集体收入和农户农民财产性收入分别增加 1.82 亿元、2.59 亿元，入选"2019 年浙江省改革创新优秀实践案例"。

全年规模以上工业增加值 1400 亿元，比上年增长 8.4%，高于全省平均 1.8 个百分点，增速居全省前三位。规上工业 36 个行业大类中，25 个行业增加值实现增长，行业增长面 69.4%。增加值总量前十位行业中，非金属矿物制品业、化学纤维制造业、化学原料和化学制品制造业增长较快，增加值分别增长 20.8%、17.3%、17.2%。

规上工业中高新技术、战略性新兴产业增加值比上年下降 3.8% 和 4.1%，占规上工业比重分别为 50.6% 和 41.9%；数字经济核心产业制造业增加值增长 8.0%。规上工业五大传统制造业增加值增长 11.5%。

第二节　绍兴在推进长三角一体化中实现高质量发展

提到浙江省，大家首先会想到杭州、宁波或者温州，其实早在 2000 多年前，绍兴才是整个江浙大地的中心，当年三千越甲可吞吴的勾践卧薪尝胆的故事，是家喻户晓的，而勾践正是当时我国春秋五霸之一的霸主越国的国王，当时越国国都会稽，正是今天的绍兴，真可谓历史底蕴冠绝整个浙江省，那么如今 GDP 流行的今天，美丽的绍兴在浙江排名第几呢？

据 2019 年 GDP 数据显示，绍兴有着高达 5780.74 亿元的 GDP 总量，排名浙江省内前四强，在绍兴前面的正是富甲商人的故乡温州，去年温州的 GDP 为 6606.11 亿元，排名绍兴之后的是禾城嘉兴，去年嘉兴的 GDP 为 5370.32 亿元，

由此可见，目前绍兴的 GDP 与嘉兴相比还是高出很多的，而与前面的温州相比却也略有逊色。长三角一体化给绍兴的发展带来了前所未有的机遇挑战。

绍兴放眼"长三角一体化发展"国家战略来谋略未来发展，不断深化改革开放，确立了"融入长三角、接轨大上海、拥抱大湾区、发展大绍兴"的长期战略思路，打出了念好"两业经"、唱好"双城计"、打造"活力城"的高质量发展组合拳。

过去 70 年，在新中国成立之初，绍兴经济规模非常小，2018 年地区生产总值达到 5417 亿元，居全国城市第 38 位，以全国万分之八的国土面积创造了全国千分之六的经济总量。去年全市常住人口超过 500 万人，市区面积扩大到 2942 平方公里，省级以上开发区达到 13 个，其中国家级开发区 4 个，发展空间和平台不断拓展，城市能级和活力大幅提升，各项社会事业全面发展，人民生活得到极大改善，2019 年城乡居民人均可支配收入分别达到 5.9 万元、3.3 万元。

特别是 2003 年以来的 16 年，是绍兴经济活力最强、城镇化发展最快、环境改善最明显、社会大局最和谐、群众得到实惠最多的时期。这根本上是习近平同志在浙江工作期间对绍兴关心支持的结果，是历届绍兴市委、市政府深入贯彻实施"八八战略"的结果。

这些年来，绍兴全市上下牢记习近平总书记的殷殷嘱托，坚持两业并重，贯彻"两鸟"理论，现代产业体系加快形成；坚持不懈唱好"双城计"，加快一体化发展，现代城市体系不断完善；坚定文化自信，推进守正创新，城市文化体系彰显魅力；坚持生态立市，深入践行"绿水青山就是金山银山"理念，自然生态体系全面优化；坚持发展"枫桥经验"，社会大局安定和谐；坚持把政治建设摆在首位，政治生态风清气正，绍兴大地发生了深刻变化。

为快速融入长三角发展一体化战略，绍兴紧扣"高质量"和"一体化"，突出"全市域""全方位"，积极推进"融杭联甬接沪"，努力形成开放发展

大格局，基本形成了参与长三角一体化发展、浙江省"四大"建设和杭绍甬一体化示范区建设的规划体系、政策体系、保障体系。未来，绍兴将继续干在实处、走在前列、勇立潮头，努力书写好新时代中国特色社会主义的绍兴篇章。

第三节 从"绍兴周"看绍兴出"奇招"深度接轨

2019年12月14日，"2019上海·绍兴周"在上海开幕，活动以"接轨大上海·聚力一体化"为主题，其间，将开展"1+X"系列活动，即举办一次开幕式暨绍兴深度接轨上海大会主体活动，同时开展"智引未来""融通未来""筑造未来""智造未来"及绍兴美景、美酒、美曲、美食综合展示等系列专场活动。"上海·绍兴周"签约投资达225亿元。

从"绍兴周"活动成果来看，绍兴把深度接轨上海，当作主动融入长三角的一个重要抓手。近一年多来，绍兴不断拓展"融杭联甬接沪"格局，制定出台《绍兴深度接轨上海行动计划（2019~2022年）》《绍兴市推进长三角区域一体化发展行动计划》，明确了绍兴深度接轨上海的"四个定位"，即上海制造协作区、上海服务拓展区、上海创新转化地、上海文化交融地。

为此，绍兴梳理并实施产业转型、科创资源、文旅会展、开放互联、公共服务、平台协作、体制机制等七大接轨上海工程，共30项重点任务。

绍兴的目标也很明确：力争到2022年，绍兴深度接轨上海工作体系全面建立，成为主动接轨上海、深度融入长三角的"排头兵"；力争到2035年，实现与上海"五大中心"的全面接轨，绍兴城市发展理念、管理水平逐步与上海"迈向卓越的全球城市"的目标接轨，紧密融入"上海大都市圈"，形成具有标识度和影响力的城市品牌。

"绍兴周"系列活动吸引投资超千亿元。"上海·绍兴周"是去年"绍兴周"系列收官之战，至此，"绍兴周"已走过杭州、宁波、深圳、北京、上海五城。秉持"开放合作、开放创新、开放共享"理念，聚焦共同"创赢未来"目标，"绍兴周"系列活动的主题，因城市不同而各有特色。

杭绍甬一体化示范区建设深入推进，绍兴如何贡献力量？"融杭发展 创赢未来""联甬发展 创赢未来分别"作为"杭州·绍兴周"和"宁波·绍兴周"主题，彰显绍兴意志。深圳是闻名于世的创新之城，"深圳·绍兴周"亮出绍兴期待——"创新发展 创赢未来"。如何拉近江南水乡与"首善之区"的距离？"北京·绍兴周"站在"颂咏时代 创赢未来"的高度，全方位学习北京。而"接轨大上海 聚力一体化"成为长三角一体化发展背景下的"上海·绍兴周"主题。

五座城市"绍兴周"系列活动，除了城市形象、人才政策等共同内容的推介，更有针对城市特点设置的个性化专场。如"杭州·绍兴周"的数字经济圆桌会，"宁波·绍兴周"的智造产业专场，"深圳·绍兴周"的"魅力绍兴"博览会，"北京·绍兴周"的越地历史文脉展，等等。

据悉，"绍兴周"系列活动举办以来，绍兴与前文所述五座城市，在政治、经济、文化、科技、体育等领域的交流互动明显增多。据初步统计，签约项目近200项，总投资额超千亿元，涵盖领域之广、数量之多，为历年来之最。以"绍兴周"为媒，通过产业协同与能级提升助推经济结构优化，绍兴加快培育新动力、打造新引擎，发展动能更强劲。

不过，和上海的周边城市相比，绍兴融入长三角一体化的步伐并不算快。苏州、嘉兴、昆山等紧邻上海的城市多年来都在主动对接，尽可能多地承接上海的溢出效应。

一 向上海取经、与上海对接

绍兴作为一个资源能源双重缺乏的城市，能够取得今天这样的成绩，很大程度上就是受益于长三角一体化的推进，受益于长三角城市群之间的合作，尤其是受益于上海的辐射和溢出。正是受益于长三角一体化，再加上习近平总书记明确指示"绍兴要放在'长三角'的范围来审视发展地位"，绍兴市的许多规划和重大决策，都是朝着这个方向努力的。

举办此次活动既是响应长三角一体化发展国家战略，来上海看看绍兴能做什么、该做什么，也是来上海学习取经，并做好对接。

上海与绍兴渊源深厚，文化相近、人缘相亲，要牢牢把握长三角一体化发展上升为国家战略的重大机遇，进一步加强合作对接，发挥各自优势，形成更多成果，共同努力落实好国家战略，更好服务国家改革发展大局。

绍兴在重大规划、改革发展等方面与上海深化对接，加强产业、科创、文旅等各领域合作，在主动融入长三角一体化发展中实现更大发展。在一大批重大基础设施建成投入的背景下，绍兴已经全面融入了上海90分钟核心交通圈和经济圈，并成为杭州湾南翼的交通枢纽，每天绍兴到上海的高铁有43次，每年乘用人数达到160万人次。上海到绍兴的高铁44次，每年130万人次。面积约600平方公里的绍兴滨海新区更是直接成为接轨上海、配套上海的产业大平台，成为杭州湾经济区的四大新区之一，吸引了先进制造基地乃至上海的中芯国际、张江生物等一批重大制造业项目和东方山水等一批高服务业项目入驻。

绍兴要想抓住机遇，除了积极性，还需要有一定的产业基础。

据公开资料显示，绍兴市拥有57万个市场主体、4500余家规模以上企业、75家上市公司、千亿级产业有6个，纺织、黄酒等产业的规模和集中度在全球数一数二。去年财政总收入和一般公共预算收入分别突破8000亿元和5000亿元大关。

绍兴市聚焦大湾区先进智造基地定位，市域、全产业链改造提升纺织、化工、金属加工三大传统产业，传承发展黄酒、珍珠两大历史经典产业，培育发展高端装备、电子信息、现代医药、新材料四大新兴产业，规上工业增加值增长7.3%左右。

绍兴坚持把接轨大上海、融入长三角作为提升城市开放水平、增强城市综合竞争力的重要抓手，抢抓机遇、主动融入，分别在战略协同、产业协作、开放互联、服务共享等方面取得成效。

同时，绍兴还积极参与长三角区域创新共同体建设，签署长三角协同优势产业基金合伙协议，主动对接G60科创大走廊、杭州城西科创大走廊；在开放互联上，杭绍城际铁路、杭绍台铁路、金甬铁路、杭绍台高速等一批重大工程加快推进。据盛阅春透露，绍兴正在抢抓中国上海自由贸易试验区增设新片区和中国（浙江）自贸试验区"一区多片"布局契机，申报创建绍兴综合保税区。

二 加快重返全国城市30强

在长三角一体化的推介会上，绍兴市强调，要全力打好高质量发展组合拳，加快推进现代产业体系、现代城市体系、城市文化体系、自然生态体系四个体系建设，更高水平打造长三角高质量发展的重要增长极，努力使绍兴综合经济实力早日重返全国城市30强。

绍兴正在加快推进产业体系有机更新，着力打造上海制造的协调区，围绕纺织、化工、金属加工三大技术产业和黄酒、珍珠两大传统产业，运用新技术、新业态、新模式促进全行业提升、全产业链提升，立志通过3~5年的努力重塑传统产业的核心竞争力，打造世界级先进制造业集群。

当地政府制定出台的《绍兴市培育发展新兴产业三年行动计划（2018~2020）》，力争到2020年新兴产业增加值占工业GDP比重超过50%，成为推动全市高质量发展的强大引擎。

绍兴是长三角地区是我国经济最具活力、开放程度最高、创新能力最强的区域之一。当前，随着长三角一体化上升为国家战略，区域合作开启新征程。站在新时代新起点上，绍兴将聚焦高质量、聚力一体化，坚定不移做好融杭联甬接沪大文章，为长三角地区实现更高质量的一体化发展贡献绍兴力量。

绍兴受益于长三角一体化尤其是受益于上海的辐射和溢出，并高度重视融入长三角，绍兴接轨上海已有良好基础。

目前，一大批重大基础设施如G60科创大走廊等建成投入，绍兴已经全面融入了上海90分钟核心交通圈和经济圈，并成为杭州湾南翼的交通枢纽。一大批产业平台开发建设，绍兴拥有4个国家级开发区、9个省级开发区，尤其是面积约600平方公里的绍兴滨海新区，就是接轨上海、配套上海的产业大平台。绍兴还有一大批合作平台构建运行，绍兴和上海虹桥商务区管委会签订战略合作协议，共同打造联动示范区。

第四节 建设"一区两廊"是绍兴创新发展的新引擎

"一区两廊"：编制实施绍兴滨海新区和科创大走廊、文创大走廊。

为打造长三角科技创新承载区，要将绍兴科创大走廊纳入G60科创大走廊范围；为构建高端产业链群，绍兴将高水平建设滨海新区；为构筑文商旅共同体，要推进绍兴文创大走廊建设。

绍兴滨海新区是杭州湾大湾区四大新区之一，位于杭州湾南岸，西接杭州、东连宁波、北邻上海。随着嘉绍大桥的建成、杭绍甬智慧高速的建设，以及杭州湾连接上海的跨江高铁规划的落地，滨海新区成为绍兴市全面接轨大上海、融入长三角的主阵地和推进杭绍甬一体化发展的先行区。

新区规划总面积600平方公里，其中，核心区面积140平方公里、启动区面积25平方公里。新区拥有两个国家级开发区、一个国家高新区、一个省级产业集聚区和一个省级工业园区，并重点发展生命健康、信息经济、智能制造和新材料四大主导产业，力争到2022年，实现规上工业总产值4000亿元，2035年达到10000亿元。

此外，绍兴还发布了科创大走廊和文创大走廊规划。建设科创大走廊是绍兴市委市政府抢抓长三角区域一体化、杭绍甬同城化重大机遇，主动对接G60、杭州城西、宁波勇将三大科创走廊。未来科创大走廊将重点实施创新平台提升工程、创新要素集聚工程、新兴产业示范工程和创新服务优化工程。

相关资料显示，为加快规划落地，绍兴编制了科创大走廊三年行动计划，项目99个，总投资1800亿，目标是把科创大走廊建设成为长三角重大科技成果转化的承载区，全省大湾区先进智能制造基地和绍兴创新发展新引擎。

除科创大走廊外，规划中的绍兴文创大走廊以绍兴钱清为起点，沿途经过中国轻纺城和多个重要文化景点，总面积300平方公里。编制的文创大走廊建设三年行动基础，三年内计划总投资超过1100亿元，实施重点项目111个。

文创大走廊要实施文创平台建设优化行动，以产业为引擎，重点打造城、园、镇、街、村、坊等六类，投资503.2亿元；实施文创产业发展领先行动，大力发展纺织服装、黄酒、珍珠等传统经典产业，三年内计划投资237.4亿元；实施文创要素集聚激活行动，加大资金、土地、房产设施等资源配置向文创产业的倾斜力度，三年内计划投资2.65亿元；实施文创配套工程提升行动，打造青山绿水网、畅通交通支撑网、增强城市活力网，三年内计划投资366.3亿元。

根据规划，到2020年绍兴文化产业总产值达到千亿元以上，产业发展活力和文化引领等指标居全省前列，力争引入一批国字号的产业集聚平台，建成具有区域特色、全国影响力的文创新区，努力成为浙江省文化资源转化和文化产业转型升级的标杆。

处于杭州、宁波两大副省级城市中间,长期居浙江发展第二梯队的绍兴市决定抢抓浙江大湾区战略机遇,重塑竞争优势,与杭州、宁波一体化发展。

第五节 绍兴面临的发展瓶颈和破题答案

东接数字经济"优等生"杭州、西靠"中国制造2025"试点地宁波的绍兴,GDP在浙江11个市的排名中长期居第四。

过去相当长一段时间,绍兴都面临一个事实——位于杭甬之间,既是幸运,也是尴尬。绍兴市政府新闻办官方微信公众号"绍兴发布"的文章指出,幸运在于,杭甬是浙江第一层次城市,绍兴获得大量发展机遇;尴尬的是,处在两个副省级城市中间,不得不面对中心城市的"虹吸效应",高铁、城轨开通后更加明显。

面对日益激烈的城市竞争,如何在"左右逢源"中将区位、产业、人文优势转化为开放、发展、竞争优势,承接两大城市溢出效应,合唱一体化"三城记",是绍兴亟待解决的问题。

位于杭州湾南岸的绍兴是杭州湾经济区重要支点城市,也是杭甬一体化绕不开的枢纽点。

浙江省布局了大湾区建设行动计划,提出推进杭州宁波一体化发展,促进杭绍甬融合发展。绍兴率先明确'杭绍甬一体化',制定行动计划,体现的是发展的主动性和迫切性。

根据《行动计划》,绍兴将全面融入"一带一路"、长三角一体化、浙江省"四大"(大湾区、大花园、大通道、大都市区)建设等战略,学习借鉴杭州、宁波经验,加速形成融杭联甬接沪区域发展大格局;全市域、全要素、全产业链融入杭绍甬一体化,高水平承接杭州、宁波功能外溢。

从公开的经济数据不难看出,近十年来,绍兴的经济总量一直排在杭州、宁波、温州这三大浙江中心城市之后。与第三位的温州相比,差距从2010年的143亿元渐渐缩小到30亿元多,但2015年起差距再次拉开,当年温州GDP超过绍兴149亿元,2016年、2017年分别高出335亿元、345亿元,2019年更是高出近900亿元。

作为传统制造业基地,绍兴在从高速增长向高质量发展的新旧动能转换过程中遇到一些问题。绍兴与杭州、宁波这些"标兵"的差距在拉大，与嘉兴、湖州、台州等"追兵"在GDP、规上工业增加值等指标上的差距缩小，财政收入等个别指标还被有些地市赶超。绍兴要抓住浙江大湾区建设的契机重塑竞争优势，否则会失去宝贵的时间窗口。

地处杭州与宁波之间、GDP在浙江省排名第四位、上市公司数量在全国地级市中排名第三、五大重点传统产业产销利连续两年保持两位数增长……这些都是绍兴辉煌的标签。

随着长三角一体化上升为国家战略，这座拥有明显区位优势的历史名城，也同时面临着杭州、宁波甚至上海这些中心城市"虹吸效应"的挑战。

然而，在笔者看来，随着城市群的发展，客观存在的虹吸效应将逐步转变为溢出效应，绍兴面临长三角一体化过程中的机遇和挑战。在长三角一体化的发展中，行政壁垒并不是最大的问题，最大的问题是，各个城市能否清醒地理解自身城市的现状和定位，以及未来的定位。定位是最重要的，如果定位不准确，就会出现同质化的发展，就不能协同合作。

如果在长三角一体化中，上海是龙头，杭州、宁波和苏州这类城市处于第二能级，那么处于第三能级的可能就是像绍兴这样的城市。原创性研发可以在大城市，而应用性研发是技术活儿，大城市养不起，就适合到绍兴这种城市。

绍兴在浙江省级的大湾区发展中，本身就具备不可多得的条件。长三角一体化上升到国家战略后，绍兴的发展得以纳入国家级的战略中来考量，给绍兴带来了难得的机遇。

其次，在考虑如何接轨大上海、融入长三角、拥抱大湾区方面，绍兴在战略上也有了更好的统一。绍兴要更好地考虑自身的优势和不足，使绍兴能更好确认自己的发展定位和重点。

绍兴面临的最大挑战是，首先是如何在城市群中凸显出自己的优势。其次则是如何放大自身的优势，使绍兴在整个长三角一体化中拥有好的机遇和定位。绍兴作为历史文化名城和古城，在弘扬历史文化传统的同时，还应更加体现包容、开放和创新的精神，这对于绍兴来说是具有挑战性的。

在城市群的发展中，中心城市和周边城市往往会客观地出现从被虹吸到享受溢出的过程，关键是如何营造城市自身的能级和特色。即使是三线城市，也可以打造出一线城市的品质。也就是说，城市本身足以留住自己的要素，同时又能吸收中心城市好的要素，而不是反被吸走。

当前，被虹吸的时代已经渐渐远去了，现在更多的是溢出阶段。因此，绍兴也在战略布局谋划自身的发展，在大都市圈中，实现互相错位的共同发展。

而在都市群的同城化和一体化发展中，很重要的方面是，行政区划不一定要统一，但可以在整个市场经济和规则下，落实一体化的政策和规则。比如在产业布局方面，从现在的产业集群布局规律来说，就不是按照行政区划来布局的，而是按照经济区划来布局。

其次，虽然是不同的城市和行政区域，但可以实现同城工作和生活。也就是说，你可以在杭州工作，在绍兴生活，反之亦然。因此要完全实现同城化的通行和便捷。

绍兴是以传统产业为主体的工业大市，较早遇到转型升级的阵痛，传统动能不断减弱。同时，新兴产业发育较慢，新动能成长不快，这导致了前几年绍兴经济发展陷入低谷。

绍兴要大力推进传统产业和新兴产业同步提升、内生动力和外生动力同步增长，全力推动新旧动能转换，经济才能走上高质量发展轨道。一方面要重塑传统产业核心竞争力，加快淘汰落后产能，一方面也要坚持以开放促转型，坚持引进来与走出去相结合，深入实施数字经济"一号工程"，大力发展高端装备、现代医药、电子信息、新材料四大新兴产业，加快建设集成电路小镇，着力培育新兴产业集群。

除此之外，绍兴还要打造高能级发展平台，通过加强开发区、城市核心区等平台建设，为承接产业、项目的转移奠定基础。

绍兴目前已经有13个省级以上开发区，其中4个国家级开发区，1个省级产业集聚区。从平台的数量来说，密度比较高。目前考虑的是，如何把这些平台整合在一起，从而对产业集聚产生更强的吸引力。

建议从两方面发力，一是打造具有长三角乃至全国竞争优势的产业平台；二是吸引国内外的高端科研和高教资源，建设新的科技研发机构和为地方产业服务的高等院校。

目前绍兴能在长三角占据一席之地的产业主要是集成电路和生物医药。在集成电路领域，绍兴应该打造从设计到研发，再到制造、测试和封装，以及相关装备和电子产品制造的完整产业链和生物制药方面的效能集聚。

绍兴紧靠上海，跟上海的人文和历史关系也比较大，所以要重视在资本市场巧用上海的金融优势。

有一组数据是，绍兴共有上市企业75家，是浙江省11个城市中上市公司居第三位的城市，也是全国地级市中，上市公司数量排名第三的城市。

要积极推动绍兴科技型企业接轨上交所科创板，对接上海国际金融中心、钱塘江金融港湾、杭州国际金融科技中心，运用金融科技创造更好金融服务。

新兴产业的培育在未来20~30年在中国都会拥有发展前景的产业，或者将在全国拥有几十万亿规模的产业。对于这些产业绍兴也要努力重点参与。

绍兴只要有"三千越甲可吞吴"的气势面对发展难题，继续干在实处、走在前列、勇立潮头，一定会书写好长三角区域一体化发展的绍兴篇章。

第六章
历史名城——湖州

湖州市是浙江省下辖地级市,是"长三角城市群"成员城市、环杭州湾大湾区核心城市、G60科创走廊中心城市,地处浙江省北部,东邻嘉兴,南接杭州,西依天目山,北濒太湖,与无锡、苏州隔湖相望,是环太湖地区因湖而得名的城市。

湖州是一座具有2300多年历史的江南古城,建制始于战国,有众多的自然景观和历史人文景观,如莫干山、南浔古镇等。湖州是国家历史文化名城,国家森林城市、国家园林城市、国家卫生城市,有双渎雪藕、太湖百合等土特产品,同时也是近代湖商的发源地。

第一节 湖州区域概况及经济综述

湖州处在太湖南岸,东苕溪与西苕溪汇合处。下设2区3县,面积5820.13平方千米。2018年12月,被评为2018中国大陆最佳地级城市30强,2018中国最佳旅游目的地城市第20名。

2019年,全市经济实现了GDP总量超3000亿元、人均GDP超10万元、财政总收入超500亿元和地方财政收入超300亿元的四个历史性突破,经济实力迈上新台阶。

初步核算,全年实现地区生产总值(GDP)3122.4亿元,比上年增长7.9%。分产业看,第一产业增加值133.8亿元,增长2.8%;第二产业增加值1595.4亿元,增长7.6%,其中工业增加值1422.1亿元,增长8.5%;第三产业增加值1393.2亿元，增长8.7%。三次产业结构比例为4.3:51.1:44.6。按户籍人口计算的人均GDP为116807元，增长7.6%，折合16932美元；按常住人口计算的人均GDP为102593元，增长6.7%，折合14872美元。

全年规模以上工业实现增加值888.7亿元，按可比价计算比上年增长8.4%，其中轻工业352.4亿元、重工业536.3亿元，分别增长8.0%和8.7%。33个大类行业中，有26个行业增加值实现增长，8个行业超过40亿元。

全年规模以上工业实现营业收入4916.9亿元，比上年增长5.3%；利税445.1亿元，其中利润299.3亿元，分别增长7.7%和13.6%。11个工业行业达到"营业收入超100亿元、利税超10亿元"，共实现营业收入3768.2亿元、利税总额337.0亿元，分别占全部规模以上工业的76.6%和75.7%。10个行业利税超过20亿元，其中，非金属矿物制品业68.8亿元，增长7.8%；通用设备制造业44.3亿元，增长26.1%；电气机械和器材制造业36.1亿元，下降14.7%；家具制造业33.2亿元，增长20.2%；化学原料和化学制品制造业26.3亿元，增长8.3%；电力、热力的生产和供应业24.7亿元，增长17.3%；纺织业24.1亿元，下降1.8%；黑色金属冶炼和压延加工业22.9亿元，增长29.3%；木材加工和木、竹、藤、棕、草制品业22.1亿元，增长7.8%；化学纤维制造业20.9亿元，下降4.6%。

全年固定资产投资额比上年增长11.4%。民间投资增长9.9%，其中民间项目投资增长14.4%；交通投资增长20.0%；高新技术产业投资增长48.1%；生态环保与公共设施投资增长14.9%。

全年旅游总收入1529.1亿元，比上年增长12.7%。全年接待国内外旅游者人数13223.5万人次，增长11.7%。

全年实现外贸进出口总额940.2亿元，比上年增长6.3%。其中，出口838.6亿元，增长8.8%；进口101.6亿元，下降10.7%。按贸易方式分，一般贸易出口796.8亿元，增长8.8%；加工贸易出口35.3亿元，下降8.1%。按企业性质分，生产企业出口561.8亿元，增长5.6%；流通企业出口135.1亿元，增长36.3%；外资企业出口141.7亿元，增长1.2%。按主要产品分，机电产品出口291.4亿元，增长12.5%，纺织原料及纺织制品出口242.1亿元，增长8.5%。按主要市场分，非洲出口增长较快，达到25.3%；亚洲、欧洲、拉丁美洲、大洋洲分别增长20.8%、11.0%、9.1%、3.0%，北美洲下降6.5%。一带一路出口额248.4亿元，增长18.2%。

第二节　湖州积极全面融入长三角一体化

湖州在"不提新口号，不换新跑道，坚定不移一张蓝图绘到底"的定力之下，"南太湖新故事"将如何讲述？

作为长三角中心区城市之一的湖州，如何全面融入更高质量一体化的国家战略——湖州与长三角龙头城市上海互动频繁。

2018年12月10日，湖州市委书记马晓晖，市委副书记、市长钱三雄率市党政代表团赴沪对接携手推动长三角更高质量一体化发展工作。

仅三天之后，湖州市政府与上海虹桥商务区管委会签订战略合作框架协议，进一步加强产业互补、生态互利、商贸互惠、要素互融、民生共享，全面深化双方各领域合作。

2018年12月底，湖州市出台《加快融入上海同城化都市圈三年行动计划（2018~2020年）》，剑指更高水平、更深层次融入大上海、联动长三角、实现大赶超。

"我们抢抓长三角一体化发展重大机遇，从来没有像今天这样紧迫！"刊发在《湖州日报》头版的一篇调研报告中这样表述。

紧迫感来自哪里？一方面，机遇前所未有："上海2035"城市总规把湖州全域纳入"1+10"同城化都市圈，并提出建设沪湖廊道、加强环太湖流域生态保护等。另一方面，区域竞争日趋"白热化"：如南通市在苏通大桥、崇启大桥开通后，接轨上海进程明显提速；嘉兴市把"科技创新，接轨上海"作为首要发展战略，积极打造沪嘉杭G60科创走廊等。

身处长三角更高质量一体化发展进入实体运作和快速推进的阶段，面对兄弟城市你追我赶的竞争态势，湖州市委、市政府提出：以高质量打造G50沪湖绿色发展廊道和南太湖新区为重要抓手，全力在重大交通、承载平台、产业集群、综合配套、营商环境等五个方面谋求突破，全面参与长三角一体化合作，着力建设长三角区域承东接西、贯通南北的枢纽城市。

鲜明的定位旨在实现错位发展、赶超发展，其基础必定是对自身现状的深入剖析。湖州是上海、杭州、南京三大城市的共同腹地，作为"两山"理念的诞生地，生态文明建设的基础和经验全国领先，产业集群绿色化特点鲜明，且土地、用工等成本在区域内优势明显。同时，其也存在着城市发展规模不够大、经济增长质量不够高、优质要素供给不够足、接轨工作力度不够强等问题。

一 对症下药！湖州提出五条举措

以构建外通内畅交通体系为突破口，着力打造长三角区域枢纽城市。加快推进沪苏湖高铁建设，力争2021年底前建成通车。加快建设商合杭高铁，形成域内"十"字形高速铁路网，实现所有区县高铁全覆盖。全面建设快捷高效的现代综合立体"水陆空"交通体系。

以构建"一核心五平台"空间格局为突破口，着力增强城市承载能级。"一核心"，即南太湖新区，把其打造成为"繁华美丽新江南"的现代化新区。"五平台"，即打造吴兴智能装备集聚区、南浔智能电梯集聚区、德清地理信息集聚区、长兴绿色能源集聚区和安吉绿色家居集聚区等五个龙头型万亩千亿级产业大平台。

以构建G50沪湖绿色发展廊道为突破口，着力培育优势特色产业集群。以G50高速、沪苏湖高铁、申嘉湖高速、318国道、长湖申航道、湖嘉申航道等南太湖交通大走廊为主线，建设一条集生态美、产业美、人文美、生活美为一体的G50沪湖绿色发展廊道。

以构建一流公共服务高地为突破口，着力提升综合配套水平。在教育、医疗、文化演艺、艺术创作、体育赛事等方面加大与上海、杭州等大城市的交流合作，不断满足群众，特别是落户湖州的高端人才对美好生活的向往。

以构建优质高效营商环境为突破口，着力激发创新创业热情。深入推进"最多跑一次"改革，不断完善企业投资项目"标准地+承诺制+一窗服务"机制。充分激发各类创新主体活力，有效降低企业在湖生产经营的土地、能源、用工等成本，努力打造长三角宜业宜居"首选地"。

以善谋破题，以实干见效。湖州能否抓住长三角更高质量一体化发展重大机遇，在激烈的区域竞争中实现赶超和崛起？我们共同期待。

二 增设杭宁高速西塞山互通

长三角一体化发展中，交通互联互通是重要一环。湖州市经济技术开发区是湖州科技城和高铁新城的核心区块,也是湖州综合交通的叠加交汇点,高铁湖州站、公路客运总站、湖州铁公水综合物流园区都在其中,已建成运行的杭宁高铁和正在抓紧建设的商合杭高铁,以及即将开工建设的湖苏沪高铁、湖州至杭州城西高铁都将在这里交汇。但是目前该区域还存在与高速公路衔接严重不畅的问题。笔者认为,加快增设杭宁高速西塞山互通,促进湖州西南片区与杭宁高速公路、申嘉湖高速公路之间的快速衔接,从而更好地带动区域经济发展。

三 大力发展绿色智造

产业是城市发展的基础。湖州应大力发展绿色智造,加快传统产业高新化、新兴产业规模化,从而进一步抢抓长三角一体化步伐加快的战略机遇。

加快绿色智造产业发展,笔者认为首要解决的就是中高端研发人才和专业技术人才缺乏的问题。不仅要加强本地人才培养,还要有针对性引进对口专业人才、领域专家。另外,建议政府相关部门能增强与企业间的沟通交流,支持建设一批企业研究院、企业工程(技术)中心,资助攻克一批智能制造关键共性技术,对有意向或正在开展精益管理的企业给予帮助或补贴,助力企业脱胎换骨。

四 加快都市卫星城市发展

立足新时代,湖州要实现更高质量发展,笔者建议需要着重在五个方面谋深、谋细、谋长远:一要围绕"两山"理念转化实践示范区建设,进行深度谋划,不断丰富内涵,拓宽转化通道,进一步擦亮"两山"理念诞生地的金名片;二要立足湖州长三角一体化发展核心区的区位优势,进一步谋深谋细产业发展定位,加快融入长三角一体化发展;三要用非常规之力加快补齐科技创新短板,大力引进知名高校、科研机构等创新资源,不断提升创新平台层次;四要大力推动绿色智造产业发展,加快传统产业转型升级,助推龙头企业不断做强做大,提升企业全球竞争力;五要以全球化视野和资源打造世界地理信息产业发展高地,推动数字经济发展,全力加快"两个高水平"建设在湖州生动实践。认真学习贯彻习近平总书记关于长三角一体化发展的重要指示精神,全面落实省委、省政府决策部署,咬定目标、攻坚克难、全力融入,以更大力度、更强决心、更实举措，奋力开创湖州融入服务国家重大战略新局面，加快推进高质量赶超发展。

推进长三角一体化发展，湖州总的是要贯彻新发展理念，围绕国家《长江三角洲区域一体化发展规划纲要》和浙江省、市《行动方案》，加快推动中央和省委决策部署在湖州落地生根。要牢牢把握"一体化"和"高质量"的主题主线，把握"打造长三角绿色发展引领区"这一总体定位，把握"主动融入、系统谋划、重点突破、改革创新、彰显特色"的工作要求，把握"以接轨上海为龙头，以融入杭宁为支撑，以联通苏南为补充，以辐射皖赣为拓展，多向发力、纵横推进"的主攻重点，着力抓好交通互联、平台互接、产业互补、创新互促、民生互惠五大方面工作，加快推动湖州更高质量、更高水平的开放发展。努力为长三角一体化发展提供更多湖州样板、湖州经验、湖州方案。

湖州作为"两山"理念诞生地，要充分发挥生态、人文、区位、产业等优势，积极探索生态绿色的高质量发展之路，为长三角乃至全国绿色发展贡献湖州智慧、创造湖州样板。要规划和建设好苏浙皖产业合作区、南太湖新区、沪湖绿色制造廊道等平台，谋划和推进一批标志性工程项目。要以实施长三角一体化国家战略为契机，全方位接轨大上海、融入长三角，加快拓展合作领域、提升合作水平。

第三节　借势长三角一体化，湖州填补环太湖经济"洼地"

自长三角一体化上升为国家战略到最近的发展规划纲要发布，长三角各地纷纷以实际行动，致力打造新经济增长极。

2019年12月6日，"绿色新湖区、世界南太湖"2019年湖州南太湖新区投资贸易洽谈会在太湖南岸拉开帷幕，这也是南太湖新区成立以来首次举行的投资洽谈会。本次洽谈共签约28个项目，涉及新能源汽车、生物医药、高端装备制造等多个领域。

一　长三角经济"洼地"

谈到湖州，不论是宋人柳永词中的"东南形胜，三吴都会"，还是明清时期盛行的"苏湖熟,天下足",历史上给人的感觉是"富足"。不过,进入工业社会之后,湖州发展相对周边地区滞后了,近几年统计部门发布的数据显示,湖州不论是经济总量还是人均GDP,在浙江省都名不见经传。相对同在太湖周边苏州、无锡的万亿级别,差距很大。

为了改变环太湖经济"洼地"局面,湖州近年着力打造经济增长极。今年6月,作为浙江省大湾区"四大新区"之一的湖州南太湖新区成立,其定位就是深入融入长三角一体化发展,着力打造区域发展重要增长极和浙北高端产业集聚地。

从资料看到南太湖新区相对长三角其他地区的政策是比较有优势的,新区除严格执行国家规定的各类鼓励政策之外,市政府对外投资重点企业在三年内实行财政奖励。对投资规模大、科技含量高的项目,实行"一事一议"优惠政策。

中国经济发展正进入一个新时期,呈现的特征是增速下降和创新驱动。在这样一个时刻,需要进一步转变发展理念,增强区域活力,提升要素效率,建构区域发展的新动能。

新区的发展理念要坚持生态化、高端化、引领性,积极构建以数字经济、新能源汽车、生物医药、休闲旅游等为主的现代绿色产业体系,锻造高质量发展的强劲引擎。

二 浙北"双雄":一体化中上演双城记

上有天堂,下有苏杭,苏杭之间是嘉湖。同处浙北的嘉兴与湖州,地理相邻、人缘相亲、人文相近。这是两座"亲戚"般存在的城市,路网互联互通,人员互来互往,发展互学互鉴。

同在长三角、同处杭嘉湖平原,新的发展环境下选择怎么样的城市关系并形成聚变效应,成为嘉兴与湖州的一道新题目。"加快推进嘉兴湖州一体化建设"被写入今年浙江省政府工作报告,一体化也成为两座城市相向而行的共同选择。

在历史上的大部分时间里,嘉兴与湖州都是各自独立的区域,但在新中国成立后的1958年到1983年曾一度合二为一,两地同为"嘉兴地区"长达34年。两地的"亲密"程度可想而知。那一次的合并,为嘉湖两地发展提供了更多融合因素，人员流动、婚姻家庭等都增强着两地感情。目前，有很多湖州人在嘉兴创业，也有很多的嘉兴人在湖州创业，两地各方面的往来十分密切。

这一次，嘉兴和湖州签订一体化发展协议，让很多两地老居民们回忆起了以前合并时的情形。在全国范围内，相邻城市的分与合原本就是焦点话题。显然，湖州嘉兴的这一次"合作"与上一轮不同。上一次是简单的撤并，而这一次是两地打破行政壁垒实现市场要素高质量流动的有益创新。

在奔涌的发展大潮中，已由不得浙北城市太过安逸。当嘉兴人发现邻居上海人、杭州人都在紧张忙碌、阔步前进时，猛然开始发力，优越的区位、便利的交通让嘉兴成为浙江接轨上海的桥头堡。当宁杭高铁开通后，湖州在长三角一体化中发挥的作用越来越大。

嘉兴与湖州，共同承担着浙江省大湾区北翼建设和对接长三角一体化发展等重大任务，是省内唯一同属杭州都市圈和上海大都市圈的毗邻市，两地也都是G60科创走廊的成员。

三 一体化中的"江"与"湖"

嘉兴和湖州的另一个共同的地域身份，就是处于太湖流域。和同处太湖流域的苏南城市相比，浙北的嘉兴和湖州显然城市能级上还有很大的发展空间。

1994年，《湖州日报》刊发了一篇文章，题目是《为了太湖不再"倾斜"》，当年在湖州引发巨大反响，时至今日依然被很多人提及。

1993年是湖州经济发展史上一个值得铭记的岁月。这一年，湖州地区生产总值达到106亿元，首次跻身全国为数不多的GDP超百亿城市行列。在一片欢欣鼓舞声中，有人却通过对比发现，同是沿太湖城市的无锡、苏州不仅经济发展各项指标超过湖州，而且增长率与人均指标也远远高于湖州。这便意味着，位于太湖南岸的湖州不仅落后于北岸，而且差距在拉大。《为了太湖不再"倾斜"》正是在这种背景下出炉的。

数据显示，太湖北岸的苏州2019年地区生产总值19235.80万亿元，排经济强省江苏第一位；2019年无锡实现地区生产总值1.1852万亿元。

随着长三角一体化发展上升为国家战略，长三角区域内各城市也迎来了新的发展机遇。目前，嘉兴正在打造全面接轨上海示范区，湖州正在打造上海都市圈的西翼门户。两地建立合作关系，优势互补、联合联动，将为振兴浙北地区高质量发展和助力长三角一体化建设提供生动实践。

一个是浙江全面接轨上海示范区,一个刚刚不久前获批设立南太湖新区。嘉兴湖州一体化发展,带来了更多的发展想象空间。两地如何共同打造践行新发展理念的示范区、长三角一体化发展的样板区、沪浙苏皖创新合作的试验区和浙江省"四大建设"的先导区,这些课题都进入了人们的视野。

环太湖都市圈是长三角重要组成,浙江省大湾区建设是全省重要战略部署之一,湖州临太湖,嘉兴则沿着钱塘江—杭州湾,通过嘉湖一体化可以有效联通太湖区域与钱塘江—杭州湾区域,实现更大区域的联动。

这是一个新的"江""湖"。在湖州融入长三角一体化发展中将发挥重要的作用。

推进长三角一体化发展是当前的热门话题,湖州地处长三角核心腹地,参与长三角一体化,既是湖州肩负的历史重大使命,也是湖州实现高质量发展的重大机遇。目前,湖州已经编制了《行动方案》,最近又和杭州、嘉兴等市分别签署了相关的战略合作协议。建议侧重开展五个方面的重点工作。

一是加快平台的互接。依托湖州南太湖新区和11个万亩大平台,加强与长三角城市平台园区的合作。目前,正在与周边城市共同谋划打造长三角产业合作试验区,积极谋划长三角生态绿色一体化发展示范区的协同区和上海自贸区新片区的协作区。

二是加快产业的互补。目前,湖州高端装备、新能源汽车以及关键零部件、地理信息、生物医药等产业发展的势头很好,湖州将充分发挥自身产业的优势,积极参与长三角高端产业链的构建。依托国家级莫干山高新区、湖州科技城等创新平台,深度参与G60科创走廊建设,着力打造长三角吸纳高端资源的"强磁场"。

三是加快空间的互联。当前,重点是加快启动建设沪苏湖高铁和湖州至杭州西站的高铁,并且与杭州、嘉兴以及苏锡常等周边城市来共同谋划城际轨道建设,努力使湖州成为长三角城市群的综合枢纽、大上海都市圈的西翼门户。

四是加快生态互利。将充分发挥湖州践行"两山"理念的先发优势,当好长三角生态联保共治的急先锋,积极推动跨区域、跨流域生态屏障、生态廊道的联合共建。

五是加快民生互惠。这些年,湖州围绕医保异地结算、联合办医办学、公交直连直通等民生问题,与上海、杭州等地已经达成了一系列的合作成果。下一步,将继续推动与周边城市在教育、医疗、文化、卫生、旅游等方面的务实合作,努力让长三角一体化发展成果更好地普惠广大群众。

第四节 "两山"理念是湖州发展的底色

湖州是习近平总书记"两山"理念诞生地、中国美丽乡村发源地。新中国成立以来的 70 年,是湖州发生沧桑巨变的 70 年。改革开放以来特别是 1983 年撤地建市以来,湖州全市上下在党中央和省委的坚强领导下,艰苦奋斗、砥砺前行,推动湖州大地发生了翻天覆地的变化。具体来说,可以概括为"四个变"。

一是经济发展的"裂变"。全市地区生产总值从 1983 年的 16 亿元跃升到去年的 3122.4 亿元(根据历史资料,1949 年湖州工农业总产值 1.99 亿元),财政总收入从 1983 年的 2.43 亿元跃升到去年的 490.7 亿元。

二是城乡面貌的"蝶变"。湖州中心城市建成区面积已达 86.1 平方公里,比撤地建市时扩大 14 倍;全市城镇化率从撤地建市时的 16% 上升到去年的 65%。

三是创业环境的"蜕变"。全市各类市场主体从 1983 年的 2000 多户增长到去年的 35 万户,规上工业企业从 1983 年的不到 100 户增长到去年的 3503 户。

四是百姓生活的"质变"。去年,城镇居民人均可支配收入 54393 元,比 1986 年增长 44.2 倍;农村居民人均可支配收入 31767 元,比 1983 年增长 70.7 倍。

2005 年到 2019 年的 14 年,湖州是一个破茧成蝶、振翅高飞的重要阶段。2005 年 8 月 15 日,时任浙江省委书记习近平同志在湖州安吉余村考察时,首次发表了"绿水青山就是金山银山"的科学论断。2015 年 2 月 11 日,习近平总书记在接见全国军民新春座谈会代表时,又叮嘱湖州要"照着'绿水青山就是金山银山'这条路走下去"。

过去 14 年,湖州始终牢记习近平总书记的谆谆教诲,坚决扛起浙江省委赋予湖州当好践行"两山"理念样板地模范生、争当推进基层治理现代化先行地排头兵的重大使命,坚持以"两山"理念引领高质量发展,走出了一条"生态美、产业绿、百姓富"的可持续发展之路。具体可以从四个方面来讲:

在"两山"理念的指引下,湖州绘就了山清水秀的"风景画"。这些年,湖州坚持美丽城市、美丽城镇、美丽乡村"三美同步",推进人与自然和谐共生,先后成为全国首个地市级生态文明先行示范区、首批国家生态文明建设示范市和全国"两山"实践创新基地。现在,湖州5个区县都是国家生态区县,建成区人均公园绿地面积17.5平方米、居全省第1位,入太湖水质连续10年保持在Ⅲ类以上,美丽乡村建成率达到94.6%,实现"五夺大禹鼎"和美丽浙江考核"七连优"。

在"两山"理念的指引下,湖州迈上了绿色发展的"快车道"。这些年,湖州扎实推进绿色、低碳、循环发展,三次产业结构从2005年的9.9:54.7:35.4调整到去年的4.7:46.8:48.5,2017年绿色发展指数列全省第2位,人才工作连续五年被考核为全省优秀市,先后成为国家绿色金融改革创新试验区、国家创新型试点城市。被国务院办公厅评为稳增长和转型升级成效明显市(全国14个)。

在"两山"理念的指引下,湖州厚植了创业创新的"动力源"。这些年,湖州坚持以"最多跑一次"改革撬动各领域改革,先后创造了户籍制度改革、企业投资项目承诺制、"五未"土地处置、"标准地"改革等具有引领性的"湖州经验"。持续扩大对外开放,深化交流与合作。去年,成功承办了联合国世界地理信息大会。

在"两山"理念的指引下,湖州构筑了安居乐业的"幸福地"。这些年,湖州始终坚持以人民为中心的发展思想,着力创造高品质生活。全市城乡居民收入持续保持快速增长,去年农村居民人均可支配收入高于全省平均4465元,城乡收入比缩小到1.71:1。全市5个区县均已成为全国义务教育发展基本均衡区县,基本医保、大病统筹、医疗救助"一站式"结算实现全覆盖。在全省平安考核中,湖州已经实现"十二连冠夺金鼎",成为全国最安全、最和谐的城市之一。安吉县黄杜村向贫困地区捐赠扶贫茶苗和乡村治理的"余村经验",得到习近平总书记批示肯定。

这些年,湖州坚定不移践行"两山"理念,加快推动绿色发展,可以说收获是满满的,近几年来湖州在绿色发展中取得了很好的成效。

收获了"美丽环境"。湖州坚持保护为先、治理为基,逐步构建了青山碧水"养眼"、蓝天清风"养肺"、净水美食"养胃"、诗意栖居"养心"的全域"大花园",再现了古人所说的"行遍江南清丽地、人生只合住湖州"的美好意境。

收获了"美丽经济"。全面推进生态经济化、经济生态化,持续拓展"两山"转化的通道,先后引入了龙之梦、吉利汽车等一大批"大好高"的项目,培育了德清的"洋家乐"、长兴的"上海村"、安吉的"亲子游"等旅游品牌。

收获了"美丽经验"。将每年的8月15日确定为"湖州生态文明日",出台了生态文明示范区建设条例、文明行为促进条例、美丽乡村建设条例等5部地方性法规,在全国率先编制完成了自然资源资产负债表,已经有9项生态环保领域的标准成为国家标准。

下一步,湖州将深入贯彻习近平生态文明思想,坚定不移地走生产发展、生活富裕、生态良好的文明发展道路,加快打造生态样板城市,具体是打造"四个样板":全域美丽的环境样板,绿色高效的经济样板,低碳环保的生活样板,改革创新的制度样板。湖州的目标是通过这"四个样板",使湖州成为新时代美丽中国的样本、绿色发展的标杆,不断为全国生态文明建设创造更多的湖州经验、湖州样板和湖州模式。

势头好。湖州面临的是经济下行压力较大的背景,但是湖州迎难而上,干出了如虹气势,形成了小气候、小阳春,实现了"高质量、加速度",绿色发展指数排在了全省的第2位。

质效好。这些年,湖州坚持绿色智造不动摇,深入实施数字经济"一号工程",加快传统产业高新化和新兴产业规模化,实现了质效大突破。

后劲好。深度融入长三角一体化,设立运营上海湖州全球招商中心,大抓项目、抓大项目,项目引进推进如火如荼。这些都是湖州未来的希望所在、信心所在、活力所在,非常值得期待。

湖州南太湖新区是全省大湾区的"四新区"之一,是撬动湖州未来发展的战略支点。按照浙江省委、省政府的要求,将主动对标一流新区,笔者认为重点要从四个方面来发力。

一是着力打造全国践行"两山"理念示范区。将全面落实人与自然和谐共生的基本方略,统筹新区生产、生活和生态三大空间,把保护性开发贯穿始终，努力使新区成为引领全国绿色发展的标杆。

二是着力打造长三角区域发展的重要增长极。坚持把新区置于长三角一体化发展的大格局当中来规划建设，抢抓机遇、用好机遇，加快推动新区高质量发展、裂变式增长，努力成为长三角"金南翼"的一颗璀璨明珠。

三是着力打造浙北高端产业的集聚地。紧紧围绕新区大智造、大科创、大金融、大旅游和大健康的"五大"产业定位，全面构建一流的营商环境，加大招商引资的力度，加快打造浙北高端产业集群。

四是着力打造南太湖地区美丽宜居新城区。高标准建设新区的迎宾大道、高铁门户、城市CBD等标志性的项目，高水平完善教育、医疗、文体等公共设施，让老百姓在新区发展当中真正得到实惠。

在未来的新区发展过程当中会对湖州发展带来四个"关键词"：一是"核心增长极"。通过2~3年的努力，新区的主要经济指标的增速领跑各个区县，成为拉动湖州经济增长的重要引擎。二是"开放创业谷"。未来的新区，将成为湖州乃至长三角科技、人才、金融等高端要素的聚集之地。三是"美丽风情湾"。通过深度做好新区的"山、水、人、文"的文章，新区将成为美丽湖州、美丽浙江建设的集中展示地。四是"幸福休闲城"。新区将成为湖州高品质的城市花园和客厅，成为长三角地区宜居、宜业、宜游的幸福高地。

撰写至此，笔者有感于习总书记的"两山理论"的提出，给全国人民对生态文明建设和绿色发展指明了方向，极大地丰富了中国发展理念，是一笔宝贵的精神财富。

第七章
浙江之"心"——金华

"水通南国三千里,气压江城十四州。"古代,金华凭借婺江、衢江、兰江三江交汇的独特地理条件,成为浙江中西部的交通枢纽,也是浙江通往华东各省的交通要道,更是形成了独特的文化范围。

今天的金华,凭着"莫名其妙、无中生有、点石成金"的改革闯劲,让火腿木雕之乡刷新人们的认识,长三角一体化进程中,金华正一步步探寻浙中崛起之路。

第一节 金华的区域概况及经济综述

金华市地处浙江省境中部,俗称浙江之"心"。南北跨度129公里,东西跨度151公里,土地面积10942平方公里。市区面积2044.7平方公里。

金华境辖设婺城区、金东区2个市辖区,兰溪市、义乌市、东阳市、永康市4县级市以及武义县、浦江县、磐安县3县,2018年4月,科技部、国家发展改革委发布支持新一批城市开展创新型城市建设的名单,全国17座城市入选,金华名列其中。

2011年金华—义乌都市区被确定为浙江省的第四个大都市区,规划2020年成为200万人以上特大城市。金华文化属吴越文化,金华人属江浙民系,使用吴语。在福布斯公布的2012年中国大陆最佳商业城市排行榜中,金华位居全国第33位,并且入围大陆创新能力最强25个城市之一。2013年1月29日,中华人民共和国住建部列金华市为第一批智慧城市试点。同时,金华还是国家级历史文化名城、中国十佳宜居城市之一、G60科创走廊中心城市。2017年，金华市实现地区生产总值3848.62亿元。2019年8月，中国海关总署主办的《中国海关》杂志公布了2018年"中国外贸百强城市"排名，金华排名第22。

2019年，金华全市地区生产总值（GDP）4559.91亿元，按可比价计算，比上年增长6.5%。其中：第一产业增加值145.82亿元，增长2.0%；第二产业增加值1833.03亿元，增长6.3%；第三产业增加值2581.06亿元，增长6.9%。三次产业对GDP增长的贡献率分别为1.0%、41.4%和57.6%。全市人均GDP（常住）为81224元（按年平均汇率折算为11774美元），增长5.9%。三次产业增加值结构为3.2∶40.2∶56.6。根据第四次全国经济普查结果和我国GDP核算制度规定，2018年金华市GDP修订为4243.89亿元，三次产业增加值结构修订为3.2∶40.8∶56.0。

累计创建省级特色农业强镇4个，建成省级示范性农业全产业链9条。严格保护好89万亩粮食生产功能区，完成提标改造5.5万亩。新增区域名牌农产品8个，有效期内浙江名牌农产品23个。新增绿色食品基地2.27万亩，现代农业园区、粮食生产功能区内无公害农产品整体认定50万亩，主要食用农产品中"三品"比率56%以上。

全市规模以上工业增加值854.88亿元，增长6.6%，销售产值4108.36亿元，增长5.0%。规模以上工业企业完成出口交货值1015.81亿元，占销售产值的比重为24.7%。全市规模以上工业中高新技术产业、装备制造业、战略性新兴产业、数字经济核心产业制造业等新兴产业增加值分别增长7.6%、11.7%、7.8%、16.2%。

全年对"一带一路"沿线国家和地区出口1728.53亿元，总量居全省首位。全市服务贸易进出口总额279.16亿元，占全市外贸总额6.2%，增长8.0%，其中出口214.66亿元，增长8.3%，进口64.50亿元，增长7.2%。国际服务外包离岸合同执行额24.29亿元，增长16.9%。文化服务出口1.0亿元。运输服务、旅游服务两大重点领域进出口额和出口额分别占总额的50.2%和54.7%。阿尔及利亚、科威特、香港为金华市服务贸易出口前三大市场。

第二节　金华打造长三角南翼科技新高地

作为长三角中心区城市金华市，在新时代，积极谋求高质量发展，科学规划，精准实施，以其的独特的自信和气质融入长三角区域一体化发展行动征程中。

金华围绕"精准对接，融合发展"主题，以八大重点细分行业科技创新为重点，主动对接长三角一体化和"一带一路"建设，先期开展的8项活动圆满结束，全面超额完成预定目标，百项签约、千人洽谈、万人观展，取得了阶段性成果：到会高校院所63家、专家教授280多人，与720余家金华企业现场洽谈；共签订各类科技合作项目127项，协议总金额7.5亿元、比上届增长94.3%；"张榜招贤"、精准对接等活动达成合作意向81项，意向总金额2240万元。

一　做足"精准化"文章，打造合作交流大平台

充分发挥工科会的高层次平台作用，高效引进技术、人才、资金等创新要素。举办智能制造技术、光电技术、人工智能技术等专场"精准对接"活动，各大院校与重点细分行业联盟（协会）、本地企业集中"相亲"、现场考察，新达成"卡脖子"技术合作攻关意向72项，还达成金华企业向院校所供应高新技术产品的"技术输出"意向6项、成为亮点。承办的第四届中国创新挑战赛（浙江）暨2019浙江省技术需求"张榜招贤"大赛新材料行业现场赛，以企业"出题"、院校"揭榜"模式，为企业技术需求寻求最佳解决方案，3家企业与院校所签订合作意向、总金额970万元，下午的封闭式洽谈达成意向6项、总金额570万元。

二　做足"高质量"文章，签订协同创新大项目

科技合作签约项目始终是工科会确保实效的基石。历经半年多的企业"走出去"、高校院所"请进来"前期洽谈，新签订大会科技合作项目115项：有共建研发机构项目14项，着力为政产学研长期稳定合作构建载体；有产学研合作项目87项，其中50万元以上66个，着力为企业打造潜在独占市场，

产业化后预计带动效应显著；还有科创平台建设项目 5 项、高新技术产业招商项目 3 项、校地合作项目 6 项。

三 做足"G60"文章，融入长三角科创大家庭

围绕"长三角一体化"国家战略实施，以长三角 G60 科创走廊区域为重点，举办了高校人才科技对接活动，签订校政、校企间合作项目 12 项，65 名博士进入工业企业担任"科技特派员"，成为科技特派员制度的创新和延伸。抱团创新，整体接入长三角 G60 科创走廊。还举办了智能制造技术精准对接、人工智能成果展示对接等活动，助推长三角区域协同创新和高质量发展。

四 做足"黑科技"文章，营造创新创业大环境

长三角 G60 科创走廊人工智能成果展示对接活动邀请到相关高校、企业等 47 家单位，组织 600 多个展品参展，吸引逾万市民前往参观，开馆仪式的机器人主持"科技味"浓，展示内容在微信等社交软件刷屏，掀起"我爱科学"热潮。每年的工科会，既是集聚优质创新资源、解决科技成果转化"最后一公里"的务实大会，也是政府、院校、企业全员参与的科技盛会，对培育全社会创新意识、形成共建国家创新型城市氛围影响深远。

第三节 凝聚共识推动金华经济高质量发展

要致富，先修路；要修路，钱从何来？这成为外界关心的话题。

在长三角一体化背景下，金华如何融入合作推动金华经济高质量发展，要将打造 G60 科创走廊作为深入贯彻落实习近平总书记关于推动长三角更高质量一体化发展重要讲话精神的务实举措，牢牢抓住长三角一体化发展的国家机遇，发挥政协优势、积极建言献策，充分调动地方企业积极性、能动性，主动融入长三角一体化发展，推动金华市经济高质量发展。

长三角一体化发展上升为国家战略，为金华带来了重大机遇，提供了更为广阔的舞台。金华要抓住优势发挥长处，找准定位主动融入，充分吸收长三角一体化发展所释放的人才、科技等资源红利，在更多领域、更广范围、更深层次融入长三角一体化发展战略，不断加深金华在长三角一体化发展中的地位与

作用。深入贯彻落实习近平总书记关于支持长江三角洲区域一体化发展并上升为国家战略的重要指示精神，更加主动更加深入接轨上海，推动金华全面融入长三角各项工作提速提质提效，努力为长三角一体化更高质量发展贡献更大力量。

上海是改革开放的排头兵、创新发展的先行者，其发展过程中活跃着众多金华籍人才的身影。当前金华的发展拥有诸多优势，但最大的优势始终是金华籍人才较多的优势，他们是家乡发展最宝贵的资源、最坚实的力量。让人才回归金华，合力补齐金华科技和人才短板，为发展转型、改革创新、城市建设等提供有力的智力支持和人才支撑。

融入长三角区域一体化发展，金华市将如何更高水平、更深层次、更广领域接轨大上海、融入长三角？推进长三角一体化发展既是重大使命，也是重大机遇。近年来，金华市主动对接、全面融入长三角，跻身国家创新型城市创建名单，加入G60科创走廊并组建G60科创走廊新材料产业技术创新联盟；设立驻沪招商总部，先后与金桥、张江、金山、虹桥商务区等地签订了战略合作协议。侧重做好以下几方面的工作。

一是产业承接。发挥驻沪招商总部作用，以产业链、创新链、价值链一体化布局为牵引，加强优势产业对接，积极承接上海辐射，用好溢出效应。积极推进绿色共保，打造长三角旅游休闲健康养生后花园。

二是创新相接。积极推进创新共建，挖好在沪金华籍人才富矿，谋划布局产业创新中心、工程技术研究中心、科技孵化飞地和异地研发中心，共建首批"浙江院士之家"、国际院士创新中心和上海复旦大学"一院三基地"。

三是交通连接。坚决打赢交通廊道突击战，加快形成轨道交通、高速公路、快速干线三大复合闭合圈，着力打造全国性综合交通枢纽，拉近与长三角城市之间的时空距离。

四是服务链接。积极推进民生共享，深化公共服务领域合作，支持上海等各类资本进入金华教育、医疗卫生领域，推动市民卡互通使用，争取纳入长三角地区异地就医门诊费用直接结算试点。

五是开放对接。积极推进开放共赢，举全市之力建设义乌国贸综合改革试验区，全力抓好"一区、一都、一港、一通道、一班列"建设，着力打造"永不落幕"的全球进口商品交易地，争取获批设立浙江自贸区金义片区。

六是改革衔接。纵深推进"最多跑一次"改革，加快建设数字政府建设示范市，着力打响无证明城市、标准地和企业开办零见面改革等品牌，打造营商环境最优地市。

第四节　金华：点石成金　浙中崛起

一　传承历史文化　做大做强传统产业

或许很多人不知道金华在古代称为"八婺"（"八婺"指的是古时金华府所管辖的金华、兰溪、东阳、义乌、永康、武义、浦江、汤溪八个县），但你们一定熟悉金华火腿。火腿，作为金华的文化和地理印记，成为不可或缺的城市名片和金字招牌。

据考证，金华火腿距今已有1279年的文字记载历史。火腿之香，飘过了上千年，能成为金华的代名词，与火腿产业在发展中持续创新密不可分。随着新零售时代的到来，火腿企业对销售模式也在进行更多尝试和探索。在西班牙、意大利，人均火腿消费量达到每年6公斤，而中国仅为20克，火腿产业的发展空间还很大。

木雕是金华另一宝。来自东阳的红木家具相继走进了G20杭州峰会、金砖五国厦门会晤、上合青岛峰会以及首届"进博会"。精湛的制作工艺、优秀的家具质量、浓厚的文化氛围在一个个看似简单的红木家具上表现得淋漓尽致。

二　深刻领悟"绿水青山　金山银山"

在金华的许多地区，都可以让人体会到"静伫青山绿水间，远村近寨胜诗篇"：金东实施垃圾分类处理推进美丽乡村建设，催化古建筑群、"家+"旅游等美丽经济升级；武义利用自然生态发展乡村旅游和农家乐，形成了特色鲜明精品旅游村；既有仙山胜水，又是名副其实的浙中花都，婺城区自然环境优美，境内林海莽莽，山峦叠翠，溪水潺潺，蜿蜒如带，五大水库，碧波荡漾。

现在，有些城市还存在这样的疑惑：自家门口的山也青、水也净、景也很美，为啥还是没有金山银山呢？金华的经验说明，最现实的路径是旅游，美丽乡村要变成美丽经济。金华市乡村旅游经济的快速发展就是最好的例证。

三　敢为人先　书写传奇

改革开放四十年，无中生有的小商品城，拔地而起的横店影视城，一个又一个的突破，成就了金华现在的传奇。

1985年6月，金华撤销地区建制改为地级市，实行市管县。面对"小马拉大车"的现实，金华既实施城市扩容，跨江发展战略，又着力发展小城镇。

2008年，经国务院批准的《浙江省城镇体系规划（2008～2020）》，把浙江省城镇空间结构主体形态确定为"三群"（环杭州湾、温台和浙中城市群）、"四区"（杭州、宁波、温州以及金华—义乌都市区），并作为浙江产业拓展和升级的主要载体和浙江省参与全球竞争的国际门户地区，从而进一步提升了金华在全省战略布局中的地位。

立足于时代潮头的金华，将迎来怎样的战略机遇？在城市展示馆的"战略机遇展厅"揭晓答案：在一幅巨大的"一带一路"壁挂模型上，清晰地描绘出互联互通的世纪蓝图。金华主动对接"一带一路"倡议，通过陆上"义新欧"、海上"义甬舟"、网上跨境电商三大对外开放通道建设，构筑金华对外开放新格局。紧挨着的"蓝图共绘展厅"，有金义都市区总规壁挂模型、《八婺乐章》、100个愿景和数字沙盘。

日月春晖渐，八婺气象新！今天的金华正加快发展步伐，努力打造浙中大花园，扮靓诗情画意绿水青山，持续提升人民的生活品质。浙中崛起正在八婺大地逐步变为现实。

四　从"绿"浦江到黄浦江

金华有一个浦江县，人口仅38万，却在宋代以后涌现出在中国书画史上具有一定影响力的书画艺术家250余人。这个与黄浦江一字之差的小县有着秀丽山川和纯朴民风，更巧的是，目前不少从这里走出的艺术家就生活在上海，比如大家熟悉的画家方增先等。

改革开放以来，随着工业化的"攻城略地"，浦江水晶在熠熠生辉的同时，也让生态环境蒙尘纳垢。浦江是"水晶之都"，全县最多的时候有20余万人从事水晶加工产业。因为加工水晶产生的废水、废渣排到浦阳江水系中，外界曾称浦江的河水为"牛奶河"。

经过这些年的努力，浦江县终以壮士断腕之决心，唤回了绿水青山。行走在浦江乡村，青砖白瓦马头墙，红花绿树芳草缤，处处美景，村村如画，美不胜收。

浦江县有关领导表示，希望生活在上海的"浦江人"能够为"绿"浦江与黄浦江之间"架"起一座桥梁，让长三角一体化的"春风"惠及更多普通百姓。

金华，一座充满创新活力的浙中名城，在新时代的发展洪流中，一定会借助长三角一体化的东风，跑出金华的加速度。

第八章
海岛名城——舟山

海洋城市舟山市，浙江省地级市，位于浙江省东北部，东临东海、西靠杭州湾、北界上海市。地势由西南向东北倾斜，南部岛大，海拔高，排列密集；北部岛小，地势低，分布稀疏；四面环海，属亚热带季风气候，冬暖夏凉，温和湿润，光照充足。

2018年10月，获得"2018年国家森林城市"荣誉称号。2018年11月，入选中国城市全面小康指数前100名。2018年重新确认国家卫生城市（区）。

第一节 舟山区域概况及经济综述

舟山下辖2区2县，境域东西长182千米，南北宽169千米，总面积2.22万平方千米，其中海域面积2.08万平方千米，2017年常住人口116.8万人。

舟山岛是舟山群岛最大的岛屿，亦是中国第四大岛。舟山背靠上海、杭州、宁波等大中城市和长江三角洲等辽阔腹地，面向太平洋，具有较强的地缘优势，踞中国南北沿海航线与长江水道交汇枢纽，是长江流域和长江三角洲对外开放的海上门户和通道，与亚太新兴港口城市呈扇形辐射之势，境内拥有由国务院批准设立的大宗商品交易管理与监督中心。

2019舟山市GDP1371.6亿元，比上年增加9.2%，其中第一产业增加值146.4亿元，第二产业增加值475.5亿元，第三产业增加值749.7亿元。按常住人口计算，人平均GDP11.7万元，高于全国和浙江平均水平。全年社会消费品零售总额580.6亿元，比上年增长8.2%。按经营地统计，城镇消费品零售额469.7亿元，增长8.2%；乡村消费品零售额111.0亿元，增长8.0%。按消费形态统计，商品零售额499.9亿元，增长8.2%；餐饮收入额80.8亿元，增长7.9%。

全年舟山口岸进出口货运量15228万吨，比上年增长9.2%。其中，进口货运量14546万吨，增长9.5%；出口货运量682万吨，增长3.3%。

全年全市引进外资合同项目78个，实际利用外资5.0亿美元，比上年增长20.0%。实际利用市外资金510.3亿元，增长13.3%。

浙江自贸试验区积极推进油气全产业链发展，全方位落实先行先试任务，建设发展稳步推进。全年自贸区新增注册企业6927家，注册资本总额1387.6亿元。其中，新增油品企业2917家，比上年增长46.0%，注册资本总额942.0亿元；新增外商投资企业62家，合同外资17.1亿美元，实际利用外资3.8亿美元。船用燃料油直供量410.3万吨，增长14.2%；船用燃料油结算量624.6万吨，增长12.2%。引进持牌金融机构69家，实现营业收入39.2亿元。跨境人民币结算额960.4亿元，增长31.9%。

全年舟山港域港口货物吞吐量53596万吨，比上年增长5.5%。其中，外贸货物吞吐量16034万吨，增长5.8%。从主要品种看，石油及天然气吞吐量8810万吨，增长23.8%；金属矿石吞吐量17566万吨，下降2.5%；粮油类吞吐量727万吨，增长6.7%；煤炭及制品吞吐量2675万吨，下降1.4%。全年集装箱吞吐量136.5万标箱，增长8.7%。年末全市有生产性泊位309个，其中万吨以上深水泊位80个。

全年实现旅游总收入1054.6亿元，比上年增长11.9%。旅游接待人数7051.8万人次，增长11.6%。其中，入境过夜人数15.6万人次，下降12.0%。从主要景区看，普陀山景区接待游客979.6万人次，增长7.1%；朱家尖景区接待游客1096.7万人次，增长19.0%；嵊泗县接待游客765.3万人次，增长11.2%。

2019年末全市有旅行社171家，比上年减少4家。全市有星级宾馆17家，客房2178间，床位3700张。全市住宿设施客房出租率44.2%。全市有A级景区40个，其中5A级景区1个，4A级景区4个。

第二节　舟山着力提升在长三角城市群中的地位

国际海岛旅游大会、世界油商大会、世界舟山人大会……这样的一个个高光时刻，串成了舟山的 2019 年。

从 2011 年 6 月成为第四个国家级新区开始，舟山一次次走进人们的视线，并以落实国家战略为己任，书写着对外开放的一页页新篇章。

舟山对外开放平台的能级越来越高。国家级新区、自贸试验区、综合保税区等大平台，促成了波音项目、绿色石化等重点项目的引进和投产，也催生了世界油商大会、国际海岛旅游大会等的落户。

亮丽的背后，也有舟山的焦虑。

与周边先进城市相比，舟山的发展仍有较大差距。重大项目落地还不够多，新区建设还缺少"现场感"。相关统计数据显示，在省内 11 个设区市中，舟山资源优势、开放优势也未得到充分发挥，还处于"脱颖而出"的前夜。

舟山如何突围？这成为舟山市委决策层面临的一道考题。

笔者认为，开放是舟山赶超发展的有力路径。出路是紧扣"一体化"和"高质量"两个关键，全面融入长三角，着力提升在长三角城市群中的地位。

一　融入长三角，一道"必答题"和"抢答题"

如果说，"接轨大上海，融入长三角"在过去是一道"选择题"的话，时至今日，这已演变成为"必答题"和"抢答题"。

舟山市委市政府认为，长三角一体化是舟山实现第三次腾飞的助推器。此前的两次腾飞分别是 20 世纪 80 年代中期和 2011 年新区获批后的几年里。舟山接轨长三角这枚棋子如果下好了，新区发展全盘皆活。

眼下，长三角一体化驶入"快车道"。周边城市纷纷按下接轨上海"加速键"，各出新招，力争在融入长三角的竞争中抢占先机。

嘉兴得近水楼台之便利，抢先设立浙江省全面接轨上海示范区。其所属的嘉善县近年来分别在上海、荷兰设立嘉善国际创新中心，采用连锁经营模式创新发展"飞地经济"，令人耳目一新。

慈溪不甘落后，以实施"六大对接工程"全方位接轨上海。

苏州、金华等地与上海虹桥商务区签订了战略合作协议。

与这些城市相比，舟山接轨上海的实际举措显得不足。

在分析差距时，舟山市委主要负责人一针见血地指出，主观上，我们有的干部思想僵化、排外封闭，缺乏开放的大胸怀；有的坐井观天，视野不够开阔，创新意识不强；有的领域开放度不够，不愿对外开放合作，地方保护主义严重，体制机制还不能适应发展的需要。

舟山承担着建设国家级新区、江海联运服务中心和自由贸易试验区等多重国家战略，又是上海都市圈和宁波都市圈里的重要成员。只有找准新时代舟山在长三角一体化中的定位，才能更加准确地做好融入文章，实现高质量发展。

如果说，建设跨海大桥，迈出了接轨沪杭甬、融入长三角的坚实一步，那么，今天舟山已经具备了更多更好的竞争和合作基础。

——对外开放基础扎实，形成了国家级新区、自贸试验区、综合保税区等一批高能级的对外开放大平台。

——深水港口优势突出，宁波舟山港货物吞吐量位居全球前列，江海联运开辟了新时代。

——产业基础更加扎实，一批具有较强国际竞争力的重大项目相继建设，波音项目建成交付，绿色石化部分投产。

——城市品质不断提升，创建全国文明城市，建设海上花园城市，打造最优营商环境，城市在对标一流的开放视野中持续改变模样。

二　做好"油"文章，服务长三角的切入口

舟山不产一滴油。但很多人并不知道，舟山正在做一篇"油"的大文章。

站在舟山绿色石化基地观光平台上，映入眼帘的，是一座正在崛起的现代化石化基地。按照规划，其未来可以达到6000万吨/年炼化一体化的规模。

绿色石化项目，是浙江自贸试验区最核心的项目。与之相关的油气全产业链，正是其最具特色的产业，也是舟山服务长三角的重要切入点。

眼下，舟山正加紧建设"一中心三基地一示范区"。这包括：国际油品交易中心、国际海事服务基地、国际油品储运基地、国际石化基地以及大宗商品跨境贸易人民币国际化示范区。

与绿色石化基地相映生辉的是，舟山已成为我国最重要的国际油气储运基地之一。目前全市油品储存能力已达2600万吨。

保税船用燃料油加注业务异军突起，国际海事服务风生水起。

舟山地处我国东部海岸线和长江黄金水道交汇处，是我国南北航线和东亚航线的中间点，途经我国的 7 条国际主航线中有 6 条经过舟山海域。长期以来，进出宁波舟山港和上海港的国际船舶在中国加油的不多，往往舍近就远到新加坡加油。

为外轮加油，开辟了舟山海事服务业的新路子。去年 1 月至 11 月，船用燃料油供应量达 360 万吨，增长 7%。舟山保税船用燃料油业务从无到有，已成为全国第一加油港，跻身全球十大加油港。中石化船供油全球总部、中石化长江燃料船供油中心、中油泰富保税油总部等先后落户，初步确立总部经济地位。

集储运、加工、贸易、交易于一体的油气全产业链初步形成。全球前 10 名油气巨头已有 7 家落户，舟山已成为国内最大的加油港、华东最大的油品储运基地、长三角重要的天然气登陆中心。

舟山在油气产业链上的文章还只是刚开了头。对标国际先进自贸区，舟山还有较大差距。比如，虽然浙江自贸区在很多领域进行了改革探索，但涉及"放管服"领域较多，与新加坡等自由港高标准的贸易投资规则相比仍有较大差距；浙江自贸区虽然形成了 83 项改革创新成果，特别是油品领域有一系列改革创新，但从产业链的完整性来看，还存在碎片化现象，部分环节的制度和政策障碍依然存在。

三　三个"阿拉城市"演绎合作共赢新故事

在长三角城市群中，有三个"阿拉城市"：上海、宁波、舟山。

这三个城市地缘相近，人缘相亲，文化相融。在上海、宁波被辟为五口通商口岸的百年历史上，舟山人曾留下了浓重的印记。

"舟山要实现高质量发展，上海和宁波都是绕不开的城市。"在舟山，越来越多的领导干部达成了这一共识。

"海陆普陀"双城记，演绎的正是舟山人走进大上海的故事。

舟山有普陀区，巧合的是，上海也有同名的区。地名上的缘分，成为双方合作的纽带。

2019 年 9 月 22 日，"2019 蟹逅普陀'东海蟹宴'"走进上海普陀区。以梭子蟹为主打的美食轮番上场，葱油梭子蟹、五味梭子蟹、梭子蟹炒年糕等，让上海市民大饱口福。今后,"东海梭子蟹"将在第一时间点对点送到上海居民区。

"以蟹为媒,'海陆普陀'将有更多的携手。"接轨大上海,是普陀区委、区政府坚定不移的战略谋划,今年双方签署了"海陆普陀"战略合作协议,还起草了《海陆普陀五大行动》。"我们希望大普陀多帮助阿拉小普陀。"

自贸试验区的开放平台,也为沪舟合作提供了新机遇。

2019年5月,浙江自贸试验区与上海市地方金融监督管理局、上海期货交易所等单位签署了《共建长三角期现一体化油气交易市场战略合作协议》,积极开展与上期所的"期现合作",3个仓库成为上期所原油期货交割仓。这将有力推进舟山加快国际油气交易中心建设。

就在2019年11月5日,浙沪合作的舟山小洋山北侧综合开发正式拉开序幕——先期工程Ab区成陆工程动工。这是小洋山岛全域被列入上海自由贸易试验区临港新片区先行启动区域后,沪舟合作的新起点。浙江省海港集团和上海港集团在上海签署协议,合资开发小洋山北侧。浙沪这一"握手",对共同打造世界一流强港意义深远。同时,也将使规划建设舟山北向大通道变为现实。

宁波、舟山一衣带水,合作共赢的春天也越走越近。

梅山与六横优势互补,有很多文章可做。在与六横岛隔海相望的宁波梅山保税港区,梅山正在打造新金融创新中心等五大中心,已经集聚了两万多家企业,双方有很多合作的机会。舟山与上海互补性强,沪舟一体化要高举高打,要从骨子里紧紧把握住大上海,而在甬舟一体化方面,舟山要放低身段主动接轨。

舟山要切实增强紧迫感危机感,以刀刃向内的勇气,发现不足、找到短板,以更大的决心和实际行动,主动融入长三角,始终把国家战略的历史使命扛在肩上,书写赶超发展的新篇章。

第三节 海上花园,抢占国际海岛旅游新高地

2019年11月21日,长三角联合发布"七名"系列旅游精品推荐目的地,舟山"嵊泗五渔村"以其独特的海洋渔俗魅力入列"名村"。

共建世界知名旅游目的地，安徽、上海、江苏、浙江四地携手，长三角区域现代旅游业一体化发展按下"快进键"。

习近平总书记在舟山视察时曾说："我喜欢海边、喜欢海岛，尤其喜欢舟山。"

依托海洋海岛特色资源，长三角区域共同打造高品质的休闲度假旅游区和世界闻名的东方度假胜地，舟山先行一步。

2019年9月，《全球海岛旅游目的地竞争力排名研究》排名显示：全球171个旅游海岛（群岛）中，舟山位列第11。

一 海洋海岛，彰显新魅力

行走在舟山嵊泗五渔村，来自上海的新浪微博百万博主、德国人阿福发了一条视频，称"比巴厘岛美，比圣托里尼近。"收获了点赞3879个，评论1300条，并被转发1414次。

在田岙看渔民画，到边礁感受彩色渔村，在黄沙品美味海鲜，到会城享世外桃源，峙岙的石头会讲故事……

串点成线，做强特色，打破岛与岛之间单打独斗、各自为营的发展模式，东海五渔村在长三角旅游目的地中脱颖而出。

合写一个"美"，共下一盘棋。放眼舟山，一岛一主题，岛岛串联、岛群聚合、海陆联动，"海生活""岛生活""渔生活"……精彩纷呈。短短几年间，舟山的一座座小岛被点亮，闪耀长三角。

马蜂窝的大数据分析显示：舟山旅游客源60%以上来自苏浙沪。长三角地区，已是舟山旅游的最大客源地。

1390个岛屿，占到全国的20%；海鲜产品种类繁多，是我国最大的渔场；滨海旅游资源，在长三角地区独树一帜。海洋海岛优势，不仅是浙江旅游发展的优势，更是长三角旅游发展中的"吸睛"点。

2019年9月，舟山第四次举办国际海岛旅游大会。短短3天，吸引了25个国家和地区的近千名嘉宾参会，现场签约21个项目，预计总投资495.57亿元。

据统计，2019年至11月份，全市共接待境内外游客6802.13万人次，同比增长12.22%；实现旅游收入1013.82亿元，同比增长13.71%。

二 文旅融合，注入新动能

2019年11月9日，舟山市首部原创文旅大戏越剧《观世音》亮相新加坡。以戏剧为纽带，舟山向世界讲述了自己的海洋文化、观音文化。

感受着观音文化的震撼，欣赏着旅游宣传册里的美景，新加坡百年老店吉利尼店店主感慨："很想去舟山走走！"

文旅融合，让文化为旅游产品"赋能"，舟山拓展着旅游的深度与广度。"秋风起，蟹脚痒；菊花开，闻蟹来。"2019年9月22日晚，东海梭子蟹"爬"到黄浦江畔。

随着一声锣鼓响起，传统文化禅意表演、舟山渔歌号子……一场蟹宴，搭配舟山文化，同说"阿拉"的舟山普陀人和上海普陀人，架起了一座"海陆"深度融合的新桥梁。

位于沈家门渔港的中国舟山国际水产城，早已不再是传统意义上的"大卖场"，而是全国首家以水产品贸易为依托的旅游综合体，推出的"舟山海鲜+文化旅游"新业态，开创了文旅融合新空间。

文旅融合无止境。发轫于2015年的舟山群岛马拉松每年举行一次。去年舟马期间，普陀区域酒店入住率超过90%，夜排档和商家宾客盈门。

三 主客共享，怀抱新生活

去年国庆期间，普陀朱家尖"畅鑫客栈"一房难求。

抢占海岛旅游高地，海岛美了，游客来了。海岛渔嫂变身民宿主，吃上了"旅游饭"，这在舟山并非个案。在舟山岱山，2016年民宿还是个位数，现已有224家。老百姓在家门口就能赚钱，旅游这一"美丽经济"不断释放民生红利。

"东海渔村"田岙村，曾经被称为"烂田岙"，如今却成为"金田岙"。嵊泗人说，田岙的转身，最早得益于渔民画上墙，让田岙成为壁画村。"烂田岙"从8家渔家宾馆起步，如今已经发展到193家，村里近90%村民吃上了"旅游饭"，村集体经济从"零"开始增长，至今已有近百万元的年收入。抽样统计显示，去年嵊泗民宿户均净收入达18.6万元。

以民宿为纽带，旅游让一个个偏僻落后的渔农村焕发新颜。浙江省有关部门发布的数据显示，去年旅游从业人数已占社会就业人数的13.66%，旅游产业增加值占GDP比重的8.65%，位列全省第三。景城共生，全域旅游，全域美丽。一座品质高端、充满活力、独具韵味的海上花园城市已现雏形。抢占海岛旅游新高地，舟山拿出高质量的"美丽经济"新样本。目前，全市已建国家A级旅游景区37家，景区村庄43家，主题海岛旅游功能不断完善。

"休闲定海""全景普陀""多彩岱山""曼妙嵊泗"……放眼舟山，"处处是旅游、时时可旅游、行行加旅游、人人享旅游"的国际海岛休闲旅游目的地形象已逐步展现。

第四节　聚集三大优势　发挥桥头堡作用

对于如何继续发挥自身优势，积极参与长三角一体化发展，舟山要进一步解放思想、勇于创造，全面贯彻落实中央和省委、省政府决策部署，坚持把建设自贸区、融入长三角、接轨大上海、甬舟一体化作为开放发展的重点方向和主要任务，发挥开放优势、区位优势、海洋优势，当好长三角一体化发展桥头堡。

舟山要着重在以下三方面奋力书写参与长三角一体化发展新篇章。

一是高标准建设自贸试验区，以国家战略为支撑融入长三角一体化发展。坚持把浙江自贸试验区作为融入长三角、服务全国开放大局的核心载体。做强油气全产业链核心优势，加快"一中心三基地一示范区"建设，为中长期实现"三个1亿吨"目标打好基础。加快建设国际油品交易中心，做大做强油气贸易规模，打造世界级的绿色石化基地。

二是实施更加主动的开放战略，以高水平开放推动高质量发展。坚持把甬舟一体化、共建宁波都市区作为融入长三角的首位战略。坚持把接轨大上海作为融入长三角、实现加快发展的战略取向。加快推进洋山等重点区域合作，推动产业协作，深化与上交所期现交易合作，探索建立浙沪自贸试验区联动发展区。

三是加快建设舟山江海联运服务中心，推动基础设施互联互通。坚持把建设江海联运服务中心作为融入长三角、服务长江经济带的重要平台。完善江海联运集疏运网络，做好江海联运船型研发推广、船队组建等工作，打通"海进江""江出海"瓶颈制约，建设国际一流的江海联运综合枢纽港，打造我国港口一体化改革发展示范区。

"八八战略"提出的"建设海洋经济强省"，使舟山步入了开发海洋、扩大开放的"快车道"。自此，舟山积极抢抓海洋资源优势，大力培育现代海洋产业。目前，舟山已经形成了如船舶制造、港口物流、水产加工、海洋旅游等产业为支柱的特色鲜明的海洋产业体系。去年，舟山海洋产业增加值占 GDP 比重达到 65%。

当前，面临长三角一体化发展国家战略新机遇，舟山要主动融入长三角、接轨大上海、甬舟一体化。区域发展，交通先行。十多年前，舟山实现了"跨海大桥梦"。近年来，舟山打响综合交通大会战，完善海陆空综合交通体系，改造完成了普陀山国际机场，建设舟岱大桥，本岛交通主动脉定沈快速路国庆前通车。

人才，被普遍认为是未来城市提质的关键"资源"，近年来，全国各地纷纷出台优厚的科研补贴、宽松的落户标准等，欲在"抢人大战"中占得先机。对于陆域面积、人口规模、交通资源等几大"硬核"指标均不占优的浙江省舟山市而言，如何高效地在长三角一体化发展的背景下，借机招才，蓄势发力？

舟山给出的答案是，充分挖掘海洋资源及自贸试验区开放优势，以激发沪杭甬等城市人才溢出，形成与长三角核心城间的"优势嫁接"。

沪杭甬等地城市化水平高，人才、科教等创新资源丰富，但空间有限，作为国家级新区和自贸试验区的舟山，应通过海洋产业的精准引才，以形成城市合作、区域发展以及人才价值最大化的多赢格局。

"引凤"先"筑巢"，舟山深知，一直以来，人才发展平台是否具有竞争力，在人才择地时具有极高的优先级。基于此，打造长三角海洋产业"科研基地"，成为舟山的着力点。

截至 2019 年 1 月，舟山已完成对辖区内各企业设备的统计梳理，即将实现"大共享"数据上云，不久后，科研人员可通过线上预约、付费的方式，低成本、高效率使用舟山全域设备资源。

除了在长三角区域内，舟山精准招才的"触角"还延伸至全国各地，以及海外。舟山每年都会牵头组织"招才团"，联合企业，赴美国、乌克兰等海洋产业较发达国家招引专家。

在长三角一体化发展的大好趋势下,舟山要打好海洋产业这张"王牌",与核心城市形成高效互动,"借船出海"引育好人才,在提升自身城市能级的同时,助力长三角区域竞争力提升。

第五节 多措并举,舟山落实《纲要》行动方案

最新发布的《浙江省推进长江三角洲区域一体化发展行动方案》(以下简称《行动方案》),进一步明确了舟山在浙江推进长三角一体化发展中的地位,并明确了未来一段时间舟山融入长三角的发展路径。

"率先在杭州、宁波、温州、湖州、嘉兴、绍兴、金华、舟山、台州九个设区市复制推广长三角生态绿色一体化发展示范区经验,提升一体化发展水平,共建长三角世界级城市群,带动全省域融入长三角一体化发展。"在《行动方案》的"推进路径"中,明确了舟山在浙江融入长三角发展中的地位,作为"中心区"之一率先融入。

根据《行动方案》,借助长三角一体化的发展契机,舟山大通道建设进一步明确,将突出杭绍甬舟、沪舟、义甬舟等大通道规划布局及运力提升,推进甬舟铁路项目,规划建设沪舟跨海通道、甬舟高速复线等公路大桥。在接轨上海国际航运中心建设中,《行动方案》明确提到要推动上海港和宁波舟山港分工合作、错位发展,充分发挥舟山江海联运服务中心功能;加快宁波舟山港等多式联运枢纽和海陆联运通道建设,规划建设北仑、金塘、梅山等重点港区进港铁路,提升海陆联运辐射带动力。同时,加快完成舟山、台州等机场改扩建,推进宁波舟山LNG登陆中心也被一一提到。《行动方案》还明确提到支持舟山积极承接上海非核心功能疏解,以杭绍、杭嘉、甬绍、甬舟、嘉湖五个区域一体化合作先行区建设作为推动大都市区一体化发展中的突破口等。

去年,舟山与上海在油气交易上的"期货现货"合作、共同开发小洋山北侧等方面已跨出一步;与宁波签订一体化框架协议,两地14个部门签订了合作协议,有8个产业项目也签订了投资协议;承接上海的产业转移,目前已有项目落地舟山,如"彩虹鱼(舟山)深海装备科技园"项目。

长三角一体化发展规划纲要"舟山元素"抢眼，前景令人憧憬。十年前通车的舟山跨海大桥，让岛城市民圆了大桥梦，也为舟山的腾飞插上了"翅膀"。如今，宁波舟山港主通道正在抓紧建设，甬舟铁路前期工作加快推进。而在《规划纲要》中，传来了更大的喜讯：在第五章《提升基础设施互联互通水平》中，明确提出要完善过江跨海通道布局，规划建设东海二桥、沪舟甬等跨海通道。

在协同推进港口航道建设方面，《规划纲要》提出，要以资本为纽带深化沪浙洋山开发合作，加快推进宁波舟山港现代化综合性港口建设。同时，加强沿海沿江港口江海联运合作与联动发展，鼓励各港口集团采用交叉持股等方式强化合作，加快建设舟山江海联运服务中心，规划建设小洋山北侧集装箱支线码头。

在统筹建设油气基础设施方面，《规划纲要》提出要加快宁波舟山LNG接收站建设，积极推进浙江舟山国际石油储运基地建设。

在《规划纲要》中，自贸试验区占据了重要篇幅，其中不少内容也与舟山息息相关。在第十章《高水平建设长三角生态绿色一体化发展示范区》，提出要复制推广沪苏浙改革创新试点经验，加快上海和浙江自由贸易试验区等制度创新成果的集成落实。在第十一章《高标准建设上海自由贸易试验区新片区》中，小洋山岛成为上海自贸试验区新片区的重要组成部分，并提出要研究在对等原则下外籍国际航行船舶开展以洋山港为国际中转港的外贸集装箱沿海捎带业务。

区域协调发展、生态环境共保联治、公共服务便利共享、打造国际一流营商环境。值得注意的是，在由前言和十二章组成的《规划纲要》中，很多章节中尽管没有提及舟山，但相关内容与舟山建设发展及市民生活密切相关。

舟山要以更积极主动的姿态和更强的担当作为，认真贯彻落实《规划纲要》有关内容，做好融入长三角区域一体化这篇大文章，全力打造长三角海上开放门户和我国面向环太平洋经济圈的"桥头堡"。

未来的舟山，以其自身的海洋优势，融入长三角一体化发展，必然会"直挂云帆济沧海，乘风破浪会有时！"

第九章
水乡名城——台州

台州，是浙江省地级市，国务院批复确定的浙江沿海的区域性中心城市和现代化港口城市。

台州素以佛宗道源享誉海内外，是佛教天台宗和道教南宗的发祥地。天台山以其深邃的文化内涵孕育出了博大精深的"和合文化"。台州是浙江"七山一水两分田"的缩影，是山、海、水和谐的生态福地。台州是江南水乡，水穿城过。历史上台州"河网密布、港汊交纵"，水乡风韵不亚于苏杭，有"走遍苏杭、不如温黄"之说。

第一节 台州概况及经济综述

台州地处中国华东地区、浙江中部沿海，东濒东海，北靠绍兴市、宁波市，南邻温州市，西与金华市和丽水市毗邻，依山面海，地势由西向东倾斜，西北山脉连绵；夏季受热带海洋气团控制，炎热多雨，为热带气候特征。冬季受极地大陆气团控制，天气温凉，具亚热带气候特征，境内公路交通以沈海高速公路等构成主要公路网。

台州全市下辖3个区、3个县、代管3个县级市，总面积10050.43平方千米，建成区面积145平方千米，常住人口613.90万人，城镇人口386.76万人，城镇化率63.0%。

2015年11月，列为第二批国家新型城镇化综合试点地区。2016年4月，台州加入中德工业城市联盟，并启动了中德产业合作园项目建设。2017年11

月，获全国文明城市称号。2017年12月，入选中国最具幸福感城市。

据台州市2019年国民经济和社会发展统计公报显示，初步核算，2019全年全市实现生产总值5134.05亿元，按可比价格计算，比上年增长5.1%。其中，第一产业增加值282.08亿元，增长1.0%；第二产业增加值2339.90亿元，增长3.6%；第三产业增加值2512.07亿元，增长6.9%；三次产业结构为5.5∶45.6∶48.9。按户籍人口计算，全市人均生产总值为84718元（按年平均汇率折算达12281美元），比上年增长4.8%；按常住人口计算，全市人均生产总值为83555元（按年平均汇率折算达12112美元），比上年增长4.8%。根据第四次全国经济普查结果和我国GDP核算制度规定，2018年台州GDP修订为4880.32亿元，三次产业增加值结构修订为5.5∶46.5∶48.0。

市区实现生产总值1894.10亿元，按可比价格计算，比上年增长4.2%。按户籍人口计算，市区人均生产总值达到116270元（按年平均汇率折算达16855美元），比上年增长3.6%；按常住人口计算，市区人均生产总值为95807元（按年平均汇率折算达13888美元），比上年增长3.9%。农业生产基本稳定。全市实现农林牧渔业总产值501.92亿元，按可比价格计算，比上年增长1.0%。其中，农业产值163.07亿元，增长2.5%；林业产值7.10亿元，增长3.5%；牧业产值28.87亿元，下降11.9%；渔业产值297.11亿元，增长1.1%；农林牧渔服务业产值5.77亿元，增长10.9%。

全市规模以上轻工业实现工业增加值388.20亿元，比上年增长3.6%；重工业实现工业增加值756.88亿元，增长0.2%。轻重工业比例为33.9∶66.1。

全市固定资产投资施工项目3492个，其中本年新开工项目1336个。全年固定资产投资比上年增长10.7%。其中，第一产业增长28.5%，第二产业增长3.2%，第三产业增长13.2%。固定资产投资中，工业性投资比上年增长3.7%；基础设施投资下降9.6%；民间投资增长23.0%。

天台、仙居被列入首批省级全域旅游示范区，玉环漩门湾湿地景区成功获批国家4A级景区。全年共接待旅游总人数13169.58万人次，比上年增长11.3%，其中，接待国内游客13155.70万人次，增长11.3%。全年实现旅游总收入1470.08亿元，增长13.0%，其中，国内旅游收入1466.89亿元，增长13.0%；入境旅游收入4614.09万美元，增长11.3%。全市共有5A级旅游区2个，4A级旅游区15个，3A级旅游区64个，2A级旅游区12个。共有星级饭店

34家，客房6128间，床位9510张。旅行社167家，其中，星级品质旅行社67家。

全年外贸进出口总额1700.08亿元，比上年下降2.1%。其中，出口总额1565.15亿元，增长2.2%；进口总额134.93亿元，下降34.3%。全年外贸企业出口283.01亿元，比上年增长7.5%；三资企业出口127.05亿元，下降5.4%；生产企业出口1155.09亿元，增长1.8%。在出口总额中，一般贸易出口1487.98亿元，比上年增长6.1%；加工贸易出口76.95亿元，下降40.7%。全年高新技术产品出口106.97亿元，增长10.9%；机电产品出口867.05亿元，下降0.1%。

全年服务贸易进出口总额85.5亿元，其中出口额51.2亿元，前三大出口领域分别为运输服务、建筑及相关工程服务、计算机和信息服务。全年服务外包离岸合同执行额9011美元，增长6.4%。

2018年12月，被评为2018中国大陆最佳地级城市30强。2019年11月25日，入选中国最具幸福感城市。

第二节　长三角一体化，台州如何融入？

台州如何快速融入长三角一体化发展，首先要抢抓机遇，努力在全区域、全方位推动长三角高质量、一体化发展中走在前列。

突出制造优势，坚持特色发展。立足制造业家底，积极参与长三角城市群产业分工协作，形成与长三角中心城市产业梯度互补、与甬台温临港产业带深度融合的发展格局，进一步将台州打造成长三角先进制造业基地。

融入湾区建设，促进互联互通。按照"港产城湾一体发展"理念，打通海港、空港、陆港、信息港四大通道，积极构筑高能级、开放型、系统化的湾区平台。

扩大开放圈层，加快外向融入。把握"北融宁波、联动杭州湾、接轨大上海"对外开放三个圈层，由近及远，层层推进，深度融入长三角中心城市1小时经济圈。

要创新体制机制，激发发展活力。进一步放大"实体经济+小微金融+五心服务"优势，争当长三角民营经济创新发展的高地。

要突出民生为先,引进优质资源。围绕长三角一体化台州建设,加强与上海等城市在民生领域的合作,大力度引进医疗、教育等优质民生资源。

台州将大陈岛垦荒精神上升为城市精神,树立了城市文明的精神灯塔,指明了新时代美丽台州的方向。

早在 13 年前,2006 年 8 月 29 日,当时的浙江省委主要领导登上大陈岛,充分肯定了大陈岛垦荒精神,做出"建设小康的大陈、现代化的大陈"的指示,赋予台州大力弘扬大陈岛垦荒精神的历史重任。

13 年来,台州干群奋力把大陈岛作为台州大湾区建设的"一体两翼、一港一岛"战略布局的重要组成,作为港产城湾一体发展的战略支点,推进"两个大陈"建设。

去年,大陈镇实现海洋经济总产出 6.7 亿元;居民人均可支配收入 44842 元,在全国 14 个海岛县第 4 位。

台州是中国民营经济的发祥地之一,台州民营经济从小到大、从弱到强发展的过程,就是改革开放时代背景下一场波澜壮阔的垦荒之路。

截至目前,台州建立了覆盖海陆空的产业体系,拥有汽车及零部件、医药医化、航空航天、模具塑料、泵与电机、智能马桶、缝制设备等七大主导产业,培育了 21 个百亿级产业集群,具有 156 个国内外市场占有率第一的"隐形冠军"产品,上市公司 53 家。

台州商人抗得住苦难,经得起风浪,无数感人的创业故事和商业传奇在这片热土上演,创立了吉利汽车的李书福和打造了利民实业的池幼章,就是其中的代表。

全面融入长三角,台州有哪些重要举措?

一是打造先进制造业基地。台州将大力培育汽车制造及零部件、通用航空、模具与塑料、医药医化、智能马桶、缝制设备、泵与电机等七大千亿产业。同时,大力拓展重大产业的发展空间。

二是推动基础设施的联通。陆路方面,台州将加快建设杭绍台铁路等重大项目建设,同时积极谋划甬台温沿海高铁的前期工作;港航方面,将进一步加快海陆联运通道的建设;空港方面,将加快台州机场的改扩建,加密航班航线,推进与长三角区域机场协同发展。

三是打造民营经济跨区域协同发展先行区。鼓励民营经济跨区域并购重组,支持民营企业参与混合所有制改革。

四是构建开放高效协同的创新体系。积极开展与上海、杭州、宁波、温州等国家自主创新示范区的合作交流,主动与长三角城市高校、科研院所开展产学研用的有效对接。

五是推动一体化发展成果,惠及人民群众。强化与毗邻市的环境协同治理,加强文化旅游推广合作,共同打造浙东唐诗之路目的地的建设。

第三节 融入长三角,彰显"台州担当"

如何为全省发展大局和长三角更高质量一体化发展多做贡献?

台州提出的这是个站位高、内涵丰、视角新的问题,发人深省。

台州作为浙江全省11个地市之一,主动融入全省重大区域布局和战略谋划,做好自己的事情,确保经济社会持续稳健、高质量发展,避免大起大落,就是为全省发展大局多做贡献。

台州作为长三角南翼的一个城市,一直以来,全面接轨大上海,加快融入长三角,是台州人念兹在兹的梦想。

自20世纪八九十年代从上海引来"星期天工程师",为民营企业献智出力;到21世纪初台州争得"15+1""长三角南扩第一城";再到2005年,被正式纳入国家发改委"十一五"长江三角洲区域规划范围,从而使长三角由"15+1"明确为16个城市;直至今天,长三角一体化发展上升为国家战略,台州成为中共中央、国务院《长江三角洲区域一体化发展规划纲要》(以下简称《纲要》)中,27个中心区城市之一。

虽然从空间上看,台州处于长三角南翼,接轨上海有距离较远、城市落差大等不利因素。但一切事在人为,我们也应看到自身民营制造业发达、改革开放先行、发展海洋经济有天然禀赋等优势,只有攻坚克难、扬长补短,站在新时代新征程的高度,把台州定位为长三角南翼高质量发展的排头兵,才能在长三角更高质量一体化发展进程中,彰显担当多做贡献。杭州、宁波借助地缘、人文等优势,分别把自己定位为接轨大上海、融入长三角主要增长极、先行区,可谓站高看远,有望实至名归。

21世纪以来,台州历届市委、市政府高度重视参与长三角一体化交流与合作，积极对接上海、宁波等城市科技、人才、商务、教育、医疗等方面的优势，组织企业建立上海（台州）科技研发园，组织"上海·台州周"，选派年轻干部赴沪挂职，与上海台州商会建立制度化联系和招商合作机制。所有这些，都为今后进一步接轨上海打下坚实基础。

彰显融入长三角的"台州担当"，《纲要》为台州指明了方向和路径。一是深化与上海、杭州、宁波等长三角主要城市的对接，开展全方位深度融合。在明确自身定位的前提下，在规划制定、交通互联、产业发展、科技创新、公共服务、干部挂职交流等领域主动对接、拓展合作。既要研究上海及长三角主要城市哪些产业和创新要素能向台州转移，也要审视台州能为上海及长三角主要城市提供什么服务。二是加快推进现代化湾区建设、数字经济和战略性新兴产业发展。前者旨在以现代化湾区融入浙江大湾区、长三角一体化发展，后者为的是补齐台州经济发展短板，提升承接上海及长三角主要城市产业要素溢出能力。三是加大新时代改革力度，为优化营商环境探路。《纲要》提到"支持浙江温州、台州开展跨区域发展政策协同试验，为民营经济参与长三角一体化发展探索路径"，这一点，对正在奋力建设新时代民营经济高质量发展强市的台州来说，显得十分必要和重要。台州可加强与兄弟市合作，先行先试，积累经验，为长三角地区提供政策样本。

第四节　勇当融入长三角一体化，国家战略的生力军

最难忘的是乡音，最难放的是乡愁；最难以释怀的是游子，最富有情怀的是赤子。2019年11月6日，适逢第二届中国国际进口博览会在上海举行，台州市在沪召开上海台州商会（台州在沪人才联谊会、台州在沪青年联谊会）代表座谈会。副省长、市委书记陈奕君勉励广大在沪台州籍企业家要不忘初心、继续前进，坚定信心、坚守实业，勇当台州融入长三角一体化国家战略的生力军。

座谈会上，在沪台州籍企业家代表踊跃发言，谈发展成绩，谈发展愿景，谈对家乡的愿望和期待，拳拳之心溢于言表。大家分享了各自企业在经营销售、转型升级等方面的实践与探索，并就体制机制改革、资本运作等方面提出

意见和建议。

台州全市上下正牢记习近平总书记赋予台州"再创民营经济新辉煌"的嘱托，奋力推进民营经济高质量发展。长三角一体化发展战略如何在台州落地，台州如何主动参与、积极融入？

台州要进一步立足上海这个区域龙头、创新高地，集聚新动能、延伸产业链、拓展大市场，充分借力区域协同发展的东风壮大自己、服务台州。要勇当攀登产业高峰的排头兵，依托上海这个资源宝库，抢抓新经济蓬勃兴起和新一轮产业革命加速孕育的机遇，借力创新，加快转型，在自己的行业领域做高端、攀高峰。特别是要做深产业+科技+人才+金融的文章，积极探索民营经济高质量发展的典型样本。

一 深化与沪、杭、涌等地对接，开展全方位深度融合

一是明确台州在长三角一体化发展中的定位：长三角地区南大门城市（制造之城、生态之城、旅游之城）。

二是组成各类代表团赴长三角地区主要城市学习考察，开展深层次交流合作，建立制度化的稳定沟通联系机制。

三是相关部门在规划制定、交通互联、产业发展、科技创新、公共服务等领域主动对接、拓展合作。

二 建立强有力的组织推进机制

一是成立台州对接服务上海及长三角主要城市的工作协调机构，定期研究对接服务上海及长三角主要城市的重大事项。

二是市、县（市、区）党政领导要定期研究和推动对接上海及长三角主要城市工作，把日常工作与对接上海及长三角主要城市工作有机结合起来，突出与上海及长三角主要城市有关方面的实质性对接。

三是构建"季度考评、半年点评、年度表彰"的常态化推进机制，研究制定对接上海及长三角主要城市具体考核实施办法。

三 明确合作交流的重点领域

一是加强全方位对接专题研究。围绕台州能为上海及长三角主要城市提供

什么服务、上海及长三角主要城市哪些产业和创新要素能向台州转移等课题，开展长三角"南大门"内涵、创新资源互动、园区平台合作、社会服务协调等重大专题研究。

二是开展产业合作。聚焦产业招商，在上海及长三角主要城市组织召开产业对接大会，力争全年招引一批制造业、服务业投资项目，以及教育医疗和科创平台项目；深化园区共建，推动已建合作园区提档升级，力争实现台州各县（市、区）的长三角产业合作园区全覆盖；

三是加强人才交流。在上海及长三角主要城市成立集聚高层人才创新创业的离岸创新基地，在台州建立若干个人才和技术转移产业化基地，定期在上海及长三角主要城市举办人才和科技"双招双引"活动，吸引青年和人才到台州创新创业；

四是加强服务配套。加大对上海及长三角主要城市农副产品供应基地建设力度，在上海及长三角主要城市举办农副产品展销活动，扩大台州优质农产品在长三角市场影响力；

五是加强功能接轨。强化交通互联互通，推动上海及长三角主要城市的医疗资源来台州建立高端医疗服务和医疗教学机构、与长三角优质医院开展全方位协作，深化社保、医疗结算一体化。

六是加强宣传造势。制作具有震撼力和影响力的台州山海城市形象宣传片，构建长三角主要媒体联手宣传推介台州的机制。

四　加快推进现代化湾区建设

以现代化湾区建设融入浙江大湾区、长三角一体化发展。发挥好台州沿海湾区在对接上海及长三角主要城市中的空间平台作用，重点加强台州湾集聚区和高新区与上海及长三角主要城市的对接。

台州人深刻认识到：新时代区域发展，不进则退，慢进也是退，台州要在新一轮接轨大上海、融入长三角热潮中，勇立潮头，走在前列。

第九篇 | 长三角中心区安徽八城发展篇章

第一章
江淮首郡——合肥

合肥,简称"庐"或"合",古称庐州、庐阳、合肥,是安徽省省会,国务院批复确定的中国长三角城市群副中心城市,国家重要的科研教育基地、现代制造业基地和综合交通枢纽。

合肥是世界科技城市联盟会员城市、中国最爱阅读城市、中国集成电路产业中心城市、国家科技创新型试点城市。有"江淮首郡、吴楚要冲""江南之首""中原之喉"的美誉。

第一节 合肥社会概况与经济综述

合肥全市下辖 4 个区、4 个县、代管 1 个县级市,总面积 11445.1 平方千米,建成区面积 476.5 平方千米,常住人口 808.7 万人,城镇人口 606.28 万人,城镇化率 74.97%。合肥地处中国华东地区、江淮之间、环抱巢湖,是长三角城市群副中心,综合性国家科学中心,"一带一路"倡议和长江经济带战略双节点城市,合肥都市圈中心城市,皖江城市带核心城市,G60 科创走廊中心城市。

合肥是一座具有 2000 多年历史的古城,因东淝河与南淝河均发源于该地而得名。合肥素有"三国故地,包拯家乡"之称。秦置合肥县,隋至明清时,合肥一直是庐州府治所,故又称"庐州"、又名"庐阳",境内名胜古迹众多,如逍遥津、包公祠、李鸿章故居、吴王遗踪等。合肥还诞生了周瑜、包拯、李鸿章等一批历史名人,可谓人杰地灵。

2018年9月，合肥被授牌成为"海峡两岸集成电路产业合作试验区"。2018中国内地城市综合排名17名。2019年大陆地区前21强。

2019年地区生产总值9409.4亿元。2019年，全国实行地区生产总值（GDP）统一核算改革，经安徽省初步核算，合肥市GDP为9409.4亿元（按第四次全国经济普查结果修订，2018年，全市GDP为8605.1亿元），按可比价格计算，同比增长7.6%。2018年，合肥市全年生产总值（GDP）7822.91亿元，按可比价格计算，比上年增长8.5%。其中，第一产业增加值277.59亿元，增长2.2%；第二产业增加值3612.25亿元，增长9.5%；第三产业增加值3933.07亿元，增长8.0%。三次产业结构由上年的3.9∶49.0∶47.1调整为3.5∶46.2∶50.3，其中三产占GDP比重首次突破50%，达50.3%，同比提高3.2个百分点。全员劳动生产率144748元/人，比上年增加13654元/人。

按常住人口计算，人均GDP为97470元（折合14729美元），比上年增加9014元。年末全市从业人员542.8万人，比上年增加4.7万人。其中，第一产业70.4万人，减少7.5万人；第二产业189.5万人，增加1.2万人；第三产业282.9万人，增加11万人。城乡私营企业从业人员和个体劳动者227.5万人，增加29.9万人。全年城镇实名制新增就业25.28万人，失业人员再就业3.38万人，转移农村劳动力7万人。年末城镇登记失业率为2.94%。全年居民消费价格比上年上涨2.0%，其中食品烟酒价格上涨2.7%。工业生产者出厂价格下降0.4%，工业生产者购进价格上涨6.3%。

这是一份成色不俗的成绩，显示了后劲十足的发展动能；这是一份来之不易的成绩，释放出稳中向好的积极信号。跃升的数字，背后是合肥真抓实干的担当和作为：在新发展理念的指引下，合肥正实施"123+10"行动（即坚定一个目标、构建两个体系、建立三项机制、实施十大措施），做好"六稳""六保"工作，抓细抓实经济发展。

从指标看，在经受疫情的冲击后，5月多项经济指标"负转正"的步伐加快，发展活力迅速恢复；从结构看，新兴产业蓄势前行，"新基建"抢先布局，线上经济乘势而上，新动能加速集聚；

从长远看，重大项目建设发力，内需市场加快复苏，外贸增长势头延续，政策效应逐步显现，先行指标和企业信心持续向好。在危机中育新机，于变局中开新局。面对新形势新任务新机遇，聚力打造"五高地一示范"，指引着合肥发展的新方位。这座城市正在谋定而后动，厚植创新沃土，精耕优势产业，吹响半年"负转正"号角，危中寻机开辟新赛道，冲刺全年"过万亿"，为经济高质量发展擘画出清晰的路径。

疫情之下，一季度地区生产总值虽然下降9.8%，但合肥经济的韧性并未失色。复工复产、复商复市带来一系列积极的变化，让这一韧性展现得更加清晰。

内需潜力释放，外贸形势向好。5月，限上消费品零售额增长17.6%；前5个月合肥市进出口总值位列全国省会城市第7位，同比增长21%。

好风凭借力。经济增长，离不开暖企惠企政策的落地见效：合肥2019年减税降费政策在2020年形成的减税降费达44.4亿元，2020年出台的支持疫情防控和经济社会发展优惠政策新增减税降费37.2亿元。

亮眼的成绩单，显示出一座城市对自身优势和发展环境的精准把握——合肥推动高质量发展的大趋势没有变、拥有国家战略叠加优势的大格局没有变、支撑经济稳健运行的基本面没有变、引领创新发展的新动能没有变！

不过，合肥经济发展也面临着众多变化，即技术市场对外依存度、疫情对复工复产进程影响、推动经济高质量发展的举措都在变。

坚定"提质提效突破万亿"这一目标的合肥，经济发展即将转入2020年下半场，面对这些"不变"与"变"，该如何全力应对。

硬核的科技创新、高端的产业支撑、通达的区位优势以及澎湃的城市活力，构成了合肥高质量发展的优势。合肥全市将聚力打造"五高地一示范"，深度融入长三角一体化，继续以实干担当书写大战大考的优异答卷，为全年"过万亿"增添信心和底气。

第二节　长三角崛起国家综合科学中心——合肥

自2018年11月长三角一体化上升为国家战略，作为"一带一路"和长江经济带的重要交汇点，长三角正在中国区域经济发展大格局中闪耀出独特的光芒。而长三角"扩容"后的新加入者安徽，也开始崭露头角。安徽省委书记李锦斌说，这为安徽发展锚定了时代坐标、开辟了更大空间。

首次以中央文件形式正式确认安徽成为长三角重要组成部分，全面提升了安徽在全国发展格局中的地位，形成了安徽"左右逢源"的双优势。如何将优势转化为动能，已是摆在安徽面前的一道发展命题。

2019年10月15日，安徽马鞍山市和江苏南京市正式签订了《江宁－博望跨界一体化发展示范区共建框架协议》，示范区将成为探索省际毗邻区域协同发展的试验区，两地产业和社会事业的一体化发展正在逐项落地。

类似这样的多层次跨省、市共建产业园区，正在安徽省内遍地开花，有序推动了长三角地区产业跨区域转移和生产要素双向流动。

而作为安徽省会城市的合肥，在融入长三角区域一体化发展中采取了哪些措施？

首先，积极推进合肥都市圈与南京都市圈协同发展；其次，加快皖江城市带承接产业转移示范区去年投资增长。

长三角城市群27个中心区城市，合肥这个城市比较特殊，它被赋予了"长三角副中心"的城市地位，但在高手如云的长三角城市群中，它显得有些低调。虽然其综合实力在长三角城市群并不凸显，但是，就其单项来说，合肥在科创方面是很优秀的城市，合肥拥有中国科学技术大学这样的名校优势和国家综合性科学中心这样的优质资源聚集平台。

一　合肥：悠久的历史名城焕发科创激情

合肥素有"三国故地，包拯家乡"之称，是安徽省省会，长三角城市群副中心，综合性国家科学中心，"一带一路"和长江经济带战略双节点城市，具有国际影响力的创新之都，国家重要的科研教育基地，现代制造业基地和综合交通枢纽，合肥都市圈中心城市，皖江城市带核心城市，G60科创走廊中心城市。

早期，长三角只是上海和江浙部分城市组成的"富豪城市俱乐部"，以后，组建扩容，安徽省的部分城市加入进来了，也包括安徽省的省会城市合肥市。安徽虽然加入长三角城市群时间不及江苏浙江，但其凭借着深厚的历史底蕴和后发赶超的精神，被明确定位为科创中心。

二　合肥在长三角27城中的地位

论经济实力，合肥在长三角中心区27城中只能排名第8，与江苏的普通地级市南通相比也稍逊一点，与长三角老牌城市上海、苏州、杭州等城市还是有一些距离的。

论全国的名气,长三角的上海、苏州、南京、杭州甚至绍兴等城市出名都比合肥早。

长三角城市群分为上海大都市圈、杭州都市圈、南京都市圈、宁波都市圈、合肥都市圈、苏锡常都市圈等都市圈,其中部分城市有交叉,在这些都市圈中,合肥都市圈实力相对较弱。

三 合肥的独特优势

合肥经济实力在长三角中心城市中不算靠前但也不算靠后,合肥最著名的是科学创新能力,最重要科技创新能力来自中国科学技术大学。

1. 中国科学技术大学

中国科学技术大学,简称"中国科大",位于安徽省合肥市,由中国科学院直属,中央直管副部级建制,位列"世界一流大学建设高校"、"211 工程"、"985 工程",是首批 20 所学位自主审核高校之一,入选"珠峰计划"、"111 计划"、"2011 计划"、"中国科学院知识创新工程"、"卓越工程师教育培养计划",为"九校联盟"成员、是一所以前沿科学和高新技术为主、兼有特色管理和人文学科的综合性全国重点大学。

2. 合肥综合性国家科学中心

合肥综合性国家科学中心将聚焦能源、信息、生命、环境四大领域,解决重大科学问题、提升原始创新能力、催生变革性技术。

3. 交通优势

高铁时代的到来,让合肥承东启西的区位优势变为联通四方的交通优势,随着长三角一体化国家战略的实施,合肥将打开全面融入长三角国际航线网络的窗口。长三角主要城市间的高铁网络、城际铁路以及城市地铁将加密联通,合肥全国性综合交通枢纽的地位将迎来跨越提升。

4. 后发优势

另一方面,作为国家综合性科学中心、长三角城市群副中心,以及连接长江中游城市群与长三角城市群的重要节点,合肥能够从公共服务、科技创新、产业协同、基础设施建设、制度等高对接等多个维度,为长三角城市群、合肥都市圈自身发展提供更有力的核心支撑。

四 合肥：硬核科技形成靓丽城市名片

在长三角城市中，合肥是一颗快速升起的新星。2008 年，合肥 GDP 约为 1665 亿元，落后于浙江嘉兴，十年间合肥接连赶超 8 座省会城市，综合性国家科学中心等先后落户，"东方硅谷"、"创新之都"的各种美誉也相继而来。量子信息、聚变新能源、同步辐射和合肥光源、稳态强磁场等硬核科技被一一展示了出来，这些代表全球科技界水平的研究成果的研发都落子在合肥。

这些基础性学科的研究成果，带动了相关应用型研究，对国民经济起到很好的推动作用。

第三节 合肥"崛起"，将重塑长三角发展格局

历史上，合肥创造了中国乃至世界多项"第一"。合肥，中国四大科教城市之一，中国第一个科技示范城市，中国三大科技中心城市之一，中国三大国家综合科学中心城市之一，世界科技联盟会员城市，成为世界科学界尖端人才的汇聚地，拥有三个国家实验室，且即将拥有第四个国家实验室——量子信息实验室，国家实验室数量和北京并驾齐驱，成为中国仅次于北京的创新中心。

当把合肥与南京并谈的时候，我们意识到合肥真的是越来越令人瞩目了。这座距南京一个小时高铁车程的城市，已经不再面目模糊，我们对合肥的重新打量，不仅是对合肥与南京的比较，也是在重新反思安徽与江苏的关系，以及长三角城市格局的新变化。

历史缘由：合肥与南京的"尴尬"。从地图上看，合肥处于安徽省版图最中间的位置，不偏不倚，几乎像是拿着尺子量出来的中间点。然而，众星拱月般的格局并未让合肥一开始就光芒万丈、辐射四方。事实上自合肥成为省会以来，始终都面临着权威性不足、吸引力弱、辐射力不强的窘迫与尴尬。且不说没有太多对外辐射，曾几何时，即使是在本省的影响力也严重不足，尤其是马鞍山、滁州、芜湖等地更是向南京靠拢，以至于南京被调侃冠以"徽京"的名号。

合肥的"尴尬"一部分是由于地缘亲近、经济发达的南京的存在，另一部分源于历史造就。

从历史发展脉络来看，安徽人天然对南京有亲近感是有原因的。早在朱元璋定都南京后，皖、苏皆属于南直隶省。清代废除明朝时期南京陪都的地位，以南直隶省为前身设置了江南省。这是一个面积巨大的省份，江南省的控制范围包括今江苏、安徽、上海、江西婺源及湖北、浙江部分地区，为江宁府（今南京）提供广阔的腹地与充足的税收，可见南京的历史地位之重要。江苏、安徽两省本为一家，同根而生，形塑了较为统一的文化形态。所以，也难怪安徽人对南京的热爱，毕竟几百年内南京都是江南省的首府。

另一方面，合肥能成为省会是历史的选择。安徽建省始于1667年，选省会也是一波三折，先是初驻南京（应天府），后来搬迁到安庆府，再到1760年正式定安庆为安徽省省会。就当时形势来看，历史久远、根基深厚的安庆、芜湖似乎更具有省会竞争力，合肥虽是具有两千多年历史的古城，但是在新中国成立后也不过是一座灰头土脸的小县城，文化底蕴不能与之媲美。不过，历史选择了合肥。1956年，毛泽东回信给时任安徽省委书记曾希圣时指出："合肥不错，为皖之中，是否要搬芜湖呢？从长考虑，似较适宜，以为如何？"就此，合肥迎来了命运的春天，从而一跃成为省会。

但是，合肥从一开始就颇有名不副实之嫌，引起老牌城市的质疑，再加上不南不北、偏于内陆的区位，以及较差的城市建设、薄弱的文化基础等，使得合肥地位不稳、窘迫受限。不远处，南京的闪闪发光也使得合肥更加黯淡了。在较长一段时间内，合肥并没有建立起光鲜亮丽的现代化大都市的形象。人们曾经对合肥的评价较低，合肥对本省一些城市的辐射力可能还不如南京。

再说南京，尽管地理位置得天独厚、文化发达，以"老大哥"的身份带领了一批安徽"小弟"，但它也有着自己的"尴尬"：对外辐射强，对内辐射弱。有人评价它夹在苏北、苏南之间，两边都不待见。这就又要说到历史上的江南省。可以说，清政府通过分割江南省而发明了"江苏"的概念。

争夺战：长三角格局的重塑。早些年，因合肥与南京差距过大，两者之间的竞争关系不值一提。但如今情况发生了新变化。在2010年前后，受益于国家政策，合肥迅速发展，成绩亮眼：合肥经济多次增速全国第一；2017年度长三角城市群科技创新驱动力城市排名报告中，合肥综合排名前五；2019年合肥GDP排名全国省会城市第八，中国大陆地区城市21强；合肥拥有45家上市公司；合肥先后获批首个国家科技创新型试点市、国家创新型试点城市、国家系统推进全面创新改革试验区域、国家自主创新示范区；合肥未来将打造世界级新一代信息技术产业集群、中国 IC 之都、中国光伏第一城……合肥也有了一个响亮霸气的称号"霸都"。

当下合肥被定位为长三角城市群副中心，这直接触及安徽与江苏的发展脉络。这不仅是一场城市之间的比较，也关系长三角格局的重塑。合肥的"霸气"发展无疑有利于促进长三角一体化，不过也加剧了长三角城市间的竞争关系。

合肥的崛起，释放出很多信号，比如产业承接与升级关系城市的竞争力与活力，因循守旧必将被赶超，以及城市格局大洗牌等等。南京也积极进取，针对城市面积发展受限的问题，提出大力建设江北新区，改写南京只偏于江南的历史，贯通江南江北，形成"大南京"格局；展开南京都市圈规划，宁镇扬同城化规划，苏南现代化建设示范区规划等引人注目。

长三角自古以来是中国的富庶之地，是中国最大的经济体之一，关系未来中国的发展走向。合肥，从看似不起眼的中部城市到努力争取与南京平起平坐，虽然两者之间差距还很大，但这展现出长三角经济的活力，也将重塑长三角的发展格局。

第四节　合肥将成为长三角城市群新的增长极

改革开放四十年，各地都有了惊人的发展。要说这几年，要说哪几个省份进步明显，那么安徽就是当仁不让了。在省会城市中，合肥历来是平静的，却是不甘平淡的；一直是低调的，却是不失格调的；是"小字辈"的，却是胸怀"大梦想"的。过去十年间，这个中部省会城市成为全国省会排行榜上最大的"搅局者"——从全国省份经济总量的倒数水平，先后赶超太原、南昌、昆明、石家庄、长春、福州、哈尔滨和西安，从中下游跃入"十强"，堪称发展的奇迹。

昔日小城今渐"肥"。近十年来，合肥经济总量增长 3.7 倍，财政收入增长 4.2 倍，本外币存款额增长 4.9 倍。合肥速度，引人注目。从往日的默默无闻到新晋国家科学中心城市，从"铁路盲肠"到即将成形的米字形高铁枢纽，从"离发达地区最近的欠发达省会"到长三角城市群"副中心城市"，合肥的

"存在感"日益隆起。

合肥的进步与安徽的崛起,呈现了一个正相关的走势。同样都是从倒数的水平慢慢进入了第二梯队的实力。安徽摆脱了南昌、太原等兄弟城市,进一步的目标就是长沙、郑州,甚至是南京、杭州。而安徽也摆脱了江西、山西等省份,未来的目标当然是渴望接轨江浙两省。

2019年,安徽的人均GDP已经领先了湖南。而合肥的GDP总量也已经突破了9000亿,预计2020年,将有望突破万亿,成为长三角城市群第七个万亿城市。目前,安徽的崛起,最为关键的就是合肥的带领。而笔者认为,合肥最大的优势在于这两点。

第一,长三角城市群的一体化发展,已经覆盖了安徽全省。在长三角地区的规划中,已经明确指出了一核五圈的战略,而合肥与南京、杭州、宁波、苏锡常都是长三角的五大副中心城市。从发展的战略层面上而言,合肥已经与南京、杭州等传统强市并肩作战了。

第二,合肥利用自身科教优势,将打造国内的芯片之都。据悉,合肥已经明确了将以汽车、电子芯片为主要产业,依托科技创新、人才引进,培育出一大批全球顶尖的新兴产业。如今,合肥已经率先出台了各项新兴产业的扶持政策,成立了产业投资基金,连续引进了多个高科技项目。

2018年11月,习近平总书记宣布支持长江三角洲区域一体化发展并上升为国家战略。在习主席的提议下,安徽正式融入长三角城市群。就当下而言,安徽经济实力与苏浙沪存在明显差距。而安徽省的人均GDP则处于全国倒数第10,只有4.8万元,甚至与全国6.45万元的人均GDP平均水平都差一大截。另外在产业结构、城镇化水平、对外贸易等方面,安徽也远远落后于苏浙沪三地。除了经济因素以外,长三角城市与安徽地理隔绝感,也是"安徽入长"一个重要的障碍。地理因素导致文化差异,使安徽以长江、淮河为界限,分成了中原、皖江和徽州等不同文化圈。

那么,安徽真的"拖累"长三角吗?不!随着合肥的努力,将带动安徽全省将成为长三角城市群新的增长极。在城市群抱团发展中,安徽并没有等待"强帮弱",而是积极抓住了机遇,摸清了自身的产业禀赋,选择让苏浙沪的资本和市场主动来拥抱自己。

地理因素,一直是安徽的劣势,融入长三角后,安徽却没有逃避,反而正视了这个问题。

2015年,安徽制定"八纵八横"的高铁布局,全面打造以合肥为中心的合福、合郑、合新、合蚌连、合安九和商合杭,数横数纵把高铁画成了"米"字形。益于这一高铁规划,合肥可以进一步将皖北、皖南多个省内城市连接起来,并且开始能够形成一定的人口吸引力促进本省相互交流与融合。安徽地理上的劣势,已经变成了全新的优势。这一点,合肥就是正好的例证,正是因为四通八达的交通网,才铸就了今日高速发展的合肥市!

作为一个地理上属于华东的中部城市,实施中部崛起战略时又非"中心"。东有南京,西有武汉,合肥成为两大城市之间落寞的"发展塌陷区"。"搭上'高铁时代'的快车,合肥由'不东不西'转变为'左右逢源',区位优势真正体现了出来。随交通干线涌来的人流、物流、信息流,助推"工业立市""创新战略"如虎添翼——合肥发展的"堵点",通了。尤为值得称赞的是,安徽省将强化合肥作为全国性综合交通物流枢纽、国家一级物流园区布局城市核心地位,推进海关特殊监管区域(场所)、铁路国际内陆港、合肥国际水运港、新桥国际航空港等战略性节点建设,加强与国际主要物流节点城市联系,加密延伸合肥始发中欧班列,把合肥建设成国家级综合物流枢纽。

此外,在人才对于城市发展越来越重要的今天,科教优势是合肥最大的底气之一。

合肥坐拥了中国科技大学和中科院物质科学研究院,被评为中国四大科教城市之一,中国第一个科技示范城市,还是一个世界科技联盟会员城市。安徽合肥几乎汇集了世界科学界的尖端人才。合肥紧紧围绕科教资源,正在走出一条中国中西部城市创新驱动的转型发展之路。合肥依托大科学装置集群,吸引、集聚、整合了一批来自全国各地的相关资源和优势力量,正在推进以科技创新为核心的全面创新,合肥也因此成为人才集聚的高地、创新创业的福地。

长三角一体化,站在国家战略的风口上,合肥将如何抢抓新机遇?又将跳出怎样的"舞步"?合肥正在主动作为,在促进互联互通、强化产业协同、保护生态环境、创新发展体制等方面,深度融入长三角"朋友圈"。

一是构筑交通通道。开通运营合宁、合武、合福高铁,加快建设商合杭、合安高铁。滁淮高速建成通车,合宁高速扩容加快建设,形成"一环七射四联"高速路网体系。与宁波港、太仓港、上海南港等开展铁海联运、江海联运,规划建设公铁水联运物流枢纽。对接长江"黄金水道",全面开工建设江淮运河。

二是推动产业协作,打造产业高地。构建产学研用深度融合的产业创新体系,主攻"芯屏器合"关键核心技术,建设长三角综合性产业创新中心。全面推进G60科创走廊在空间规划、科技创新、产业布局等方面深度合作,加强与上海证券交易所开展战略合作,培育一批高新技术企业上市科创板。同时,深入开展与上海双城合作,谋划推进与上海临港集团战略合作,引进一批长三角龙头企业,与100多家长三角知名企业签订合作发展项目。

三是构建生态屏障。合肥坚定不移走生态优先、绿色发展之路。以环巢湖生态示范区建设为统领,打好巢湖水环境治理攻坚战,建设绿色发展美丽巢湖。积极参与区域大气污染联防联控,PM10、PM2.5平均浓度连续5年实现"双下降"。

四是推进公共服务均等化。深化与长三角区域联动合作,携手推动社会事业跨区域合作、一体化共享。构建长三角教育资源合作配置机制,主动对接沪宁杭等地优质教育资源,广泛开展常态化培训交流。整合旅游资源,设计合肥—九华山—太平湖—黄山等精品线路,培育区域旅游特色。

五是高质量打造发展增长极。加强创新策源能力建设,构建现代经济体系,推进合肥综合性国家科学中心建设,高标准建设好一城(滨湖科学城)、一馆(安徽创新馆)、一岛(合肥科学岛)、一谷(中国声谷)。

在长三角区域一体化的发展过程中,三省一市都制定了创新发展战略规划和政策体系,受行政壁垒和既有利益格局影响,合肥也面临着一些困难和难点,例如导致科技资源难以实现高效配置和开放共享,且存在创新载体重复建设、人才竞争愈发激烈等问题。如何破解难题,不断增强经济创新力和竞争力,集众智汇众力,跑出长三角创新"加速度",共同打造科技创新圈,书写创新发展的精彩答卷,笔者认为以下几点至关重要。

一是以综合性产业创新中心为载体,促进产业协同转型升级。聚力建设长三角综合性产业创新中心,面向国际国内聚合创新资源,推进创新资源共享,瞄准重点领域,推进动能转换,打造产学研用深度融合的长三角创新产业体系。

二是协同增创科技创新引领优势。围绕长三角科技创新共同体建设,发挥合肥综合性国家科学中心优势，全力打造大科学装置和重大创新平台，畅通科技成果转化大通道，构筑科技创新生态圈。

三是推动长三角加快建立协同创新的体制机制，加强创新共同体建设顶层设计，共建协同创新平台载体，积极推动区域科技成果转化，探索设立科技创新共同体建设发展基金。

人才一体化是整合长三角人才资源的重大战略举措，是解决长三角区域发展不平衡问题的重要抓手，也是促进长三角区域经济提升、产业结构升级的重要推动力。目前，苏浙皖沪四地人社部门共同签署了《三省一市人才服务战略合作框架协议》，力求"优势互补、资源共享、协同聚才、合作双赢"。合肥与G60科创走廊九城市也在优化人才服务，畅通人才交流机制，搭建智力支撑平台，形成"九城一张网"的人才工作新格局，合力为长三角更高质量一体化发展提供人才支撑。

合肥，安徽的龙头城市，在新时代的今天，特别是搭载上长三角一体化发展的高速列车，将把自身的优势进一步放大，效能进一步增强，以其自身"长三角副中心城市"的责任与荣耀，引领安徽省经济向高质量发展，假以时日，一定会真正融入长三角一体化中，重现"江淮首郡"的昔日风采，为中国科创和经济高质量发展打造实践样本！

第二章
江东名邑——芜湖

芜湖，简称"芜"，别称江城，安徽省地级市、长三角城市群中心区城市、华东地区重要的科研教育基地、南京都市圈城市，合肥都市圈城市，G60科创走廊中心城市。

芜湖地处长江三角洲西南部，南倚皖南山系，北望江淮平原。是华东重要的工业基地、科教基地和全国综合交通枢纽。芜湖港是长江水运第五大港、安徽省最大的货运、外贸、集装箱中转港，国家一类口岸。

第一节 区域概况及经济综述

芜湖市下辖4个市辖区、3个县，代管1个县级市，总面积6026平方公里。全市常住人口374.8万人，城镇化率65.54%。芜湖自古享有"江东名邑"、"吴楚名区"之美誉。芜湖明代中后期是著名的浆染业中心，近代为"江南四大米市"之首。

2017年，芜湖在中国地级市全面小康指数排名第46。2018年4月2日，芜湖入选科技部、国家发展改革委发布支持新一批城市开展创新型城市建设名单。2018年10月，获得"2018年国家森林城市"荣誉称号。2018年11月，入选2018年消费品工业"三品"战略示范城市名单。2018年12月，入选2018中国大陆最佳商业城市100强、2018中国大陆最佳地级城市30强、中国创新力最强的30个城市之一。2018年12月，被民政部确认第三批全国社区治理和服务创新实验区。

初步核算,2019年全年实现地区生产总值3618.26亿元,比上年增长8.2%。其中,第一产业增加值146.57亿元,增长3.1%;第二产业增加值1756.87亿元,增长9.6%;第三产业增加值1714.82亿元,增长7.1%。按常住人口计算,人均生产总值96154元,按年均汇率折算为13938美元。三次产业增加值比重由上年的4.0∶52.2∶43.8调整为4.0∶48.6∶47.4。

全年实现财政收入621.18亿元,比上年增长3%,其中,地方财政收入321.79亿元,增长1.2%。在地方财政收入中,增值税118.81亿元,增长2.1%;企业所得税30.34亿元,增长12.4%;个人所得税4.90亿元,下降27.2%;城市建设维护税18.32亿元,下降7.4%;契税14.27亿元,下降10.7%。

全年完成固定资产投资比上年增长9.6%。本年项目建成投产率33.4%,固定资产投资资产交付使用率55.9%。固定资产投资中,第一产业投资增长8.5%;第二产业投资增长15.9%,其中工业投资增长15.9%;第三产业投资增长4.4%,其中房地产开发投资下降1.8%。2019年,城市居民消费价格比上年上涨2.8%,其中,消费品价格上涨3.7%,服务价格上涨1.5%;食品价格上涨10.3%,非食品价格上涨1.1%。

工业生产全年主营业务收入2000万元及以上工业企业(以下简称规模以上工业)实现增加值比上年增长8.9%。其中,国有及国有控股企业占规模以上工业比重为11.1%(以下简称占比),增加值增长8.1%;股份制企业占比75.8%,增加值增长10.0%;外商及港澳台商投资企业占比12.9%,增加值增长3.6%。工业产品销售率达到98.2%。

规模以上工业主要工业产品产量:水泥1627.68万吨,增长7.1%;钢材561.07万吨,增长7.1%;铜材25.26万吨,增长21.6%;平板玻璃2317.78万重量箱,增长17.4%;汽车44.75万辆,增长22.9%;新能源汽车4.69万辆,增长5.3%;电动机204.68万千瓦,增长14.3%;空调1894.56万台,增长6.2%;家用热水器952.90万台,增长4.3%;光电子器件1677.56亿只(片、套),增长24.0%;发电量217.98亿千瓦时,增长19.2%。

全年省级及以上开发区完成固定资产投资1026.31亿元,其中基础设施投资51.03亿元;实际利用亿元以上省外资金1200.83亿元,实际利用外商直接投资23.37亿美元;区内规模以上工业实现总产值比上年增长10.6%。

全年实现进出口总额72.04亿美元,比上年增长4.8%。其中,进口总额26.85亿美元,增长9.0%;出口总额45.19亿美元,增长2.4%。从出口产品类别看,机电产品出口额36.2亿美元,占出口总额的80.0%。从产品出口地区看,对欧洲出口8.86亿美元,占出口总额的19.6%;对亚洲出口16.79亿美元,占出口总额的37.2%;对北美洲出口11.86亿美元,占出口总额的26.3%。

芜湖地处皖南国际旅游文化示范区,旅游资源丰富,有方特旅游度假区、天门山、鸠兹古镇、新华联大白鲸海洋公园、鸠兹广场、雨耕山、丫山风景区、马仁奇峰、赭山公园、雕塑公园等景区。

全年接待国内外各类游客6653.94万人次,其中接待国内游客6594.52万人次。实现旅游业总收入872.87亿元,其中旅游外汇收入33858.02万美元。年末共有旅行社90家;星级饭店28家,其中三星级及以上27家;A级及以上旅游景点(区)33处,其中4A级及以上11处,5A级景区1处。

第二节 芜湖当好安徽融入长三角一体化"桥头堡"

2016年4月24日至27日,是安徽发展史上具有里程碑意义的重要时刻。习近平总书记亲临安徽视察并发表重要讲话,明确提出"加强改革创新,努力闯出新路"一大目标和"五个扎实"的工作任务,为安徽发展指明了前进方向。这是习近平总书记为安徽量身订制的规划图、任务书,是赋予安徽的一份新时代大考卷。

一 奋力开创新局面

2019年全国两会政府工作报告指出,将长三角区域一体化发展上升为国家战略,编制实施发展规划纲要。这标志着安徽进入国家战略的重点板块、跻身于配置全球资源的开放门户、迎来更高质量一体化发展的崭新阶段。

抢抓这一历史性机遇,芜湖聚焦特色优势、高位对接融入,主动对标苏浙沪、全面实施长三角一体化国家战略,努力做到在融入长三角一体化发展国家战略上走在前列,当好安徽融入长三角一体化发展国家战略的"桥头堡",按照总书记的要求,"立足自身优势,加强改革创新,努力闯出新路,奋力开创经济社会发展新局面。"

二 联通科创要素，共享发展空间

2019年5月，第一届长三角一体化创新成果展将在芜湖开幕。来自上海的天马望远镜、C919大飞机，来自浙江的类脑计算芯片、超重力离心模拟与实验装置，来自江苏的中国南极天文台、蛟龙号载人潜水器，来自安徽的同步辐射加速器、超导托卡马克装置等一大批代表长三角地区乃至我国自主创新最高水平的"大国重器"将首次亮相。

近两年来，芜湖市不断促进创新环境优化、提升产业链水平。机器人、新能源汽车、现代农机和通用航空四个战新产业已在国内崭露头角；全市规模以上工业企业2000多家，其中高新技术企业650家；以此为基础，芜湖市组建市产业创新中心，呼应合肥综合性国家科学中心建设，重点解决制约产业转型升级共性技术和科技成果市场化"最后一公里"问题。

科创要素"破壁"，让长三角企业获得广阔发展空间。在芜湖市发改和科技人士看来，区域协同联动、推动科技资源整合共享，已是长三角"追梦人"的共识。为此，芜湖市积极参与搭建G60科创走廊大型科学仪器开放共享平台，推动硬X射线、先进光源、5G网络、工业互联网等重大科技基础设施在芜布局，推动人工智能、燃料电池汽车等领域专项成果应用。

三 优化产业合作，协调发展路径

如何优化产业分工合作这道课题，是实现长三角更高质量一体化发展的"得分点"。沉睡在长江之畔的芜湖造船厂旧址，是保留了半个多世纪的工业历史遗存，也是安徽省首个批复的老工业基地调整改造项目。2017年起，芜湖镜湖区与上海临港集团共同打造了"老船厂·智慧港"项目，目前已完成项目规划和审批。这里将诞生以大数据、双创产业孵化、船运海运文化、影视创意文化为核心，打造集办公、住宅、商业休闲为一体的辐射华东片区的智慧小镇，吸引高新企业入驻。不仅保留了船厂遗迹和文化记忆，还引入文化创意产业，将是一张新的城市名片。

长三角三省一市在产业上有着各自的"比较优势"。只有充分利用各地差异、拆除行政藩篱和无序竞争，才能形成更高质量布局和更高质量发展。芜湖在推动区域协同发展中，积极探索、先行先试。

2018年6月，上海松江，江苏苏州，浙江杭州、湖州、嘉兴、金华，安徽合肥、芜湖、宣城等九城，签署G60科创走廊战略合作协议，总投资1467亿元的产业项目落地签约，战略合作有序推进；同年12月，G60科创走廊机器人产业联盟在芜湖成立，促进机器人产业链上下游的资源整合、机器人产业与人工智能的深度融合、产业与智力资本的有效对接；2019年，芜湖与G60科创走廊成员城市合作新签约项目多达50个，涉及微电子、医药生产、智能制造、高等教育、高端装备制造、合作共建园区、一体化布局合作等。

根据《推动长三角地区更高质量一体化发展的芜湖实施方案》，芜湖将深度融入长三角现代产业体系，大力培育发展机器人及智能装备、新能源汽车、现代农业机械、通用航空、微电子（含汽车电子）、新型显示、轨道交通装备、新材料、节能环保装备、大数据及产业互联网等十大战略性新兴产业。培育发展航空支柱产业，在芜湖空港经济区规划建设大飞机、大发动机配套产业园，加快建设航空制造完整产业链体系。在长三角积极推动相关产业发展合作，推进产业与科技园区共建，着力打造经济活动密集区、产业集聚区。

第三节　芜湖加快新兴产业发展，深度融入长三角

在长三角区域一体化发展进程中，芜湖是一个越来越多被提及的城市，新能源汽车、机器人、通用航空等战略性新兴产业加速发展。芜湖市市长贺懋燮公开表示："产业发展为的是民生，芜湖更在打造'六宜城市'、幸福芜湖。"

2019年6月，芜湖签署了《共建共享G60科创走廊战略合作协议》，正式加入G60科创走廊。芜湖将推进G60科创走廊一网通办等制度试点工作，共同搭建G60科创走廊工业互联网服务平台，推进产业及产业园区协同发展，争取在芜湖设立G60机器人和智能制造、新能源汽车产业联盟。芜湖经开区重点瞄准张江高科、浦东金桥等成熟的开发区运营公司，推动开发区合作共建，争取在2019年长三角地区主要领导座谈会期间达成签约。

芜湖市提出要打造长江经济带产业创新中心。芜湖是国家实施"系统推进全面创新改革试验"、"合芜蚌自主创新示范区"的核心城市之一，为抢抓这些金字招牌的战略机遇，芜湖立足于制造业优势，战略性新兴产业已形成机器人及智能装备、新能源汽车、现代农机、通用航空、微电子、新型显示、轨

道交通装备、新材料、节能环保装备、大数据及产业互联网等10个产业集群。高新技术产业占地区生产总值比重居安徽全省第一。国家机器人产业集聚区已集聚企业92家,埃夫特公司已连续两年成为国产机器人产销量首位企业。中电科钻石飞机公司完成"安徽造"DA42钻石飞机验证试飞,成为国内首家以国外型号合格证(TC)为基础、取得国家民航局PC证的飞机生产制造企业。芜湖与合肥错位发展,初步建立了国内最大的平板显示玻璃生产基地、LED芯片生产基地,大尺寸触控屏、大型真空镀膜装备等均走在全国前列。

一 同"创":以创新驱动,强产业协同

芜湖,与苏浙沪的城市功能定位不同,产业合作的空间巨大,加入长三角"朋友圈"正逢其时。

纵观芜湖的发展,从奇瑞汽车到"三只松鼠",再从机器人到通用飞机,一大批企业因创新而生、伴创新而兴,成为推动地方高质量发展的重要支撑。

近年来,芜湖先后获批全面创新改革试验区、国家自主创新示范区和国家创新型城市,成为中国改革开放30年18个典型地区之一和改革开放40年最成功的40个城市之一。

唯创新者胜,唯创新者强。在安徽省16座城市中,芜湖通江达海的区位优势得天独厚,地区生产总值等经济指标稳居"榜眼"。对于芜湖在长三角一体化发展中的角色定位,"对接"和"创新"是两大关键词。

受益于长三角一体化不断加深,芜湖发展新动能不断释放。

芜湖借力创新型城市建设,不断提升企业创新能力,精心培育的十大战略性新兴产业风生水起,仅机器人及智能装备产业就聚集了100多家企业。在过去的一年,该市新增高新技术企业130家,总数突破650家,为近5年最好成绩。

在芜湖,沿G60高速公路构建的科创走廊让人印象深刻。9座城市共同发声,共同发力,已经成为打造长三角高质量一体化发展的重要引擎。

尤为值得一提的是,2019年年底,G60高速公路沿线的上海、杭州、嘉兴等城市在芜湖成立G60科创走廊机器人产业联盟,进一步优化九城市范围内机器人产业的科学布局,有效提升机器人产业的技术水平和科技含量,加快迎来机器人产业的大智能时代。

二 融入：宜居又宜业 留人更"养人"

芜湖，东承经济发展活力最强的长江三角洲，西接正在崛起的中部地区。地处长三角西南部，同时位于合肥都市圈和南京都市圈，区位优势明显。

公路交通四小时半径覆盖 60 多座城市，"两环九射"高速公路网初步形成；铁路交通拥有京福、宁安、商合杭三条高铁；水路交通除传统的长江航道，以芜湖和上海为起终点的芜申运河联通无锡、苏州。另外，城市轨道交通、皖江第一隧——城南过江隧道、芜黄高速公路、沪武高速无为段等正在加紧建设。

一体化不单单是交通一体化，更关键的是实现人才间的自由流动、要素间的自由共享，形成统一开放的体系。实际上，这个问题正在破题。

交通的融入，连接起的是人才、信息、资金和技术。对于长三角城市群"扩容"后的新生芜湖而言，亦如是。今天的芜湖，融入进程已按下"快进键"，融入长三角发展格局正在形成。

在推动新型产业加快发展的同时，芜湖市还提出要打造具有国际影响力的"欢乐城市"。2008 年，深圳华强集团首个"方特欢乐世界主题公园"诞生于芜湖，历经十年，方特系列主题公园已经提升为综合旅游区，并获评国家 5A 景区，成为中国文化科技旅游的一个标杆。

安徽芜湖三山区保定街道的长江岸线一片忙碌，装满货物的船只来回穿梭，不远处的芜湖长江大桥，像是通往长三角的一扇大门，经由水路直至东海。

从齐抓大保护到产业承接地，从创新新高地到宜居宜业开放地，今日的芜湖，与上下游城市唇齿相依，不仅是近邻，还是近亲，更是一起成长的命运共同体，借着长三角一体化东风，融入正酣。

第四节 芜湖的发展优势与未来

芜湖市近期公布了 2019 年经济数据，2019 年，芜湖市实现地区生产总值 3618.26 亿元，同比增长 8.2%，高于全省平均水平 0.7 个百分点。其中第一产业实现增加值 146.57 亿元，同比增长 3.1%；第二产业实现增加值 1756.87

亿元，同比增长9.6%；第三产业实现增加值1714.82亿元，同比增长7.1%。

主要经济指标好于预期，好于全国、全省。全市GDP增长8.2%，比年度目标高0.2个百分点，比全国、全省高2.1和0.7个百分点。从其他主要经济指标看，规模以上工业增加值增长8.9%，比全国、全省高3.2和1.6个百分点；固定资产投资增长9.6%，比全国、全省高4.2和0.4个百分点；社会消费品零售总额增长11.8%，比全国、全省高3.8和1.2个百分点；城镇和农村居民人均可支配收入分别增长9.6%、10.2%，比全国、全省高1.7、0.5和0.6、0.1个百分点。

总体来说芜湖市2019的数据还算不错，不少增速指标都高于全省全国，不过与前几年的增速相比，有所放缓，放眼全省芜湖市GDP全安徽省第二名的位置依然稳固。

然而，芜湖市与长三角许多大城市相比体量还明显偏小差距很大，就拿2018年长三角GDP来说，长三角26城GDP之和达到17.85万亿元，约占全国的1/5，而芜湖GDP为3279亿元，在长三角27城当中排名第18。长三角是我国综合实力最强的经济中心，大市强市林立，芜湖虽然是安徽发展较快较好的城市，但放眼长三角当中，芜湖市的成绩并不突出。相信在长三角发达城市产业转移和安徽省全省经济飞速发展的大背景下芜湖未来的发展会越来越好，成为长三角城市中的又一明星。

2019年10月15日，长三角城市经济协调会第十九次会议在芜湖召开。随着蚌埠等安徽七市的加入，长三角经济协调会实现了沪苏浙皖41个地级以上城市全覆盖。严格意义上说，沪苏浙皖正厅级以上市和区，既包括苏浙皖的40个城市，也包括上海的16个区。

然而，机制层面的加入，并不代表一座城市可以在区域协同、产业发展、基础设施等各个领域与长三角全面对接。在人们印象中，芜湖与长三角的联系、连接，更多地体现在最近两年，特别是习近平总书记去年宣布长三角一体化发展上升为国家战略后。

这两年来，芜湖与长三角的联系，充分体现在"三借"上：借势、借力、借鉴。瞄准了一个总目标——争创长三角综合性国家创新中心。实施"5910"计划，即五个新目标——创新驱动新引擎、江海联运新枢纽、文化旅游新热点、生态宜居新空间、内陆开放新高地；九项重点任务——区域发展、协同创新、产业发展、城乡融合发展、基础设施、协同开放、生态环境、公共服务、市场体系建设；十大类标志性示范项目：产业发展、科技创新、基础设施、教育合作、医疗合作、康复养老、生态环保、区域旅游、市场开放、城乡治理。

具体而言，是怎么干的呢？

一 借力，突出"共建"，体现"互联互通"

处理好保护生态和发展经济的关系，对于芜湖来说，出路就是坚持走以生态优先、绿色发展为导向的高质量发展新路子。作为长三角地区的上游城市，保护好一江之水，是责任更是担当，也是加入长三角城市群之后，参与新一轮竞争的强有力优势。

生态共治提水平，树牢生态优先、绿色发展理念，共建绿色美丽长三角，坚持"为国护江、为民治江、为城建江"，建成了十里江湾公园，与三峡集团合作治理水环境，打造水清岸绿产业优美丽长江（芜湖）经济带。区域协作提档次，芜湖具有"角中有廊、廊中有带、带中有港"战略叠加优势，是长三角规划大城市和区域一体化发展中心区、G60科创走廊成员城市、长江经济带中心城市、全国内河第三大集装箱港，在长三角一体化进程中彰显"山水相间、精致繁华、亲和文明"的颜值和"长三角区位、中部地区价位、国家战略地位"的价值；芜湖参与共建合肥都市圈、南京都市圈，共同签署《松江宣言》，共同发布协同扩大开放、促进开放型经济一体化发展的30条措施。

产业融合提品位，芜湖推动长三角科技创新共同体建设，牵头成立了长三角G60科创走廊机器人产业联盟、通航产业联盟；参与长三角港口联盟建设，开行芜湖至上海直达航线，推进商合杭铁路、芜湖宣城机场、皖赣铁路扩能、过江通道和干线公路等工程，加快建成全国性综合交通枢纽城市、港口型国家物流枢纽承载城市；深化与长三角地区旅游合作，以方特主题乐园、鸠兹古镇、雕塑园等景区为龙头，推动文旅企业和项目合作，推进长三角城市展示中心芜湖展示厅的建设，打响"欢乐芜湖"品牌。

二 树立"共享"理念，取长补短求发展

芜湖积极引进长三角地区优质医疗、教育、养老、文化等资源，合作共建皖南肿瘤防治中心，开展专家诊疗活动和学科建设，与知名高校合作办学，在

全省率先发放第三代社保卡,提升城市的公共服务能力。芜湖着力提升行政服务效能,学习推广"最多跑一次""店小二""承诺制"等做法,深化长三角"一网通办"试点,实现企业营业执照"当地受理、异地审批、当地发证",让各类企业感受到长三角一体化发展的便利。

在今天看来,长三角对芜湖而言,已经不是那个"最熟悉的陌生人"。芜湖和长三角的关系从"你中有我、我中有你"演进为"你就是我、我就是你",曾经若即若离的人文、经贸、服务、基础设施等联系,到今天已经融合为经济社会、物理空间、制度创新的全面一体化发展。

诚如芜湖市有关领导所言,芜湖参与长三角更高质量一体化发展要坚持以特色展优势、以优势拓空间、以聚焦求突破、以作为换地位,既做长三角一体化的受益者,也做长三角一体化的贡献者。

长三角是我国经济最具活力、开放程度最高、创新能力最强的区域之一,也是"一带一路"和长江经济带的重要交汇点。新时代,站在新起点,作为长三角城市群的一颗新星,芜湖正在抢抓这一重大机遇,在融入长三角一体化、推动一体化中发力,彰显实实在在的"芜湖作为"和"芜湖魅力"。

第三章
一马当先——马鞍山

大江奔流，时代潮涌。当前，随着长三角区域一体化发展上升为国家战略，长三角地区已成为"一带一路""长江经济带"和"长三角一体化发展"三大国家战略叠加区，意味着更大的政策支持、更活的体制机制、更多的项目布点，区位优势、比较优势将更加突出。安徽省马鞍山市又是如何融入长三角一体化发展的呢？

第一节 区域概况及经济综述

马鞍山，简称"马"，是安徽省地级市，国务院批复确定的中国长江中下游地区现代加工制造业基地和滨江旅游城市。全市下辖3个区、3个县，总面积4049平方千米，建成区面积99.7平方千米，常住人口233.7万人，城镇人口159.50万人，城镇化率68.25%。马鞍山地处中国华东地区、安徽东部、苏皖交汇地区，是南京都市圈成员城市、合肥都市圈成员城市、长三角城市群成员城市、长江经济带沿线城市、皖江城市带承接产业转移示范区门户城市。

马鞍山横跨长江、接壤南京，自古就有"金陵屏障、建康锁钥"之称。早在六朝时期，许多名公巨卿、贤达雅士就流连驻足马鞍山，留下众多古迹和文化遗存。先后获得全国文明城市国家公共文化服务标准化建设试点城市、全国科技兴市试点城市、皖南国际旅游文化示范区、首批国家信息消费示范城市、中国诗歌之城、全国文明城市等殊荣。

2018年4月2日，科技部、国家发展改革委发布支持新一批城市开展创新型城市建设的名单，全国17座城市入选，马鞍山名列其中。2018年重新确认国家卫生城市（区）。2019年11月15日，被授予"国家森林城市"称号。

2019年，马鞍山市地区生产总值（GDP）2111.0亿元，比上年增长8.0%。马鞍山市位于长江下游南岸、安徽省东部，东临石臼湖与江苏省南京市溧水区和高淳区交界；西濒长江与和县相望，南与芜湖市郊、芜湖县、宣城市接壤；北与江苏省南京市江宁区毗连，具有临江近海，紧靠经济发达的长江三角洲的优越地理位置。马鞍山市最北点在慈湖河入江口，最南点在黄池镇水阳江中心航道线上，最西点为江心洲与和县之间长江主航道中心线，最东点处于石臼湖中心线。

全市总面积1686平方千米，南北最大纵距54.4千米，东西最大横距46千米。2019年，马鞍山市实现地区生产总值（GDP）2111.0亿元，按可比价格计算，比上年增长8.0%。其中，第一产业增加值94.1亿元，增长3.2%；第二产业增加值1033.3亿元，增长9.6%；第三产业增加值983.6亿元，增长6.6%。2018年，初步核算，全年实现地区生产总值（GDP）1918.10亿元，居全省第3位；按可比价格计算，比上年增长8.2%。其中，第一产业增加值86.85亿元，增长2.8%；第二产业增加值1027.96亿元，增长8.6%；第三产业增加值803.29亿元，增长8.2%。三次产业增加值比重为4.5∶53.6∶41.9。全年居民消费价格指数（CPI）比上年上涨1.6%。

第二节　马鞍山全面深度融入长三角

一条长江，将马鞍山与南京紧紧地连在一起。

有诗曰："我住长江头，君住长江尾"，而宁马两座兄弟城市的关系，则恰似"我住江涛头，君住江涛尾"。

马鞍山是南京都市圈距南京最近的城市，历来就是六朝古都南京的京畿之地，两地历史渊源由来已久。马鞍山有金陵屏障、建康锁钥之称，又有"鸡闻两省"、"两省共一湖"（石臼湖）、"两市共一镇"（丹阳镇）之说。

1. 从"双城记"，到"同城记"

2018年7月，马鞍山市委九届七次全会提出，"立足皖江，东向发展，全面融入长三角，重点打好'南京牌'，深度融入南京都市圈、合肥都市圈"。

马鞍山作为长三角城市，毗邻南京、合肥两个省会，是安徽全面接轨沪苏浙的"桥头堡"和"东大门"。

这也是多年来，马鞍山与南京，两座沿江城市最紧密的"握手"。马鞍山的诚意，得到南京最热烈的响应。张敬华表示，要"打造一体化先行先试的样板区"；张岳峰表示，要"推动发展规划统筹化、交通设施一体化、产业发展协同化、公共服务共享化、生态保护联动化"。

2. 长江作证：宁马融合，正在产生"化学反应"

对马鞍山博望、乌江等毗邻南京地区规划进行重新修编，用融合理念调整市域空间格局和用地布局；

对照南京国省干线规划，组织编制《马鞍山市城市综合交通规划》；

2019年2月21日，宁马高速"四改八"改扩建项目指挥部正式成立，3月11日，项目可行性研究报告编制完成。

2019年年底，马鞍山市博望区先期开通博望至南京明觉地铁站的公交线路，以此串联博望城区和南京市溧水区，实现博望区与南京地铁S9号线的无缝对接。

皖S105线接苏340线——打通"断头路"提升互联互通，2019年6月21日，南京地铁在官网发布了《南京地铁宁马城际铁路南京段预可行性研究项目比选公告》，备受两地市民关心的城际铁路项目又向前迈出一大步。按照规划设计，宁马城际铁路起自规划中的南京地铁8号线铜井站，向南进入马鞍山境内，经过慈湖高新区、马鞍山市主城区、经济技术开发区，止于当涂县提署路，全长约30公里，其中马鞍山境内长约25公里，南京境内约4.6公里；全线拟采用高架铺设方式，马鞍山境内拟设置站点8座。

令人鼓舞的是，宁马两市对拟议中的城际铁路的走向进行不断优化，提出了方便宁马两市对接的轨道交通制式系统，实现"无缝对接"。

合马高铁建成后，将接入宁安高铁马鞍山东站，苏南沿江铁路句容站，可达上海和苏北。马鞍山到合肥的交通时间有望缩短至45分钟。

3. 从"协作"，到"携手"

在2019年的宁马两市党政主要领导会商对接会上，马鞍山市委书记张岳峰表示，推进宁马合作发展，重在政府"搭台"，企业"唱戏"。

建设宁马两市产业合作示范园区，推进与台积电的项目合作，重点推进马鞍山经开区打造半导体产业园都是马鞍山近年的重点工作。此外还将拓宽产学研合作渠道，加强与南京大学、东南大学、南京航空航天大学、南京理工大学、南京工业大学、南京邮电大学、南京农业大学等高等院校合作。

在郑蒲港新区，马鞍山南京大学高新技术研究院的招牌格外吸人眼球。研究院作为研发自主知识产权的新型光电材料产品与技术公共服务平台，为新区引入和孵化量身定制的项目，围绕新材料、信息、光电等领域，构筑涵盖研发、中试、产业化导入等全面功能的研究、工程试验基地。目前已有高 K 材料产业化项目等 12 个项目先后在研究院孵化。2020 年 3 月，新区还与南京邮电大学合作，共同在新区设立了南京邮电大学共建技术转移中心。

从 2019 年至今，郑蒲港新区签约亿元以上招商引资项目中，19 家来自长三角地区。

在园区共建上，马鞍山加快推进毗邻地区的融合发展，目前软件园与南京软件谷已形成紧密的合作关系，集聚企业 1000 家，实现产值 500 亿元，税收超 5 亿元，从业人数达到 1 万人。

拿出园区共建的"路线图"，马鞍山市重点推进马鞍山软件园与南京软件谷开展战略合作、博望区与南京江宁区、溧水区深度融合发展，加快推进和县、博望区、慈湖高新区等毗邻地区产业合作示范园区建设，以共建合作示范园区为载体，打造承接产业转移平台，深度开展园区共建合作，共同孵化、培育相关创业主体落户宁马两地。

4. 从"数量论英雄"，到"亩产论英雄"

对标沪苏浙，融入长三角，马鞍山市委市政府提出，首先要在思想观念、机制方法上对标看齐。

2019 年出台了市委的一号文件：《关于大力优化营商环境支持企业发展的若干意见》，意见明确提出了实施企业亩均效益评价工作的做法。

"亩产论英雄"，是将农业领域"亩产"的概念引入工业领域，进行工业企业效益评价，实质是以最小的资源环境代价，获取最大的效益产出。

表面上看，用"亩"来衡量经济发展的成绩，"面积"变小了；实际上，"格局"却变大了。长期以来，工业生产粗放经营，盲目追求规模数量，这一点在马鞍也很突出。传统的工矿业城市，如何转型？

"亩均效益评价工作"的做法来源于江浙地区，"他山之石可以攻玉"，马鞍山先学先试,"近水楼台先得月",显示出马鞍山人追求高质量发展的坚定决心。

打造"水清岸绿产业优美丽长江经济带",关键就是要把住"招商选企"关,真正把绿色环保效益好的企业招进园区。

一块地从"低产"到"高产",效益增长空间有多大?

率先遇到"成长的烦恼"的浙江给出了答案。从2013年到2018年,浙江规模以上工业企业亩均税收由12.6万元增至28万元,亩均增加值由85.8万元增至104.7万元。去年5月,马鞍山市委政策研究室赴浙江考察调研,选编浙江省提高亩均效益的具体方法和案例,分两期印发,供各部门参阅。

一切用亩均效益数字说话。目前,马鞍山市首批企业亩均效益评价办法已经进入公示阶段,全市1830户工业企业的"体检单"都在里面,"成绩单"一目了然。相关指标纳入考量后,评出A类(优先发展类)、B类(提升发展类)、C类(调控帮扶类)、D类(倒逼整治类)企业。通过建立企业亩均效益评价结果和资源要素配置挂钩的长效机制,在能源供给、土地供给、项目建设、金融服务等方面对不同企业实施差别化政策,让"优等生"享受优待,推动要素向高效益、高产出、高成长、高质量企业集聚。

5. 亩均效益评价倒逼企业"瘦身强体"

在安徽省马鞍山市郑蒲港新区生产基地里,一条国内领先的全自动汽水生产线忙碌地运转,一瓶瓶橘色玻璃瓶北冰洋汽水依次灌装下线。仲夏时节,北冰洋汽水呈现产销两旺的态势,原本,企业想继续拿地扩大投资,在全市开展亩均效益评价工作后,企业掂量再三,决定利用现有土地建设厂房。

半导体产业是郑蒲港新区的主导产业,据招商局相关负责人介绍,新招进的半导体项目,全部是进入标准化厂房。这样做,一方面可以减轻企业前期投入,把资金用在研发、生产上,另一方面可以实现土地集约化利用,提高企业亩均效益产出。

6."亩产论英雄"还倒逼"腾笼换鸟"

当涂县太白镇皖丰车业是太白镇工业集中区"腾笼换鸟"的产物。其前身是一家金属材料公司,属于"粗大壮"企业,缺乏核心竞争力。集中区管委会当起"红娘",双方通过资产收购方式进行项目置换。皖丰车业现已全面竣工投产,产品重点覆盖华东地区,年产规模5000台,年销售收入可达1.5

亿元。

"腾笼换鸟"换来的是"智造力"的提升，是城市经济活力，如长江之水般浩荡东流。

第三节 融入长三角一体化发展马鞍山大有可为

长三角城市群定位为全球重要的现代服务业和先进制造业中心，将聚力打造引领高质量发展的重要动力源，不仅让身处其中的安徽马鞍山市迎来了难得而宝贵的发展机遇，更获得了前所未有的发展空间。

每天清晨，首发宁马的"早七点"动车，迎着朝阳一路疾驰，为无数穿梭两地的人们，拉开了新一天"同城生活"的序幕。马鞍山市民卡，已实现与南京在公共交通、旅游等领域的互联互通，"一卡在手，畅行畅游"的体验，让百姓生活尽享便利。

无论是拉近与长三角时空距离的一张车票，抑或是开启宁马"同城生活"的一张卡片，承载的都是马鞍山积淀数十年的东向情愫，更折射出这座城市矢志不渝全面融入长三角一体化发展的执着追求。

山水相连，人缘相亲，文化相通，作为安徽全面接轨苏浙沪的"桥头堡"，身处南京和合肥两大都市圈核心层的马鞍山，不仅与长三角交流合作源远流长，更在全面融入长三角一体化发展上有着"近水楼台"的独特优势。

从21世纪初跻身"南京都市圈"，到成为长三角经济协调会成员城市、长三角城市群成员，敞开"东大门"的马鞍山，充分发挥"工业之城""港口之城""文明之城"的资源禀赋，始终以"一马当先"的姿态竞逐"融合之路"，不断创新合作方式，加大合作力度，拓宽合作领域，提升合作水平，不仅在广阔的区域舞台上"越舞越精彩"，更让越来越多的"融入红利"加速释放。特别是近年来，马鞍山市以全面对接服务南京作为融入长三角的切入点，加快推进理念规划上互融、基础设施上互联、产业形态上互补、人文交流上互通，通过着力下好宁马合作"先手棋"，争做长三角一体化发展的"排头兵"。

站在新的历史起点上，马鞍山将通过务实合作，把融入优势转化为发展胜势，实现融入"加速度"、发展"高质量"。

制度层面，马鞍山已与南京签订《宁马两市合作工作机制协议》，建立与研究机构及长三角各城市相关部门的常态化对接机制，以机制创新推动长三角城市合作坚持长效保持常态。

交通基础设施方面，马濮旅游大道、205 国道、313 省道等与南京对接，宁马轨道交通对接、巢马城际铁路等稳步推进，宁马高速公路"四改八"工程年底将全面开工，一体化交通网络正联得更广、通得更远；经济舞台上，马鞍山积极参与长三角区域分工合作，全力搭好园区载体平台、金融服务平台、技术创新平台、人才支撑平台和政府服务平台，积极融入南京乃至长三角创新链、产业链、人才链和要素链。基本公共服务领域，随着越来越多"融入红利"加速释放，正让百姓享受到更多更好的民生便利。

下一步，马鞍山将扬己所长，全力推进顶层设计、基础设施、产业发展、科技创新、环境治理、公共服务和营商环境等七个"一体化"，把马鞍山打造成为长三角产业转移的"承接地"、工业发展的"大粮仓"、绿色食品的"菜篮子"和宜居宜游的"后花园"，在大有可为的重大机遇期中奋发作为，书写长三角更高质量一体化发展的精彩"马鞍山答卷"。

第四节　奋力书写融合发展的"马鞍山篇章"

作为我国区域协调发展战略体系中的关键一环，长三角一体化发展上升为国家战略以来，山水相连的一市三省，奋力扛起国家使命，开启了一体化发展的全新纪元，奏响"携手共进"的时代主旋律。

马鞍山作为长三角一体化发展中心区城市、安徽融入沪苏浙的"东大门"，去年以来，马鞍山以"走在前列"的使命感、"只争朝夕"的紧迫感，抢抓战略机遇，聚焦主攻方向，在一体化发展壮阔大潮中劈波斩浪，在"一马当先"探路先行中彰显担当，在更大的发展格局中酣畅书写长三角一体化发展的"马鞍山篇章"。

这座城市与时间赛跑，用奋斗作答，用"落子如飞"的"快节奏"驶入一体化发展"快车道"。

马鞍山将坚持以"六个一体化"为引领，推动合作迈向更高水平、更深层次、更宽领域，奋力开创新时代高质量发展新局面。

一年内累计进行交流对接上百次，和县与南京市浦口区，合作之手正越握越紧,共赢之路正越走越宽;复旦大学张江研究院项目、东南大学国家大学科技园双创基地项目,慈湖高新区瞄准长三角优质创新资源,一个个"创新共同体"加速布局;雨山区积极承接长三角产业转移,共签约落户长三角项目34个,总投资近百亿元。放眼一江两岸,合作之花竞相绽放,一体化发展佳音频传。

思深方益远,谋定而后动。面对"黄金机遇"占尽天时地利的马鞍山如何展现"黄金作为"?

"六个一体化"谱写美好蓝图——以融入南京都市圈为主攻方向,在长三角一体化发展中展现更大作为。

在《关于做强"桥头堡"当好"排头兵"加快推进长三角更高质量一体化发展的实施意见》基础上,出台《马鞍山市加快推进长三角更高质量一体化发展实施方案》,同时创新方式方法,制定重点任务、重大平台项目和重点改革创新举措"三套清单",在市级层面构建起了"1+1+3"系统完备的推进体系。

八大方面重点任务,310项落实举措,切实把"规划图"变成了"施工图",把"时间表"变成了"计程表",打通任务落实"最后一公里"。

2019年以来,马鞍山市切实加强与长三角特别是南京的规划衔接。宁马两市坚持统筹规划、规划统筹,加强城市总规、发展规划的有机衔接,围绕交通网络、产业布局、城市功能、公共服务、生态环保等方面,共绘"一本规划、一张蓝图"。

作为宁马两市共同下出的一步"先手棋",这处总面积约30平方公里的"样板间",江宁—博望跨界一体化发展示范区不仅将宁马合作推向了新高度,更将通过跨省毗邻地区一体化发展的实践探路,为国家战略实施提供"生动样本"。

2019年10月《江宁—博望跨界一体化发展示范区共建框架协议》签订以来,两地共同谋划、加速推进,始终保持着快节奏与高效率。示范区将突出"长三角省际产城融合同城化发展先行示范区"和"长三角省际毗邻地区社会治理体制创新示范区"两大战略定位,发力"四个先行"、聚焦"六个一体化",奋力书写我国省际产城融合同城化发展的完美开篇。

先行先试,勇于突破,携手合作融入南京都市圈。

慈湖高新区与江宁滨江开发区签订《推进跨界一体化高质量发展共建框

架协议》，开启毗邻开发园区跨界融合发展全新征程；和县与浦口区签署《跨界一体化发展框架协议》，将共同抢抓江苏自贸区南京片区政策红利；郑蒲港新区与江北新区达成产业合作初步意向。

一处处"朝夕相望"的毗邻区域成功"牵手"，精准开展多层次、多模式的跨界区域合作，打开了更为广阔的想象空间，描画出令人期待的美好未来。

西接合肥都市圈，东连南京都市圈，10月28日，首条跨江高铁大动脉——巢马城际铁路江北先行段正式开工。

作为"打造轨道上的长三角"重点工程，巢马城际铁路近期接入马鞍山东站，远期在马鞍山南站东延经南京禄口机场，接入苏南沿江铁路句容站，形成马鞍山市至上海和苏中的快速通道，将让基础设施互联互通联得更紧、通得更快。

举全市之力全速推进的巢马城际铁路项目，是马鞍山市以"项目化"推进"一体化"的发展缩影。

产业协同发展，是推动长三角一体化发展的最强动力。马鞍山积极搭建对接平台，深度参与长三角产业链分工，加快构建现代产业体系。今年前十个月，全市签约引进长三角地区亿元以上项目数和协议总投资，实现两个"占比过半"。

博望区纳入江宁科技云服务范围，慈湖高新区成为大院大所集聚的创新高地，马鞍山软件园"牵手"南京软件谷，产学研合作正风生水起。

马鞍山市借力长三角创新资源，不断补齐创新"短板"，加快产业转型升级，为全市高质量发展持续注入强劲动能。

宁马城际铁路渐行渐近、宁马高速改扩建工程启动在即、宁扬宁马城际铁路开展项目研究……随着一大批基础设施建设纷纷"提档加速"，打通了"断头路"、畅通了"大动脉"、疏通了"毛细血管"，极大拉近了普惠民生的时空距离。

良好的生态环境，是最普惠的民生福祉。从联防共治石臼湖，立起湖泊生态修复的"皖苏合作样板"；到开展长江岸线综合治理，共护一江碧水浩荡东流，马鞍山市不断加强生态空间共保，推动环境协同治理，打造"生态样板"，守护"绿色长廊"，为共筑绿色美丽长三角不断贡献"马鞍山力量"。

  追求卓越天更阔,潮头当歌再出发。马鞍山,正迎着长三角一体化发展的浩荡东风,阔步前行。马鞍山正在积极融入长三角一体化发展,思路清晰,举措恰当,措施得力,有理由相信,马鞍山的未来美好可期。

第四章

铜都新姿——铜陵

铜陵市位于安徽省的中南部,地处长江下游。铜陵因铜得名、以铜而兴,素有"中国古铜都,当代铜基地"之称。采冶铜的历史始于商周,盛于汉唐,延绵3500余年。

我国与铜有关的产业几乎都是起源于铜陵——新中国第一炉铜水、第一块铜锭、第一个铜工业基地、第一支铜业股票。铜陵市是我国有名的文明城市,国家园林城市以及优秀的旅游城市。

第一节 区域概况及经济综述

铜陵,安徽省地级市,位于中国华东、安徽省中南部、长江下游,北接合肥,南连池州,东邻芜湖,西临安庆,总面积3008平方千米。

铜陵市下辖3个市区、1个县。2019年,实现地区生产总值(GDP)2111.00亿元。全市户籍人口170.6万人。常住人口164.1万人,常住人口城镇化率57.2%。

第一产业增加值52.7亿元,增长1.9%;第二产业增加值444.8亿元,下降7.1%;第三产业增加值462.7亿元,增长5.0%,三次产业结构为5.5∶46.3∶48.2,其中工业增加值占GDP比重为39%。全员劳动生产率82601元/人,比上年增加824元/人。人均地区生产总值58726元(折合8513美元)。

全年工业增加值374.7亿元,比上年下降7.7%。规模以上工业增加值下降8%。在规模以上工业中,国有及国有控股企业增长3.7%;股份制企业下降 23.4%；外商及港澳台商投资企业增长 71.9%。分门类看，采矿业下降 37.6%，制造业下降 8.5%，电力、热力、燃气及水生产和供应业下降 1%。

规模以上工业中，六大主导行业增加值"两升四降"：有色金属冶炼和压延加工业增加值增长 11.5%；黑色金属冶炼和压延加工业增加值增长 9.4%；非金属矿物制品业增加值下降 11.1%；化学原料和化学制品制造业增加值下降 5.3%；电力生产和供应业增加值下降 2.4%；电气机械和器材制造业增加值下降 26.6%。战略性新兴产业产值增长 2%，占规模以上工业产值比重为 39.6%。

全年规模以上工业企业利润总额 89.4 亿元，比上年增长 11.1%。其中国有及国有控股企业增长 81.0%；股份制企业增长 1.6%；外商及港澳台商投资企业增长 136.7%。

全年入境旅游人数 4.78 万人次，比上年增长 8.7%；国内游客 2535.09 万人次，增长 12.1%。旅游总收入 212.36 亿元，增长 16.7%，其中旅游外汇收入 0.14 亿美元，增长 15.1%；国内旅游收入 211.38 亿元，增长 16.6%。年末全市有 A 级及以上旅游景点（区）17 处，其中 4A 级景区 9 处。星级旅游饭店 5 个，房间数 556 间；旅行社 39 家，其中国际旅行社 2 家。

全年进出口总额 71.6 亿美元，比上年增长 16.7%。其中，出口 8.6 亿美元，增长 87.3%；进口 63.0 亿美元，增长 11.0%。

全年实际利用外商直接投资 4.0 亿美元，比上年增长 21.9%。实际到位亿元以上省外投资项目内资 631 亿元，增长 9.1%。

第二节　深度融入长三角　争当发展排头兵

第二届长三角产业创新峰会暨铜陵产融合作发展论坛于 2019 年 6 月 20 日在铜陵举行。这是铜陵市立足自身实际，在基础、产业、平台、创新、改革、开放等方面全方位加强对接，深度融入长三角一体化国家战略的一大盛事，也必将对铜陵市实现争当长三角一体化高质量发展排头兵的宏伟目标产生深远影响。

近年来，铜陵市以全面开放的姿态融入长三角一体化，成果丰硕。

1. 构筑"大交通"，畅通"长三角"

构建"三纵两横"高速公路网和"井"字铁路网，畅通与长三角各重点城市联系。京福高铁与宁安高铁、沪渝高速与京台高速均在铜陵境内交会，境内已有跨江大桥3座，正在启动G3公铁大桥前期工作，铜宣高速、铜庐、沪宁铜铁路以及长江"黄金水道"等将铜陵与长三角紧密相连。"十三五"以来，全市完成交通投资150亿元。

2. 积极参与产业分工协作，硕果累累

依托交通和区位产业优势，铜陵市坚持以长三角为主攻方向实施双招双引工程，为高质量发展注入"新动能"，其中从长三角引进的PCB企业形成集群发展的特色产业园，泰新新能源汽车等拓展了铜陵市产业发展的新空间。目前，铜、电子、化工、水泥等产品销售市场主要在长三角地区，特别是70%以上的铜产品、60%以上的电子产品、95%以上的水泥均销往长三角或通过该地区销往全国和世界各地，工业销售收入70%以上来源于长三角地区。依托长三角高铁旅游联盟推进区域旅游合作，打造皖南国际文化旅游示范区"门户"。每年铜陵市接待国内旅游者中，一半以上来自长三角地区。

3. 搭建"大平台"，加快项目承接合作，扩大"朋友圈"

近年来，铜陵市大力促进产业科技联姻，成功加入长三角产业创新城市联盟，整合出台"1+6+24"创新配套政策，全面加强与沪苏浙合作，引进一批人才团队和创新成果，积极打造长三角科技成果转化应用基地。推动"1+4"战略性新兴产业基地建设（1个省级、4个市级），加快铜基新材料产业规模化、高端化、国际化发展，促进新能源汽车及零部件、电子信息、高端装备等先进制造业发展壮大，着力形成"基地+工程+专项"梯次推进、滚动发展的新局面。建成铜铅锌和PCB两个国家级质检中心，组建中国特检院铜陵技术中心，形成辐射长三角的检验检测科技服务平台。深化科技金融融合，组建运营科技型企业贷款风险资金池，开展创新创业券试点，促进企业与人才联姻、资本与技术对接、创新链与产业链融合。

4. 广泛开展经贸交流和产融合作，开拓全市视野

铜陵市借鉴复制上海自贸区改革试点经验，推动通关便利一体化。引进浦发银行等沪苏浙金融机构在铜设立分支机构，引进长三角（上海）产业创新股权投资基金，异地金融贷款大部分来源于长三角地区。同时，经过多年的发

展，铜陵市的金融组织体系日臻完善，多层次资本市场体系逐步健全，从资本市场直接融资呈逐年上升趋势；引进长三角先进理念，铜陵市金融工具也不断丰富，通过大力招引，铜陵"基金部落"已经发展到15支，总规模达120亿元，有力支持了重点上市（挂牌）后备企业。参与长三角产权交易共同市场建设，2018年对火电、水泥、铜冶炼等重点行业20家企业核定了污染物排放总量指标，为长三角排污权交易奠定了基础。

5. 优化营商环境，拓展合作广度深度

2019年以来，铜陵市推行"最多跑一次"改革，"最多跑一次"事项占比居全安徽省第2位；在安徽全省率先试点工业项目"承诺即开工"改革，营商环境指数居长三角26市中第8位。当前，第二届长三角产业创新峰会暨铜陵产融合作发展论坛又为铜陵市搭起了一座产融合作之桥，必将更进一步促进铜陵市以更宽视野融入长三角一体化。

第三节　抢抓机遇乘势而上　积极融入一体化发展

在2019年6月20日召开的第二届长三角产业创新峰会暨铜陵产融发展论坛上，铜陵市与上海国盛集团、安徽国控集团三方签署战略合作协议，并举行了长三角（铜陵）融合发展股权投资基金揭牌和签约仪式。作为长三角产业创新基金资本市场业务的专业运作平台，该基金将与注册在上海的产业创新基金互为犄角、互为支撑，分别发挥"桥头堡"和"根据地"的作用，引导和推动更多产业资源在长三角优化布局。

自建市以来铜陵的经济社会活动就与长三角密不可分。近年来，铜陵坚定不移推进"东向发展战略"，与长三角地区的合作发展更为密切。而长三角一体化上升为国家战略，开启了长三角更高质量一体化发展的新征程，也开辟了铜陵发展的新空间。

1990年起，先后贯彻安徽省委、省政府"开发皖江，呼应浦东"决策，"九五"期间实施"外向带动战略"，"十五"时期实施"大开放战略"。

2005年起，贯彻安徽省委、省政府"东向发展、加速融入长三角"决策，建设以马芜铜为核心增长极的"沿江城市群"，积极推动发展东向、交通东联、资金东引、经验东取。

2016年召开铜陵市第十次党代会,提出深度融入长三角城市群,打造长三角科技成果转化应用基地、长三角西翼新兴增长极的目标,进一步明晰了城市发展的主攻方向。

近年来,铜陵市对外交通日益便捷,区位优势不断凸显,产业配套持续完善,与长三角其他城市的交流合作持续加深。

目前,铜陵市铜、电子、化工、建材等产品销售市场主要在长三角地区,70%以上的铜产品、60%以上的电子产品、95%以上的水泥均销往长三角或通过该地区销往全国和世界各地,工业销售收入70%以上来源于长三角地区;外出就业人员的40%以上在长三角地区。

外来项目和资金中,超过一半来自长三角地区;每年接待的国内游客中,一半以上来自长三角地区;近两年引进的高层次人才团队中,半数来自长三角地区。

铜陵与长三角联系之深、范围之广前所未有,已跨入从单向流动迈向双向互动,从个别要素转向全要素流动的新时期,加快融入长三角一体化其时已至、其势已成。

纵观铜陵市改革开放以来的发展历程,就是一个不断抢抓机遇、用好机遇的过程。深度融入长三角一体化,是铜陵面临的又一次重大历史性机遇,给铜陵市提供了在更高层次上构建交流合作平台、在更广范围吸引和配置资源、在国家政策层面上赢得更大空间的难得机会,是决定铜陵未来城市地位、关系铜陵前途命运的关键所在。

近年来,铜陵市主动加强与长三角区域中心城市的沟通合作。

2016年6月出台的《长江三角洲城市群发展规划》首次将铜陵纳入长三角范围;2018年4月,加入长三角城市经济协调会。

先后成功举办长三角商会促进民营经济一体化发展、长三角产业创新峰会、长三角高质量发展院士论坛暨大院大所科技成果对接会等活动,引进长三角(上海)产业创新股权投资基金,与宁波舟山港签订战略合作协议,与阿里云联合建设"工业大脑"项目。

铜陵主动对标长三角先进城市,以高标准深化"最多跑一次"改革,为加速融入长三角一体化搭建了重要平台、奠定了坚实基础。

当前,沪苏浙正处于产业转移、资本外溢的关键期和窗口期,区域内城市招项目、抓承接的竞争日趋激烈。铜陵市必须强化机遇意识、责任意识、拼抢意识，加强项目谋划对接，加快工作节奏，紧紧抓住这个特殊窗口期，突破土地、资本、环境、人才等要素瓶颈，腾挪盘活现有资源，吸引更多优质产业项目、科研成果、资金资本落地转化、发展壮大，为铜陵高质量发展注入强大动能，努力在对接、融入、服务一体化中扛起铜陵担当、展现铜陵作为、贡献铜陵力量。

第四节　铜陵融入长三角一体化其时已至、其势已成

长三角城市群是长江经济带与一带一路的重要交汇地带，在我国的经济发展中具有举足轻重的地位。在长三角城市群中城市数量多如上海、南京、常州、杭州等27个城市，是全国非常重要的城市群以及我国非常重要的经济发展中坚力量。但是在长三角城市群里总有发展好坏快慢之分，在长三角里有座不起眼的城市，但是其积极融入长三角区域一体化发展的其时已至、其势已成——这座城市就是安徽省的铜陵市。

2019年铜陵市全市生产总值为1163.9亿元，而人均GDP为72539元，其中第二产业所占比重高，是个工业发展十分优秀的城市。

此外，铜陵市交通优势明显，地处长三角经济圈和武汉经济圈的交汇处，又位于国家东西交通大动脉和安徽南北交通的十字交汇点。已建成的铁路高速以及港口数量多，交通便利。同时，铜陵还是国内外的友好城市，改革开放到现在已经与80多个国家建立了经济贸易联系，与20多个城市结成友好城市。

地处吴头楚尾，人文相通相亲。纵观历史，承东启西、居中靠东的铜陵，与长三角地区在经济、文化、社会等方面，保持着广泛而又紧密的联系。铜陵融入长三角一体化发展，有着充分的现实需要与客观条件，是一个循序渐进、水到渠成的过程。

机遇总是留给有准备的人。《铜陵市贯彻落实长江三角洲区域一体化发展规划纲要的实施方案》全面部署了7个方面、163项重点任务，明确提出融入长三角一体化"七个突出、七个一体化"的具体要求。进一步提升铜陵综合能级和竞争力，奋力谱写现代化幸福美丽新铜陵建设新篇章。

一 奋力打造世界级铜产业集聚发展高地

抢抓长三角一体化机遇，激活放大区位交通和产业优势，加快铜产业"互联网+"改造，高水平建设铜基新材料产业集聚发展基地，全力构筑覆盖全球的铜资源供应网络、世界领先的铜"采选冶"解决方案供应基地、国际一流的铜基新材料制造及创新中心，率先实现质量变革、效率变革、动力变革，推动铜陵由中国铜产业基地向世界铜产业高地转变。

二 奋力打造长三角科技成果转化应用基地

立足铜陵市产业基础和资源禀赋，以扩容G60科创走廊为突破口，围绕打造皖中南科技创新中心，联手长三角先进地市开展政产学研金合作、科技项目攻关、技术标准制定、科技成果转化、高层次人才交流等活动，重点加强与张江、合肥综合性国家科学中心等对接，促进科技创新和产业转型升级紧密结合，进一步推动长三角科技成果转移转化，积极争创国家级创新型城市。

三 奋力打造长三角产业转移承接提升基地

紧抓沪苏浙产业转移、资本外溢的机遇期和窗口期，扬长补短、错位承接，优化产业布局和空间开发秩序，加快打造各类承载平台，建立健全全方位对接合作机制和利益共享机制，优化"四最"营商环境，增强承接优质产业的吸引力和融合力，提高"双招双引"实效，引进培育更多成长性高、爆发力强的企业和产业，提升铜陵在长三角产业链、创新链、价值链中的分工层级，打造长三角特色鲜明、布局合理、环境优良、优势互补、合作共赢的投资热土。

四 奋力打造长三角一体化协同发展示范区

统筹推进长三角一体化与长江经济带、"一带一路"倡议、中部崛起战略，坚持有所为有所不为，围绕建设皖中南金融服务业中心、商贸物流中心、大健康产业中心，深化与浦东新区、虹桥商务区等跨区域合作，借势借力、互惠互利、共建共享，积极推动与长三角相关地市的产业协同发展、人才资源互认、创新资源同享、基础设施互联、生态环境联治、社会保障互通、文旅深度合作、教体产业联动、区域养老互惠、市场监管共治、信用体系互认、公共服务共享,补齐发展短板,打造全方位、宽领域、多层次的一体化合作新样板。

五 奋力打造全国资源型城市转型发展示范区

以"创新转型、绿色转型、文明转型"为导向,加速新旧动能转换,完善"高新基"全产业链项目体系,加快"四转一解决"步伐,增强城市吸引力和要素配置能力,推动铜陵由原材料城市向智造城市、新型智慧城市、自由无障碍城市、无废城市转型,为全国老工业城市构建现代产业体系做出示范、为资源枯竭城市实现可持续发展做出示范。

2019年12月,江苏省常州市市长丁纯赴任铜陵市委书记,江苏是全国闻名的"苏大强",而丁纯又是从江苏"苏锡常"苏南强市过来的市长,2019年常州GDP高达7653.45亿元。当然,决定一个城市的发展不一定全是依靠领导的因素,但与领导的决策与发展理念是分不开的,相信,从东部最发达地区转任铜陵的丁纯同志一定会率领铜陵,积极融入长三角,走向铜陵发展的下一个春天,唱响铜陵发展的强音。

第五章
千年古城——安庆

"千年古城、文化之邦、百年省会、戏剧之乡"——都是安庆的名片。安庆位于长江中下游交汇地,具有承东启西的地域特点,是国家长三角一体化战略和中部地区崛起战略的叠加之地,同样也是带动皖西南、辐射皖鄂赣交界地区的区域重点城市。

第一节 安庆区域概况及经济综述

安庆,安徽省地级市,长江三角洲城市群中心区城市,位于长三角及安徽省的西南部,八百里皖江的源头,长江下游北岸,皖河入江处,西接湖北,南邻江西,西北靠大别山主峰,东南倚黄山余脉。全市辖3个区、5个县、代管2个县级市,总面积13589.99平方公里,其中市区面积821平方公里,常住人口469.1万人。

安庆是中国较早接受近代文明的城市之一,是国家级历史文化名城。清咸丰十一年(1861年)曾国藩创办的安庆内军械所,制造了中国第一台蒸汽机和第一艘机动船;安徽省的最早的发电厂、自来水厂、电报局、官办公路、飞机场、现代图书馆等都诞生在这里。安庆素有"文化之邦""戏剧之乡""禅宗圣地"的美誉。是众多民间故事的发生地,是"桐城派"的故里,是京剧鼻祖徽班成长的摇篮,是黄梅戏形成和发展的地方,也是中国新文化运动先驱陈独秀、"两弹元勋"邓稼先、通俗小说大师张恨水等杰出人物的故乡。古皖文化、禅宗文化、戏剧文化和桐城派文化在这里交相辉映,形成了独具特色的安庆文化。

安庆市是国家森林城市、全国绿化模范城市、中国优秀旅游城市、中国百佳宜居城市、皖南国际旅游文化示范区核心城市，2017年被评为"全国文明城市"，被中国城市协会评为中国"最具国际影响力城市"之一。2019年8月，安庆被评为2018年"中国外贸百强城市"。2019年11月，安庆被评为"中国城市品牌综合影响力百强城市"。

安庆，古称舒州，别称宜城，简称"宜"。位于安徽省西南部，长江下游北岸，皖河入江处。安庆市下辖3个市辖区、6个县，代管1个县级市，全市总面积13590平方公里，常住人口524万人。作为安徽省的老省城，国家级历史文化名城，安庆有着辉煌的历史，是一个人才辈出的好地方，民国时期位列"长江五虎"，与重庆，武汉，南京，上海齐名。

不过自从安徽省省会迁往合肥后，安庆市的经济发展一直不温不火。今天的安庆市在历经十多年的低速发展之后，在沿江城市中处于相对落后的状态，也是一个人所皆知的客观事实。别的沿江城市又是跨江，又是扩张，而安庆不但没有扩张，2015年安庆市的枞阳县还划给了铜陵市管辖。在失去了一个枞阳县的安庆，总体来说经济上还算是稳住了，虽然7%的增速不算太高，在当前的经济大环境下，取得这样的成绩还是能够接受的。

在安徽省内其他城市奋勇向前的大背景下，安庆市必须加快发展。令人欣慰的是，最近几年来，困扰安庆经济发展的诸多瓶颈正在逐渐解决。交通建设的持续加快，基础设施的持续改善，城市环境的逐渐美化，不得不说，安庆正在加速发展，努力再塑辉煌。

在交通项目方面，经过了多年的施工建设，在众多兄弟城市的协调与合作下，这条承载着梦想的宁安城际在2015年底正式通车，结束了安庆没有高铁（动车）的岁月，也结束了安庆到长三角必须绕道合肥的时代。伴随着宁安城际的开通，安庆市的经济发展也逐渐开始加速。

2019年，全国实行地区生产总值（GDP）统一核算改革，经安徽省初步核算，安庆市GDP为2380.5亿元，按可比价格计算，同比增长7%。

其中，第一产业增加值216.1亿元，同比增长2.7%；第二产业增加值1069.7亿元，同比增长8.0%；第三产业增加值1094.8亿元，同比增长6.8%。第二、第三产业对地区生产总值增长的贡献率分别为56%和40%，第二产业比上年提高7.1个百分点。地区生产总值中,三次产业比例为9.1:44.9:46.0。人均生产总值为50574元。

全年进出口总额16.6亿美元,比上年增长14.7%。其中,出口12.4亿美元,增长16.7%;进口4.2亿美元,增长9.1%。在出口中,机电产品、高新技术产品出口额占全部出口的23.9%。

安庆地处皖、鄂、赣三省交界处,距上海568公里、南京323公里、九江224公里,黄石273公里、武汉357公里。安庆市现已初步形成公路、铁路、水路、民航等运输方式齐全、广泛联系周边的综合运输网络,是安徽省以及华东地区的综合交通枢纽城市之一,也是皖、鄂、赣三省交界地区交通枢纽城市。

第二节 按下"快进键",安庆"借梯登楼"

安庆作为沿江最早开放的城市之一,不仅有着雄厚的工业基础,而且有着源远流长的文化底蕴。长三角一体化上升为国家战略,这是安庆发展的重要历史机遇。随着长三角区域合作办公室挂牌成立、《长三角地区一体化发展三年行动计划(2018~2020年)》编制完成、长三角一体化正式上升为国家战略。2018年以来,长三角一体化的进程各地纷纷按下了"加速键"。

一 乘势而为,安庆发展加载"加速器"

在安庆人的心中,"千年古城、文化之邦、百年省会、戏剧之乡",都是古皖宜城的名片。

站在新的发展风口,作为长江入皖第一站和长江中下游重要的节点城市,安庆面临新的历史使命,迎来高质量发展的重大机遇。

居中靠东、承东启西、连接南北、临江达海的地理位置,让安庆身处环鄱阳湖经济圈、武汉经济圈、南京都市圈、合肥经济圈"四圈"的交汇中心,形成独特的战略区位优势。

规划的"米字形"高铁网络,已通达北京、上海、杭州、深圳、武汉5个方向124C级天柱山机场连接着北京、上海、厦门、西安等13座城市沪蓉、合安、济广等高速穿境而过,形成三横三纵高速公路网。

在独特区位优势和日益织密的交通网络基础上,近些年来,安庆市大力搭建专业的产业承载平台,包括2个国家级开发区、1个省级高新区在内的12个省级以上开发区,规划总面积超过200平方公里,产业承载的空间广阔。每个园区聚焦一个首位产业,使要素资源更加集聚化、产业发展更加专业化。通过长三角产业合作发展,可以为共建世界级产业集群提供有力支撑。

近三年,安庆市在建境内省外项目521个,其中沪、苏、浙三地项目255个,占总项目数的48.94%。上海市项目72个,江苏省项目82个,浙江省项目101个,三地项目数分列安庆市招商引资区域的前三位,项目总投资614.44亿元,占全部项目总投资的37.61%。

此外,大别山生态屏障与沿江湿地两大生态系统,以及占"八百里皖江"165公里的长江岸线,让安庆肩负起"长江大保护"的天然使命。林长制、河长制、湖长制的实践,是安庆践行"两山"理论,为维护长三角生态平衡、创造长三角生态福利、共建绿色美丽长三角做出的积极探索。

二 安庆要快速发展还要补齐短板

长三角一体化发展上升为国家战略,省内毗邻苏沪浙地区跨省联动,积极破解体制机制障碍,安庆市同样以"加速度"融入长三角,推进高质量发展。

当前,安庆市一方面发展新能源汽车、新材料、智能制造、新一代信息技术等战略性新兴产业,瞄准产业中高端和中高端企业,另一方面聚焦石油化工、机械装备制造和纺织服装等传统支柱产业向中高端发展,逐步形成基础厚实、特色鲜明,与沪苏浙产业互补协调的发展格局。

揭牌开园两年的筑梦新区,以"四新"(新技术、新业态、新模式、新产业)经济为主攻方向,累计接洽"四新"经济企业和项目2500余个,正式签约落户企业272家。人工智能等产业的集聚发展,成为安庆市在省内率先部署5G试验网络,并开展5G应用试点试验的基础。在5G应用上,安庆市成为安徽省内的"头号玩家"。而"筑梦号"L4级别自动驾驶汽车的发布及其公开试乘的正式启动,也让安庆市成为在全国率先探索自动驾驶智慧出行应用的城市。

自2013年开始,安庆市一年一版出台大项目招商引资导则,工业、现代服务业、金融业、文化产业、现代农业、科技创新等一系列产业政策,已形成较为完备的产业政策体系，同时不断提升土地、资本、劳动力等多要素供给，具备了与沪苏浙对接的丰富要素资源。

同时，近年来持续深化"放管服"改革，市政府部门由39个精简为31个，市级审批项目由357项减少到141项、涉企收费项目由252项减少到50项……互联网与政务服务的深度融合，让政务服务智慧化水平大幅提升，让企业和群众办事更便利、更快捷、更有效。

2018年9月底，长三角G60科创走廊的9城（区）开始探索跨省市"一网通办"，企业办理频次高的事项，逐步实现线上"一地认证，全网通办"。去年5月，安庆市作为全省8个试点城市之一，实现30项企业服务事项与21项个人服务事项长三角地区"一网通办"。

三　协同发展深度融入区域发展一体化

"省际边界区域性中心城市"、"战略性新兴产业高质量发展增长极"、"重要的综合交通节点枢纽城市"、"生态优先绿色发展的样板区"，这是安庆市在长三角一体化发展国家战略中的发展定位；与长三角城市基础设施联通、产业发展联动、科技创新一体、区域市场融合、生态环保联控、公共服务共享，是安庆市推动长三角更高质量一体化发展的目标。

大观经济开发区，虽然项目发展势头很好，但也不是全部一派向荣景象。园区发展缺乏竞争力，行业影响力不够大、专业配套水准有待提升，功能性公共服务平台的运作机制、服务质量有待提升等，是存在的共性问题。

此外，产业分布散、规模小、同质化现象突出，产业链缺链、断链，中间产品多、终端产品少，产业链关键环节创新能力不足，整体竞争力不强；总体上企业自身研发投入不足、技术创新力量薄弱；要素供给不足，高层次高技能人才比例较小，公共配套服务不优等诸多因素，使得人才"引得进、留不住"。这些都是安庆市在长三角一体化发展中不容忽视的短板。

公开资料显示，安庆作为连接长三角城市群和中部城市群的重要节点城市融入国家战略的定位和着力点：立足市情、对接上海、携手苏浙，进一步明确在长三角产业链、创新链、价值链、生态链、需求链中的功能与角色，在长三角一体化发展中"借梯登楼"，引领带动全市高质量发展。

安庆要深度参与长三角产业分工体系，加速融入长三角的产业链和供应链，借助长三角的经济总量和辐射潜力，提高产业的规模和能级。

在重点打造新能源汽车产业、高端装备制造产业、新材料产业、新一代信息技术产业，全力培育"互联网+产业"的同时，要积极推动这些产业成为长三角产业链、供应链中的重要一环。

安庆在融入长三角更高质量一体化发展中，应努力建成独具特色的文化生态旅游城市、开放而富有活力的创新城市。为了更有效地参与长三角一体化进程，更多地分享长三角一体化发展成果，需要与省内其他城市，尤其是合肥、芜湖以抱团形式整体嵌入长三角一体化，发位，策应长三角一体化发展上升为国家战略的需要。

随着长三角一体化战略进入全面实施的关键阶段，安庆抢抓机遇，努力推进长三角一体化发展，积极打造长三角区域的"增长极""西大门""后花园"。

第三节 抢抓新机遇，打通"安庆路径"

为了落实长三角一体化发展国家战略的安庆"路线图"，安庆市部署了《安庆市实施长江三角洲区域一体化发展规划纲要行动方案》，紧紧围绕"一体化"和"高质量"的核心目标，把握新使命，抢抓新机遇，为全面融入长三角绘制一幅宏伟蓝图。

1. 打造创优营商的"大平台"和"大通关"

2019年上半年，安庆市招商引资情况呈现良好态势，全市实际利用市外资金445.7亿元；新入省库亿元以上项目共158个，连续三个月位居全省第一；新签约5000万元以上项目共235个。

这一份漂亮的成绩单背后是安庆市对招商引资工作的高度重视，同时也是安庆市持续优化营商环境的重要体现。

高新区作为安庆市招商引资的排头兵，同时也是对接长三角地区产业的重点园区。据了解，进驻高新区园区的企业大多为苏浙沪地区的企业，安徽籍返乡企业仅占10%。高新区聚焦化工新材料和医工医药2个首位产业，加强与上海化工区、张江高科、南京生物医药谷等园区企业联系对接，积极引进优质企业和项目，目前累计进驻园区上市公司已达9家。

近年来，安庆持续打造"大平台"和"大通关"，不仅有高新区企业园区"大平台"建设，也有安庆港口岸"大通关"建设。

安庆先后建成安徽省唯一一个汽车整车进口口岸和安徽省获批的第二个保税物流中心——安庆（皖西南）保税物流中心（B型）。为了建设高水平开放新高地，依托安庆（皖西南）保税物流中心（B型）扩能升级，建设安庆综合保税区。

根据规划，安庆综合保税区与长风港、汽车整车进口口岸紧密相连、联动发展，形成"内外贸并存，进出口结合"的发展架构。建成后，安庆综合保税区将成为长江中下游产融结合、港园一体的保税示范区，促进通关港口经济的发展，加快融入长三角一体化发展的步伐。

2. 助力一体化发展的"快通道"和"安全岛"

在《安庆市实施长江三角洲区域一体化发展规划纲要行动方案》提出的八大专项行动中，促进公共服务一体化是尤为重要的关键环节。

围绕深化长三角一体化协作，加强政务信息和数据的互联互通，安庆市政务服务中心根据《长三角地区政务服务"一网通办"综合服务专窗运行规范》的要求，设置长三角"一网通办"专窗，专窗分为企业事项专窗和个人事项专窗，共有30项企业事项清单和21项个人事项清单纳入长三角一体化服务中。

长三角一体化上升为国家战略，这是安庆发展的重大历史机遇，也是安庆加快发展、奋发作为的大舞台。作为《长江三角洲区域一体化发展规划纲要》中明确的"长三角中心区"和"区域重点城市"，以及省委提出的"积极打造长三角区域的增长极、西大门、后花园"，安庆，使命在肩，奋斗正当时。

把握新使命，抢抓新机遇。安庆将如何在这个大舞台上扬己所长、绽放精彩？将如何在国家战略中贡献力量、展现作为？全面融入长三角一体化又将为530万安庆人民带来什么？

1. 总体定位——打造长三角地区高质量发展的中心区和带动皖西南、辐射皖鄂赣交界地区的区域重点城市

成为长江三角洲区域的增长极、西大门、后花园。《行动方案》提出，安庆全面融入长三角一体化发展，要紧扣"一体化"和"高质量"，按照创新共建、协调共进、绿色共保、开放共赢、民生共享的基本原则，围绕打造长三角

地区高质量发展的中心区和带动皖西南、辐射皖鄂赣交界地区的区域重点城市，全面等高对接、强化创新引领、主动担当作为，以工业化、城市化、区域化为抓手，加快构建具有竞争力的产业发展体系，推动现代化基础设施体系建设，增强区域生态屏障功能和绿色发展能力，提升公共服务水平，成为长江三角洲区域的增长极、西大门、后花园，为打造全国发展强劲活跃增长极做出安庆贡献。

2. 实施路径——聚焦8大重点任务，实施8大专项行动

长三角一体化不是一般化，也不是一样化发展，而是鼓励各地发挥比较优势，各扬所长、分工合作，实现"一盘棋"发展，从而提升区域整体竞争力。

安庆全面融入长三角，怎么融？

笔者认为，首先安庆市要着眼市情、实事求是，尽力而为、量力而行，努力把自己的事情办好；要从最有共识的事谋起、从最需要率先突破的事抓起、从最有利于增强群众获得感的事做起。

紧紧扣住"一体化"和"高质量"，紧紧扣住"所长"和"所需"，经过反复调查研究、集思广益，《行动方案》提出推动长三角一体化八大重点任务，为了完成这些任务，实施八大专项行动，一张宏伟蓝图就此铺展开来。

(1) 实施中心城市扩能共进行动，高质量推进区域重点城市建设

立足比较优势加强与苏沪浙对标对接、合作共进，将优化城市功能布局，加快安庆中心城市建设，错位推动各县（市）发展；加快各片区、各版块快速通道建设，构筑以中心城市为核心、各县（市）便捷通达的"半小时"通勤网络；实施片区工程，高质量建设安庆经开区、高新区，谋划推进筑梦新区二期建设，建成滨江CBD区等；同时对标先进增强城市综合功能，加快形成"中心城市 - 小城市 - 中心镇 - 美丽乡村"一体化发展格局，成为带动皖西南、辐射皖鄂赣交界地区的重要增长极。

(2) 实施产业振兴共创行动，加快构建现代化产业体系

借力长三角创新资源，安庆市将着眼产业链布局创新链，加快首位产业创新平台建设，积极参与长三角区域创新联盟和技术市场联盟；利用沪苏浙人才、科技和资金优势大力发展新能源汽车、化工新材料、高端装备、医工医药等新兴产业；打造长三角高品质红色旅游示范基地和康养基地，培育布局人工智能、新型显示、自动驾驶、5G应用等未来产业；推动开发园区与沪苏浙开

展多种形式产业合作等，构建以实体经济为主体、以科技创新为引领、以要素集聚为保障的现代化产业体系。

（3）实施城乡融合共建行动，加快乡村振兴步伐

安庆是粮油主产区，发挥这一优势，安庆将建设长三角地区粮食生产核心区和保障国家粮食安全的高产、高品质中心产区，建设长三角地区绿色农产品生产加工供应基地，建设长三角3小时鲜活农产品物流圈。安庆还将统筹推进城乡基础设施、公共服务一体化，探索建立城乡教育联合体、建立城乡校长教师交流机制，做好脱贫攻坚与乡村振兴、长三角一体化发展战略衔接。

（4）实施基础设施筑网共联行动，建设现代化基础设施网络

建成合安九高铁、开工建设六安景铁路、融入长三角重点景区发展、构建"四纵一横"一级公路骨架网络、改造完成天柱山机场、参与长三角港口联盟建设……未来，安庆将着眼于加快长三角区域互联互通，建设一体化现代综合交通网络，同时参与打造数字长三角、融入长三角能源保障体系，不断提升安庆区位优势和综合枢纽作用。

（5）实施开放平台提升共赢行动，建设高水平开放新高地

推动综合保税区建设运营、建成长风港和皖河港区开放口岸、构建数字化贸易平台、发展国际产业合作园……为提升开放型经济水平，安庆将以"一带一路"建设为统领，融入长三角一体化，共建高水平开放平台。同时积极参与国际合作交流，推进投资贸易自由化便利化，协同打造新时代改革开放新高地。

（6）实施生态环境联治共保行动，打造生态文明建设样板

未来，安庆将实行最严格的生态环境保护制度，打造可借鉴可推广的林长制改革示范典型，加快建设绿色生态屏障；同时聚焦水污染、大气治理、固废危废等重点领域加强污染防治，全面推行生态补偿机制、健全区域治理联动机制，真正守住"绿水青山"，成为长三角区域"后花园"。

（7）实施公共服务提标共享行动，促进公共服务一体化

医保异地结算、民生档案异地查询、基础教育统一体、跨区域医联体、失信行为标准互认信息共享……这些涉及公共服务的民生实事都将在不远的将来一一成为现实。

（8）实施机制创新共融行动，加快融入一体化市场体系

安庆市将实施一系列机制创新改革，加快破除制约一体化发展的行政壁垒

和体制机制障碍。比如,清理与推动长三角一体化发展不相适应的法规、规章和规范性文件,深化区域人力资源协作,优化土地要素供给,推进与长三角各类产权交易市场联网交易,打造一体化市场准入环境、市场监管环境和质量供给环境、食品安全环境等。

第四节 倾力打造安庆新的增长极

回望2019年,举国上下隆重庆祝新中国成立70周年,全面建成小康社会进入冲刺期,长三角一体化发展步入快车道。这一年,面对机遇与挑战,安庆市交出了一份可喜的答卷。

——综合实力迈上新台阶

全市生产总值突破2000亿元、同比增长7%以上;财政收入321.5亿元;全社会固定资产投资同比增长10.5%;社会消费品零售总额同比增长11%;进出口总额同比增长12%;城乡常住居民人均可支配收入同比分别增长8.9%和9.9%。

——重大项目取得新突破

安庆石化"8828"油气输送管线迁建工程竣工投入使用;安庆市高新区山口片综合开发PPP项目全面推进;滨江CBD及滨江大道启动建设;长风港疏港铁路专用线开工建设;中兴大道高架、天柱山机场新航站楼建设进展顺利;人民路以南历史文化街区L型街区建成开放。

——经济发展释放新活力

长三角一体化发展国家战略在安庆落地落实;首位产业产值占工业产值比重达50%,新增3个百亿集群;14个研发(服务)平台注册成立、实质性运营;全市战略性新兴产业企业达到388家、高新技术企业达278家,高新技术产业增加值增长18%以上,市高新区成为国家化工新材料高新技术产业化基地。

——民生福祉得到新改善

美好大宜城中心城区面积扩大到130平方公里;新增城镇就业6.9万人,失业人员再就业率达到79%;全市新改扩建幼儿园33所,适龄幼儿毛入园率达到92%,妥善解决64所农村学校"一师一生"问题;完成棚户区改造320

万平方米、老旧小区改造202万平方米，建成保障性住房1.6万套；全市基本养老保险参保率达到95%。

——生态文明绘就新图景

出台全国首部林长制地方性法规；城区黑臭水体整治任务提前一年完成，河道沿线排污口整治工作基本完成，城区水系基本实现互联互通；开展为期三年的河湖"五清四乱"专项整治行动；主要环境质量指标持续改善，空气质量综合指数排名位居全省前列。

融入长三角一体化发展，安庆着重从以下几方面发力。

1. 激发经济发展新动能

科技创新的背后离不开体制机制的创新与改进。按照"统筹把握政策机遇和用好市场化资源，抓平台建设、抓产业集聚、抓招商安商、抓要素保障"的思路，推动经济高质量发展。完善支持园区高质量发展政策体系、优化完善"4+X"产业政策，促进产业集聚发展。全年新签约亿元以上项目383个、到位资金275亿元，其中首位产业项目231个，实际利用外资3.1亿美元、增长20%。

2. 为企业"减负"

2019年，安庆市减税降费33亿元，减负不仅仅停留在税收层面。一年来，安庆市以深化"放管服"改革为突破口，在"放"上求突破、在"管"上求创新，在"服"上求提速。持续深化"一网一门一次"改革，完善营商环境第三方评估制度。去年，安庆市还成功创建全国社会信用体系建设示范城市。

3. 全力打好精准脱贫攻坚战，增强群众获得感

2020年安庆市全面解决"三保障一安全"突出问题，加快补齐贫困地区基础设施和公共服务短板，顺利实现4.5万人脱贫、21个贫困村出列目标。去年4月，潜山市和宿松县正式脱贫"摘帽"，12月，太湖县和望江县退出贫困县申请通过市级初审。

4. 绘就绿水青山新画卷

江水浩荡，花红柳绿。如今在安庆市东郊的五里庙港区，绵延的长江岸线上昔日的"灰色疮疤"已不复存在，眼前只有盎然的绿意。这里是安庆石化港贮码头的旧址，共有4座码头8个泊位，曾为安庆石化和地方经济发展做出

了巨大贡献。去年6月，随着国家长江干流岸线利用项目清理整治工作的推进，这座"服役"超40年的老码头也正式被拆除，完成了生态复绿。

2019年安庆市在生态文明领域获得了不俗的成绩。潜山市成为国家生态文明建设示范县，岳西县获评全国"绿水青山就是金山银山"实践创新基地，安庆市入选绿色发展示范城市。

第五节　长三角一体化发展　安庆精彩"开篇"

近年来，安庆市主动顺应区域合作发展大势，积极融入长三角一体化发展大局，在产业转移、基础设施建设、公共文化服务等方面全面对接沪苏浙，安庆市融入长三角一体化发展取得阶段性成效。

1. 产业协同：着力构建与沪苏浙高端产业配套融合的现代产业体系

安庆市坚持把产业承接作为融入沪苏浙和长江经济带发展的关键所在，着力构建与沪苏浙高端产业配套融合的现代产业体系，加快形成与沪苏浙产业互补协调的发展格局。

2. 交通：实施基础设施筑网共联行动

积极共建轨道上的长三角、构建高等级公路网络、积极融入长三角世界级机场群、提升水运通江达海水平……安庆市将实施基础设施筑网共联行动，新增干线铁路运营里程340公里，新增高速公路里程200公里，不断提升安庆的区位优势和综合枢纽作用，服务和支撑长三角地区更高质量一体化发展。

3. 积极共建轨道上的长三角

以对接沪苏浙、连接中西部、服务国家战略为导向，构建多层次、高品质、有机衔接的现代轨道交通运输体系。干线铁路方面，建成合肥－安庆－九江高速铁路，开工建六安－安庆－景德镇铁路，实施合九铁路及安庆支线扩能改造，推进武安杭铁路（黄冈至安庆段）、宿松－望江－宣城城际铁路、北沿江铁路前期工作。疏港铁路方面，建成长风港区专用线、皖河新港铁路（一期）专用线。市域（郊）铁路方面，推动安庆－枞阳－铜陵、安庆－望江市域铁路，合肥－舒城－桐城轨道交通研究、规划和建设。城市轨道交通方面，推动城市轨道交通1号线、3号线开工建设。

4. 推动重点领域开放合作

深度对接上海"五大中心"建设，加快经济、金融、贸易、航运、科技创新等领域与国际接轨步伐。重点在汽车、船舶、装备、电子信息、新材料和新能源等行业谋划和储备一批外资项目，提高制造业全产业链利用外资水平；同时，深化国际交流合作。

融入长三角，开创新征程，《安庆市实施长江三角洲区域一体化发展规划纲要行动方案》的亮点和特色是什么？

1. "区域重点城市"

国家《规划纲要》对安庆市的定位是"区域重点城市"；省《行动计划》提出将打造成为"全国重要的现代绿色安全综合性化工产业基地，成为带动皖西南、辐射皖鄂赣交界地区的重要增长极"；安庆要着力打造成为长三角一体化发展"增长极、西大门、后花园"。努力提升中心城市能级，坚持生态优先和绿色发展，探索具有安庆特色的高质量发展路子。

2. "一体化""高质量"

《行动方案》紧扣"一体化"、"高质量"这两个关键，树立"一体化"意识和"一盘棋"思想，全面对标研究提出了"六个一体化"方面的目标，着力实施中心城市扩能共进、产业振兴共创、城乡融合共建、基础设施筑网共联、开放平台提升共赢、生态建设联治共保、公共服务提标共享、机制创新共融八大专项行动，结合实际明确近期和中长期必须干、需要干的重大事项，力求拉长长板、集成优势，促进整体实力提升。

3. "工业化""城市化""区域化"

《行动方案》紧扣"工业化""城市化""区域化"这三个抓手，注重构筑"铁公航港能网"六张网并与长三角全方位接轨，形成"中心城市－小城市－中心镇－美丽乡村"一体化发展格局；注重发挥皖江城市带承接产业转移示范区、大别山革命老区和皖南国际文化旅游示范区"三区"集成的战略平台优势，推动各县（市）特色化、差异化发展，为共建世界级产业集群，维护长三角生态平衡，创造长三角生态福利发挥更大作用。

4. 营造一流的旅游环境

安庆有着深厚的历史文化底蕴，辖区山水秀丽、生态良好、人文荟萃、古迹众多。安庆全市围绕"山水、戏曲、研学、康养、乡村"五大主题板块，已建成"俄罗斯村""候鸟村"等一批避暑避霾基地，正在开发高山滑雪、低空飞行、温泉康养、房车营地等旅游新业态，规划建设"复旦村""同济村"等精品民宿。

举办"美好安庆迎客长三角"系列旅游推介会，去年已在常州、上海、南京、杭州、苏州举办，接下来将在宁波和无锡等地继续举办。先后与南京、常州、上海长宁、杭州、苏州等地签订旅游合作协议。

5. 推进"旅游+"产业融合发展

未来安庆市将充分挖掘皖江文化、桐城派文化、红色文化、戏曲文化等资源，开发一批文化旅游产品和精品线路。出台支持创意产业发展的行动方案，培育安庆IP品牌，打造文化艺术产业配套发展体系；

推动潜山国家农业公园、怀宁黄墩国家农业度假公园等国家农业公园建设；鼓励发展田园综合体，打造农业引领的产业集聚区；加大生态农副土特产品和旅游商品开发；实施乡村旅游扶贫工程。

加快建设医疗健康旅游项目，推进岳西、太湖、潜山等地医疗旅游示范基地建设。培育天悦湾、汤湾等温泉康养基地，美好甜园、武昌湖等乡村度假基地，菜子湖养老文化产业园等养生养老基地。

以天柱山、五千年文博园、望江挑花传习所、桐城文庙——六尺巷等为基础，将打造一批研学旅游示范基地和国家级研学旅游基地，并定期组织研学旅游推介活动，将安庆市打造成中国研学旅行目的地。

安庆，"千年古城、文化之邦、百年省会、戏剧之乡"，挟八百里皖江源头之势，汇聚长江浩荡奔流，必将在新时代焕发出往昔"长江五虎"的雄姿，为长三角一体化助威助力，共谱发展之歌！

第六章
江淮重镇——滁州

滁州地处长江下游北岸，长江三角洲西端，安徽省东部，苏皖交汇地区。滁州紧邻沪苏浙，享有长江经济带、中部崛起、皖江示范区、淮河生态经济带以及南京、合肥两大都市圈等多重战略叠加机遇，坐拥苏皖，地理位置独特，区位优势明显。

滁州早在先秦时期为棠邑之地（今南京市六合区），三国设镇，南朝建州，隋朝始称滁州，因滁河（涂水）贯通境内，又"涂"通"滁"，故名为"滁州"。滁州吴风楚韵，气贯淮扬，接壤金陵西北，为六朝京畿之地，自古有"金陵锁钥、江淮保障"之称，"形兼吴楚、气越淮扬"、"儒风之盛、夙贯淮东"之誉。

第一节 滁州区域概况及经济综述

提到滁州，这里素有金陵锁钥、江淮保障之美誉，这里地处安徽与江苏的分界线，甚至省内的天长市直接伸入江苏腹地，滁州素有南京后花园之美誉，与江苏省会南京可谓是唇齿相依，古时候大文豪欧阳修曾经到滁州写下了千古绝唱《醉翁亭记》，至今滁州的琅琊山还有醉翁亭为证，留给后人参观和揣摩，因此滁州也有着亭城之美誉。

滁州，简称滁，古称涂中、清流、新昌。是安徽省地级市，是南京都市圈、合肥都市圈核心圈层城市、长三角城市群成员城市，南京市江北门户，国家级皖江示范区北翼城市，皖东区域中心城市，江淮地区重要的枢纽城市。

全市设2个区、管辖4个县、代管2个县级市,土地总面积13398平方公里。

滁州2019年GDP达2909.1亿元,多项指标安徽第一。滁州市统计局2月17日公布了《2019年全市经济运行情况》:

2019年,经初步核算,滁州市GDP为2909.1亿元(按第四次全国经济普查结果修订,2018年全市GDP为2594.1亿元),按可比价格计算,同比增长9.7%。

其中,第一产业增加值249.4亿元,增长3.6%;第二产业增加值1427.6亿元,增长11.7%;第三产业增加值1232.1亿元,增长8.4%。三次产业比重调整为8.6∶49.1∶42.3。

基于上述数据解读,滁州市统计局公布的情况说明定义为"主要指标增速稳中加快、高于全省、位次前移":2019年,全市生产总值同比增长9.7%,高于上年同期0.6个百分点,高于全省2.2个百分点;规模以上工业增加值同比增长11.6%,高于全省4.3个百分点,居全省第1位,较上年同期前移2位;固定资产投资同比增长14.7%,高于全省5.5个百分点,居全省第1位,较上年同期前移3位;社会消费品零售总额同比增长12.7%,高于全省2.1个百分点,增速居全省第1位,较上年同期前移4位;财政收入357.1亿元,同比增长10.1%,高于全省3.6个百分点,增速居全省第2位,较上年同期前移3位;居民可支配收入同比增长10.6%,高于全省0.5个百分点,居全省第3位,与上年同期持平。

滁州市位于安徽省东部,是长三角城市经济协调会成员、南京一小时都市圈和合肥都市圈的重要成员,拥有与国家级南京江北新区无缝对接的区位优势。

由于疫情影响,根据2020年安徽省滁州市2020年第一季度统计部门统一核算的GDP数据,滁州市2020年第一季度实现GDP约627.91亿元,与2019年同期相比,同比下降3.4%,下降低于全国3.4%,受疫情影响严重;按其2019年末常住人口414.7万人计算,人均GDP约合￥1.51万元,略高于全国人均水平(约合￥1.45万元)。从这组数据来看,滁州今年复工达产还是做了好多初见实效的工作。

2019年GDP数据显示,滁州有着高达2909.10亿元的GDP,排名安徽省内前三名,在滁州前面的正是被誉为江南四大米市之首的芜湖,去年芜湖GDP为3618.26亿元,排名在滁州之后的则是有着江淮粮仓之美誉的阜阳,去年阜阳的GDP为2705亿元。

第二节 滁州积极融入长三角区域发展

随着长三角一体化正式上升为国家战略,作为长三角区域新加入的一员,安徽积极行动、快速响应。2019年,在滁州市来安县汊河镇启动了总投资165亿元的滁宁城际铁路一期工程。这不仅意味着原先从滁州乘坐高铁到达南京的时间由18分钟缩短至10分钟,更标志安徽加速融入长三角区域一体化迈出了关键步伐。

作为安徽融入长三角合作的最前沿和长江经济带"沪宁合"发展主轴上的重要节点城市,滁州充分发挥区位、资源和环境优势,积极融入南京、合肥两大都市圈,深度参与长三角地区合作与分工,加快打造皖苏之间新型区域中心城市,着力在先行先试、开放开发、转型转移上下功夫,逐步形成"双圈互动、左右逢源"的区域发展新优势,为滁州加快发展注入了强大动力。

一 产业对接

滁州市来安县汊河镇与南京江北新区仅一河之隔,是安徽省距离南京最近的城镇。自2010年启动全面建设以来,汊河镇主动承接南京产业转移。

随着南京江北新区获批国家级新区,这给汊河镇跨越式发展提供了宝贵机遇。如今的汊河,已经与南京紧密融合在一起。目前汊河经开区有200余家企业,大约60%来自南京。其中,轨道交通装备产业尤为典型。

汊河经济开发区与原南车集团南京浦镇车辆有限公司仅有10公里路程。汊河镇乘势而上,凭借独特的交通区位,科学规划定位,加上省级开发区的平台优势,吸引和集聚了浦镇车辆公司在内的南京浦镇车辆有限公司及长三角轨道交通装备企业扎堆入驻。目前,汊河轨道交通装备产业园的轨道装备企业已达115家,可生产高铁7大类168个主要部件近百个。

加速融入长三角区域一体化,滁州全面对接南京江北新区建设,谋划了苏滁现代产业园、来安汊河水岸科技新城、南谯高教科创城、滁州经开区原创科技城"一园三城"为主体的国家级产城融合示范区,吸引了很多南京企业和高校创业人才到滁州投资发展。

目前,苏滁现代产业园累计引进工业项目120多个,投资额超350亿元,已投产企业60家,形成以达亮电子、喜星电子为代表的电子信息产业,以长久轿运车、胜华波汽车电器为代表的汽车及装备制造产业。

二 共建共享

近年来,宁滁两地加速合作,在教育、医疗、交通等方面强化融合、资源互补,实现共建共享、共荣发展。

"滁州的定位就是要打造南京及长三角区域后花园。"滁州市委书记张祥安说,滁州参与长三角高质量一体化发展,最优的路径是推进与南京同城化,这不仅表现在产业上先融,更要落到实处,让老百姓有获得感。

在铁路方面,滁宁城际滁州段一期工程已正式开工,宁淮铁路项目完成线路勘察和可研报告编制。在水运方面,总投资2.5亿元的滁州(汊河)港已建成运营,汊河集船闸重建进展顺利,滁河航道整治工程有序推进。在公路方面,滁宁快速通道、104国道改建滁汊段、滁马高速建成通车,洪武路等主干道全线贯通,琅狮大桥等关键节点打通,内联成环、外联成网的大江北"半小时"通勤圈基本形成。

滁州在融入南京上,有一系列大动作。滁宁城际铁路项目总投资概算约165亿元,全长约54.4公里,西起京沪高铁滁州站,经滁州市区、苏滁产业园、来安县,然后跨过滁河进入南京市境内,接入正在规划建设中的新南京北站。其中,项目一期工程已于2018年12月30日开工建设,二期可研报告通过专家评审,有望年底开建。

在区位上,滁州把空间一体化作为产业合作的基础,优先推进通往长三角地区重点路网建设:通往长三角沪苏浙地区的高速公路和铁路有8条、国省道11条,其中高速公路通车和在建里程均居全省前列。

除此之外,滁州港建成开港,可通江达海。滁州通用机场初步确立了备选场址。

在承载上,滁州深度对接长三角,高规格推进园区平台共建:利用毗邻合宁两大全国科教城市优势,在与南京相邻区域规划建设滁州高教科创城,引进了一批苏浙沪特别是南京的高校和研发平台与本地企业开展产学研合作。

与华夏幸福基业合作整体开发建设汊河新区，努力打造汊河江北水岸科技新城，同时建设轨道交通装配产业园，已承接引进相关零配件企业118家。

抢抓南京江北新区建设机遇，以苏滁现代产业园、来安汊河水岸科技新城、滁州高教科创城、滁州经开区原创科技城"一园三城"为主体打造国家级产城融合示范区。

在社会保障上，实现了与沪苏浙的社保关系无障碍转移接续、养老金协助认证、异地就医定点范围扩大、工伤保险异地协查。

在教育卫生上，市、县公立医院与南京市知名医院建立了广泛的学术和诊疗合作关系，开展义务教育和职业教育广泛合作。

在海关商检方面，成立海关、商检机构，并以长三角区域率先开展通关一体化改革为契机，共用一套通关模式，实现"多地通关、如同一关"，大大提高通关效率。

第三节　发挥区位优势，把握发展机遇

作为长三角城市经济协调会成员、南京一小时都市圈和合肥都市圈的重要成员，安徽滁州市自古有"金陵锁钥、江淮保障"之称，区位优势突出。随着长三角区域一体化上升为国家战略和国家江北新区的建设，宁滁两地由过江牵手变为拥江合作。交通互联、产业互补、政策相融……同城化步伐加快推动着区域产业链创新链价值链一体化布局，大包干发源地安徽滁州站到发展的风口。

一　借脑引智比翼"大江北"

思想是行动的先导。"大江北时代的机遇挑战，我们怎么看""融入大江北，我们怎么干"，这是摆在滁州人民面前的一张答卷……2018年长三角一体化上升为国家战略，滁州市审时度势，将无缝对接南京江北新区建设作为抢抓长三角区域一体化发展机遇的战略布局。从去年10月下旬到11月底，滁州在全市范围掀起了一场"对接大江北，建设新滁城"的头脑风暴。

谋定而后动。按照"市场主导、政府推动"思路，滁州积极与苏浙沪地

区在产学研全方位开展区域合作，促进产业链、价值链、创新链的一体化布局。

在长三角区域一体化发展上升为国家战略的风口，位于滁州东南部的苏滁产业园迎来新一轮发展机遇。

利用苏州工业园区品牌影响力，苏滁现代产业园围绕园区电子信息、新能源新材料、汽车及装备制造、营养健康四大主导产业，积极培育发展苏州、南京主导产业上下游配套产业，建立产业链条上下游联动机制，促进产业组团式承接和集群式发展。

按照"引进－吸收－消化－再创新"的思路，苏滁现代产业园全面引进苏州工业园区邻里中心、城市物业、地理信息、人力资源四大核心管理品牌，实现管理服务无缝对接。

二 借梯登高 "有中生新"促转型

长三角一体化战略的实施对企业发展来说，无疑是一个巨大利好。滁州与南京的同城化越来越深入，区域内的产业链分工协作将给滁州带来更多的发展空间。

信息化与高端制造业深度融合带来企业管理的高效和集约。宁滁拥江合作给企业的发展带来长足利好。

依托区位优势，对接江北新区集成电路、生物医药、新能源汽车三大千亿级产业以及新金融产业，滁州市创新体制机制，加快推进以苏滁现代产业园、滁州经开区原创科技城、滁州高教科创城、汊河水岸科技新城"一园三城"为主体的国家级产城融合示范区建设，在一体化分工协作中实施错位发展。

区域分工协作推动传统产业"有中生新"，新兴产业"无中生有"。在滁州，智能家电、装备制造、新能源等支柱产业快速集聚成长，推动地方经济迈向高质量发展。

三 绿色发展生态屏障惠民生

环境就是民生，青山就是美丽，蓝天也是幸福。在积极融入长三角一体化，对接"大江北"的过程中，滁州市坚持绿色发展，用绿色底蕴涵养古城气质，打造长三角生态屏障。

"环滁皆山也。其西南诸峰，林壑尤美"，北宋文坛领袖欧阳修笔下的《醉翁亭记》描绘的滁州琅琊山，如今是首批被林业部确定的国家森林公园，也是长三角居民休闲旅游、寻古探幽的度假胜地。

随着城市化的发展，历史上的琅琊山周边地区曾一度因附近农户增加、生活污水排放、山体开采等影响，生态环境不容乐观。

责任明确、协调有序、监管严格、保护有力的生态管理保护机制，让滁州的山、水、林、田、湖形成共融共生的有机生态体，成为长三角区域的生态屏障。

绿色发展释放生态红利，狠抓环境保护，注重绿色发展，打造绿色生态滁州。

滁州市与长三角18个城市实现首批51个事项"全程网办""跨市通办"，滁州市去年全市研发投入占GDP比重首次超全省平均水平，增速居全省第1位。此外，全市11.7万项政务服务事项实现"一网通办"，与长三角18个城市实现首批51个事项"全程网办""跨市通办"。

从当年的"大包干"，到二轮土地承包、农村税费改革、粮食直接补贴改革，到近年来的农村土地确权登记、农村集体产权制度改革等，滁州先后承担了83项国家和省级改革试点，农村集体资产股份权能改革、农村土地"三权"分置、农村小型水利工程管护体制改革、国有林场改革等在全国走在前列。

滁州市坚持以创新培育动能，转型升级取得新成效。去年全市研发投入占GDP比重首次超全省平均水平，增速居全省第1位。国家级高新技术企业发展到420家、居全省第4位，高新技术产业增加值总量居全省第3位。目前，全市已形成智能家电、先进装备、绿色食品、新型化工、玻璃制造、新能源新材料等六大支柱产业，规模以上企业发展到1726家。

此外，滁州市全市形成了以"大滁城"为龙头、县（市）城镇为支撑、美丽乡村为基础的城镇化发展新格局，滁城主城区扩大到90平方公里、70万人。境内高铁通车3条、在建2条，高速公路通车里程和在建里程均居全省第一。此外，滁州市每年权市民生支出占财政支出的80%以上，住房、就业、教育、医疗、社保、文化、体育等社会事业加快发展。

第四节　滁州推进高质量发展新动能

滁州市位于安徽省东部，辖南谯、琅琊两区，天长、明光两市，来安、全椒、定远、凤阳四县，国土面积1.35万平方公里，人口450万。背靠南京，滁州有着先天的区位优势，与江苏省接壤边界长达400公里，与南京江北新区接壤边界约260公里，新区对外通道约三分之二经过滁州。

2002年，滁州凭借着区位优势，加入南京都市圈，彼时的加入尚无实质性带动。2013年，滁州加入原合肥经济圈。同年，滁州正式加入长三角城市经济协调会，成为全省最早加入的5个会员城市之一。作为长三角城市经济协调会成员，自古有"金陵锁钥、江淮保障"之称的滁州，正抓住与国家级南京江北新区无缝对接的独特区位优势，加速主动融入长三角一体化发展。

一　深度融入长三角一体化发展

自长三角一体化上升为国家战略以来，沿线城市间的交流、合作步伐日益加快。枝繁巢暖，凤凰来栖。近10年来，滁州把长三角地区作为招商引资主攻方向，积极参与产业分工，承接产业转移，沪苏浙地区在滁投资占全市利用外资比重达50%以上。

滁州市来安县紧邻南京，与国家级江北新区一河之隔。近年来，来安以对接大江北为切入点，率先在江北新区顶山——来安汊河苏皖跨界板块寻求突破，打造长三角一体化发展先行区，全面推动该县经济社会持续健康发展。前三季度，来安县实现地区生产总值133.5亿元，同比增长9.7%；财政收入25.3亿元，增长0.7%；城乡居民人均可支配收入26608元，增长9.7%。

当前，跨界苏皖的顶山-汊河一体化发展示范区已列入国家规划纲要和安徽省行动计划。来安也将解放思想、锐意进取，在长三角一体化发展上探索新路子、打造新标杆。

二　搭建全面合作载体平台

在承载上，滁州深度对接长三角，高规格推进园区平台共建。位于滁州东南部的中新苏滁高新技术产业开发区正迎来新一轮发展机遇。

苏滁高新技术产业开发区是苏州工业园区走出江苏省实行市场化合作共建的第一个开发园区，园区全面借鉴苏州工业园区先进发展理念，坚持产业先行，聚焦高质量发展主线，实现了"规划愿景落地成形、高端产业快速集聚、管理运营精细有效、园区面貌初展新姿"，成为中新合作的新实践、安徽园区建设的新探索和长三角一体化合作发展的新平台。

三　打造旅游业支柱产业

旅游业是综合性产业，也是拉动经济发展的重要动力。近年来，水画意的醉美滁州和独特的滁州文化，一直吸引着各地游客。走过池杉湖国家湿地公园（试点）、南京太仆寺以及琅琊山，能让人感受到长三角生态绿色一体化的发展。

"环滁皆山也。其西南诸峰，林壑尤美。"北宋文坛领袖欧阳修笔下的《醉翁亭记》描绘的滁州琅琊山，如今是首批被林业部确定的国家森林公园，也是长三角居民休闲旅游、寻古探幽的度假胜地。

四　交通互联构建同城效应

滁州自古便有金陵锁钥、江淮保障之称。作为苏皖边界城市、南京江北门户、南京市"一小时都市圈"核心成员，滁州一直是安徽省东向发展桥头堡。滁州和南京两城在人文脉络、经济发展方面具有天然的联系，滁宁城铁作为滁宁交通一体化重要工程，也是两地人民多年的期待。

在滁宁城际铁路（滁州段）一期工程现场，建设者们正加紧箱梁施工。滁宁城际铁路西起京沪高铁滁州站，止于规划建设中的新南京北站，线路全长54.4km，设站16座。一期工程起于滁宁交界处来滁河，止于市政府东侧的凤阳北站，全长33.18公里，全线设站8座（含预留2座），均为高架站，建设工期3.5年。

滁宁城际铁路是全国第一条跨省城际铁路，一期工程预计2022年底完工，全线建成后，从滁州高铁站出发，前往南京北站仅需35分钟，前往南京主城区仅需一小时。

五　产业错位发展显能效

推进长三角合作一体化，除了要主动融入，也要积极招引承接产业转移。

中新苏滁高新区便是滁州市在长三角区域发展合作上的一个重大成果和重要载体，已成为皖苏两省跨区域合作的典范。

截至目前，园区内累计引进项目250多个，其中上市公司投资企业22个，世界500强投资企业2个。

从规划入手，从拆建起步，从招商起跳，从空白起家，中新苏滁高新区已迅速发展成为滁州市东部产城一体的现代化新城。

六 政务相融路路通

"一网通办"正为一体化发展带来更多内生动力。如今，想要在长三角开办企业的老板不必再为公司的相关事务所烦心，前往滁州的长三角"一网通办"窗口就可办理。

长三角"一网通办"，目前涉及松江、嘉兴、杭州、金华、苏州、湖州、宣城、芜湖、合肥、滁州、马鞍山、铜陵、池州、安庆三省一市，共计14个城市。首批事项涉及内资有限公司及分公司、个人独资企业及分支机构、外商投资公司的设立、变更、备案及注销和工业产品生产许可证发证、注销等30个事项，异地"一网通办"。

现在的滁州，依旧是改革创新的热土，它正充分发挥"双圈互动、左右逢源"的区域发展新优势，坚持错位发展，朝着成为长三角都市群中创新策源地和开放新门户进发。

第五节 "大包干精神"续写滁州新篇章

安徽滁州是中国农村改革的发源地。41年前，滁州市凤阳县小岗村18户农民摁下"红手印"，首创"大包干"，揭开了中国农村改革的序幕。如今，多项改革在滁州落地生花，又为这片热土注入强大的动力。

2016年4月25日，习近平总书记亲临小岗村视察，下麦田，进农家，来到"当年农家"院落，了解当年18户村民按下红手印、签订大包干契约的情景。总书记感慨道："当年贴着身家性命干的事，变成中国改革的一声惊雷，成为中国改革的一个标志。"习近平总书记强调，"雄关漫道真如铁，而今迈步从头越。"

牢记嘱托，开拓奋进，秉承"敢闯敢试敢为人先"的"大包干精神"，滁州在改革发展的道路上继续谱写新篇。

一 深化农村改革"大包干"精神在延续

农业是国民经济的基础。三年过去了，滁州大力弘扬敢为人先的"大包干"精神，深化农村改革，着力把土地盘活，让"红证书"带来"红票子"；着力把产权激活，让"股本子"实现"分红利"；着力把体系搞活，让"小农户"衔接"大产业"。

二 滁州积极改革试点、大力探索创新，在全省实现了"三个率先"、做到"三个第一"

滁州在全省率先完成农村土地承包经营权确权登记颁证任务，颁发了全省第一本农村土地承包经营权证；率先开展农村集体资产股份权能改革，颁发了全省第一本股权证书；率先开展农村土地承包经营权和集体资产股权抵押贷款，发放了全省第一笔"农权贷"。

一组数据展现了滁州农业发展新活力新变化：农业耕种收机械化率达82.2%，居全省第1位；粮食生产实现"十五年丰"。建成省级美丽乡村中心村180个。农村垃圾治理实现全覆盖。平安乡镇（街道）、平安村（社区）创建率分别达90%、92%。

三 集体经济"空壳村"全部脱壳

2019年，滁州市村集体经营性收入、农民人均收入分别较2015年增长283%、30%；小岗村集体收入、人均收入分别较2015年增长52%、43%。三年累计脱贫11.94万人，贫困发生率下降到0.54%。

农村改革只有进行时没有完成时，"大包干"精神仍在延续。农业强、农村美、农民富的美好愿景正在滁州这片沃土次第花开。

四 做好融通大文章深度融入长三角

如今，长三角区域一体化已上升为国家战略。近年来，滁州市抢抓长江经济带、南京江北新区建设等国家重大战略机遇，积极参与长三角区域分工协作，坚持错位发展，不断优化产业结构，深度融入长三角产业一体化。

滁州市将长三角地区作为招商引资主攻方向，积极参与产业分工，积极承接产业转移。近10年，沪苏浙地区在滁投资占全市利用外资比重达50%以上。

五 推进长三角合作一体化，搭建好合作载体平台是关键

中新苏滁高新区是滁州市深化长三角区域发展合作的一个重大成果和重要载体，也是长三角区域合作的重要成果之一，已成为皖苏两省跨区域合作的典范，亦成为承接高端产业转移的集聚地。

六 围绕"高端、外资、品牌"定位

中新苏滁高新区累计引进项目250多个，其中上市公司投资企业22个，世界500强投资企业2个。苏浙沪等长三角区域成为主要投资来源地，投资项目119个，总投资额310亿元。

滁州参照深圳、汕尾共同建设的深汕特别合作区模式，谋划构想在毗邻江北新区的来安县境内设立一个60平方公里的宁滁特别合作区，打造成为长三角区域一体化协调发展示范区，在推进长三角一体化发展中发挥先导作用。

七 围绕协同创新

滁州以苏浙沪30余家高校院所为重点对象，建立联络员制度，组织高校科研院所与企业开展产学研点对点合作活动200余场次，成功举办了"百所高校滁州行"、"南京高校滁州行"等大型对接活动，推进企业与全国100多所高校科研院所建立长期稳定的产学研合作关系。

备受滁州、南京两城人民期待的滁宁城际铁路最快将于2022年亮相，滁州段有望今年底全面开工建设，这也是全国第一条跨省城际铁路。滁宁城际铁路一期工程全线建成后，从滁州高铁站出发，前往南京北站仅需35分钟，前往南京主城区仅需一小时。

近年来，滁州市抢抓长江经济带、南京江北新区建设等国家重大战略机遇，深度参与长三角区域分工协作，充分发挥"双圈互动、左右逢源"的区

域发展新优势，坚持错位发展，不断优化产业结构，深度融入长三角产业一体化。

去年滁州市委常委会集体赴南京江北新区调研，并在全市组织开展了"对接大江北、建设新滁州"大讨论，广泛凝聚了各方共识。在此基础上，滁州市委、市政府提出规划建设"大江北"协同发展区，得到全市上下和南京方面的高度认同。

八　滁州市推进与长三角的常态化的合作机制，成效明显

据统计，近10年来沪苏浙地区在滁投资占全市利用外资比重达50%以上。2018年，该市446个新签约亿元以上招商项目中，苏浙沪项目238个，总投资600.8亿元，分别占全市签约总数和总投资的53.4%和39.8%；291个新开工亿元以上招商项目中，苏浙沪项目164个，总投资373.5亿元，分别占全市新开工总数和总投资的56.4%和51%；166个新投产亿元以上招商项目中，苏浙沪项目80个，总投资139.6亿元，分别占全市新投产总数和总投资的48.2%和34.2%。

九　紧抓新机遇，迎来"大江北"时期

改革开放以来的滁州，先后经历了打下农业基础的"大包干"时期，蓄积工业实力"大扬子"时期，拓展主城版图的"大滁城"时期。

2015年6月，国家批准设立南京江北新区，抢占区位优势的滁州，积极融入长三角，迎来"大江北"黄金发展时期。近几年来，滁州积极引进上下游配套企业，大力发展智能家电及电子信息及零部件等产业。现已拥有9家汽车制造企业、130多家汽车零部件制造企业。与国家级江北新区一河之隔的来安县汊河镇，以对接大江北为切入点，率先在江北新区顶山——来安汊河苏皖跨界板块寻求突破，推动全县经济社会持续健康发展。

十　深耕产城融合，加速新城崛起

2012年4月，由苏州工业园区开发主体——中新集团与滁州市人民政府合作共建的中新苏滁高新技术产业开发区正式建设。作为苏州工业园区走出江苏省实行市场化合作共建的第一个开发园区，新园区不仅全面复制了苏州工业

园区的成功模式，还在此基础上整体提升。

园区今年引入的31个项目中，有24个来自苏浙沪。据悉，园区现已形成新能源新材料、汽车及装备制造、电子信息、营养健康四大主导产业，累计引进项目258个，投产企业近百家。工作人员称，园区通过实行管委会和中新苏滁（滁州）开发公司"双主体"管理，设立"一会两委"工作制，提高入园门槛，严格把控长三角优质项目落地。

十一　推进旅游建设，美丽滁州放异彩

1000年前，一篇《醉翁亭记》向世人展现了滁州深秀的琅琊山和古朴的醉翁亭，引得无数文人墨客为其挥毫洒墨。如今的滁州，风光不减，绿意依旧，但向往滁州的人们，早已不限于文人墨客了。

旅游业作为滁州蓬勃发展的朝阳产业，是第三产业转型升级的关键。近年来，滁州紧抓区位和资源优势，全力推进全域旅游建设，琅琊山蔚然深秀，皇甫山层峦叠嶂；醉翁亭、丰乐亭古朴雅致；南京太仆寺，古朴恢宏；女山地质公园是国内保存最完整的古火山口之一，韭山洞号称江北第一溶洞，气象万千。

十二　示范区进入实质性建设

为加快推进与南京同城化发展，滁州市委、市政府决定实施"大江北战略"，建设"大江北"协同发展区，加快毗邻南京江北新区扇形区域率先整体融合、功能互补和协同发展，努力打造融入长三角一体化发展的先行区。以滁城为中心，深度打造天长、来安和全椒3个县城，加快乌衣、汊河、金牛湖、全椒东部新区四个新区开发建设。

2019年5月，国家印发《长江三角洲区域一体化发展规划纲要》，提出"支持顶山-汊河、浦口-南谯等省际毗邻区域开展深度合作，探索省际毗邻区域协同发展新机制"的决策部署。为落实好这一国家战略要求，10月11日，宁滁两市签署了《南京市与滁州市共同落实长三角区域一体化发展战略合作框架协议》以及两项跨界一体化发展示范区共建框架协议。11月28日，宁滁跨界一体化发展示范区对接会形成一致意见，两市联合印发了领导小组、工作职责和工作机制文件。

十三　苏滁高新区扩区启动西部大工业基地建设加速

长三角区域一体化发展上升为国家战略,对滁州而言是一次重大发展机遇。在加速融入借势发展的同时,滁州市依托自身优势加快全市发展,为进一步融入创造更优越的发展条件。

2012 年以来,在安徽省委、省政府的强力支持下,苏滁高新区经历白手起家,迅速发展成为产城一体的现代化新城。当初省政府批复园区工业和物流仓储等用地约 14200 亩,截至目前,仅剩 3500 亩,扩区发展迫在眉睫。

西部大工业基地建设在全市发展大局中占有重要的位置,滁州将西部大工业基地建设纳入长三角更高质量一体化发展的大局中整体谋划、统一推进,全年实现亿元以上工业项目新签约 121 个、新开工 81 个、新投产 60 个,到位资金 280.5 亿元。

十四　加快交通路网建设,完善基础设施互通互联

在过去的一年,滁州在融入长三角更高质量一体化发展这一进程中,交通路网建设取得长足进展。轨道交通方面,宁滁城际步伐加快,滁州段一期已完成投资 10 亿元,二期工程年底将开工建设;宁滁城际已列入《皖江城际铁路网规划》,解决了一直掣肘宁滁城际铁路南京段建设的通道问题;北沿江高铁在滁州并站、大墅设站,方案已得到国铁集团支持;宁淮铁路天长段线路技术方案获批。

在公路建设方面,滁州市与南京江北新区相衔接的省际高速公路已建成通车 4 条,目前,正在实施合宁高速改扩建工程,在建滁西环、来六、滁天、明巢等高速公路项目。国省干线公路已有效连接长三角地区。

滁州,独特的区位优势,缜密科学的发展理念,依靠南京的虹吸效应,积极无缝对接,精准发力,这几年的发展成果,已经证明了一体化发展的必由之路,将惠及长三角各个城市,发生共频共振,走向美好的明天。

第七章
皖南名城——池州

"妙有分二气,灵山开九华。"池州,简称池,安徽省地级市,是长江南岸重要的滨江港口城市,长三角城市群成员城市、皖江城市带承接产业转移示范区、全国双拥模范城市、国家森林城市,也是安徽省"两山一湖"(黄山、九华山、太平湖)旅游区的重要组成部分,皖南国际旅游文化示范区核心区域,是中国佛教四大名山之一的九华山所在地。

第一节 区域概况及经济综述

池州是一座生态独特、资源富集之城。现有国家和省级自然保护区5个、国家和省级森林公园4个、国家湿地公园2个,全市森林覆盖率59.2%,空气质量优良天数365天,负氧离子含量是世卫组织清新空气标准的35倍,主城区"城在山水中、山水在城中"。

华东最后一片原始森林、国家级野生动植物自然保护区牯牛降,中国鹤湖、国际重要湿地自然保护区升金湖,全国十佳"中秋最美赏月地"平天湖国家风景名胜区,300多个景区景点犹如一块块翡翠镶嵌在池州大地。

池州,简称"池",别名"秋浦",安徽省地级市。是长江南岸重要的滨江港口城市,长三角城市群中心区城市、全国双拥模范城市、国家森林城市。池州市位于安徽省南部,北与安庆市隔江相望,南接黄山市,西南与江西省九江市为邻,东和东北分别与芜湖市、铜陵市、宣城市接壤。全市辖1个区、3个县:贵池区、东至县、石台县和青阳县。总面积8272平方公里,常住人口

147.4万人。池州素有"千载诗人地"之誉，为省级历史文化名城，是中国佛教四大名山之一的九华山所在地。

公元621年设州置府迄今近1400年。历代名人李白、杜牧、陶渊明、苏轼、岳飞等都曾驻足池州，并留下宝贵的文化珍品。同时还有"中国戏剧活化石"贵池傩戏、"京剧鼻祖"青阳腔和东至花灯等一批国家级非物质文化遗产和源远流长的佛文化、茶文化。又素以生态闻名，有"天然大氧吧"之称，市域内森林覆盖率近60%，大气环境质量稳居安徽省前列，主要河流水质均在优、良以上，空气中的负氧离子含量是国家标准的35倍，2013年，荣获"中国人居环境奖"，2019年，荣获中国最具生态竞争力城市。

2019年，池州市实现地区生产总值（GDP）831.7亿元，比上年增长7.9%。据安徽省统计局反馈，2019年池州市地区生产总值831.7亿元（按第四次全国经济普查结果修订，2018年全市GDP为753.9亿元），比上年增长7.9%，比上年高2.2个百分点，比全省高0.4个百分点，增幅居全省第8位。其中，第一产业增加值83.9亿元，增长3.3%；第二产业增加值367.4亿元，增长9.7%；第三产业增加值380.5亿元，增长7.1%。

2003年，池州市被命名为全国双拥模范城，这是撤地建市以来荣获的第一张国家级名片；2007年，顺利实现了全国双拥模范城"两连冠"。

中国第一个生态经济示范区1988年池州地区复建以来，地委、行署根据区情特点，在对国内外发展战略深入研究、池州地区发展出路不断探索的基础上，超前定位"以青山清水为本、走生态经济之路"的发展方针，把建设生态经济示范区作为发展方向上的高起点定位、发展方式上的战略性转变、发展时空上的跨世纪工程来着力实施。1996年12月，池州被国家环保局批准为全国唯一的"国家生态经济示范区"试点地区；

1999年12月，被国家环保总局正式批准为中国第一也是唯一的国家级生态经济示范区。池州市最大特点是生态环境好、旅游资源丰富、境内处处山清水秀。"十一五"时期以来，池州市按照"加快建设以九华山为龙头、主城区为中心、各县区为支撑的大旅游格局"发展思路，全面实施"大九华、大旅游、大产业"发展战略，加快以九华山为龙头的旅游开发。2006年10月，池州市创建中国优秀旅游城市获高分通过，2007年初国家旅游局正式批准命名。国家级园林城市创建国家园林城市是提升生活质量、打造宜居城市的现实要求。

为充分彰显池州"城在山水中、山水在城中"的特色风貌，塑造池州"一城山水满城诗"的城市意境，促进池州市经济又好又快发展，"十一五"期间池州启动创建国家园林城市，于2010年2月4日正式被国家住房和城乡建设部命名为国家园林城市。池州市是安徽省1996年公布的第二批安徽省历史文化名城。2019年8月，被评为2018年"中国外贸百强城市"。2019年8月28日，池州市入选第四批中央财政支持开展居家和社区养老服务改革试点地区名单。

2019年池州地区生产总值831.7亿首次破800亿元大关。经济总量反映的是一个城市发展的基本面。从纵向来看，2019年池州地区生产总值增幅为7.9%，比上年高2.2个百分点，创近三年来新高。

多项经济指标"抢眼"，主要经济指标是一个城市经济运行的"晴雨表"。除了地区生产总值外，2019年，池州多项经济指标增幅好于预期、快于全省。

工业增加值是经济发展的核心指标。2019年，池州市规模以上工业增加值比上年增长11%，比上年高2个百分点，高于年初预期3个百分点，快于全省3.7个百分点，居全省第3位。

从安徽全省来看，2019年全省规模以上工业增加值增长7.3%，增幅比全国高1.6个百分点，居全国第10位；11个市超过全省增速，分别为滁州、亳州、池州、阜阳、宣城、宿州、马鞍山、黄山、芜湖、合肥和六安。

此外，2019年，池州固定资产投资增长10.7%，高于年初预期0.7个百分点，快于全省1.5个百分点，居全省第8位；进出口总额完成年度目标任务，增长10.2%，快于全省0.8个百分点，居全省第11位。从收入和消费来看，2019年，社会消费品零售总额增长10.8%，高于年初预期0.8个百分点，快于全省0.2个百分点，居全省第9位；城镇居民人均可支配收入33747元，增长9.3%，比全省高0.2个百分点，增幅居全省第6位；农村居民人均可支配收入16099元，增长9.5%，比全省平均水平多683元；居民消费价格上涨2.6%，低于年度控制目标。

从农业来看，全年粮食产量64.8万吨，比上年增长0.03%，增幅居全省第7位，自2004年以来连续16年稳定在60万吨以上。

从工业来看，有色、钢铁、化工、非金属矿加工等行业增加值分别增长

20.2%、16.6%、17.2%、9%，是全市工业经济增长的稳定器。再看战略性新兴产业。2019年，池州战略性新兴产业产值增长32.5%，快于全省17.6个百分点。全省仅6个市增速超过20%，池州是全省唯一增速超过30%的城市，居全省首位。与此同时，2019年池州高新技术产业增加值增长19.6%，快于全省5.9个百分点，居全省第3位。全市加快推进高质量发展取得显著成效，新旧动能转换明显加快。

此外，现代服务业快速增长。2019年，池州市以文化旅游为主的其他营利性服务业营业收入（规模以上口径）增长26.2%，比上年高8.9个百分点；电信和邮电业务总量分别增长84.1%、30.6%；网上商品零售额增长12.4%。

发展后劲更加充足，稳就业、稳金融、稳外贸、稳外资、稳投资、稳预期——2019年，这些政策措施的成效不断显效，成为池州市经济增长的重要支撑。

城市发展靠产业，产业集聚靠投资。2019年，11个市固定资产投资达到或超过全省平均增速，9个市超10%，池州居全省第8位。其中，制造业投资对全部投资增长支撑作用大，2019年制造业投资比上年增长33.7%，拉动全部投资增长10个百分点；平天湖（西部）生态湿地、德上高速池州段、美丽乡村建设等一批基础设施和民生项目建设，拉动基础设施投资增长18.9%，比上年高18.4个百分点，居全省第7位；

随着固定资产投资的扩大，越来越多的大项目、好项目落户池州、开花结果。2019年，池州市扩大有效投入，贝腾智能装备制造等180个亿元以上项目开工建设，长九一期等85个项目竣工投产，工业投资增长29.6%，连续10个月领跑全省。

第二节　池州融入长三角一体化发展实践及构想

池州市委、市政府坚持按照安徽省委、省政府对池州发展的定位，大力实施"生态立市、工业强市、旅游兴市、商贸活市、文化名市"发展战略，紧紧依托"一带三区"平台，着力强化工业、旅游"两大产业支撑"，加快建设国家级生态经济示范区、世界级旅游目的地和美丽中国建设先行区。

一 "两高一首"产业挺起池州发展的脊梁

坚持产业选择与池州生态相融、与国家产业政策同向，大力发展电子信息、高新技术、高端服务"两高一首"产业，基本形成以电子信息为首位，旅游文化为主导，装备制造、材料及新材料、新型化工、节能环保为支柱的"1+1+4"的现代产业体系。

——电子信息产业：池州被列为安徽省电子信息产业发展次中心，初步形成以安芯科技为龙头的芯片设计制造、华钛半导体为龙头的封装测试、铜冠3万吨高精度电子铜箔为龙头的电子基础材料的全产业链，正在朝着半导体产业集聚发展基地目标迈进。

——旅游文化产业：形成以九华山为龙头的环九华山佛教文化观光旅游圈、以杏花村文化旅游区为核心的环主城区生态休闲文化旅游圈、沿升金湖－秋浦河－牯牛降生态旅游带的"两圈一带"旅游文化发展格局，正在朝着世界佛文化观光胜地、国际生态休闲城市目标迈进。

——装备制造、材料及新材料、新型化工、节能环保等产业在细分行业中占有一席之地，中航工业、中恒天、中电建、中建材、中储粮、广东物资集团、南京红太阳集团、广信农化集团、铜陵有色集团、安徽海螺集团等一批央企国企和大企业、大集团公司先后落户池州。

二 池州融入长三角一体化发展实践及构想

构建多层次合作平台。池州2016年纳入长三角城市群，2018年加入长三角城市经济协调会，是皖江城市带承接产业转移示范区和皖南国际文化旅游示范区，定期选派县处级干部到上海、浙江等地挂职锻炼，与上海外高桥集团、虹桥商务区以及有关行业协会等开展战略合作，市经开区与苏浙沪4个国家级经开区缔结了园区合作协议，江南产业集中区与3个园区建立合作关系。

推进交通互联互通。近年来，池州致力于建设对外特别是与长三角地区的交通体系，建成宁安城际铁路、沪渝高速、九华山机场等一批重大交通基础设施项目，与上海、南京、杭州、合肥等长三角区域中心、副中心城市时空距离压缩到4小时之内，池州港与南京港、南通港、江阴港等港口建立一体化通关联运合作关系。

主动融入长三角一体化发展。以产业承接为主攻项，聚焦苏浙沪地区，组建"6+N"产业招商小分队驻点招商，构建了"4+3"产业体系，近年引进的省外投资商60%以上来自沪苏浙。以"人才+平台"合作模式促进长三角科技成果转化，共吸引长三角地区23名高层次创新人才团队来池创业，全市战略性新兴产业占规模工业比重提升到30%。以"总部经济+生产基地"合作模式引进长三角先进制造业，上海西恩新材料、东至袜业小镇等重点项目成功落户。

以"产业转移+组团承接"合作模式打造承接长三角产业转移基地，形成产值80亿元的轻纺基地以及童车产业园区、铝基材料基地；以"产业嵌入+补链发展"合作模式提升优势主导产业，利用非金属矿资源优势，培育长智PC构件、省交控PC构件等装配式建筑项目，为长三角装配式建筑市场提供优质供给；铜冠铜箔50%的铜箔产品供往长三角地区；飞渡科技公司同上海航天技术研究院合作研制生产火箭军专用武器装备，实现军工产业"零"的突破。以"山水土气"优质资源为依托发展文化旅游和健康养生产业，来自长三角地区游客占全市过境游客的40%。

三 下一步主要举措

（1）推进科技创新。推进细分领域战略合作；推进产业层次提升；推进合作共建研发分中心；推进高层次人才队伍建设。

（2）促进产业发展。加快发展具有竞争优势的现代制造业；加快培育以融合发展为主线的现代服务业；加快发展以一二三产融合为核心的现代农业。

（3）强化生态环保。共守生态安全；共推环境治理；力推循环经济升级发展。

（4）加快交通基础设施建设。加快构建高速铁路通道；加快构建高等级公路通道；加快构建绿色水运通道；加快构建高效航空运输通道。

（5）提升服务能力。建立长三角城市群内高校毕业生、农民工等重点群体就业联动机制，推进社会保险特别是养老、医疗等保险关系的异地转接衔接，学习和借鉴长三角地区好的经验建立教学科研合作平台、合作基地，加强医疗卫生合作。

（6）重点研究：长三角一体化发展中功能定位，港口江海联运枢纽建设，合作共建园区和"飞地经济"模式，江南水乡古镇生态文化旅游圈建设。

第三节　发挥区位优势，破解发展难题

池州是一座交通便捷、区位优越之城。宁安高铁、铜九铁路、沪渝高速横贯东西，京福高速、京福高铁、济广高速以及正在建设推进的池州长江公路大桥、望东长江公路大桥、梅龙公铁两用桥贯通南北。长江黄金水道流经池州162公里，池州港是溯江而上最后一个万吨轮通达地，800里皖江唯一涉外游轮停靠港，国家一类开放口岸。九华山机场先后开通北京、上海、广州、深圳等多个全国重要城市航线。"公、铁、水、空"，完备的立体交通体系，池州的区位优势正在加快转化为发展优势。

那么，池州在融入长三角一体化发展过程中有哪些优劣势？

池州与沪苏浙地缘相近、人缘相亲、文化相通，交流合作源远流长。2011年，池州市承办了长三角地区合作与发展联席会议办公室第一次会议，2016年正式成为长三角城市群一员，2018年成功加入长三角城市经济协调会，建成宁安城际铁路、沪渝高速、九华山机场，谋划推进了合肥-池州-黄山-温州高铁等一批重大交通项目。但是，池州市参与长三角一体发展的领域比较窄、层次比较低，战略视野不宽，主动意识不强，成效不够明显。

在融入新一轮长三角一体化发展过程中，池州必须立足自身优势与特色，牢牢把握"高质量"和"一体化"两大关键词。

第一，"高质量"是根本要求。一方面，长三角地区是我国经济社会发展的重要引擎，是长江经济带的引领发展区，也是我国参与国际竞争的重要平台，理应以"高质量"发展为导向和目标。另一方面，相对于前一阶段长三角区域的合作方式和内容，池州市参与的深度和广度都很有限，需要加快注入更多、更实、更有质量的合作内容。

第二，"一体化"是主线。新一轮的一体化发展应是全方位、多层次、宽领域的一体化。目前，《长三角地区一体化三年行动计划（2018~2020年）》已经印发，覆盖了12个合作专题，且聚焦7个重点领域，形成了一批项目化、可实施的工作任务，国家发改委正在起草《长江三角洲区域一体化发展规划

纲要》，池州市将抓紧起草实施方案，在国家顶层设计下抓好对接落实。

池州应该如何绘制长三角一体化进程"路线图"和"任务书"？

首先，池州要突出"战略衔接"。由于地缘区位、现实基础等原因，池州市缺位了省际一些重要的战略合作抓手。为此，推进长三角一体化，必须在大的战略合作平台和抓手上有所突破。要谋划形成若干以池州市发起主导的省际合作战略。如：依托池州市现有的钢铁、水泥、砂石等要素资源和项目，打造全国最大、服务长三角的装配式建筑生产基地。

力争在现有省际战略合作中占有一席之地。如：争取将江南产业集中区纳入长三角产业合作示范区；以池州高新区创建国家级高新区为契机，打造 G60 科创走廊的科技成果转化基地；积极争取开发皖浙 2 号健康之旅，在文化旅游大健康等领域推进战略合作。

其次，要突出"产业承接"。积极推进园区合作共建，推进国家级池州经济技术开发区与长三角地区合作共建园区。统筹用好多种合作平台，鼓励朱备禅修小镇等省级特色小镇龙头企业与沪苏浙旅游健康领域龙头企业开展合作，推进与上海外高桥集团、虹桥商务区等战略合作深化，加强智慧城市、智能制造、智慧旅游健康等领域项目谋划。

最后，要突出"项目嫁接"。推进交通互联互通，构建沿江立体综合交通走廊，全面提升区位交通优势。高速铁路方面，加快建设武杭高铁池州至黄山段，全力推进合肥—池州城际铁路、池州长江公铁大桥等前期工作，谋划推进池州至九江、池州（青阳）－宣城（泾县）城际铁路。

高速公路方面，加快德上高速池州至祁门段建设，积极推进宣城－青阳－石台－东至高速公路尽快开工。水运通道方面，加快青通河、秋浦河、九华河等重要通航河流整治进程。航空运输通道方面，加快池州九华山机场改扩建，拓展长三角城市航线，开通国际旅游包机。深化能源领域合作，推进石台抽水蓄能电站等项目尽快开工建设，共同谋划推进一批多领域、多层次的重大项目。

第四节　潮涌长三角，风动皖西南

2019 年 8 月 13 日，池州市委、市政府印发《池州市融入长三角一体化发展行动方案》,明确了池州融入长三角一体化发展的总体思路、目标任务和重点举措,绘制了清晰的"施工图",拉开了长三角一体化发展国家战略在池州进入全面施工阶段的大幕。

池州位于安徽省西南部,北临长江,南接黄山,西望匡庐,东眺金陵,是安徽省最年轻的地级市之一,撤地建市不到二十年。

池州与长三角沪苏浙等地地缘相接、山水相连、人文相融,经济社会交流合作源远流长。早在明清时期,池州隶属南直隶,就已经是长三角的一员。新中国成立以后,上海在池州境内布局了近20家"小三线"单位,存续时间长达24年,可以说是发出了长三角区域合作和产业转移的"先声"。

改革开放以来,池州与长三角沪苏浙等地在经济、社会、人文、生态等方面的联系日益密切。特别是在安徽提出"呼应浦东、开发皖江"以后,池州一以贯之坚持东向发展战略。

2008年,安徽加入泛长三角"大家庭"。2010年,池州列入皖江城市带承接产业转移示范区。2011年,池州承办了长三角地区合作与发展联席会议办公室第一次会议。2014年,池州列入皖南国际文化旅游示范区。2016年,池州正式成为长三角城市群一员。

未来已来。长三角区域一体化发展与池州市矢志不渝东向发展一脉相承,可谓水到渠成。时不我待。对池州来说,长三角区域一体化发展无疑是重大的战略机遇,必须只争朝夕。

从发展空间看,长三角区域一体化发展有利于发挥池州市生态环境、承载空间、资源禀赋等叠加优势,在更大范围、更高层次上参与长三角地区产业分工合作和要素资源的优化配置,并借助长三角区域大市场,推动池州的优势产业、优秀企业加快做大规模、做强质量。

从发展动能看,长三角区域一体化发展有利于加快承接长三角区域产业转移和上海制造业外溢,加快打造具有较强竞争力的战略性新兴产业集群,培育经济发展新动能。

从发展条件看,长三角区域一体化发展有利于加快与沪苏浙在基础设施、产业分工、市场体系、公共服务等领域的互联互通进程,实现发展规划、政策机制等全方位等高对接,进一步提升发展支撑条件。

从发展保障看,长三角区域一体化发展有利于近距离学习营商环境"模范生"，进一步解放思想、创新机制、提升能力，实现发展理念、发展环境等高对接。

长三角区域一体化发展，其时已至，其势已成，池州准备好了吗？

从交通、产业、项目，到机制、理念、思想，池州坚持向东看、向东学，勇立潮头唱大风。

在融入长三角一体化发展过程中，池州扬"池"所长、借梯登高，努力打造承接产业转移的集聚区、旅游休闲的后花园和健康养生首选地。

池州市通过积极参与长三角协同创新，加快传统产业转型升级，大力培育和发展战略性新兴产业和先进制造业是池州融入长三角一体化的重要着力点。近年来，池州市利用自身政策、劳动力成本、资源等优势，积极承接产业转移，加快工业转型升级，推动构建了现代装备制造、现代化工、金属非金属材料、绿色有机农产品加工和电子信息、旅游、大健康"4+3"产业体系的骨架，累计吸引长三角地区23个高层次创新人才团队来池创业，全市战略性新兴产业占规模工业比重提升到30%以上。

全域旅游时代，旅游交通日益重要。池州市"铁、公、机、水"交通四要素俱全，拥有162公里长江黄金水道，宁安高铁、铜九铁路和5条高速、6条国道贯通全境，九华山机场先后开通10余条航线，德上高速池州段、池州—黄山高铁项目关键性工程正在加快建设，池州长江大桥2020年建成通车，交通越来越便捷。做到"快行"，还要做到"慢游"，让旅客在路途也能欣赏美景。

"池州从'山、水、土、气'生态本底优势出发，把大健康产业作为新的支柱产业加以重点培育，努力将'九华圣境、健康之都'品牌叫响全国，成为长江经济带乃至全国大健康产业发展的示范区域，打造'首选地、五中心'，即中国健康养生首选地，中国生态养生中心、禅修养生中心、户外运动中心、健康食品中心、医疗康复中心。"市卫生健康委相关负责人介绍。

2019年6月，上海、江苏、浙江、安徽民政部门在沪签署合作备忘录，共同促进区域养老资源共享，激发养老服务市场活力，池州被确定为开展区域养老一体化的首批试点地区之一。

按照长三角"一网通办"业务标准和规范，池州分别设立企业服务"一网通办"专窗和个人服务"一网通办"专窗，市级政务服务网新增长三角地区政务服务"一网通办"专栏，依托线下专窗与线上系统的结合，在长三角14个试点城市实现线上"一地认证、全网通办"、线下"收受分离、异地可办"。

完善"皖事通"App池州分站内容，提供智慧公交、VR全景、旅游实景体验等7项服务，与长三角其他省市移动端实现"无感换乘"；并实现企业营业执照、居民身份证、驾驶证、结婚证、居住证、行驶证、出生医学证明等7种证照在"皖事通"App上电子亮证。

公开数据显示：池州近30万的常年外出务工创业者，70%以上以沪苏浙等先发地区为目的地；来池州旅游的省外游客中，来自沪苏浙地区的占到50%以上；池州历年来引进的省外投资商，来自沪苏浙地区的占到60%以上。

近年来，长三角一体化的加速发展促进了长三角地区的产业转移，不少沪苏浙的企业向池州转移。浙江省嘉兴市的原支柱产业之一纺织服装业，目前正有序转移到江南产业集中区。青阳县童车产业园主要由浙江嘉兴平湖的童车企业转移而来，12家企业形成了完整的产业链。龙钱玩具有限公司从上海搬来，产能扩大了一倍，技术也有了升级更新，未来将把上海的企业整体搬迁到青阳。

池州按下长三角"快进键"。今天，池州登上长三角区域一体化发展大舞台，按下全面融入长三角"快进键"。

作为长三角中心区城市，池州的"中心区"格局在哪里，"中心区"抱负是什么？《池州市融入长三角一体化发展行动方案》明确了池州的战略定位，给出了答案。

——承接产业转移示范区。以"4+3"产业为主要承接方向，打通产业整体转移与精准承接通道，在承接中创新，在创新中升级，建设先进制造业基地和现代服务业基地。

——国际文化旅游示范区。推进文化、旅游、生态、康养融合发展，创成国家全域旅游示范区、国家医养结合示范市，加快打造成为世界级旅游目的地和中国健康养生首选地。

——生态优先绿色发展示范区。扎实推进水清岸绿产业优美丽长江经济带（池州段）建设，加强生态修复和环境治理联动，建设美丽中国先行区。

未来池州的发展目标将分为两个阶段。

第一阶段,到2025年,主要经济指标增幅保持全省同步水平,总量与长三角城市差距持续缩小,在科创产业、基础设施、生态环境、公共服务、体制机制等领域基本实现一体化发展。

第二阶段,到2035年,全面融入长三角一体化发展水平明显提升,基础设施基本实现互联互通,人均主要经济指标基本达到长三角平均水平,人民基本生活保障水平、公共服务水平与长三角平均水平大致相当,现代化绿色池州创新池州幸福池州基本建成。

无论是从人口、GDP或者是知名度来考量,池州都算是长三角城市群里的一位"小兄弟"。这一点在2016年印发的长三角城市群发展规划里也有明确提及,池州是Ⅰ型小城市。

小城市也有大梦想。面朝大海,池州将扬"池"所长,积极融入长三角一体化发展的大潮,相信池州凌空一跃,会化鱼成龙。

第五节 池州未来发展可期可待

池州是一座历史文化名城,生态环境比较好,适合宜居,尤其是九华山这座著名的佛教圣地,也是安徽省仅次于黄山的著名风景区,在安徽省旅游经济中,占了重要比重。与全国的风景区相比,九华山的名气是非常靠前的,在宗教文化方面享有较高的声誉,所以池州市可以大力发展旅游经济,多渠道增加旅游财政收入。

从区位优势来看,近几年,安徽省政府搞了不少政策,提出要发展长江沿岸港口城市。过去一段时间,安徽一直把经济中心放在合肥,其实合肥并没有啥独特的资源,但它毕竟是省会,经济发展必然优先,这个没有办法。从区位上看,池州是安徽南端的大门、咽喉之地。空间发展格局上优越性比较大,同时,池州靠近长三角,是泛长三角,参与长三角经济转移协作的核心城市之一。

交通运输方面,池州是皖江城市,长江中下游西边的中心,也是安徽省重要的港口之一。拥有长江天堑,滨江港口,通航四通八达。目前池州正在大力建设各类一级、二级港口,船舶制造业迅速发展。

九华山机场已经开通运营,目前按照4C级建设,保留建设成为国际大型机场。宁安铁路穿境而过，池州到南京、上海旅行时间大大缩短，拉近了与长三角各中心城市的空间距离及合作交流，加快区域一体化进程，促进池州市经济持续快速发展具有重要的意义。

从国家政策上看，池州市是皖江城市带承接产业转移示范区（国家级）核心成员之一，是承接产业转移的主轴，是安徽省目前乃至今后一个时期经济发展最具活力和潜力的增长极城市之一。其中，江南产业集中区是参与长江经济协作转移的试点区，是池州市和安徽省经济发展的龙头经济区之一。另外，池州国家级经济开发区、省级池州市高新技术产业开发区、省级前江工业园区等经济发展较快。

综合以上，池州市尽管有以上的优势，但是池州是山区城市，管辖面积大，但是市区可发展空间小，在大发展、大建设的前提下，土地利用和高质量发展是相当迫切需要的。

第一，聚力安徽省半导体基地攻坚。据了解，池州瞄准高精尖发力。中建材"三新"产业园一期3D玻璃盖板、英诺新材料二期、联科半导体、诚和美电子等一批半导体产业项目建成投产。

第二，重点项目建设稳步推进。围绕长三角区域一体化发展战略，池州加强了项目推介和引进。2019年11个总投资达22.8亿元的拉链智能装备及高端拉链产业园项目集中签约，目前产业园布局设计和部分项目可行性研究报告编制完成，正在进行土地招拍挂手续工作。

第三，坚持创新驱动发展。池州把引智作为重点工作。建成院士工作站、省级博士后科研工作站各1个。铜冠铜箔成功研发出最薄$4.5\mu m$铜箔和用于5G通讯的反转铜箔。新认定省高层次创新创业人才团队1个、市第四批"322"产业创新团队4个，引进高层次人才5名，入选安徽省制造业优秀企业家1人。此外，积极推动与复旦大学张江研究院共建池州光华微电子技术创新中心。池州半导体产业学院已正式揭牌。

长三角一体化发展国家战略为集中区发展带来巨大机遇，池州将抢抓机遇、全面对接，力争到2025年把集中区打造成为承接新兴产业转移优选区，并形成产业特色鲜明、增长动力强劲、生态空间优美、政务服务高效、引领效应明显的高质量发展新格局。

池州是长三角对接"一带一路"、联通长江经济带的皖南西向门户，也是皖江城市带承接产业转移示范区的重要成员、皖南国际文化旅游示范区核心城市。

2019年8月13日，池州市委、市政府印发《池州市融入长三角一体化发展行动方案》，拉开了长三角一体化发展国家战略在池州进入全面施工阶段的大幕。池州市成立池州市推动长三角区域一体化发展领导小组，设立交通、能源等14个专题组，围绕《行动方案》提出2019年55项重点工作，形成工作任务、责任清单进行重点推进，取得了积极成效。

第一，产业合作扎实开展。聚焦"4+3"产业体系，池州市积极承接和融入长三角优势产业，积极参与长三角产业分工协作体系，推进市、县"6+N"产业招商小分队驻点招商。1~11月份，引进智慧康疗小镇、保盛创富产业园等长三角地区项目138个，占全市引进省外亿元项目64%。其中，在省党政代表团赴沪苏浙对接活动开展过程中，池州市与沪苏浙客商签约了池州市杏花里、绿地（池州）国际贸易产业园等4个10亿元以上重大项目，总投资145亿元。

第二，科创合作成效明显。积极吸引长三角知名大学大院大所在池州市设立分院分校、研发基地及联合办学，池州经济开发区与东华大学周勤之院士合作建立院士工作站，创建国内一流制鞋用缝制装备科技创新基地，与上海航天控制技术研究所共建上海惯性技术工程研究中心（池州）。

第三，文旅合作深入推进。池州全市认真落实《长三角城市旅游合作协议》，参加长三角三省一市旅游协会联席会议、浙江省（江苏）旅游交易会、首届浙皖闽赣国家生态旅游协作区推进会、"缤纷长三角"主题系列文化活动等各类合作平台，赴南京、无锡、苏州、上海等长三角城市开展高铁旅游恳谈会，积极打造3小时、4小时长三角黄金文化旅游圈。1~11月份，沪苏浙游客占省外游客的54.73%，较去年同期提高1.5个百分点。

第四，健康合作全面展开。参与长三角养老一体化试点取得积极进展，与上海市、静安区民政局及上海市养老协会联合体进行多轮对接和互访，年内将与静安区政府正式签订合作协议，并将出台《池州市长三角区域养老一体化试点行动方案》。建立长三角工作的池州籍医学人才信息库，目前已入库60名。推动市池州人民医院等与上海交大附属六院等长三角医院进行医疗协作。完成异地就医门诊直接结算信息系统改造，实现长三角区域异地普通门诊就医费用直接结算。

第五，园区合作积极推进。积极与沪苏浙开发园区对接，采取托管园、共建园、园中园等多种形式寻求园区合作共建。

皖江江南新兴产业集中区于2010年6月设立，北滨长江，西靠池州，东临铜陵，南望九华，总规划面积199.43平方公里。集中区拥有长江深水岸线14.5公里，全年可通行万吨级船舶；铜九铁路、沪渝高速公路、318国道、321省道穿境而过；区内九华山机场已开通北京、上海、深圳、广州等10余条航线，"水陆空铁"立体交通网络已形成，全面融入长三角"3小时"都市圈、南京及合肥"1.5小时"通勤圈。

集中区聚焦"新兴"和"高质量"两个关键，紧抓长三角一体化发展等重大战略机遇，主动参与长三角产业协调、分工合作，推动与苏州常熟高新区、上海嘉定工业园、南京江宁开发区等多个苏浙沪园区开展合作共建等取得了积极进展，当前主要举措是——

一是产业引领。围绕发展定位，坚持以规划为引领，聚焦机械电子、新型材料、大健康等主导产业和"数字经济"产业，做深做实产业规划，编好"十四五"发展规划。实施智慧教育基地建设工程、军民融合产业园建设工程、高端装备制造建设工程、高端工业铝材建设工程、高端纺织材料建设工程、大健康产业基地建设工程等六大工程，推动产业闭合、提升产业集聚力，构建先进制造业、现代服务业为主导的优势产业集群。

二是精准招商。持续紧盯长三角区域招商，抬高项目准入门槛，全力引进高新技术、细分行业龙头和专精特新企业，着力推进托管园、共管园、园中园等共建共管园区建设，做到精准对接、绿色承接、高端承接。同时，突出产业链招商、基金招商、"园中园"招商，确保"基金+产业园"项目取得新突破。

三是夯实平台。按照打造池州城市组团和滨江产业新城要求，实施"基础设施承载力、公共服务配套、内外联通网络体系"三大提升工程，深化细化商业开发和公共配套方案，推动高端住宅、商业开发与知名学校、综合性医院等公共配套、商业配套同步落户、建设，加快打造现代化滨江产业新城。

四是做优服务。对标沪苏浙营商环境，打通涉企服务最后"一公里"，建立健全容缺审批机制，优化全程代办机制，落实定期召开企业座谈会机制，为项目落户到投产提供全周期跟踪、全流程服务。继续实行疫情防控包保服务机制，确保疫情防控常态化、精准化，保障项目加快建设、产能加速释放。

随着长三角一体化的进程，北临长江，南接黄山，西望匡庐，东眺金陵的池州，虽然设市时间不长，但这座城市的历史很长。池州的自然风光，曾经让历代文人墨客流连吟诵，为这里的山川风物挥毫泼墨，也让池州有了"千载诗人地"的美誉。如今，以往诗人笔下的美景，已然成为这座城市对外交往的"名片"，池州只要鼓劲冲天一飞，就会临高山而望远，跻身长三角一体化发展高速列车的池州定会到达美好的彼岸！

第八章
书香名城——宣城

安徽宣城地处皖东，拥有2100多年建城史，自古以盛产宣纸、宣笔、徽墨、宣砚等文房产品而闻名，被称为中国唯一的"文房四宝之城"。这座因文化昌盛而兴旺千年的城市，如今正借助长三角一体化的东风，迎来了新一轮发展机遇。

第一节 区域概况及经济综合概要

宣城，简称宣，古称宛陵、宣州，是安徽省地级市，地处安徽省东南部，东临浙江省杭州、湖州两市，南倚黄山，西和西北与池州市、芜湖市毗邻，北和东北与本省马鞍山及江苏省南京、常州、无锡接壤，处在沪宁杭大三角的西部腰线上，是南京都市圈成员城市，G60科创走廊中心城市，皖江城市带承接产业转移示范区一翼，是皖苏浙交汇区域中心城市，东南沿海沟通内地的重要通道。

宣城市辖1个市辖区和4个县，代管2个县级市，常住人口264.8万人。宣城地处江南，自古便有"南宣北合"一说。自西汉设郡以来已有2000多年的历史。宣城自西汉时起就一直是江东大郡，晋永嘉年间，首开文化昌盛之风，历经六朝。境内有文房四宝文化、徽文化、诗歌文化、民俗文化、饮食文化、宗教文化、宗氏文化并存共荣，素有"宣城自古诗人地"、"上江人文之盛首宣城"之称，敬亭山被誉为"江南第一诗山"。

宣城是中国文房四宝之乡、中国鳄城、江南通都大邑、江南鱼米之乡、长三角城市群核心区城市，获得国家历史文化名城、国家卫生城市、国家园林城市、国家森林城市、全国文明城市等荣誉。2019 年 11 月 21 日，宣城入选"2019 中国地级市全面小康指数前 100 名"。2019 年，宣城市全年地区生产总值 1561.3 亿元。

宣城市位于安徽省东南部。东临浙江省长兴县、安吉县、杭州临安区，南倚黄山市，西和西北与池州市、芜湖市毗邻，北和东北与马鞍山市及江苏省南京市高淳区、溧阳市、宜兴市接壤。

据宣城市统计局发布的 2019 年 1~12 月的全市主要经济指标数据，资料显示，2019 年宣城全市完成 GDP 总量为 1561.3 亿元，增速为 7.8%，这个经济总量在全省来说排位并不靠前，去年 GDP 修正之后，安徽的增量居全国前列，以 2018 年的初步核算数来看，全省 2019 年度实际增量达七千多亿元，具体到宣城市，实际增量只有两百余亿元。

宣城作为只有一个市辖区的省辖市，建市较晚，中心城区规模在全省来说也是很小的，不过随着双百城市的新定位，全市的发展格局进一步提升，但宣城有一个特点就是县域经济较强，特别是以宁国、广德和郎溪为代表的三个市县，近年来为全市经济发展特别是工业经济的大提升做了很大贡献。

接下来结合统计数据，给大家来解读一下宣城市各县域（含市辖区，下同）2019 年度的主要经济成绩。

先来看 GDP，全市县域最高的是宣州区，达到 425.96 亿元，这里得说明一下，其实要从县域的角度来看，自 2016 年开始，宣州区的经济总量一直是连续位居宣城各县市区首位的，也就 2015 年度的时候比宁国少十几个亿，毕竟是中心城市所在地，还有一些市本级的经济发展平台，宣州区在经济总量上自然会有一些优势，虽说工业经济并不强。

宁国和广德一直以来都是全市的工业强县，两地的规工企业数差不多占到全市的一半了，以 2018 年的数据为例，全市规工企业数是 1491 家，而宁广分别达到 325 家和 345 家。2019 年度，宁广的 GDP 分别是 367.32 亿元和 321.16 亿元，从这个数据来看，广德比宁国还是要少 40 多亿元，两地增速也都是超过了 8%，广德比宁国高 0.3 个百分点，增速居全市首位。

宁国，从上一年度的情况对比来看，广德的经济总量与宁国已经在快速的缩小中，由 2018 年度的 60 余亿到 2019 年度的 40 余亿元，照此形势来看，宁广之间的保位和进位之战已是越来越激烈了。

GDP 排在全市第四位的快速崛起的郎溪县，去年达到 180 亿元，再往后的县其经济总量分别是：泾县 126.26 亿元、绩溪县 87.93 亿元、旌德县 52.60 亿元。

回头再来看看财政收入，地方财政收入中，宁国市居全市首位，达到 30.90 亿元，宣州区虽然经济总量比宁国高好几十个亿，但财政收入却比宁国要少一点，去年达到 29.42 亿元，居全市第二位，广德市达到 27.13 亿元，从占 GDP 的比例来看，广德经济发展的质量较高，当然了，宁国也是不错的。再往后看，其余四个县 2019 年度的地方财政收入分别是：郎溪县 20.73 亿元、泾县 15.29 亿元、绩溪县 8.19 亿元、旌德县 6.41 亿元。

宣城，2015 年 11 月，获得"国家森林城市"称号。2016 年 1 月，喜获"国家园林城市"称号。2016 年 7 月，荣获"全国双拥模范城"称号。2017 年 11 月，被评选表彰为第五届全国文明城市。2018 年 11 月，入选中国城市全面小康指数前 100 名。2019 年 11 月 6 日，入选中国地级市百强第 52 名。2019 年 11 月 21 日，入选"2019 中国地级市全面小康指数前 100 名"。2019 年 11 月 25 日，入选"2019 中国城市品牌评价百强榜（地级市）"。2019 年 11 月，获得"'七五'普法中期先进城市"称号。

第二节　东向融入长三角　深度发展结硕果

在长三角三省一市中，苏浙沪有一个唯一交界处，苏浙皖也有一个唯一交界处——那就是宣城，安徽省宣城市与浙江省杭州、湖州市，江苏省南京、常州、无锡市接壤。

因此，安徽省给宣城的定位是努力打造皖苏浙省际交会区域中心城市，奋力争当长三角一体化高质量发展安徽排头兵。

不过，在长三角内部，宣城并不是一个经济发达的城市。宣城 2016 年 GDP 首次突破千亿大关，2018 年达到 1317.2 亿元，在长三角城市群 27 个城市中，排名第 24 位。

但宣城的一个优势在于，作为长三角的几何中心，宣城是东部向中部地区产业转移、经济辐射的必然通道，具有天然的区位优势。

如何融入长三角区域一体化发展？宣城给出的答案是——

要充分发挥自身"东部的市场、中部的成本"的天然优势，大力推进园区合作共建，积极承接长三角地区产业资本转移。

2019年5月，长三角地区主要领导座谈会在安徽芜湖召开，接下来，长三角一体化发展规划纲要也已经出台，长三角发展进入了一个全新的阶段。这个全新的阶段，会给宣城带来什么呢？

长三角一体化上升为国家战略，对于所处长三角区域的城市来说，是一件欢欣鼓舞的大事。这是多年来国家对长三角发展的一个新的"政治定位"，也是一个新的期望，同时也为长三角地区带来更大的历史性机遇。

如何贯彻落实习近平总书记指示、贯彻落实好长三角一体化发展规划纲要，大家达成共识，要以"一盘棋"的意识，在高质量一体化上做文章，贯彻新发展理念。

作为苏浙沪零距离的一个长三角中心区位城市，宣城应该在长三角一体化发展中发挥应有的作用。长三角一体化发展，不光会给经济发达地区，同样会给安徽，尤其是像宣城这样山清水秀的地方，带来更多的金山银山。

经过多年持续推进，宣城在东向融入、与长三角一体化发展上取得了有目共睹的成效，强劲地促进了经济高质量发展。

第一，战略地位得到进一步明确。2013年加入"南京都市圈"；2016年入列长三角城市群；2018年正式加入长三角城市经济协调会，成为34个会员单位之一；并成功跻身G60科创走廊3.0版，成为G60科创走廊高端"俱乐部"一员。

第二，社会经济综合实力明显提升。地区生产总值2016年首次突破千亿大关，2018年连跨两个百亿台阶，达到1317.2亿元，排位在全省及长三角城市群中均前移一位，增幅连续两年居长三角城市群前5位。

第三，发达的交通枢纽初步形成。随着高铁、高速公路、普通公路等交通基础设施的逐步完善，宣城已经初步形成省际交会区域综合交通枢纽，市外将与上海、杭州、南京实现"一个半小时生活圈"，市内将实现"域域通高铁、县县通高速"。

第四，科技创新能力持续增强。2018年，创新竞争力跻身中国城市第88位，创新持续力居长三角城市第3位，创新潜力排名全省第3位。2018年，高新技术产业增加值增幅居全省第 4 位，增加值占比首次突破 50%，达 54.2%；战略性新兴产业产值增幅居全省第 3 位。

第五，生态绿色发展成果斐然。2013 年以来，先后创建成为国家园林城市、国家森林城市、国家卫生城市、第五届全国文明城市，成为全国第二批生态文明先行示范区、国家低碳试点城市和全国绿色发展优秀城市；2017 年被命名为全省唯一、全国 9 个首批国家生态文明建设示范市；2018 年成功入选全国 12 个 2018 美丽山水城市，系安徽省唯一。

第六，全面小康建设成果显著。2018 年，全面小康指数跻身全国地级市百强；城镇和农村居民人均可支配收入增幅均居长三角城市群第 4 位，其中城镇居民收入比上年前移 1 位，居长三角第 20 位；农村居民收入居全省第 4 位，群众安全感和满意度均居全省第 1 位。

2001 年宣城撤地建市，当时就提出东向发展，争做安徽东向发展排头兵。近 20 年来，关于如何在发展观念上融入长三角，在行动上对标对表长三角，在产业转移上让沪苏浙的产业落户到宣城，在政策措施上与沪苏浙无缝对接，宣城在进行有力的探索。

从某种意义上讲，长三角一体化发展对宣城来说，无论是精神风貌、思想理念还是行动指南等诸多方面，都带来巨大的变革和推动。

长三角打通省际断头路首批重点推进项目中有 3 条高速公路涉及宣城，分别是申嘉湖西延高速公路、宁宣杭高速公路、溧阳至宁德高速公路。

铁路方面，皖赣、宣杭铁路贯穿宣城，商合杭高铁即将建成，宣绩高铁可研已获批复，规划中的宁宣黄、宣镇、宣城至泾县，东至宿松铁路均交会于宣城，并将与京福高铁、沪苏湖高铁、杭黄高铁联通；高速公路方面，沪渝、宁宣杭、宣南铜和扬绩高速安徽段已经全线通车，宣城至泾县高速加快推进，申嘉湖高速将西延至宣城；航运航空方面，芜申运河可让宣城通江达海，芜宣机场、巷口桥铁路物流中心正在加快建设。

交通上的无缝对接，在物理层面会给宣城带来更多的人流物流和资金流，真正实现长三角的融合发展。这是长三角一体化、一盘棋给宣城带来的红利。

据资料显示，宣城去年 885 亿元的外来资金，80% 左右来自苏浙沪一带。在 2001 年宣城撤地建市之初，当时说要承接长三角产业转移，但只是宣城人在上海发展之后，回报家乡；2005年，安徽省委省政府明确提出东向发展，在宣城召开了一个规模很大的东向发展推进会，拉开了安徽包括宣城东向发展的序幕。在这个过程中，包括江浙和上海的一些项目，开始慢慢落户宣城。

同时，宣城的一些企业也主动对接对标上海，与一些上海的三线企业通过技术合作、人才和产品的互通互惠，使宣城在汽车零部件和其他方面有很大的发展。

长三角一体化推进产业分工，必然带来大家的认同，有认同就会有行动一致，就必然发挥出"1+1+1+1＞4"的效应。

随着商合杭高铁的开通，宣城到上海的时间缩短到1个小时、到杭州40分钟、到南京半小时，去上海就可以实现"早上去晚上走"，这样便捷的交通会给宣城带来更大的便利。

第三节　宣城发挥优势破解难题求发展

历史上宣城很辉煌，但由于种种原因，撤地建市时间比较短，宣城基础不够，尤其是科技要素，但长三角在中国承担着创新引擎的功能，在国际上起到引领和推动作用。

找准自己的定位，宣城在长三角一体化过程中，作为安徽东向发展的最前沿，应当有所作为。

第一，要做好长三角高质量的农副产品供应链的工作，因为很多农副产品是供应给苏浙沪的。

第二，要守住宣城的绿水青山，宣城是太湖的上游，保护绿水青山是义不容辞的责任。宣城的空气质量在全安徽常年处在第二位，如果污染了黄浦江的源头，对太湖也会造成不可估量的影响。

第三，宣城要承接好上海、浙江、江苏和其他地方的产业到宣城来，要主动搭建好平台。宣城市委市政府深刻体会到，要推进长三角一体化发展，必须强化城市间的产业分工协作，实现中心城市产业高端化，中小城市产业制造化。

为此，宣城要从自身发展实际出发，针对现实体制性和制度性困难或障碍。从如下几方面着手。

一是找准自身定位。宣城作为安徽省唯一与苏浙两省交会的省辖市，作为安徽融入长三角一体化高质量发展的最前沿和桥头堡，坚持以打造皖苏浙省际交会区域中心城市为主线，主动对标对接沪苏浙，以争当长三角一体化高质量发展安徽排头兵为目标，着力打造成为长三角城市群有特色、有影响的中等城市和全省重要增长极。

二是借梯登高。首先要把产业分工合作作为重中之重，把沪苏浙作为招商引资的主战场，加大承接产业转移力度，着力构建与沪苏浙高端产业配套融合的现代产业体系，加快形成与沪苏浙产业互补协调的发展格局。其次，对应G60科创走廊建设，积极谋划推进"一基地两走廊"建设，着力打造宛陵科创基地和宣郎广宁智创走廊、泾旌绩文化旅游生态健康产业走廊。

三是突出优势互补。充分发挥区位、土地、交通和生态等资源叠加优势，积极推进园区合作共建，全市省级以上开发区均与沪苏浙园区签订了共建协议。同时，加快"飞地"合作机制创新，优化产业布局、核心区和起步区选址以及合作共建模式。目前，上海2个农场（白茅岭、军天湖农场）、1个基地（上海航天局的"603"基地）、1个汽车试验场（上汽通用汽车广德试验场）位于宣城境内。

产业转移总要有一个客观的空间载体，这个载体在哪里，宣城非常适合。宣城地处皖苏浙交界处，也是安徽离上海最近的地方。

首先，宣城交通很便捷，制造完成之后可以通过铁路、高速公路迅速运到需求地，也可以通过浙江宁波、上海便捷地出口。

其次，宣城国土面积12340平方公里，在G60科创走廊9城市中仅次于杭州，丘陵、岗地等可供开发的土地多，且每平方公里仅217人，国土开发强度、城镇化率等与苏南、上海、浙江相比，现实差距很大，发展空间无限。所以苏浙沪的企业到这里来，能解决土地资源要素的瓶颈问题。

再次，宣城的园区也相对比较成熟。充分发挥区位、土地、交通和生态等资源叠加优势，积极推进园区合作共建，宣城全市省级以上开发区均与沪苏浙园区签订了共建协议。

建议宣城能够利用上海市在安徽最大的飞地——白茅岭农场，在宣城规划建设长三角产业合作带的核心区和起步区，构建三省一市"6+1"格局（即6

个县市加1个上海农场),有助于四省市更加便捷深化一体化分工合作,增强对长三角乃至中西部地区的辐射带动作用。

产业布局上,要着重强调食品加工产业、新能源新材料产业、电子信息产业、物流/电商产业。打破行政局域限制,实现互惠互利,实现1+1+1+1>4,关键是拿出现实的举措。

"一盘棋"这三个字很重要,以"一盘棋"的意识去推动高质量发展,肯定会做得很好。只有开放、包容,才能共赢。

宣城目前已经形成了一个比较好的分享机制,比如与浙江萧山新塘街道合作的宣城新塘羽绒产业园。对于萧山来说,产业到宣城,它的空间释放出来了,可以迎接新产业,而且它也有一部分利益。对于宣城来说,形成了产业,得到发展。

宣城在对标过程中要打造一个等高一体的发展环境,但事实上中国城市能级是有梯度的,强调等高一体对于宣城招商引资会不会造成障碍?

这就要讲究等高对接,对接的主要是理念、行为方式、解决问题的探索。要有现代的、国际化的眼界,要看发达地区是怎么解决难题的。

宣城在省级以上开发区优化整合过程中,加挂了"安徽郎溪皖苏产业合作园区""安徽广德皖苏浙产业合作园区"的牌子,夯实了产业合作的平台,拓展了产业融合的空间。

除了产业合作,以前宣城比较看重社会治安方面的协作。近几年宣城还建立了定期的会商机制。在生态方面,有污染防治协作机制、水质监测机制,污水治理方面宣城有补偿和救助的机制。

2019年4月,宣城市正式加入长三角城市经济协调会。去年全市新引进省外投资亿元以上项目518个,其中来自沪苏浙的项目373个,占72%。亿元以上项目利用省外资金总量居全省第3位,其中沪苏浙投资超过80%。在强化园区共建中,全市13个省级以上开发区均与沪苏浙园区签订了共建协议。

同时,宣城市坚持对内对外双向开放合作,融入国际国内经济大循环,着力提升开放合作水平。全面推进铁路公路、航道航空、物流通道等基础设施建设,着力构建与沪苏浙无缝对接、互联高效的现代综合交通。持续开展"交通建设会战年"活动,全市相继建成高速公路9条,高速公路和一级公路通车里程分别居全省第4位和第3位,其中3条高速公路与苏浙形成"逆向"同高对接。

建成外贸综合服务平台，与阿里巴巴集团合作，成立阿里巴巴宣城·黄山跨境电商服务中心，平台服务线下企业140余家，线上孵化跨境电商企业30家，带动进出口额1000余万美元。

突出政务深化改革，助力社会发展。着力打造最优政务学习推广上海自贸区服务企业"只说yes不说no"、浙江"最多跑一次"改革等做法，市县政务中心全面完成窗口受理无否决权等三项改革，166项进驻市政务中心窗口权力事项实现"一次办结"。全市"互联网+政务服务"平台上线各类政务服务事项4774项，入驻单位202家。2020年第一季度，宣城市"互联网+政务服务"平台事项网办率居全省第3位。

着力共建美丽生态，推动生态廊道联建。结合苏皖合作示范区建设，共同编制了示范区生态环境保护规划，强化生态环境共建共治，并正与湖州等市合作创建宁宣湖杭生态文明示范走廊，打造长三角重要绿色发展阵地。推动大气污染联防联控，与南京、杭州等地开展大气污染防治协作，实行区域大气环境信息共享。推动跨界水质联测，与湖州市、常州市建立跨界断面水质监测与城市内河水质监测考核通报机制。加强了与沪苏浙教育、医疗机构的合作，与浙江2家医院实现异地医保跨省联网直报结算，与原南京军区总医院签订双拥共建关系协议，建立诊疗绿色通道，共同推进军民融合发展。

第四节　与沪苏浙深度融合，建设美好宣城

安徽这么多年主要发展合肥都市圈，最近几年又大力发展沿江经济带，出台了不少优惠政策，投入了大量的财力、物力。其他区域受到的关照相对比较少，当然安徽省也是有心无力，毕竟财力有限。宣城处于发展政策的洼地，也属于省内重点发展的边缘地带，发展缓慢也是显而易见的。

宣城是安徽省唯一同时与苏浙接壤的市。2013年，加入"南京都市圈"；2016年，入列长三角城市群；2018年，加入长三角城市经济协调会，并跻身G60科创走廊；2019年，《长江三角洲区域一体化发展规划纲要》明确宣城为长三角27个中心区城市之一。近年来，宣城市紧扣"一体化"和"高质量"两个关键，以建设皖苏浙省际交汇区域中心城市为目标，以"对标沪苏浙、

争当排头兵"为抓手,坚定不移融入长三角一体化发展,与沪苏浙深度融合、一体联动的发展格局初步形成。

近年来,宣城把东向发展作为主攻方向,持之以恒加力推进。以系统的思维抓谋划,在全省市一级率先出台实施长三角一体化发展规划纲要《行动计划》,形成1+7+1政策体系。以深度的对接抓突破,推动思想观念等高对接,推动创新要素加速对接,推动产业协作融合对接,推动基础设施无缝对接,推动营商环境全面对接,推动民生和社会治理一体对接。经过多年坚持不懈地东向发展、一体融入,宣城与沪苏浙融合的紧密度进一步加深,经济社会发展逐渐步入"快车道",发展按下了"加速键"。

公开数据显示,2019年,宣城市经济总量突破1500亿元,提前完成"十三五"规划目标。产业结构更趋优化,全市战略性新兴产业企业479家,居安徽省第3位;高新技术企业302家,战略性新兴产业产值、高新技术产业增加值占比均居全省第2位。人民生活更加殷实,城乡居民人均可支配收入居全省前列,2019年分别增长9.6%和9.5%左右。连续两年跻身中国地级市全面小康指数百强。宁国、广德、宣州跻身全国综合实力百强县(市、区),总数居全省第2位。

作为G60科创走廊城市,宣城市创新能力、潜力在全省靠前。宣城人认为,争当排头兵,不仅是一体化的排头兵,也是高质量的排头兵。宣城将继续强化创新驱动,推动创新宣城建设,大力推进宛陵科创城建设运营,精心打造市域科技创新基地。强化跨区域"双创"合作,探索"孵化在外、转化在宣"合作模式,在上海建设"科创飞地"。积极参与长三角G60科创走廊人才新高地行动,吸引更多高层次人才来宣创新创业。继续实施高新技术企业培育行动,确保今年新认定高新技术企业100户,高新技术产业增加值增长15%以上。宣城地处皖东南,与苏、浙同时接壤,宣城承载着安徽向东看的殷切期望。

从"目标向东看,步子向东迈"到"向沪苏浙对齐,在全省争先",再到"争当长三角一体化高质量发展安徽排头兵",宣城东向发展的口号一以贯之。然而,"融入长三角"和"我的长三角"之间,是一道深深的鸿沟。

2019年6月1日,上海松江举行的G60科创走廊第一次联席会议上,G60科创走廊总体发展规划3.0版出炉,宣布宣城成为G60科创走廊高端"俱乐部"的一员,也意味着,该市如愿完成从"融入"到"成为"的质变。

长三角新一轮发展大潮风起云涌,是一次史无前例的机遇,也是各市间比拼实力的考场,身为G60"新生",宣城如何把握科创走廊这一重要抓手,在新平台中凸显优势,取长补短,互利共赢?

第一,力促融合,先要修路。

宣城地处皖苏浙3省交汇区域,位于沪宁杭大三角的西部腰线,是中部地区承接东部地区产业和资本转移的前沿阵地。在3.0版本的G60科创走廊总体空间布局规划图中,宣城处于9个城市组成字母Y字的中心地带,是G60安徽城市群中距离G60科创走廊最近的城市。

地缘相近、人缘相亲,然而,对比区位优势,宣城此前与长三角地区的交通对接却并不顺畅。彼时,从宣城市区赴苏、浙两省,除了G50几乎没有直达的高速公路。

2019年6月1日,皖沪苏浙四省交通运输部门联合签订《长三角地区打通省际断头路合作框架协议》,明确打通省际断头路第一批17个重点建设项目,其中,涉及宣城的断头路项目有3处。

省际断头路这一"老大难"问题摆到长三角的台面上,无疑对把守安徽东南门户的宣城是重大利好。

第二,补齐科创短板,打好产业基础,深化交通合作。

宣城将G60科创走廊建设作为全面接轨沪苏浙的首位战略,在长三角一体化中扮演着日益重要的角色。宣城有实力、有能力、有潜力驶上G60科创走廊这条高质量发展的"高速路"。

宣城是安徽省唯一一个同时与苏浙接壤的市,处于安徽"东进"的最前沿,沪苏浙产业"西移"的第一站。早在2001年撤地设市之初,宣城就开全省之先,率先做出"融入苏浙沪经济圈"决定。

过去宣城在对接融入中,基本上都是到沪苏浙上门学习,招商亦是如此。随着长三角一体化发展深入推进,沪苏浙城市主动来宣城交流增多了,走动频繁了,上海市松江区、南京市、湖州市等先后到宣城对接考察,真正把过去的"单向融入"变为"双向互动"。

第三,大创新大发展,小创新小发展,不创新难发展。

在经济结构方面,近年来,宣城市产业集群集聚,块状经济逐步形成,企业在转移中转型升级,市场竞争力和内在质量不断增强,宣城新塘羽绒产业园、宣城经开区锂电新能源、广德PCB产业园等就是最好的佐证。

宣城是长三角一体化发展的参与者,更是最直接的受益者。如今,长三角一体化逐渐升温,且"朋友圈"持续扩大,对于宣城来说,与长三角的距离越来越近,关系越走越亲,"对标沪苏浙、争当排头兵"也将逐步成为现实。

而上海白茅岭与军天湖两块在宣城的农场飞地,也将在未来打造成三省一市产业合作示范区。

随着近年来的融入长三角发展的实践,特别是长三角一体化发展上升为国家战略,宣城由"圈外"变成了"群内",由"边缘"变成了"前沿",由"成员"变成了"中心",在长三角的战略地位更为凸显,宣城的快速发展未来可期。

第十篇 | 长三角一体化与中国经济高质量发展

长三角是我国经济发展最活跃、开放程度最高、创新能力最强的区域之一，在全国经济中具有举足轻重的地位。长三角一体化发展具有极大的区域带动和示范作用，要紧扣"一体化"和"高质量"两个关键，带动整个长江经济带和华东地区发展，形成高质量发展的区域集群。

长三角一体化发展意义重大，其发展质量高低不但影响长江三角洲区域发展，还对中国经济高质量发展具有举足轻重的影响和作用。长三角高地是国家走向世界经济舞台的弹跳板、助力器，长三角一体化发展对中华民族伟大复兴、实现两个一百年梦想、建立现代经济体系具有深远的现实和历史意义。

实施长三角一体化发展战略是引领全国高质量发展、完善我国改革开放空间布局、打造我国发展强劲活跃增长极的重大战略举措。

一体化最核心的问题就是打破行政边界，让包括人在内的各种要素能够在区域内通畅地流动，努力实现同城效应，不再是各自为政，而是协同作战；不再是只顾着竞争，更要互补、集群、同步、协调，要同心抱团发力。区域经济的发展将实现城市到城市群的跨越，经济更加强劲、人民更加富足、社会更加和谐、环境更加优美、发展质量更高。

可以说，长三角高质量一体化发展具有深刻的时代背景和现实指导意义，是着力落实新发展理念，构建现代化经济体系，推进更高起点的深化改革和更高层次的对外开放的重大举措，为中国经济持续健康发展提供了路径和保障，为全国的高质量发展提供了可以复制和推广的示范和经验。

第一章
《长江三角洲区域一体化发展规划纲要》是指导长三角高质量发展的指南

2019年12月1日,中共中央、国务院印发了《长江三角洲区域一体化发展规划纲要》(以下简称《规划》)。自习近平总书记2018年11月在首届中国国际进口博览会上宣布支持长江三角洲区域一体化发展并上升为国家战略,到此次《规划》出台,这一引领全国高质量发展、完善我国改革开放空间布局、打造我国发展强劲活跃增长极的重大战略举措经一年时间打磨,细化为指导长三角地区当前和今后一个时期一体化发展的纲领性文件,为长三角地区实现高质量一体化发展奠定了基础。

2019年5月13日,中共中央总书记习近平主持召开中共中央政治局会议,会议审议了《长江三角洲区域一体化发展规划纲要》。

会议强调,把长三角一体化发展上升为国家战略是党中央做出的重大决策部署。要坚持稳中求进,坚持问题导向,抓住重点和关键。要树立"一体化"意识和"一盘棋"思想,深入推进重点领域一体化建设,强化创新驱动,建设现代化经济体系,提升产业链水平。要有力有序有效推进,抓好统筹协调、细化落实,把《规划纲要》确定的各项任务分解落实,明确责任主体。上海、江苏、浙江、安徽要增强一体化意识,加强各领域互动合作,扎实推进长三角一体化发展。

改革开放40多年来,长三角地区因独特的区位优势和锐意进取的创新精神,为中国经济社会快速发展做出了巨大贡献,在国家现代化建设大局和全方位开放格局中具有举足轻重的战略地位。《规划》立足推动长三角一体化发展,增强长三角地区创新能力和竞争能力,提高经济集聚度、区域连接性和政策协同效率,对引领全国高质量发展、建设现代化经济体系意义重大。

长三角一体化发展规划范围涵盖了上海市、江苏省、浙江省、安徽省全域,面积35.8万平方公里,发展目标是到2025年,跨界区域、城市乡村等区域板块一体化发展达到较高水平,在科创产业、基础设施、生态环境、公共服务等领域基本实现一体化发展,全面建立一体化发展的体制机制。从区域经济学的角度看,在一个较大的区域里推进高质量一体化发展,可以有效地提高资源配置效率,极大地提高生产效率,释放经济增长新动能;可以通过市场范围的扩大实现规模经济,提高生产水平;可以通过专业化增强竞争能力,增强经济效率。通过贸易一体化、要素一体化、政策一体化,到最后实现区域的完全一体化。

不过,需要强调的是,一体化不是单一的一样化、合并化,不是简单的各个要素叠加。高质量一体化发展,需要通过创新要素实现经济社会发展从量变转为质变,无论是基础设施一体化、资源利用一体化,还是基本公共服务一体化、体制政策一体化,都需要做到步调一致、统一有序。要打通政府一体化和市场一体化的隔阂,消除行政区对经济的影响,破除地方主义思维方式、人为割裂和无序过度竞争。区域经济一体化发展的本质是克服和消除影响资源和要素自由流动的体制机制障碍,实现市场竞相开放、充分竞争良好氛围。这其中,政府的作用则在于创新治理机制,架构跨区域的共性基础设施建设,确保市场在资源配置中的决定性作用。

此次《规划》的出台,能够更好地引领全国高质量发展、完善我国改革开放空间布局、打造我国发展强劲活跃增长极。为长三角地区当前和今后一个时期一体化发展的提供了纲领性文件,为长三角地区实现高质量一体化发展奠定了基础和指明了方向。

第二章
长三角是引领中国经济增长的重要引擎之一

站在国家层面,长三角地区实现高质量一体化发展,必将同"一带一路"建设、京津冀协同发展、长江经济带发展、粤港澳大湾区建设相互配合,完善中国改革开放空间布局,在国家现代化建设大局中发挥出举足轻重的关键性战略作用。

我国经济迈向高质量发展的征程中,长三角依旧是一马当先,苏浙沪皖四省市经济体量在全国占比约为25%。在全国经济版图中,长三角区域扮演着关键的"引擎"角色。去年7月22日,首批25家科创板企业股票在上交所上市交易,其中12家来自长三角地区。科创板"长三角板块"的崛起,映射出创新创业为这片经济沃土注入强大动力。

1. 围绕实业的创新创业在展开

在首批上市的25家科创板企业中,科创板证券代码"688001"的华兴源创来自苏州,是国内领先的工业自动检测设备和整线检测系统解决方案提供商。其实科创板不仅能解决科技企业的融资难题,还通过注册制、发行价市场化等灵活机制,帮助一批初具规模的中型科技企业更好地参与国际竞争。实业高地长三角,围绕实业的创新创业,积蓄稳健和强劲的发展动力潜力。

2. 全面建设5G商用、产业、创新实践区

中国移动杭州5G试验网赋能交通、工业自动化、智慧医疗、物联网、智慧城市等,中国电信浙江首条5G公交车体验专线正式投入使用。目前,浙江省与中国移动、中国电信、中国联通、中国铁塔等联合行动,全面展开5G商用实践,建设5G产业发展集聚区、5G创新应用示范区。2020年以来,长三

角地区固定资产投资势头良好，一批大项目、新项目、优项目加快集聚落地，积蓄当期和后期发展新动能。

3. 长三角龙头上海正在建设一个以现代服务业为主体、战略性新兴产业为引领、先进制造业为支撑的现代化产业体系

2020年是上海产业项目的重点建设年，下半年计划开工建设的产业项目大概有220个，总投资额大概在2000亿元左右，这些项目都在有序推进过程中。江苏省在大项目带动下，二季度以来，江苏固定资产投资"一路上扬"，特别是高新技术产业投资，占全部投资的比重为14.5%，对全省投资增长贡献率超过三分之一。一批大项目、新项目、优项目在长三角落地、生根，产业辐射力越来越强，能效越来越显著。

4. 承接苏浙沪产业溢出发展空间广阔

长三角科教资源雄厚、人力资源丰富的安徽省，先进制造业后发优势凸显。2020年上半年，安徽省电子信息制造业实现技改投资增长28.2%，高于全省制造业技改投资11个百分点、全部工业技改投资13个百分点。在浙江省，"最多跑一次"改革近三年攻坚突破，让重大投资项目加速落地见效。目前，浙江省总投资7539亿元的600个重大项目正在全面铺开。

5. 形成更加紧密的区域发展共同体

随着长三角各地分工合作、错位发展，区域协作"相向而行"。长三角一体化进入全新的发展阶段。很多地方认为，在城市新型城镇化发展过程中，产业和交通互联互通，长三角一体化中的安徽，科技创新、新兴产业方面优势明显。数据显示，这方面的积极变化正在发生。投资攀升的背后，是这一区域内部产业协作相向而行、互利共赢，内生动力凸显。在长三角一体化背景下，极具针对性的放管服改革，也为区域产业协作提供动力。今年以来，长三角一体化明显加速，发展规划纲要、地方行动方案、合作协议等陆续出台，产业协作、优势互补、避免同质化竞争等意识不断强化，"相向而行"正在走在大路上。

6. 发展通航产业方兴未艾

通航产业作为新兴产业，是我国经济发展的新增长点，产业联盟成立后将充分发挥长三角G60联席会议的桥梁纽带作用，以提高通航产业发展质量为主线，以广大成员的需求为牵引，更加突出导向性和创新性，大力促进区域航

空产业发展,切实加强基础性和长远性建设,积极为通航企业做好优质服务。

7. 长三角一体化正在提量增速

长三角三省一市正在编制区域产业地图,推进科技创新一体化、产业发展一体化,瞄准集成电路、新型显示、大数据、人工智能、新能源汽车等打造一批世界级产业集群。生物医药产业联盟、创新创业科创联盟、智能装备产业联盟。以 G60 高速公路为主轴,贯穿长三角区域的一条"科创走廊",正全线铺展。

第三章
长三角一体化引领中国经济高质量加速发展

长江三角洲如何实现更高质量的一体化？中央为长三角一体化发展赋予了"全国经济高质量发展样板区"的使命，三省一市如何在落实过程中探寻出一条适合我国国情的高质量发展和跨区域合作的路径？面对国内外千变万幻和长期抗疫的形势，长三角这艘经济航母如何突出重围，劈波斩浪，再铸辉煌？

中央对长三角一体化发展的战略定位，概括起来就是"一极三区一高地"，也就是要通过一体化的发展，使长三角地区成为全国经济发展强劲活跃的增长极，成为全国经济高质量发展的样板区，率先基本实现现代化的引领区和区域一体化发展的示范区，成为新时代改革开放的新高地，引领中国经济向高质量前行。

长三角一体化体现出国家区域战略发展新高度。从区域发展战略的演进角度看，长三角区域一体化战略的提出是十八大以来所推行的以"一体联动、协同发展"为实质内容的区域战略的一种必然的逻辑延伸；从内容上看，长三角区域一体化战略是迄今为止促进区域协调发展战略与政策设计部署的一个制高点，为在更高层次上促进区域协调发展乃至国家持续发展提供了行动方案。

三省一市已积极以地方规划引领，示范区建设先行，在一体化制度建设和高质量发展方面进行了多方面尝试。目前，三省一市都做好了实施方案，已经逐步显露出实施行动的效能和成果。

创新、协调、开放、共享、绿色的新发展理念得到践行。以创新发展为例，长三角G60科创走廊联席会议，启动了一批科创和产业合作平台，签署了一大批重大合作项目。实际上，长三角区域的城市发展要素有很多相似之处，但又能够相互补充应用。

三省一市深化分工合作，扬长避短，优势互补，把各自优势变为区域优势，提升区域发展的整体效能和核心竞争力。长三角可将包括上海在金融和国际化方面的领先经验、江苏制造业的雄厚基础、浙江互联网技术蓬勃发展的优势以及安徽数量庞大的创业创新群体在内的资源进行整合，强化聚合协同效应，提升分工合作效能，推进优势互补、错位布局，最终实现"1+3>4"的高质量发展局面。

第一，细化明晰各项功能定位。在推进长三角更高质量一体化发展的过程中，一定要明晰不同城市、不同产业、不同区域的功能、目标、定位，从而才能形成分工合理的区域空间格局，为分工协作打好基础。

过去以上海为中心的长三角偏重于对外开放，而对内开放存在不足。随着长三角一体化推进，未来对内开放程度决定了对外开放的水平，应避免把长三角一体化示范区建设成普通的经济技术开发区或者一般的高技术园区。将示范区建设成具有世界影响力的科创中心，应该是长三角一体化发展示范区的主要功能定位。

第二，侧重补足短板。长三角区域一体化面对的主要问题和突出短板在哪儿？第一从思想认识上看，由行政区划限制所形成的"一亩三分地"决策思维仍然在一些政府部门普遍存在，一体化所需要的全局意识、统筹决策还没有全面地、真正地树立起来。第二从地理环境上看，长三角区域发展的不平衡性仍然突出，尤其是安徽省与其他两省一市存在明显差别。第三从人群构成方面看，长三角区域城乡间人口基础性财产、个人财产与社会公共服务所获等关键方面还有差别。第四从产业领域来看，在合作交流全面展开的同时，几乎在各个方面也都存在着不同程度的阻隔和分割或对接不足的问题。

第三，细化区域政策的空间尺度。推进长三角更高质量一体化要确定实施抓手，细化区域政策的空间尺度。第一要先行推进都市圈一体化，进而推动长三角城市群的一体化。国家发展改革委发布的培育发展现代化都市圈的指导意见，明确了都市圈的中心城市规模和一小时通勤圈的地域范围。明确的标准和相对较小的空间尺度，它实际上成为推动大城市群一体化的重要举措。因而，长三角更高质量一体化应以现代化都市圈的建设作为抓手，侧重培育发展上海都市圈、杭州都市圈、南京都市圈、合肥都市圈、宁波都市圈和徐州都市圈。第二要试点示范区建设。设立试点示范区可以缩小范围或尺度，有利于一体化体制机制的探索。目前长三角G60科创走廊在制度性安排和实际推进上都取得了进展，尤其是突出了创新主题并把三省一市的9个城市（区）考虑进来。苏浙皖交界地区可考虑建设长三角一体化发展合作实验区。这个区域有6个县，每个省2个县，还有上海的一块飞地白茅岭农场，能够在推进一体化方面做很多探索，如消除断头路和瓶颈路、生态共保共治、产业园区共建、人口户籍流动共管、社保和公共服务、土地空间的对接互认等。探索的主题应该是绿色发展，因为区内的安吉、郎溪、广德、长兴、溧阳、宜兴，生态环境都非常优良。中央设立以青浦、吴江、嘉善为区域的一体化绿色创新发展试验区，旨在推进长三角更高质量一体化发展上发挥先行先试的示范作用。

长三角如何适应新的历史要求进一步持续发展，如何对全国经济高质量发展继续提供引领示范样本。对此，长三角各地做出了明确的回答——坚决贯彻习近平总书记实现长三角地区更高质量一体化发展的定位要求，推动经济发展质量变革、效率变革、动力变革，增强长三角经济创新力和竞争力，更好引领长江经济带发展，更好服务国家发展大局。

如何将长三角高质量一体化发展的定位要求落到实处，三年行动计划给出了回答：进一步明确长三角一体化发展的任务书、时间表和路线图。三年行动计划覆盖12个合作专题，聚焦交通互联互通、能源互济互保、产业协同创新、信息网络高速泛在、环境整治联防联控、公共服务普惠便利、市场开放有序等7个重点领域，形成了一批项目化、可实施的工作任务。实现长三角高质量一体化发展，直接效益是规模经济，长远效果则是区域经济发展模式，成败关键就在于区域内资源能否高效整合和有效配置。

因此，在现行行政体制下，必须强调两个积极性：上海要进一步发挥龙头带动作用，苏浙皖三省则要根据各自特点各扬所长。这样，在有关部门大力支持下，三省一市凝心聚力抓好各项任务的落实，才能不断把长三角一体化进程引向深入，引领全国经济向高质量发展。

第四章
长三角一体化率先迈向高质量发展快车道

长江三角洲成为国家高质量发展的示范区，基础好是客观原因，同时也兼有区位条件优越、自然禀赋优良，多年高速发展中积淀下雄厚的经济实力、发达的科技文化、先进的体制环境。

三省一市，任意点一个，都是响当当的角色：上海是开放前沿、创新高地，江苏实体经济强劲，浙江民营经济发达，安徽拥有门类齐全的工业体系和厚积薄发的科技资源。

固然拥有先发优势，但也逃不开劣势——越是发展靠前，越早遭遇"成长的烦恼"；越是步入坦途，越易陷入"路径依赖"；越是领航探路，越无成熟经验可循可借鉴。

受内外部压力双重影响，上海自2008年起连续7年增速低于全国水平；以出口贸易见长的浙江，面临订单减少、经济减速的考验，甚至有人建议暂缓升级、先稳GDP。经济发展进入新常态，"速度焦虑"伴随"转型彷徨"，双面夹击，考验着长三角人的智慧和勇气。

"路总是有的，路就在脚下，关键是要通过变革打通道路，释放经济发展潜力""把经济发展抓好，关键还是转方式、调结构，推动产业结构加快由中低端向中高端迈进""要进一步解放和发展社会生产力，用新供给引领需求发展，为经济持续增长培育新动力、打造新引擎"。党的十八大以来，习近平总书记前后数次赴长三角调研，为三省一市拨开迷雾，为长三角高质量发展指明了前进的方向。

转变发展方式、优化经济结构、转换增长动力。长三角干部群众披荆斩棘，在高质量发展的道路上大胆探索、砥砺前行。

——把握"舍"与"得"的辩证法，长三角秉持新发展理念，加快转变发展理念和行动方式。

现在很多企业想入驻园区，但在门槛上就是迈不过去，在他们不免埋怨"不近人情"的背后，蕴藏的是辩证看待当地政府"舍"与"得"的观念嬗变，是对高质量发展的执着笃信。

懂得正确地舍，才能有高质量的得。靠着对项目的严格把关，长三角区域始终坚持引进既不破坏"绿水青山"，又能造就"金山银山"的好项目，这是长三角人的共识，也是发展的先决条件。

——解开"破"与"立"的方程式，长三角大力推进供给侧结构性改革，加快优化经济结构。不破就不会立。如今，"精彩蝶变"的好戏轮番上演，折射出各地对优化经济结构的不懈追求与嬗变。

于长三角而言，供给侧结构性改革绝非"沙盘推演"，而是紧迫的现实所需。历经高速增长之后，资源、空间显得弥足珍贵。没有义无反顾的"腾笼换鸟"，哪来浴火重生的"凤凰涅槃"？推进供给侧改革，靠"文件到文件""嘴巴上的三国"搞不成；眉毛胡子一把抓、良莠真伪一刀切，也行不通。到底什么是真把式——"以亩产论英雄""以创新论英雄"。在长三角，不少地方以全新的考核机制开路，用市场力量倒逼，退出低端无效产能，扩大中高端有效供给，经济结构与能效实现整体升级。

——瞄准"强"与"融"的关键点，长三角点燃创新引擎，加快转换增长动力。

高质量发展是创新成为第一动力的发展。长三角的创新"家底"丰厚，如何把"家底"变成"资本"，核心技术不再受制于人——瞄准问题、补足短板。长三角各地扬鞭奋蹄，向创新要效益，收获了不竭的增长动力和发展源泉。

——走好"放""管""服"的平衡木，先行先试，长三角探索体制机制改革，敢为天下先。

G60沪昆高速最东端350公里，是一条近乎笔直的路，它与北边全长160公里的沪苏湖高铁，"夹"起三省一市的九座城市。2016年以来，这里有了一个响亮的新头衔——G60科创走廊。"九兄弟"合力打通"走廊"，就是为了打破行政区划限制，对接规划、加强合作、统一市场，让科研创新等要素资源充分流动，实现互利共赢、优势互补，同心协作。

——助推经济结构优化升级，抢占创新制高点，长三角有底气。

"深圳是面对香港的，珠海是面对澳门的，厦门是面对台湾的，而浦东面对的是太平洋、是欧美、是全世界！"当年，小平同志这样勾画浦东开发蓝图。

展开中国地图就会发现，作为横贯东西、畅通南北、连接陆海的重要枢纽，长三角是沿海经济带、长江经济带、"一带一路"的重要交汇点，大枢纽联通全球，46个开放口岸星罗棋布，进出口额约占中国的37%，开放"家底"相当丰厚坚实。

长三角是我国区域一体化起步最早、基础最好、程度最高的城市群，也是享受长江经济带、长三角一体化发展等多重国家战略叠加支持的试验田，当好推进更高层次对外开放的排头兵，引领全国经济发展，责无旁贷。

——引领我国参与全球合作和竞争，亮出"中国好声音"，长三角有信心、有方案、有能力。

即便走在前列，长三角依然存在"洼地"，留有"围墙"，城市之间发展水平不平衡，如何互补互通，让大项目顶天立地，小项目铺天盖地，新动能星火燎原？

长三角区域合作办公室发挥出了提领抓纲的作用，使一体化发展有了制度保障：边界道路正在联通，基础设施不留"断头"；边界污水联合治理，环境保护消灭"死角"；营业执照异地办理，要素流通打通"堵点"；科创实施战略联盟，产业协同不打"乱仗"。

围绕"让市场发挥资源配置的决定性作用"，三省一市把各自优势变成共同优势，"1+1+1+1>4"正从口号变为现实。不少企业感慨："很多事情以前不会做、不易做、不敢做，现在都开始做起来了！"

继续积蓄人才优势，长三角促进动力变革，快马加鞭。走进新时代，锐意进取、勇于争先的长三角，已经站在高质量发展的前列。

突如其来的新冠肺炎疫情，给长三角一些地区和企业带来较大冲击。面对不利影响，长三角三省一市在危机中育新机、于变局中开新局，充分发挥区域合作机制优势，精准衔接、相互赋能，无论是抗疫的协同作战，还是复工复产的共通共融，长三角都交出了一份高分答卷。特别是在疫情防控中，迅速筑起联防联控的共同防线，搭起复工复产的协同平台，推动企业生产运转起来，让整个区域经济活跃起来。数据显示，2020年第一季度，长三角三省一市GDP合计4.98万亿元，占当期我国国内生产总值的24%。虽然三省一市GDP增速同比有不同程度的下降，但下降幅度均低于全国水平。可以这样说，规划纲要实施一年来，激发了长三角经济社会发展新动能，展现出中国经济的强劲韧性和巨大潜力，为服务全国疫情防控和经济社会发展大局做出了积极贡献。

据官方资料显示，2020年三省一市共计划实施一体化重大项目1390项，总投资达7.81万亿元，在建项目955项，新开工项目435项。其中，新开工20亿元以上的轨道交通、高速公路、机场枢纽、航道港口等项目共计76项、总投资10179亿元。

一体化发展没有完成时，只有进行时。改革不停顿，开放不止步。改革开放，成就了长三角今天丰饶富庶的"家底"、海纳百川的气度。长三角一体化顺利推进，靠的依然是注重改革开放，开创更高质量一体化发展新局面。

"潮平两岸阔，风正一帆悬。"面对长三角人的豪迈姿态，我们深信，曾经在中国改革开放历史进程中发挥过重要作用的长三角，将在新一轮深化改革、扩大开放的进程中，继续走在全国前列，不断完善中国改革开放空间布局，引领中国经济高质量发展，走向世界经济舞台，唱响中国发展强音。

第五章
21世纪海上丝绸之路核心区福建积极对接长三角

福建依山傍海，向来就是东南福地，也是中国沿海地区的明星省份。继京津冀协同发展、粤港澳大湾区和长三角一体化上升为国家战略之后，作为东部沿海重要节点的福建省，重拾21世纪海上丝绸之路之雄风，积极融入长三角，高调推出区域发展新战略。

福建主动对接长三角是践行国家重大战略的举措。

2019年7月4日，福建出台建立区域协调发展新机制的实施方案，决定发挥福州、厦门两大区域中心城市的带动作用，推进闽东北、闽西南协同发展，使福建成为新时代高质量发展的又一增长极。

40年前，福建是与广东一起对外开放的首批开放省份；近年又先后获批平潭综合实验区、中国（福建）自由贸易试验区、"21世纪海上丝绸之路"核心区、福州新区、国家自主创新示范区、生态文明试验区等，成为获得国家优惠政策最多、最集中的省份之一。

这次福建区域发展新战略，以闽东北、闽西南两大协同发展区为重要载体。其中，闽东北以福州为核心，包括莆田、宁德、南平、平潭；闽西南以厦门为核心，包括漳州、泉州、三明、龙岩。

两大发展区利用福建省"多区叠加"的机遇，充分挖掘政策红利，内协外拓，建构区域协调发展新机制，向南深化泛珠三角区域合作，融入粤港澳大湾区建设；向北与长三角打造区域协作发展共同体，推动福建在更高水平上协调发展。

对接长三角将成为闽东北经济发展的增长极。

在中国沿海省份中，福建北连沪宁杭，南接粤港澳，东望台湾，地位相当特殊。另一方面，江西与福建山水相连，由此可以看出，福建闽东北的福州、莆田、宁德、南平、平潭积极对接长江经济带、长三角发展，成为支撑未来闽东北长期发展的增长极。

"积极融入长三角一体化"是福建省的重要战略布局。福建位于长、珠三角之间，随着未来经济格局的变化，加上台海局势的不确定因素，福建避免被边缘化，对接长三角一体化发展是主动对接国家重大战略的举措。

2020福建省政府工作报告首次提出"积极融入长三角一体化"这一战略要求，体现了福建省善谋现在、决断未来的战略眼光。

从狭义的地理意义上的长三角到后来广义的加入安徽、浙南、苏北以后经济上的长三角，其实福建离长三角也没有想象中的那么远，福州到上海直线距离和徐州到上海距离相当，正常来说，上海辐射力完全可以影响到福州。2019年12月25日起，福州和苏州地铁苏e行实现了互通。继上海、无锡之后，苏州和常州、福州地铁乘车二维码正式互通。快捷的交通，为福建对接长三角提供了时空条件，福建与长三角目前在科创、文旅、绿色食品、人才培育等很多层面上多有了合作。

南平积极构建对接长三角一体化发展的桥头堡。

闽东北地区各地都非常注重与长三角的对接，特别是闽北生态大市南平，更是在对接长三角方面率先一骑绝尘，风生水起，好戏连台，收获多多。

南平市位于福建北部，又称"闽北"，与浙江、江西交界，下辖两区三市五县，人口319万人，面积2.63万平方公里，是一块充满生机和活力的热土。一直以来，南平市认真学习贯彻落实习近平总书记关于长三角一体化发展的重要讲话和重要批示精神，着力落实新发展理念，以福建省对接长三角一体化发展的桥头堡为定位，南平侧重从下面几个方面为抓手深入对接长三角。

一　深度交流互访，密切长三角合作关系

南平市历届党委、政府高度重视与长三角城市间交流合作，按照"相互学习、加深友谊、促进联合、共谋发展"的原则，相互之间保持了密切的友好往来。特别是近年来，南平市积极开展高层互访，通过实地参观考察、交流

经验成果、参加经贸展会、招商引资、项目推介会等活动，密切了城市间的友好往来，有力地推动了区域合作向更深层次发展。

积极参与上海中国国际进口博览会、杭州中国国际茶文化博览会、衢州农博会等活动，成功在上海举办武夷山水品牌发布会、南平市（杭州）投资项目推介会。深化"领导干部攻坚能力提升工程"，围绕七大绿色产业和推动武夷山水品牌、水美城市建设、生态银行建设等，组织南平市下辖县（市、区）领导干部到浙大、上海交大等高校，举办短期专题培训班，提升领导干部履职创新的本领。

不断拓展合作领域，与长三角主要城市建立了闽浙赣皖九方经济协作区，先后签订了《九方协作区区域合作框架协议》《闽浙赣皖九方经济协作区战略合作新宣言》《关于建立闽浙赣皖九方重大基础设施项目协作机制（南平）协议》等合作框架协议，取得丰硕成果。

二 构建互联互通，让南平快速融入轨道上的长三角

围绕缩短与长三角地区的时空距离，以交通设施互联互通作为推进区域合作的桥梁和纽带，在公路、港口、铁路、机场等基础设施领域的合作取得突破性进展，基本建成了纵贯南北、横跨东西的综合交通网络。

当前，南平市境内现有1座机场、2条铁路（峰福、合福）、4条高速公路（京台、长深、浦建、宁上）都能直达长三角地区。衢宁铁路加快建设，年内有望开通运营；温武吉铁路前期工作取得重大突破，目前沿线地方政府和设计中标单位正在加快推进项目预可研工作；此外，还在积极谋划杭深内路线，着力打通南平至长三角的便捷通道。当前，乘坐高铁，南平到浙江杭州只要2小时，到安徽合肥只要2个半小时，到上海只要3小时，到江苏南京只要4小时，同城效应已经显现。

同时，加快构建辐射长三角地区的物流网络，建成建瓯传化德峰公路港、建瓯海绿冷链物流园、武夷山陆地港、浦城荣山物流园等项目，加快建设福建恒冰物流基地、浦城荣华山物流园二期工程、顺昌物流园、武夷新区公路货运枢纽等项目，并积极推进城市绿色配送、多式联运、无车承运人、陆地港等25个总投资100亿元的新兴运输服务类项目，进一步夯实南平高质量对接长三角地区的基础。

三　合作共赢，高质量承接长三角的产业转移

围绕长三角一体化发展的产业布局，南平市立足自身优势和资源禀赋，进一步明确产业发展方向，在产业分工中找准定位，在完善园区中引凤来栖。目前，全市共建成工业园区16个（其中省级园区9个，省级以下园区7个），总规划总面积46.06万亩，共入驻企业959家，其中约30%的企业来自长三角地区；约40%的规上工业总产值、40%的税收来自长三角地区在南平投资的企业。

在此基础上，南平市持续加大对长三角地区的招商引资力度，采取"一把手"招商、产业链招商和基金招商等方式，积极赴上海、杭州、温州等地开展招商，以及对接高校院所的科研成果。组织参加数字中国建设峰会、6·18海峡项目成果交易会等系列活动，成功与浙江坤朴投资管理有限公司以及沿海建设、天天鲜果、上海青旅、均瑶集团等10家上海青年企业家协会成员单位签订了一系列的战略合作协议。2018年以来，全市新引进长三角地区总投资超亿元项目8项，总投资28.52亿元。

特别是积极对接长三角的新兴产业的资源要素、企业项目，引进了一批长三角地区重大新兴产业项目。

加强与上海临港经济发展（集团）有限公司的合作，选派5名优秀干部前往挂职学习，并计划与临港创新管理学院共同开办培训班，培养招商引资和产城融合人才队伍。同时，南平市不断优化营商环境，出台《南平市提升营商环境实施方案》，提出了41条具体措施，让来自长三角的企业家安心搞经营、放心办企业，南平市顺昌县还被评为2018年浙商（省外）最佳投资城市。

四　加快完善新区建设，打造长三角投资首选地

建设武夷新区，是福建省委、省政府的重大战略部署，也是南平利用武夷山"双世遗"品牌优势，对接长三角一体化发展、培育区域新增长极的重大举措。2014年5月，国务院正式批复同意南平行政区划调整，同意原县级建阳市改区，市政府驻地由延平区迁至建阳区。2019年底，南平市已经正式启动行政中心搬迁工作，目前所有行政单位均已搬迁至武夷新区开展工作，进一

步拉近了与长三角的时间、空间距离。

武夷新区作为南平未来的行政、经济、文化中心,以建设国际旅游度假城市、闽浙赣三省交界的新兴中心城市、重要交通枢纽、新兴产业基地的目标定位,统筹协调生态环境、开发建设和产业发展。自2012年10月底武夷新区全面启动建设以来,武夷新区累计完成固定投资近千亿元,筹集各类资金300多亿元,已竣工验收并投入使用的有水之厅、崇阳溪旅游景观带示范段、绕城高速、快速通道等项目,总投资超百亿元。随着武夷新区建设的不断推进,南林、将口、兴田等三个片区城市功能的日益完善,武夷新区将逐步成为连接长三角的桥头堡。

五 拓展武夷旅游产业,打造长三角游客的后花园

坚持把大武夷作为长三角旅游的目的地、把长三角作为大武夷旅游的客源地,加快构筑"一核心、两轴带、三重点、六组团"的大武夷旅游发展新格局,推动大武夷由观光型旅游向休闲度假型旅游目的地转变。

进一步优化大环境,加强景区景观风貌整治,提升景点通达性,结合人工智能发展智慧旅游,推动旅游服务规范化、标准化。进一步打造大产品,围绕打造长三角重要的旅游目的地,策划多条旅游精品路线,大力发展文化研学旅游、休闲养生旅游、体育健康旅游和民俗乡村旅游,持续推出一批文旅、茶旅结合等体验类旅游产品,加快武夷山五夫朱子文化园、佳龙文旅、邵武和平文旅小镇等项目建设,至今南平全市已有国家5A级旅游景区1个、4A级以上旅游景区12个。

进一步实施营销战略,继续举办旅游发展大会、中国博旅联盟百家旅行社踩线、2018百佳深呼吸小城榜单发布会暨全域旅游与绿色发展论坛等活动,特别是针对高铁沿线的长三角城市圈开展精准营销,打造"全福游·有全福——武夷山水·度假胜地"旅游品牌。举办旅游推介活动,与福州、宁德组团赴上海、杭州、南京、衢州等城市进行联合宣传营销,展示南平世遗探秘、世界茶乡、世界地质公园、温泉度假等精品旅游线路。

组织重点旅游企业先后赴上海、杭州举办大武夷旅游推介会等各类招商活动,成功做到"走出去""引进来"。2019年,全市接待旅游总人数5780.5万人次,其中省外游客1365.6万人次,长三角地区游客人数占全市省外旅游人

数比重超过 1/3。

"山围八面绿,水绕二江青。"绿色是南平自带的底色,生态是南平最大的优势。近年来,南平市深入践行"绿水青山就是金山银山"理念,按照福建省委建设"机制活、产业优、百姓富、生态美"新福建战略部署,明晰了"选产业、补短板、延链条、强保障"的思路,探索出一条生产发展、生活富裕、生态良好的"三生共融"之路。一边要赶经济,一边又要护生态,知易行难。南平是怎么做到"绿山青山变金山银山"的——南平市委书记袁毅与笔者分享了南平"点绿成金"的富民强市创新实践。

六 走定"生态发展之路"树立"绿色政绩理念"

确定绿色发展路子后,首先摆在南平市委、市政府面前的就是如何选产业。袁毅介绍,南平市干部群众牢记总书记的嘱托,创造性地践行习近平生态文明思想和"两山"理论,2016 年以来,南平市在全国首创提出"水美城市"和"水美经济"概念,坚持高位谋划、高手规划、高标实施,将水流域治理与资源开发利用、产业发展、城市经营、全域旅游、生态保护、乡村振兴、文化传承等结合起来,打造因水而美、因美而富、因富而文明的水美城市,推进全域水美,发展水美经济,仅 2020 年,全市挖掘、培育水美经济项目 150 多个,总投资达 400 多亿元。同时,南平市出台了配套支持政策,并制定相应行动纲要和发展规划,加快构建以生态产业化、产业生态化为主体的生态经济体系。这些产业不仅不会对绿水青山带来影响,而且这些产业发展好了,对保护绿水青山更有利。

此外,南平市在政绩考核上,打了"预防针",不考核 GDP,考核 GEP。袁毅表示:"要引导干部由注重总量、增速向注重质量、效益转变,发挥绿色'指挥棒'作用,让绿色政绩观深入人心。"对此,南平市在全国率先制定了《绿色发展考核评价体系》,把高质量发展与生态文明建设考核有机衔接起来,把生态系统价值核算(GEP)、自然资源资产离任审计等试点成果运用好,走出具有南平特色的绿色发展高质量发展之路。

1. 打造"水美城市"和"水美经济"发展模式

南平地处闽北,是福建省的绿色屏障,如何激活沉睡的山水林田湖草茶等要素,释放发展潜能?袁毅表示,在全国首创提出建设"武夷品牌""生态银行""水美经济",南平实现了"青山变金山"的生态产品价值路径。南平市山峦叠翠、溪流纵横,有大小河流700多条,如何利用"山水之美"创造价值?袁毅分析说,南平提出"生态银行"建设,旨在解决"资源变资产变资本"问题,借鉴商业银行分散化输入和集中式输出模式,推动生态产品价值可量化、能变现,形成了顺昌"森林生态银行"、武夷山五夫"文化生态银行"等多种运作模式,被国家自然资源部定为部级试点。同时,南平启动"水美经济"建设,将水流域治理与资源开发利用、产业发展、城市经营、全域旅游、生态保护、乡村振兴、文化传承等结合起来,推动向"水美乡村""全域水美"延伸,创新"商、居、文、体、游"一体的水岸经济模式。

2. 发挥"绿色"优势"小康路上一个都不少"

南平也是革命老区、中央苏区,过去有5个县是省级扶贫开发重点县,现在基本都"摘帽",实现全部脱贫。近些年,南平市把打好脱贫攻坚战作为重大政治任务和第一民生工程来抓,充分利用"绿色"优势脱贫攻坚。袁毅介绍,一方面,抓产业,着力强化支撑。

2011年11月下旬将在延平区举办南平市第四届文旅发展大会,我们邀请到中国长江经济带发展研究院与延平区委、区政府及相关单位联合举办新长江论坛·"2020年中国夜间经济发展峰会",为南平发展夜间经济助力献智,形成成果,探讨引领长江经济带乃至中国夜间经济的发展路径。

2020年8月2日在南平市举办的"两山"理论实践与创新高峰论坛上,与会人员一致认为,水美城市的建设是南平在推进生态文明试验区建设中的一个重要创举,同时通过水美城市建设向水美经济的转化,构建了整体推进生态优势向产品服务转化的一个大格局,能够有效改善南平社会经济发展环境,将南平生态的优势转化为经济发展的胜势。南平"水美经济"正激发出绿色动能,源源不断催生出"山、水、城、业、人"一体化高质量发展的新样板,为福建融入长三角一体化发展输入了"生态血脉",也为我国推进生态治理体系和生态治理能力现代化提供了可复制可推广的"南平实践方案"。

长三角一体化发展,是国家战略的重大布局,打造长三角高质量发展标杆,对中国经济高质量发展具有引领的样板作用,福建积极对接长三角发展,必将成为支撑未来闽东北经济发展的增长极。长三角一体化不但对区域内的41城具有划时代的意义,更兼具形成对周边地区的裂变和聚变作用,"一带一路"倡议及"长江经济带"、"21世纪海上丝绸之路"等国家战略的实施,将会在长三角交汇点太平洋西岸绽放出令世人侧目的"中国之光"。

后 记

值此中国共产党成立99年之际，这本《走进长江三角洲》历时一年多时间，几易其稿，即将付梓，此时的心情非常激动。

伫立在寓所窗前，透过故乡五月的江南烟雨，回眸东方，2018年11月5日习总书记在首届中国国际进博会开幕式上的讲话"将支持长江三角洲区域一体化上升为国家战略，着力落实新发展理念，构建现代化经济体系，推进更高起点的深化改革和更高层次的对外开放，同'一带一路'建设、京津冀协同发展、长江经济带发展、粤港澳大湾区建设相互配合，完善中国改革开放空间布局。"犹在耳畔激荡回响。

将长江三角洲区域一体化发展上升为国家战略，是势在必行。长三角地区包括上海、江苏、浙江、安徽三省一市，常住人口2.2亿，是全国的1/6，2017年经济总量约20万亿元，是全国的近1/4，是我国经济增长的重要引擎，在我国经济社会发展建设中具有举足轻重的影响和地位。

长三角区域一体化上升为国家战略已一年有余。一体化进程中，一市三省是如何推进区域协同发展的？围绕长三角各地创新共建、协调共进、绿色共保、开放共赢、民生共享的合作成果和特色亮点这样的问题，我从2019年下半年开始陆续奔走在长三角区域，江苏、安徽、浙江、上海多地留下了我调研的足迹，并与具有代表性的地方政府、企业、部门等进行了多次调研与座谈交流。作为国家智库工作者和新闻媒体人，我利用本职工作的特点，结合自身所具有的综合学科优势，选择了探析长三角一体化发展的这个宏大课题，虽然有些力不从心，但是在多位专家学者与领导的支持和帮助下，特别是中国长江经济带发展研究院全体同仁给予了我诸多的支持，使我如期完成了这个课题的撰写。

六月初，以"战疫一盘棋，夺取双胜利"为主题的2020年度长三角地区主要领导座谈会在湖州召开。长三角一体化发展是习近平总书记亲自谋划、亲自部署、亲自推动的重大战略。一年多来，各地紧盯重点领域、重点区域、重大平台、重大项目，不断走深走实，开创了一体化发展的新局面。

长三角城市群之间，从基础设施互联互通开始，到公共服务、生态治理、科技创新，各方面都开始"同频共振"，一体化发展持续加速。长三角一体化没有因疫情而停滞，反而在合作领域走得更宽更深更实，聚集全球资源要素，不断释放一体化红利，以更开放身姿从太平洋西海岸向世界频频招手，展现出中国高质量发展的亮丽名片。长三角一体化发展所取得的丰硕成果，不仅仅是长三角人的自豪，更是全体中国人民的自豪！

2019年5月，中共中央政治局会议审议了《长江三角洲区域一体化发展规划纲要》，为长三角一体化发展指明了行动方向。

改革不停步，发展在路上，面对风云变幻的国际形势，长三角一体化发展能否行稳致远，是关系中华民族的伟大复兴与中国经济向高质量发展的关键。因而，有必要对该课题进行科学严谨周详的解析，以此为全国经济发展提供理论与实践样本。

此书撰写过程中，得到全国人大、全国政协及部委领导的关心与支持，同时，也得到了相关地市领导和媒体同仁的倾情指导与支持，特别感谢中国社会科学院、清华大学、北京大学的专家学者和任玉岭参事等为本书撰写提供了学术指导，感谢国家发改委基础设施发展司、中国经济导报、中国发展网的倾情支持，正是如此，才如期完成了此课题。

在此，对上述领导和同志们表示衷心的感谢！

从初心出发，作为长期关注中国发展的学者，我确实想在践行国家发展战略的进程中有所作为。虽经过精心的课题设计、巨量的数据排比、多次的交流推敲，力争交出一份得到广泛认可的研究课题。但作为一项开创性工作，本书肯定会有不足及需要加强改进的方面，请各位读者不吝指教。

袁羽钧

2020年7月1日于金陵

图书在版编目(CIP)数据

走进长江三角洲：探析区域一体化发展路径 / 袁羽钧著 . -- 北京：社会科学文献出版社，2020.10
ISBN 978 - 7 - 5201 - 7531 - 9

Ⅰ.①走… Ⅱ.①袁… Ⅲ.①长江三角洲 - 区域经济发展 - 经济一体化 - 研究 Ⅳ.①F127.5

中国版本图书馆 CIP 数据核字（2020）第 207609 号

走进长江三角洲
——探析区域一体化发展路径

著　　者 / 袁羽钧

出　版　人 / 谢寿光
责任编辑 / 薛铭洁

出　　版 / 社会科学文献出版社・皮书出版分社（010）59367127
　　　　　 地址：北京市北三环中路甲29号院华龙大厦　邮编：100029
　　　　　 网址：www.ssap.com.cn

发　　行 / 市场营销中心（010）59367081　59367083
印　　装 / 三河市尚艺印装有限公司

规　　格 / 开　本：787mm × 1092mm　1/16
　　　　　 印　张：33　字　数：553 千字

版　　次 / 2020 年 10 月第 1 版　2020 年 10 月第 1 次印刷
书　　号 / ISBN 978 - 7 - 5201 - 7531 - 9
定　　价 / 268.00 元

本书如有印装质量问题，请与读者服务中心（010 - 59367028）联系

▲ 版权所有　翻印必究